रणजीत देसाई

जन्म : 8 अप्रैल, 1928, कोल्हापुर (महाराष्ट्र)।

शिक्षा : इंटरमीडिएट (राजाराम कॉलेज, कोल्हापुर)।

प्रकाशित रचनाएँ—उपन्यास : *बारी, माझा गाँव, स्वामी, राधेय, लक्ष्य वेध, समिधा, पावन खिंड, राजा रवि वर्मा*। **कहानी** : *रूप महल, मधुमती, जाण, कणव, गंधाली, आलेख, कमोदिनी, कातक, मोरपंखी परछाइयाँ*। **नाटक** : *कांचनमृण, उत्तराधिकार, अधूरा धन, पांगुलगाड़ा, ये बन्धन रेशमी, गरुड़ उड़ान, स्वामी, रामशास्त्री, तुम्हारा रास्ता अलग है, धूप की परछाईं*। **फिल्म** : *रातें ऐसी रँगीं, सुनो मेरा सवाल, संगोली रायाण्णा* (कन्नड़ में), *नागिन*। मराठी साहित्य सम्मेलनों के कई बार अध्यक्ष चुने गए।

सम्मान : *स्वामी* उपन्यास को सन् 1962 में 'महाराष्ट्र शासन पुरस्कार' सन् 1963 में 'हरिनारायण आप्टे पुरस्कार' तथा सन् 1964 में 'साहित्य अकादेमी पुरस्कार' प्राप्त हुए। भारत सरकार ने सन् 1973 में 'पद्मश्री' से विभूषित किया। आजीवन लेखन और कृषि-कार्य से जुड़े रहे।

निधन : 6 मार्च, 1998

राधेय

रणजीत देसाई

अनुवाद

वासंतिका पुणतांबेकर

राधाकृष्ण पेपरबैक्स

पहला पुस्तकालय संस्करण
राधाकृष्ण प्रकाशन प्राइवेट लिमिटेड द्वारा
2000 में प्रकाशित

राधाकृष्ण पेपरबैक्स में
पहला संस्करण : 2004
पाँचवाँ संस्करण : 2023

राधाकृष्ण पेपरबैक्स : उत्कृष्ट साहित्य के जनसुलभ संस्करण

राधाकृष्ण प्रकाशन प्राइवेट लिमिटेड
जी-17, जगतपुरी, दिल्ली-110 051
द्वारा प्रकाशित

शाखाएँ : अशोक राजपथ, साइंस कॉलेज के सामने, पटना-800 006
पहली मंजिल, दरबारी बिल्डिंग, महात्मा गांधी मार्ग, प्रयागराज-211 001
1, अनमोल सोराबजी संतुक लेन, धोबी तलाव, मरीन लाइंस, मुम्बई-400 002

वेबसाइट : www.radhakrishnaprakashan.com
ई-मेल : info@radhakrishnaprakashan.com

बी.के. ऑफसेट
नवीन शाहदरा, दिल्ली-110 032
द्वारा मुद्रित

मूल्य : ₹299

RADHEY
Novel by Ranjeet Desai

ISBN : 978-81-7119-813-9

कुरुक्षेत्र की विस्तृत विशाल रणभूमि उदास, उजड़ी हुई लग रही थी। आकाश में सहस्त्ररश्मि अपने संपूर्ण तेज से प्रकाशमान था, फिर भी वह भूमि तेजोहीन लग रही थी। जिस रणभूमि पर इतना घमासान युद्ध हुआ उस रणभूमि पर अब शूरवीरों की चिताएँ जल रही थीं। विजय की आकांक्षा से जीवन-मृत्यु का भय न रखते हुए शत्रु के रक्त की प्यास से रणभूमि पर निरंतर संचरण करने वाले जीव अब विजय प्राप्त करने पर भी उसी रणभूमि पर मस्तक झुकाकर युद्ध में अमर हुए वीरों की खोज कर रहे थे। जय-पराजय का अर्थ कब का समाप्त हो चुका था। जिनके चक्रों की तीव्र गति से रणभूमि में लाखों चिह्न पड़े थे। उन्हीं ध्वस्त रथों के ढेर अब युद्ध स्थल पर एकत्रित किए जा रहे थे। अपने गंभीर मंत्रों से अचेतनों में भी चेतना जाग्रत करने वाले रणवाद्यों में भी दरारें पड़ गई थीं। अपनी ऊँची ध्वनि से विजय का विश्वास दिलाने वाले शंख, तीरों की बौछारों से आच्छादित भूमि पर बिखरे पड़े थे। रणवाद्यों के ढेरों में वे भी अब विश्राम कर रहे थे। रणक्षेत्र पर अब अतृप्त गीदड़ों की परछाइयाँ घूम रही थीं। युद्ध क्षेत्र की चिंता से निरंतर चिंतित रहने वाले पाँच पांडव धौम्य, संजय, विदुर और युयुत्सु के साथ सेवकों की सहायता से वीरों का दाह संस्कार कर रहे थे। एक-एक करके सभी चिताएँ अग्निशिखाओं में भड़कने लगीं। धरती पर पुण्य का अवतरण हो इसलिए किसी युग में सुवर्ण हल से जोती गई कुरुक्षेत्र की उस भूमि से निकलने वाले धुएँ के सैकड़ों काले मेघ आकाश को छूने लगे।

वीरों के दाह संस्कार की विधि करके खिन्न हृदय से सभी गंगा की ओर चल पड़े। अपराह्न का सूर्य पश्चिम क्षितिज की ओर ढल चुका था। गंगा का विशाल शुभ्र जल-प्रवाह सूर्य की किरणों में चमक रहा था। तपी हुई रेत पर चलकर गंगा की ओर जाने वाले को गंगा के दर्शन से न तो प्रसन्नता मिल रही थी, न ही चरणों के दाह की अनुभूति हो रही थी। विजयी पांडव और पराजित कौरव, दोनों की जय-पराजय के मनोवेग दहनभूमि के अंगारों में जलकर राख हो गए थे। बिछड़े हुए जीवों

के वियोग से और बचे हुए लोगों के दुःख से सभी हृदय व्याकुल हो गए थे।

गंगा के मरुस्थल पर अस्थायी शिविर बनाया गया था। मस्तक झुकाकर खिन्न छवि से धीरे-धीरे गंगा की ओर जाने वाले वीरों को देख ही शिविर में प्रतीक्षारत बैठी राजस्त्रियाँ अपने परिवार सहित उठीं और नदी की ओर चल पड़ीं।

गंगा के प्रवाह में युधिष्ठिर घुटने भर जल में खड़ा था, तट पर एक विशाल शिला पर राजमाता कुंती बैठी हुई थीं। उनके पास द्रौपदी अधोबदन खड़ी थी। उन दोनों के पीछे श्रीकृष्ण मौन खड़े थे। भीम, अर्जुन, नकुल और सहदेव—सभी अपने स्वजनों समेत व्यथित हृदय से नदी के तट पर बैठे थे। वीरता का अभिमान नहीं था, प्रतिज्ञाओं की अनुभूति नहीं थी, विजय का संतोष नहीं था। बाहुबल का तेज कब का मिट चुका था। स्मरण था मात्र विजय के लिए रणभूमि पर समर्पित वीरों का !

नदी के मध्य खड़ा युधिष्ठिर एक-एक वीर का नाम पुकारकर तिलांजलि अर्पण कर रहा था। नामों के उच्चारण से ही स्मरण के तीव्र आवेग उठ रहे थे। रुके हुए अश्रु गालों पर झरने लगे थे। सभी वीरों को तिलांजलि अर्पित की गई। बिना मुड़े युधिष्ठिर ने प्रश्न किया, "क्या, विस्मरण से कोई वीर शेष तो नहीं रहा ?" समस्त जन एक-दूसरे की ओर ताक रहे थे। वीरों के नामों का स्मरण कर रहे थे। किंतु ऐसा प्रतीत नहीं हो रहा था कि कोई नाम शेष रहा हो। युधिष्ठिर के शब्दों से राजमाता कुंती के हृदय में भावनाओं का ज्वार उठा। बैठे-बैठे राजमाता का संपूर्ण शरीर काँपने लगा। होंठ शुष्क हो गए। उनके शुष्क नेत्र अज्ञात आत्मीयता से भर आए। माता ने आशा से श्रीकृष्ण की ओर देखा। श्रीकृष्ण निरंतर स्थिर दृष्टि से गंगा के प्रवाह की ओर देख रहे थे। उनके नेत्रों में अश्रु भर आए थे। युधिष्ठिर मुड़ने ही वाला था कि कुंती ने बलपूर्वक पुकारा, "केशव ऽ ऽ।"

श्रीकृष्ण ने कुंती की ओर देखा।

"केशव, तुम तो ऽ ऽ"

राजमाता कुंती आगे कुछ बोल न पाईं। सभी श्रीकृष्ण की ओर देखने लगे। श्रीकृष्ण ने एक दीर्घ श्वास ली, अपना उत्तरीय सँभाला और वे गंगा के प्रवाह की ओर चलने लगे। यह देखकर कि युधिष्ठिर मुड़ रहा है, श्रीकृष्ण ने दूर से ही आवाज दी, "ठहरो धर्मराज, मुड़ो मत।"

गंगा के प्रवाह में खड़े युधिष्ठिर के समीप जाने वाले श्रीकृष्ण को अपने वस्त्र सँभालने का भी ध्यान नहीं रहा। श्रीकृष्ण के समीप आते

ही युधिष्ठिर ने पूछा, ''केशव, सभी को तिलांजलि अर्पित की गई न ?'' मस्तक हिलाकर श्रीकृष्ण ने कहा, ''नहीं धर्मराज, अब भी एक तिलांजलि शेष है।''

''असंभव ! केशव, पराजय में सभी का विस्मरण होता है, किंतु विजय में वीरों का विस्मरण कभी नहीं होता। इस तिलांजलि से विजय की अर्थहीनता, मैं भलीभाँति जान चुका हूँ। मेरा दुःख और मत बढ़ाओ। ऐसा कौन वीर हो सकता है जिसका मुझे विस्मरण हुआ हो ?''

श्रीकृष्ण ने संयमपूर्वक अपने अश्रु रोके। अपनी भावनाओं को नियंत्रित रखने का प्रयास करते हुए उन्होंने कहा, ''धर्मराज, जिसकी तिलांजलि को अग्रता देनी चाहिए ऐसा वह वीर, तुम्हारी विजय के लिए स्वेच्छा से जिसने मृत्यु का आह्वान स्वीकार किया, जिसे तुम अपना शत्रु समझ रहे थे, किंतु तुम्हारे और अपने नाते से जो निरंतर परिचित था, ऐसा वह एक ही वीर है...''

श्रीकृष्ण के शब्द सुनकर धर्मराज भय व्याकुल हो उठे। कष्टपूर्वक उन्होंने कहा, ''पितामह भीष्माचार्य ! असंभव ! वे तो उत्तरायण की प्रतीक्षा कर रहे हैं। उससे पूर्व वे देह नहीं त्यागेंगे और उत्तरायण के लिए तो अभी पर्याप्त अवधि है। ऐसी अकाल मृत्यु...''

''नहीं युधिष्ठिर ! मैं पितामह की बात नहीं कर रहा हूँ। मैं कह रहा हूँ महारथी कर्ण के संबंध में...''

''कर्ण ? राधेय...?'' उस नाम के उच्चारण से ही युधिष्ठिर का सारा क्रोध उमड़ पड़ा। निश्चयपूर्वक उसने कहा, ''नहीं केशव। मेरे शांत स्वभाव की भी कोई सीमा है। मेरी नीति के बंध निश्चित हैं। जिसे मैंने शत्रु माना, उसे मैं तिलांजलि अर्पित नहीं कर सकता...''

''वह तुम्हारा संबंधी हो तो... ?''

''केशव, कहो तो कौरव वीरों को तिलांजली अर्पित करने के लिए मैं तैयार हूँ, किंतु कर्ण ! उस राधेय को...''

''शांति से सुनो, युधिष्ठिर !'' श्रीकृष्ण का स्वर शुष्क बन गया था। ''महारथी कर्ण तुम्हारा ज्येष्ठ भ्राता है...''

''केशव ऽ ऽ... !''

''वह राधेय नहीं, कौंतेय है।''

''असत्य, असत्य।'' कहकर युधिष्ठिर ने अपने दोनों कानों पर हाथ रखे। श्रीकृष्ण के नेत्रों में अश्रु भर आए। धर्मराज ने बड़ी आशा से राजमाता कुंती की ओर देखा। माता कुंती की गरदन घुटनों में झुकी हुई थी। बैठे हुए चारों पांडव आश्चर्य से विस्मित हो उठ खड़े हुए। श्रीकृष्ण के शब्द कानों से टकराने लगे, ''हे युधिष्ठिर, हृदय को स्थिर

करो। शांत हो जाओ। नियति के आगे कोई कुछ नहीं कर सकता। महारथी कर्ण साक्षात् सूर्य का पुत्र था। माता कुंती को कुमारी अवस्था में मिला हुआ वरदान था वह। कर्ण ज्येष्ठ और श्रेष्ठ कौंतेय है। उसे तिलांजलि अर्पित करना तुम्हारा कर्तव्य है। मैं जो भी कह रहा हूँ सत्य है। हे धर्मनिष्ठ युधिष्ठिर, कौंतेय के रूप में श्रद्धापूर्वक, ज्येष्ठ भ्राता के रूप में नम्रतापूर्वक और दाता के रूप में कृतज्ञतापूर्वक कर्ण को तिलांजलि अर्पण करो...'' उन शब्दों से साक्षात् संयम की ख्याति पाने वाले युधिष्ठिर का शक्तिपात हो गया। बड़े कष्ट से उसने अंजलि में गंगाजल भरा।

''अज्ञात के आवरण और विजय के उन्माद में निरंतर तुम्हारी मृत्यु की इच्छा करने वाला मैं, युधिष्ठिर, हे महारथी कर्ण, ज्येष्ठ और श्रेष्ठ कौंतेय...आज...तुम्हें...''

आगे और शब्द उच्चारने का सामर्थ्य युधिष्ठिर में नहीं रहा। थर-थर काँपती हुई अंजलि से जल छूट गया। गंगा के तीव्र प्रवाह में क्षण भर के लिए एक छोटा सा गड्ढा दिखाई दिया और फिर अचानक युधिष्ठिर जल में गिर पड़ा। उस आघात से सँभलने वाले पांडवों के हृदय में तीव्र शोक-संताप उभर आया। अर्जुन के हृदय का बाँध टूट गया। तपी हुई रेत पर उसने अपना शरीर झोंक दिया और मुख में रेत डालकर वह मूक रुदन करने लगा। उसका हृदय व्याकुल हो उठा था और हृदय में रणवाद्य-सा अखंड नाद उठ रहा था।

'कर्ण...राधेय नहीं ! कौंतेय ! शत्रु नहीं, भ्राता ! शस्त्र-स्पर्धा के समय इसी कर्ण को राधेय, सूत-पुत्र कहकर मैंने अपमानित किया था। जल में पड़े प्रतिबिंब को देखकर चंद्रमा को मैं चकमक समझ बैठा था। यही वह कर्ण जिसे द्रौपदी स्वयंवर के समय मत्स्य-वेध करने पर भी अपमानित होना पड़ा था और वह भी वीरता के कारण नहीं...कीर्ति के कारण नहीं, अपितु मिथ्या कुलाभिमान के कारण...मौन रहकर !'

'यही है न वह वीर जिस पर द्रौपदी-चीरहरण के सारे आरोप लगाए गए थे। क्या वे आरोप भी सत्य थे ?'

'हे, महाबाहो, अभिमन्यु के वध में तुम्हारा हाथ नहीं था यह मुझे बहुत समय बाद ज्ञात हुआ, किंतु उसके पूर्व ही मात्र प्रतिशोध की भावना से मैं तुम्हारे पुत्र का वध कर चुका था। उसे देखकर भी तुम्हारे मुख से शापवाणी क्यों न निकली, यह आज समझकर भी क्या लाभ...?'

समीप आने वाले चरणों की आहट श्रवण कर अर्जुन सचेत हो गया। चौंककर उसने मस्तक ऊपर उठाया। श्रीकृष्ण की परछाईं उसके शरीर पर पड़ी थी, किंतु प्रखर सूर्य प्रकाश के कारण उस आकृति का

रूप दृश्यमान नहीं था। वह परछाईं आगे सरक रही थी। अर्जुन सतर्क हो उठा। तीव्र घृणा से उसकी मुद्रा तिलमिला उठी। यह देखकर कि श्रीकृष्ण और समीप आ रहे हैं, वह अपने स्थान से कष्टपूर्वक उठा और पीछे हटते हुए वह चीख उठा, "ठहरो केशव ! मेरे समीप मत आओ ! अपने पापी हाथों से मुझे स्पर्श न करो। अरे, किसने कहा था कि हमें ऐसा कलंकित राज्य चाहिए ? जन्म से ही भाग्य में वनवास लेकर आए हम ! क्या ऐसी शापित विजय पाने की अपेक्षा आजीवन आनंद से वनवास स्वीकार नहीं कर लेते ? साक्षात् अग्नि से मैंने गांडीव धनुष प्राप्त किया। क्या वह ज्येष्ठ भ्राता का वध करने के लिए ? हमारे इस संबंध से तुम तो परिचित थे ! नाते का यह बंधन तुम जानते थे, फिर भी तुमने हमें इस अक्षम्य पाप का हिस्सेदार बनाया ? केशव, तुम पर हमने निष्ठा रखी, उसका यह फल दिया ! इस तरह तुम ही हमारी अधोगति का कारण बनोगे यह हमने स्वप्न में भी नहीं सोचा था। धिक्कार है..."

दुःख से व्याकुल अर्जुन अश्रु बहाते हुए श्रीकृष्ण की ओर से मुँह मोड़कर जा रहा था। श्रीकृष्ण की ओर भी न देखकर शोक-संतप्त पांडव अर्जुन का अनुसरण कर रहे थे। किसी को भी रोक सकने का सामर्थ्य श्रीकृष्ण में नहीं था। उनकी दृष्टि कुंती-द्रौपदी की ओर गई...

द्रौपदी सुन्न होकर निश्चल खड़ी थी। होंठ काँप रहे थे। आरक्त नेत्रों में अश्रु थम-से गए थे। अपनी दाईं हथेली को वह एक टक निहार रही थी। धीरे-धीरे वह हथेली उसके ललाट की ओर उठने लगी। सिंदूर की ओर उठने वाली द्रौपदी की हथेली देखकर झट से श्रीकृष्ण आगे बढ़े और उन्होंने द्रौपदी का हाथ थाम लिया। कलाई पर पड़े हाथ के स्पर्श से द्रौपदी सँभल गई। उसकी अश्रुपूर्ण व्याकुल दृष्टि श्रीकृष्ण की दृष्टि से मिली।

"हे केशव, जिसकी अभिलाषा की, क्या उसी को खोना ही सदैव मेरे भाग्य में लिखा है ?"

राजमाता कुंती कष्टपूर्वक उठ रही थीं। द्रौपदी ने अपना हाथ छुड़ाया और कुंती की सहायता के लिए वह आगे बढ़ी।

द्रौपदी का आश्रय ले खड़ी हो रही कुंती ने श्रीकृष्ण की ओर देखा। श्रीकृष्ण को प्रतीत हुआ कि जैसे माता कुंती के नेत्रों में सारे व्याकुल भाव उभर आए हों। द्रौपदी के साथ राजमाता कुंती चल दीं।

गंगा के शांत तट पर अब कोई नहीं था। अकेले श्रीकृष्ण उस विशाल शिला पर खड़े थे। अस्त हो रहे सूर्य की तिरछी किरणों में गंगा के प्रवाह की ओर ताकते हुए, एकाकी...।

प्रकरण-1

अपराह्न का सूर्य कुछ ढल चुका था, फिर भी सूर्य-दाह में समस्त भूमि जैसे झुलस रही थी। दाह की चिंता न करके अपराह्न काल में कर्ण सूर्योपासना कर रहा था। गंगा के प्रवाह में खड़े हो दोनों हाथ उठाकर वह पूजा मंत्र का पठन कर रहा था। उसकी दृष्टि नदी के उस पार स्थिर हो गई थी। पूजा के प्रारंभ में मुख पर पड़ी सूर्य की किरणें ललाट से गुजरती हुई पीछे की ओर उतर गई हैं इस बात का भी ध्यान उसे नहीं था। तेजस्वी गौरवर्ण का हृष्ट-पुष्ट कर्ण एकाग्रता से अपनी प्रतिदिन की सूर्योपासना कर रहा था। ऐसा प्रतीत हो रहा था जैसे रूप संपन्न कर्ण के रूप में साक्षात् सूर्य की प्रतिमा ही गंगाजल पर प्रकट हुई हो। कर्ण ने अपनी सूर्योपासना पूरी की। प्रतिदिन के अभ्यास के अनुसार गंगा से अंजलि भरी और उसकी घनगंभीर पुकार उठी, "कोई याचक है ?"

कर्ण ने इसे तीन बार दोहराया, किंतु पीछे से कोई प्रतिवाद नहीं मिला। हाथ में लिया हुआ जल कर्ण ने गंगा में छोड़ दिया। नेत्रों को गंगाजल लगाकर वह मुड़ा। नदी के तट पर रखे अपने वस्त्र-परिधान लिये, खड़ाऊँ चरणों में डाले और उत्तरीय सँभालते हुए वह चल पड़ा। एकाएक उसके चरण रुक गए। गंगा के तट पर कड़ी धूप में चमकने वाले सुवर्ण रथ की ओर उसका ध्यान आकर्षित हुआ।

सूर्योपासना के लिए जाते समय कर्ण सदैव अपना रथ नदी से दूर, वृक्षों की छाया में खड़ा रखता था। दान माँगने के लिए आने वाले याचक को किसी भी प्रकार का संकोच न हो इसलिए वह पूरी सावधानी बरतता था। इतना ही नहीं, बल्कि सूर्योपासना समाप्त होने के पश्चात् दान देने के समय भी वह नदी के तट की ओर विमुख होकर खड़ा रहता था। याचक द्वारा दान माँगने और उसके द्वारा दिए जाने के पश्चात् ही वह याचक के दर्शन करता था। शत्रु भी यदि दान माँगने आए तो उसे दान देने का दुःख न हो इसलिए वह सदैव सतर्क रहता था। अतः नदी तट पर खड़ा वह सुवर्ण रथ देखकर उसे बड़ा आश्चर्य हुआ। अपराह्न के समय कौन आया होगा ! यह विचार करते-करते वह उस रथ की ओर जाने लगा। दुर्योधन का स्मरण आते ही उसके मुखमंडल पर प्रसन्नता छा गई। युवराज दुर्योधन से मिले पर्याप्त समय बीत चुका था। मित्र से मिलने के विचार से वह प्रमुदित हुआ।

कर्ण आगे बढ़ा। वह रथ की ओर जा रहा था कि अचानक उसकी दृष्टि रथ पर स्थिर हो गई। रथ की छत व्याघ्र चर्म से आच्छादित थी। रथ प्रशस्त और सुंदर था। कर्ण की दृष्टि रथ के ध्वज की ओर गई। रथ पर गेरुए रंग का गरुड़ चिह्नांकित ध्वज सूर्य की तिरछी किरणों में चमक रहा था। दुर्योधन के रथ का चिह्न रत्नजड़ित गज था। गरुड़ चिह्न देखकर कर्ण की उत्सुकता बढ़ी। कर्ण, रथ के समीप आ रहा है यह देख रथ चालक आगे बढ़ा। कर्ण को प्रणाम कर उसने कहा, "द्वारकाधीश श्रीकृष्ण महाराज आपकी प्रतीक्षा कर रहे हैं।"

श्रीकृष्ण के संबंध में कर्ण पहले से ही बहुत कुछ सुन चुका था। सम्राट् कंस का संहार करने वाले, रुक्मिणी हरण करने वाले, द्वारका बसाने वाले श्रीकृष्ण स्वयं चलकर कर्ण से मिलने आए हैं इस बात पर कर्ण को विश्वास नहीं हो रहा था। उनका साँवला रूप, उनकी वीरता, उनमें बसने वाला ईश्वरीय गुण संपन्न भाव इन सभी का वर्णन कर्ण ने श्रवण किया था। श्रीकृष्ण से मिलने की कल्पना से ही कर्ण प्रसन्नता से खिल उठा। क्या करूँ, श्रीकृष्ण के समक्ष कैसे जाऊँ यह विचार आते ही वह दुविधा में पड़ गया। उसके चरण जैसे धरा में गड़ गए। अधीर दृष्टि श्रीकृष्ण को ढूँढ़ने लगी।

कर्ण को अधिक समय तक प्रतीक्षा नहीं करनी पड़ी। रथ से श्रीकृष्ण उतरे। उनके मस्तक पर रत्नजड़ित सुवर्ण मुकुट अति सुंदर प्रतीत हो रहा था। पीतांबर धारी श्रीकृष्ण के कंधे पर हरे रंग का रेशमी उत्तरीय था। उनके मेघ-साँवले रूप में कुछ अलग ही सुंदरता छिपी हुई थी। विशाल काले नेत्रों में मोहकता थी। मुख-कमल पर विलसने वाला हास्य अपरिचित को भी विश्वास दिलाने वाला था। कर्ण उस मोहक रूप को निहार रहा था। उसे ऐसा प्रतीत हुआ जैसे नरवेश धारण कर साक्षात् ईश्वर ही पृथ्वी तल पर उतर आए हों।

कर्ण की ओर देखते हुए श्रीकृष्ण समीप आ रहे थे। कर्ण ताड़ वृक्ष के समान लंबा था। उसका कद सिंह के समान शक्तिशाली था। श्रीकृष्ण की दृष्टि कर्ण के जन्मजात कवच-कुंडलों पर स्थिर हो गई थी। उनके कारण उसकी गौर कांति सुवर्ण की तरह चमक रही थी। स्वेद के कारण उत्तरीय शरीर से चिपक गया था, परंतु उससे कवचों का अस्तित्व नहीं छिप रहा था। कवच धारण करने वाले कर्ण का रूप कुंडलों से और भी प्रभावित हो उठा था। श्रीकृष्ण के समीप आते ही कर्ण ने विनम्रता से प्रणाम किया। उसे उठाकर अपनी भुजाओं में बद्ध कर श्रीकृष्ण ने कहा, "अंगराज, आयु में कदाचित् आप मुझसे बड़े ही होंगे। समान आयुवालों के साथ मित्रता करनी चाहिए। वहाँ औपचारिकता नहीं होनी चाहिए। आपको मुझे प्रणाम करने की कोई आवश्यकता नहीं थी।"

श्रीकृष्ण के आलिंगन में कर्ण अपने आपको भूल गया। मन-ही-मन उसने कहा, 'इन पर गोपियाँ मोहित हुईं इसमें क्या आश्चर्य ? बाँसुरी का स्वर भी फीका पड़ जाए ऐसी मधुरता है इनके शब्दों में...'

बाँहों से हटकर कर्ण ने कहा, "आपके दर्शन से मैं धन्य हो गया हूँ। आयु में मैं कदाचित् आपसे बड़ा हो सकता हूँ, किंतु शिशु-अवस्था में ही आपने कालिय मर्दन किया ऐसी आपकी वीरता ! मानव की महत्ता आयु से सिद्ध नहीं होती; वह उसके कर्तृत्व से सिद्ध होती है। आपके यश, कीर्ति, सामर्थ्य का गुणगान मैंने वीरों और राजाओं के मुख से ही नहीं, बल्कि साधु-संतों के मुख से भी श्रवण किया है। द्वारकाधीश के समक्ष मस्तक झुकाने से मैं धन्य हो गया हूँ।"

कुछ क्षण रुककर संकोच से कर्ण ने कहा, "आप स्वयं मुझसे मिलने आए यह मेरा सौभाग्य है, किंतु इसके लिए आपको इस दहकती धूप में प्रतीक्षा करनी पड़ी, यह दाह सहन करना पड़ा इसलिए मैं लज्जित हूँ। आपने मुझे संदेश... "

"लज्जित होने की कोई आवश्यकता नहीं अंगराज ! प्रथम मैं आपके राजभवन ही गया था। वहाँ मेरा यथोचित सत्कार भी हुआ। वहाँ ज्ञात हुआ कि आप सूर्योपासना के लिए नदी तट पर गए हैं। यह ज्ञात होने के पश्चात् आपके इस रूप को देखने का मोह मैं टाल न सका और यहाँ तक चला आया।"

"मेरा रूप ?"

"हाँ आपके रूप का तथा उससे भी अधिक आपके जन्मजात कवच-कुंडलों का वर्णन मैंने श्रवण किया था। उन्हें देखने के लिए मैं उत्सुक था। आपके कुंडल तो कभी भी देखे जा सकते थे, किंतु आपका कवचधारी रूप देखने के लिए यही उचित समय था। आपको गले लगाते समय हुआ उस दिव्य कवच का वह स्पर्श, उसके कारण हुआ आपके अभेद्य हृदय का परिचय, मैं कदापि भूल नहीं पाऊँगा।"

कर्ण के मुख पर एक व्यथा-सी झलझला उठी। खिन्न हँसी हँसकर उसने कहा, "कवच-कुंडल ! जन्मजात प्राप्त ये कवच-कुंडल ! इनका सहवास जन्मदात्री माता भी सहन न कर सकी। जन्म देते ही किस अपराध के कारण उस अज्ञात माता ने मुझे जल प्रवाह में छोड़ दिया ? कौन थी वह ? उसने ऐसा क्यों किया ? मेरा हृदय सदैव उस माता की खोज करता रहता है। दर्पण में रूप निहारते समय इन कवच-कुंडलों को देखकर मेरी दृष्टि के समक्ष एक ही आकृति खड़ी हो जाती है...उस रूप संपन्न तेजस्वी माता की ! किंतु उसका रूप मैं देख नहीं पाता। कोहरे के आवरण के नीचे वह सदैव छिपा रहता है। जिसे माता ने ही त्याग दिया उसे कवच-कुंडल क्या बल देंगे ? हे केशव, ये कवच-कुंडल शापित हैं। केवल प्रवाह में तैरते रहना ही मेरे भाग्य में लिखा है।"

श्रीकृष्ण ने अपना दायाँ हाथ कर्ण के कंधे पर रखा। कर्ण ने देखा कि हृदय की गहराई तक पहुँचने वाली उस दृष्टि में कारुण्य प्रकट हुआ है।

"अंगराज इस दुःख से मैं भी परिचित हूँ। इस व्यथा का अनुभव मैंने भी किया है। किसी को नदी के प्रवाह में छोड़ दिया जाता है तो किसी को नदी लाँघकर उस पार जाना पड़ता है। कोई ग्वाले का पुत्र बनकर नंद के घर पलता है तो किसी को सूतकुल में आश्रय मिलता है, किंतु दोनों के भाग्य में मातृ-वियोग समान ही

है। छूटे हुए किनारे की आशा हृदय में लेकर जीवन नहीं बीतता अंगराज।"

"हे केशव, आपके जीवन में वह एक स्वप्न था। जैसे आया वैसे नष्ट भी हुआ। आपके जन्म का रहस्य कभी रहस्य नहीं रहा। किंतु मैं ? मैं कौन हूँ ? मुझे क्यों त्याग दिया गया ? मेरे हृदय से यह विचार कभी भी दूर नहीं हो सकता। अनाथ होने की व्यथा बहुत कटु होती है।"

श्रीकृष्ण मौन रहे। फिर अपने उत्तरीय से स्वेद को पोंछते हुए सूर्य की ओर देखकर उन्होंने कहा, "अंगराज, आपको तो सूर्य-दाह सहन करने की साधना प्राप्त हुई है। वह आपकी तपस्या है। परंतु मेरा ऐसा नहीं है। गौएँ चराने के लिए चाहे मैं वनों में भटकता रहा हूँ, किंतु पला हूँ वृक्षों की छाया में ही। क्या आपको ऐसा नहीं प्रतीत हो रहा कि हम राजभवन चलेंगे तो अच्छा होगा ?"

"क्षमा।" कर्ण ने हड़बड़ाकर कहा। "इसका मुझे ध्यान ही नहीं रहा। चलिए।"

श्रीकृष्ण और कर्ण, दोनों कृष्ण-रथ के समीप आए। कर्ण ने कहा, "आप आगे चलिए। मेरा रथ वृक्षों की छाया में रुका हुआ है। उसे लेकर मैं आपके पीछे-पीछे आता हूँ।"

"आपका रथ मेरा सारथि दारुक ले आएगा। हम एक साथ चलेंगे।"

श्रीकृष्ण ने दारुक को आज्ञा दी और कर्ण को रथ पर विराजमान होने का संकेत किया। कर्ण हँस पड़ा। उसने पूछा, "क्या आप मेरे सारथि बनेंगे और मैं रथ में बैठूँगा ? यह उचित नहीं। जिसके भाग्य में यह लिखा हो वह धन्य होगा। कृपा करके मुझे सारथ्य करने की आज्ञा दें।"

सुहास्य मुद्रा से श्रीकृष्ण रथ में बिछाए हुए शुभ्र आसन पर विराजमान हो गए। कर्ण ने अश्वों की रास हाथ में ली। रथ धीमी गति से चलने लगा। धीरे-धीरे रथ ने गति पकड़ी। रथ में लगाए गए घुँघरुओं की आवाज, टापों की आवाज में घुल-मिल रही थी। कृष्ण के रथ के श्रेष्ठ और सर्वोत्तम अश्व एक चाल से दौड़ रहे थे। चंपानगरी में प्रवेश करते ही श्रीकृष्ण की दृष्टि चंपानगरी की सुंदरता निहारने में व्यस्त हो गई। वह नगरी विस्तृत खंदक और विशाल तट से सुरक्षित बनाई गई थी। अनेक गोपुरों से सजे हुए भवन दिखाई दे रहे थे। महामार्ग से रथ गुजरते समय चंपानगरी के प्रजाजन अति नम्र भाव से रथ पर खड़े कर्ण का प्रसन्नतापूर्वक अभिवादन कर रहे थे।

कर्ण-प्रासाद के विस्तृत अहाते में दोनों रथों ने प्रवेश किया। सेवकों में हड़बड़ी मच गई। प्रासाद के समक्ष रथ आते ही सेवकों ने अश्वों की लगाम पकड़ ली। श्रीकृष्ण के पीछे-पीछे कर्ण उतर गया। श्रीकृष्ण ने गौरवपूर्ण स्वर में कहा, "अंगराज, आपका सारथ्य सचमुच ही अलौकिक है। इस रथ के अश्व शैव्य और सुग्रीव जाति के हैं। सूक्ष्म संकेत भी वे समझते हैं। वैसी शिक्षा उन्हें दी गई है। लगाम खींचने में थोड़ी भी अपरिचितता उन्हें प्रतीत होती तो वे उसे जान लेते। रथ रोकना कठिन

हो जाता।''

''इसमें मेरा क्या गौरव ?'' कर्ण ने हँसकर कहा। ''आपका अलौकिक सारथ्य यह आपके द्वारा आत्मसात् की हुई कला है, किंतु मैं तो सूतकुल में ही बड़ा हुआ हूँ। अतः सारथ्य और रथ-परीक्षा ये दोनों तो हमारे सहज स्वभाव ही बने हुए हैं।''

''यह बड़े सौभाग्य की बात है। अंगराज, वासना के अश्व जब जीवन-रथ में जोड़े हुए होते हैं तो उस रथ को निरंतर नियंत्रण में रखना सहज बात नहीं।''

श्रीकृष्ण की दृष्टि राजभवन की सीढ़ियों की ओर गई। सीढ़ियों पर रौप्य कलश लिये दासियाँ खड़ी थीं। उनके पीछे पूजा का थाल लिये वृषाली खड़ी थी। सीढ़ियों के समीप श्रीकृष्ण के आते ही दासियों ने उनके चरण जल से धो दिए। वृषाली ने श्रीकृष्ण को कुमकुम तिलक लगाया। कर्ण-पत्नी वृषाली को आशीर्वाद देकर श्रीकृष्ण ने कहा, ''इस आदर-सत्कार की कोई आवश्यकता नहीं थी।''

वृषाली ने मुसकराकर कहा, ''आप अचानक आए, अतः आपका स्वागत ठीक तरह से नहीं हो पाया। वह बात हृदय में चुभ गई थी।''

''यदि हृदय में परायापन होता तो बिना निमंत्रण के पूर्व परिचय न होते हुए मैं यहाँ नहीं आता।''

सीढ़ियाँ चढ़ते समय एक चार वर्षीय बालक को देखकर कर्ण के मुख पर मुसकान छाई और वह बालक भी दौड़ता हुआ कर्ण के समीप पहुँचा। कर्ण ने कहा, ''वसू, महाराज को प्रणाम करो।''

छोटे वृषसेन ने एक बार श्रीकृष्ण की ओर देखा और फिर निर्भयता से आगे बढ़कर अपना मस्तक कृष्ण के चरणों पर रख दिया। प्रेम से उसे उठाकर श्रीकृष्ण ने कहा, ''अंगराज यह तो आपकी प्रतिमा लगता है। क्या नाम है इसका ?''

''वृषसेन।''

गोद में बैठे वृषसेन की ओर प्रेम से देखने वाले श्रीकृष्ण के मुख से शब्द निकले, ''अंगराज, भले यह आपके जैसा हो, किंतु उसमें एक कमी है। उसके पास आपके जैसे कवच-कुंडल नहीं हैं।''

कर्ण ने हँसकर उत्तर दिया, ''जिसे माता-पिता का छत्र नहीं होता उसे रक्षा के लिए कवच-कुंडल मिलते हैं।''

''सत्य है। आपके जैसे वीर पिता का छत्र जिसे प्राप्त हुआ हो, उसे कवच-कुंडलों की क्या आवश्यकता ? अंगराज, आपके और पुत्र ?''

''दो हस्तिनापुर में हैं।''

''हस्तिनापुर ?''

''हाँ। जिन्होंने मुझे पाल-पोसकर बड़ा किया वे अधिरथ और राधा माँ हस्तिनापुर ही रहते हैं। वे पुत्रहीन थे। मैं उन्हें गंगा के प्रवाह में बहता हुआ मिला। मेरी प्राप्ति के बाद राधा माँ को पुत्र प्राप्ति हुई। अधिरथ और धृतराष्ट्र महाराज की पुरानी मित्रता है। हस्तिनापुर की रथशाला का दायित्व उन पर ही है।''

"आप मुझे अपने पुत्रों के बारे में बता रहे थे।"

"वही कह रहा हूँ। मेरी प्रथम पत्नी उर्मिला के दो पुत्र हैं। शत्रुंजय और वृषकेतु। वृषकेतु छोटा था तभी उर्मिला ने इस संसार से बिदा ली और मेरा विवाह वृषाली से हुआ। उसके पश्चात् इस नगरी की रक्षा के लिए मैं यहाँ आ गया, किंतु वृषकेतु को राधा माँ ने अपने पास रख लिया। मेरी स्मृति के रूप में।"

"और शत्रुंजय ?"

"वह दुर्योधन-पुत्रों के सहवास में पल रहा है।"

बातों-बातों में कर्ण के साथ श्रीकृष्ण ने कर्ण-प्रासाद में प्रवेश किया। अनेक दास-दासियों से युक्त वह प्रासाद विभिन्न प्रकार की सुख-सुविधाओं से सुसज्ज था। श्रीकृष्ण को कर्ण के सहवास में प्रसन्नता मिल रही थी। कुशल-मंगल चल रहा था कि कर्ण ने पूछा, "द्वारका से इतनी दूर आप केवल मेरे लिए..."

"नहीं अंगराज, ऐसा नहीं है। तपस्या के लिए मैं कामरूप देश गया था। यह उसी भूमि का हिस्सा है। यह अंगदेश पहले कामाश्रम के नाम से प्रसिद्ध था। शिव के क्रोध से भस्म हो जाने के भय से दौड़ने वाले मदन ने जहाँ अपना शरीर झोंक दिया था वही है यह अंगदेश। अंग यह सोलह महाजनपदों में से एक महाजनपद है। यह उपेक्षित, किंतु पुण्य भूमि, आपके ही कारण फिर से हरी-भरी हो गई है।"

"मैंने द्वारका तो नहीं देखी है, किंतु उसकी संपन्नता के संबंध में सुना अवश्य है। उसकी तुलना में चंपानगरी कुछ भी नहीं।"

"केवल संपन्नता से नगरी की शोभा नहीं आती अंगराज। गुण संपन्न लोगों के वास्तव्य से भूमि पावन होती है। आपकी कीर्ति इस भूमि के संपूर्ण क्षेत्र में फैली हुई है। जिस भूमि पर याचकों की दुर्लभता हो, वही है वास्तविक संपन्न प्रदेश। आपके कारण वैद्यनाथ से भुवनेश्वर तक फैला हुआ यह अंगदेश तीर्थक्षेत्र का प्रदेश बन गया है।"

कर्ण के मुखमंडल पर कुछ अलग ही हास्य प्रकट हुआ। उसने पूछा, "पुण्य संचय के लिए मेरे जैसे सूतकुल में पले व्यक्ति को तपस्या करनी पड़ती है। यह मैं समझ सकता हूँ, किंतु आप तो जन्मजात देवगुण संपन्न हैं। आपको तपस्या करने की क्या आवश्यकता ?"

"हे राधेय, तपस्या से कौन बचा है ? इस पृथ्वी तल पर जन्म लेने वाले हर प्राणि मात्र का उद्धार तपस्या से ही होता है। धनुर्विद्या सीखनी हो तो द्रोणाचार्य के पास ! रथ सज्जा करना हो तो अधिरथ से। बाहु युद्ध देखना हो तो जरासंध का। यह ख्याति किस कारण प्राप्त हुई ? क्या उसके पीछे विद्या की निरंतर मेहनत ही कारणीभूत नहीं है ? तपस्या भी और क्या है ? वीरता, कीर्ति और यश का सामर्थ्य भी तपस्या में ही छिपा हुआ है। महान् तपस्वी रावण का सामर्थ्य भी तपस्या में ही छिपा हुआ था। सूर्य-चंद्र सहित अंतरिक्ष के सभी ग्रहों को अपने अधीन किए जाने के उपरांत भी उसकी निरंतर आराधना में कभी अंतराल नहीं आया।"

''ग्रहों को अपने अधीन किए जाने के पश्चात् रोज आराधना करने की क्या आवश्यकता ?''

''यही प्रश्न किसी ऋषिवर ने रावण से किया था। एक दिन संध्या समय एक ऋषिवर रावण से मिलने गए। उस समय रावण अस्ताचल को जा रहे सूर्य को प्रणाम कर रहा था। ऋषिवर को बड़ा आश्चर्य हुआ और उन्होंने यही प्रश्न रावण से किया। रावण ने कहा, 'महामुनि, जिस दिन इस तपस्या में अंतराल आएगा उसी दिन रावण का यश भी समाप्त हो जाएगा। आरंभ में जब मेरी तपस्या चल रही थी तब उसकी कीर्ति धीरे-धीरे संपूर्ण विश्व में फैलने लगी। मेरी लंका सुवर्णमय हो गई। प्रजाजन संतृप्त हो गए। फिर भी मेरी तपस्या निरंतर चल ही रही थी। फिर मैंने पाताललोक पर आक्रमण करके उस पर विजय पाई। यह समाचार स्वर्ग तक जा पहुँचा। स्वर्ग के देवों ने कहा, रावण तपस्वी है। पाताललोक पर राज्य करना उसका अधिकार है। उसकी सत्ता में पाताललोक सुरक्षित है।'

'मेरी तपस्या ऐसी ही चल रही थी। कुछ वर्ष पश्चात् मैंने पृथ्वीलोक पर विजय पाई। स्वर्ग के देवों ने उसे भी मान्यता दी। उन्होंने कहा, रावण महातपस्वी है। पृथ्वीलोक पर राज्य करना उसका अधिकार है।'

'मेरी तपस्या में अंतर नहीं पड़ा था, किंतु एक दिन बिना किसी कारण स्वर्ग लोक के देव व्याकुल हो उठे। मेरे स्वर्ग पर आक्रमण करने की किंवदंती उठी थी। अमृत पान में मग्न देव हड़बड़ाकर जाग उठे। युद्ध की तैयारियाँ होने लगीं, किंतु मैंने स्वर्ग पर आक्रमण नहीं किया। देवों ने मुक्ति की साँस ली। दो-तीन बार इसकी पुनरावृत्ति हो गई और फिर अचानक मैंने विद्यमान सेना के साथ स्वर्ग पर आक्रमण किया। उस समाचार से स्वर्ग के देव भयभीत हो उठे। युद्ध करने का अवसर ही नहीं आया। केवल छुपे हुए देवों को ढूँढ़ निकालने का कार्य ही मुझे करना पड़ा।'

रावण की वीरता की कहानी सुनकर ऋषिवर के हृदय में आशंका उठी। उन्होंने प्रश्न किया, 'हे वीर रावण, क्या इसका अर्थ तुम्हारी पराजय कभी होगी ही नहीं ?' इस प्रश्न को सुनकर रावण क्षण भर के लिए विचारमग्न हो गया। फिर निश्चयी स्वर में उसने उत्तर दिया, 'महाराज, इस पृथ्वीतल पर जन्मे सभी लोग नश्वर हैं। उनकी पराजय का दिन भी निश्चित होता है। मेरी पराजय भी अवश्य होगी, किंतु वह देवों के हाथों नहीं। जिन्होंने साहस गँवाया है, उनमें दुबारा उठने का सामर्थ्य कहाँ ? मेरी पराजय इन देवों से कभी नहीं होगी। किसी समय किसी सामान्य मानव को ही मेरी महत्ता सहन नहीं होगी और फिर वह अपने आत्मविश्वास से रावण को आह्वान करेगा। उस समय केवल वानरों की सहायता से भी वह वीर इस रावण को सहज ही कर देगा पराजित।' ''

श्रीकृष्ण ने रावण कथा समाप्त की और फिर कहा, ''और हुआ भी वैसा ही। किसी क्षुद्र मोह में महान् तपस्वी रावण संतुलन खो बैठा। इसीलिए रावण का वध देवों के हाथों नहीं हुआ, बल्कि उसके लिए भगवान् को भी सामान्य मानव का रूप

धारण करना पड़ा और वानरों की सहायता से ही वह अनहोनी हुई। इतना बलशाली होता है तपस्या का प्रभाव।"

श्रीकृष्ण की बातों से मोहित होने वालों को समय-काल का भी ध्यान नहीं रहता था। श्रीकृष्ण सहवास एक परमेश्वरी वरदान लग रहा था। चंपानगरी में नवचैतन्य प्रकट हुआ था। श्रीकृष्ण के साथ आए हुए रक्षक दलों का आतिथ्य करने में संपूर्ण चंपानगरी व्यस्त थी। भोजन के लिए राजप्रासाद में नित्य नई मृगया लाई जा रही थी। नृत्य-गायन से श्रीकृष्ण का मनोरंजन किया जा रहा था। वृषसेन तो छाया की तरह श्रीकृष्ण के पीछे-पीछे घूम रहा था।

भोर ही में कर्ण की निद्रा खुल गई। एक मंत्रमुग्ध करने वाला नाद संपूर्ण वातावरण को आह्लादित कर रहा था। कर्ण ने गौर से सुना। उसका हृदय प्रसन्नता से विभोर हो उठा। उसने देखा शय्या पर वृषाली शांत सोई हुई थी। कर्ण ने कोमलता से उसके गालों को स्पर्श किया। वृषाली जग गई। मुसकराकर उसने कर्ण की बाँह थामी और उसे अपने गालों पर रख लिया। तृप्ति से उसने अपने नेत्र बंद किए। कर्ण ने पुकारा, "वसू ऽ ऽ"

"अं।"

"जागो वसू। जब द्वार पर भाग्य आता है तब सोना नहीं चाहिए।" उन शब्दों से वृषाली हड़बड़ाकर उठ बैठी और उसने पूछा, "कैसा भाग्य ?"

"सुनो।"

दोनों सुन रहे थे। उस स्वरनाद से दोनों के हृदय भर आए। उषःकाल की प्रभा बिखरने लगी थी और महल के दीपदानों का प्रकाश मंद पड़ने लगा था। वृषाली ने पूछा, "वृषसेन कहाँ है ?"

वृषसेन का स्थान रिक्त था। कर्ण मुसकराया। अपना उत्तरीय उठाते हुए उसने कहा, "चलो ऽ ऽ"

कर्ण के पीछे वृषाली जा रही थी। श्रीकृष्ण के महल के समीप जाते-जाते वह ध्वनि स्पष्ट होती गई। कृष्ण महल के बाहर खड़े सेवक आदर से दूर हट गए। कर्ण और वृषाली के चरण द्वार पर ही रुक गए। महल में श्रीकृष्ण शय्या पर बैठे थे। नेत्र बंद कर वे बाँसुरी बजा रहे थे और उनके समीप बैठकर वृषसेन एकाग्रता से उसे सुन रहा था। अमृत धारा की तरह सुर झर रहे थे। बाँसुरी का स्वर रुकते ही कर्ण सचेत हो गया। इतने में श्रीकृष्ण ने कहा, "द्वार पर क्यों खड़े हो अंगराज ? आओ, अंदर आओ। लगता है, मेरी बाँसुरी ने आपको जगा दिया।"

"नादमुग्ध अवश्य किया। जगाया या नहीं, पता नहीं।"

श्रीकृष्ण ने वृषसेन को गले लगाया और उसके केशों में हाथ फिराते हुए कहा,

"यह वृषसेन बड़ा चतुर है। आज मैंने बाँसुरी बजाई वह उसी के लिए। कल वस्त्र निकालने के लिए संदूक खोला था। उसमें इसने यह बाँसुरी देखी और बजाने का हठ किया। मैंने वचन दिया कि जब कोई भी नहीं जाग रहा हो तब मैं बाँसुरी

बजाऊँगा। इसकी अभिलाषा बड़ी तीव्र है। प्रातःकाल ही में इसने मुझे जगा दिया।''

''आपको कष्ट दिया न ?'' वृषाली ने कहा।

''कष्ट नहीं। संतोष दिया। शिशुकाल में गौए चराते हुए जब मैं जंगलों में भटकता था तब अकेलापन दूर करने के लिए यह बाँसुरी हाथ में ली। अनजाने में सुर मिले। भोले-भाले हृदयों को संतोष दे सका। अब बाँसुरी हाथ में लेने के लिए समय ही नहीं बचता और यदि हाथ में ली भी, तो ऐसा निरीह श्रोता नहीं मिलता।''

''सुध-बुध खो जाए ऐसी मधुरता भरी है इस बाँसुरी में।''

''नहीं अंगराज !'' बाँसुरी उठाते हुए श्रीकृष्ण ने कहा, ''इस बाँसुरी में कुछ नहीं है। यह एक शुष्क बाँस की रिक्त फूँकनी है। छिद्रांकित। इसमें सावधानीपूर्वक फूँक भरनी होती है। छिद्रों का ध्यान रखकर मृदु उँगलियों से इसे सँभालना पड़ता है, तभी हृदय के सुर उसमें से प्रकट होते हैं। अन्यथा इस बाँसुरी में कुछ नहीं है।''

श्रीकृष्ण के मुखमंडल पर स्वप्न-सा भाव प्रकट हो गया था।

''अंगराज, मानवी जीवन भी क्या है ? देह की इस बाँसुरी में कोमल हृदय से नाजुक फूँक भरने से हृदय की अंतर्व्यथा भी नाद मुग्ध बन जाती है।''

वृषसेन श्रीकृष्ण के समीप गया। श्रीकृष्ण का ध्यान उसकी ओर जाते ही उसने पूछा, ''महाराज क्या मैं बाँसुरी बजा सकूँगा ?''

श्रीकृष्ण ने वृषसेन को अपने समीप बिठाकर उसके केशों में हाथ फिराते हुए कहा, ''नहीं वृषसेन, इस बाँसुरी का हठ मत करो। इस बाँसुरी से फूँक भरने से श्वास अधूरी बन जाती है और निकले हुए सुरों से कुछ अलग ही व्यथा मिल जाती है।''

श्रीकृष्ण के परिवर्तित भाव से सब चौंक उठे। श्रीकृष्ण का ध्यान महल में बिखरी हुई सूर्य-किरणों की ओर गया। वृषसेन को दूर हटाते हुए उन्होंने कहा, ''सूर्य-वंदन रह गया।''

और इतना कहकर सूर्य-वंदन के लिए वे छज्जे की ओर चल पड़े।

प्रकरण-2

अपराह्न का अंतिम प्रहर ढलते-ढलते श्रीकृष्ण की निद्रा पूरी हो गई। दासियों द्वारा दिए जल से मुख प्रक्षालन करके वे पीछे मुड़ ही रहे थे कि उद्यान की ओर से हँसी की ध्वनि सनाई दी। ध्वनि की दिशा की ओर से वे छज्जे की ओर चल दिए। महल के समीप के बगीचे की ओर उनकी दृष्टि स्थिर हो गई। बगीचे में एक खुली जगह

पर बाँस का मोर खड़ा किया हुआ था। पास में वृषसेन अपना छोटा धनुष लेकर उसकी डोर अपने कानों तक खींचे खड़ा था। उसके पीछे महाबाहु कर्ण खड़ा था। तीर छूटा और बाँस के मोर की गरदन से आर-पार निकल गया। वृषसेन की मुद्रा प्रसन्नता से खिल उठी। उसने उत्साह से कर्ण की ओर देखा। उसी समय छज्जे से श्रीकृष्ण के आनंदोद्गार उठे, "धन्य धन्य ऽ ऽ "

कर्ण और वृषसेन ने उसी समय ऊपर देखा। श्रीकृष्ण को देखते ही कर्ण वापस लौटने लगा। उसे देखकर श्रीकृष्ण ने छज्जे से ही कहा, "ठहरो अंगराज ! मैं ही नीचे आता हूँ।"

श्रीकृष्ण उद्यान में आए तब कर्ण ने उनके सम्मुख आकर कहा, "क्षमा कीजिए। आपकी निद्रा पूरी हो जाने का ध्यान ही मुझे नहीं रहा।"

"क्षमा की कोई आवश्यकता नहीं अंगराज। मैं प्रसन्न हूँ कि वृषसेन को इतनी अच्छी शिक्षा दी जा रही है। बड़ा हो जाने पर वह जब आश्रम जाएगा, तब तक शस्त्रविद्या में सीखने जैसा उसके लिए कुछ शेष नहीं रहेगा।"

"वृषसेन को अपनी विद्या स्वयं ही प्राप्त करनी पड़ेगी। जो विद्या वह प्राप्त करना चाहेगा वह उसे किसी से सिखवाई नहीं जाएगी।" कर्ण ने चिड़चिड़े स्वर में कहा।

"क्यों ? आपने द्रोणाचार्य से विद्या प्राप्त की है, वैसे ही वृषसेन भी किसी श्रेष्ठ गुरु से विद्या प्राप्त कर लेगा।"

"उसका अनुभव मैंने किया है। अधिरथ, धृतराष्ट्र महाराज के मित्र हैं। उनकी कृपा से राजकुमारों के साथ आश्रम में रहने का भाग्य मुझे मिला। एक बार आश्रम में शुक का लक्ष्य रखा गया था और गुरुदेव ने शुक के नेत्र का निशाना बनाने की आज्ञा दी थी। एक पंक्ति में खड़े सभी बालकों पर गुरुदेव की दृष्टि घूमी। मैं भी अपना धनुष ताने खड़ा था। गुरुदेव ने मुझे हटने की आज्ञा देते हुए कहा, "राधेय, पीछे हट जाओ। सूत-पुत्र एकाग्रता नहीं कर सकते। कुमार का लक्ष्य-वेध गौर से देखो, उनका अनुकरण करो। उसी में तुम्हारा कल्याण है।"

उस प्रसंग के स्मरण से ही कर्ण की मुद्रा संतप्त हो गई। उसने अपना धनुष उठाया और बाँस के मोर की ओर उँगली उठाकर कहा, "उस नेत्र को देखिए।"

कर्ण ने अपना धनुष उठाया, तीर लगाकर डोर खींची। उसकी बाँह पर लगे रत्नजड़ित बाजूबंद का हिलने वाला मोतियों का गुच्छा स्थिर हो गया। 'सप्' ध्वनि करते हुए तीर छूटा और मोर के नेत्र को छेदकर आर-पार चला गया। कर्ण संतोष से मोर की ओर बढ़ रहा था। श्रीकृष्ण का कुतूहल जाग उठा। दोनों मोर के समीप गए। मोर के दोनों नेत्रों का सही वेध तीर ने किया था। उन नेत्रों की ओर उँगली उठाकर कर्ण ने कहा, "इस नेत्र ने मुझे बहुत कुछ सिखाया है। गुरुकृपा हमारे लिए नहीं है। इस धरातल पर ज्ञान केवल तपस्या द्वारा ही मिलता है। सूत-पुत्रों पर

गुरुकृपा कभी नहीं हो सकती। आपने रावण-कथा कही न ! वही सत्य है। सूत-पुत्रों को केवल तपस्या द्वारा ही ज्ञान के द्वार खुल सकते हैं। द्रोणाचार्य ने ब्रह्मास्त्र सीखने के लिए मुझे अनुमति नहीं दी, अतः मैं परशुरामजी के पास चला गया। ज्ञान प्राप्त करने के लिए मैंने असत्य का आश्रय लिया। उन्होंने भी भृगु कुलोत्पन्न ब्राह्मण समझकर मेरा स्वीकार किया। ब्रह्मास्त्र तो प्राप्त हुआ, किंतु गुरु सेवा के लिए अपनाए हुए संयम के कारण उसी के साथ दो भयानक शाप भी मिले। एकलव्य को तो विद्या भी प्राप्त नहीं हुई और अपना अँगूठा भी खोना पड़ा। नहीं महाराज, इस वृषसेन को यदि कोई विद्या प्राप्त करनी हो तो अपने स्वयं के बाहुबल पर ही प्राप्त करनी पड़ेगी।''

कुछ रुककर, अपनी बातों से आश्चर्यचकित हुए श्रीकृष्ण की ओर खिन्नता से देखकर कर्ण ने फिर कहा, ''सूखे कुएँ में गिरी राजकुमारों की गुल्ली अपने तीर से बाहर निकालकर द्रोणाचार्य ने कौरव राजसभा में सम्माननीय स्थान अवश्य प्राप्त कर लिया होगा, किंतु जिसके जीवन का कुआँ जात-पात और स्नेह के अभाव में सूख गया हो उसके हृदय की गुल्ली बाहर निकालने वाला समर्थ गुरु इस धरती पर प्राप्त नहीं होता। उसे स्वयं ही कष्ट उठाने पड़ते हैं।''

''अंगराज, द्रोणाचार्य ने चाहे आपको नहीं सिखाया हो, किंतु आपका ज्ञानार्जन तो नहीं रुका ? गुरु का प्रेम प्राप्त नहीं हुआ होगा, परंतु उत्कट मित्र प्रेम तो मिला न ? उसी मित्र प्रेम के कारण आज आप अंगदेश के अधिपति हो न ? वहाँ तो आपका सूतकुल आड़े नहीं आया ?''

श्रीकृष्ण के शब्दों से कर्ण का पूरा अभिमान जाग उठा। अपनी दृष्टि श्रीकृष्ण की ओर स्थिर करके उसने कहा, ''दुर्योधन की मित्रता पर मुझे गर्व है। और क्यों न हो ? शस्त्र-स्पर्धा के समय स्पर्धा में भाग ले रहे सभी राजकुमारों की आत्यंतिक प्रशंसा की जा रही थी और मैं वह सब सुनते हुए पीछे खड़ा था। वीरता में कमी थी इसलिए नहीं। मैंने सोचा था कि वह वीरों का मेला है, अतः मैंने अर्जुन का आह्वान किया था, किंतु अर्जुन की सहायता के लिए उनके उपकार के तले दबे कृपाचार्य आगे बढ़े और उन्होंने सभी के सामने मुझे मेरे कुल का उच्चार करने के लिए विवश किया। मैं अपने कुल से लज्जित नहीं था, किंतु मुझे कृपाचार्य के व्यवहार पर क्रोध आया। मैं अधिरथ के कुल में पल रहा था। यह बात समस्त हस्तिनापुर जानता था। आश्रम में प्रवेश करते समय केवल राजकुमारों को ही नहीं, बल्कि आश्रितों को भी कुलोच्चार करना पड़ता है। यह कैसा गुरु जो एक राजकुमार की प्रतिष्ठा के लिए अपने दूसरे शिष्य की अप्रतिष्ठा करे ? जिस समय समस्त जन बड़े हर्ष से मेरा तेजोभंग देख रहे थे उस समय दुर्योधन आगे बढ़ा और तत्काल उसने मुझे अंगदेश का राज्य प्रदान किया।''

''वह मित्र प्रेम मैं भी जानता हूँ। कोई भी संतृप्त हो, ऐसा ही है यह प्रेम।''

''नहीं, इस कर्ण ने आज तक किसी से भी दान नहीं लिया है। अंगदेश की

प्राप्ति होने पर भी मैंने उस पद को ग्रहण नहीं किया। दुर्योधन के साथ जब मैं चित्रांगदा के स्वयंवर में गया था तब मेरे संकेत से ही दुर्योधन ने राजकुमारी का हरण किया था। उस समय वहाँ पर एकत्रित नरश्रेष्ठों के विरोध का सामना भी मैंने अकेले ने ही किया था। जरासंध का मल्लयुद्ध का आह्वान मैंने स्वीकारा और उसमें मेरे विजयी होने के पश्चात् ही जरासंध ने अपनी मालिनी नगरी मुझे अर्पण की। वही है यह चंपानगरी। जब मैंने अपनी वीरता का प्रदर्शन किया तभी इस अंगराज्य का आधिपत्य स्वीकार किया।''

''उस वीरता का वर्णन सुना है मैंने।'' श्रीकृष्ण ने कहा, ''जिस जरासंध के आक्रमण के भय से मुझे यादवों-सहित मथुरा का त्याग करना पड़ा और द्वारका बसानी पड़ी उसी जरासंध को द्वंद्व के द्वारा मित्र बनाना कोई सामान्य वीरता नहीं।''

श्रीकृष्ण से अपनी प्रशंसा के शब्द सुनकर कर्ण का उद्विग्न हृदय कुछ शांत हुआ। उसे संकोच हुआ। झट से विषय बदलकर उसने कहा, ''एक प्रार्थना है।''

''कहिए।''

''आपके हृदय में यदि मेरे लिए स्नेहभाव है तो कृपया मुझे 'आप' कहकर न संबोधिए।''

''ठीक है। ठीक है।''

''और मेरे साथ चंपानगरी का अवलोकन करने के लिए चलिए।''

''अवलोकन ?''

''हाँ, आपके आगमन का समाचार सभी को प्राप्त हुआ है। नगरवासी आपके दर्शन के लिए उत्सुक हैं। साथ-साथ आप रथशाला, गोधन आदि का भी अवलोकन कर सकेंगे।''

''मुझे प्रसन्नता होगी। राजा के साथ प्रजा का अवलोकन करने को मिले तो किसे हर्ष नहीं होगा ?''

कर्ण-रथ सज्ज हो गया था। उसके आगे-पीछे रक्षकों का अश्वदल दौड़ने लगा। कर्ण रथ का सारथ्य कर रहा था। श्रीकृष्ण के दर्शन के लिए राजमार्ग पर लोगों की अत्यधिक भीड़ जमा हो गई थी। श्रीकृष्ण ने कर्ण के साथ चंपानगरी का अवलोकन किया और रथशाला तथा गोधन भी देख लिया। वापस लौटते समय कर्ण का रथ एक भव्य और पुरानी वास्तु के सामने खड़ा हुआ। वास्तु के द्वार पर रक्षक खड़े थे। कर्ण के पीछे-पीछे श्रीकृष्ण रथ से उतरे। रक्षकों ने तत्परता से द्वार खोले। भीतर एक भव्य आँगन था। आँगन के मध्य खड़ा हरसिंगार का पुराना वृक्ष फूलों से खिल उठा था। सामने चमकदार स्तंभों का प्रशस्त बरामदा था। सीढ़ियाँ चढ़कर कर्ण ने बरामदे में प्रवेश किया। संध्या के धूमिल वातावरण में संपूर्ण परिसर गूढ़ रहस्यमय प्रतीत हो रहा था। श्रीकृष्ण का ध्यान बरामदे में रखे सुडौल, किंतु छोटे से रथ की ओर आकर्षित हुआ। रथ के चक्र से लेकर छत तक का हर भाग नक्षी से कुरेदा हुआ था।

श्रीकृष्ण से रहा नहीं गया। उन्होंने पूछा, ''कर्ण, किसकी वास्तु है यह ?''

अपनी ही धुन में मस्त, श्रीकृष्ण के अस्तित्व को भी भूला हुआ कर्ण उस प्रश्न से होश में आया। पीछे मुड़कर उसने कहा, ''अं ?''

''किसकी वास्तु है यह ?''

''हमारी। केशव, यहाँ पर मेरा शिशुकाल व्यतीत हुआ। सूतों की नगरी के रूप में चंपानगरी की ख्याति है। मैं भले ही नदी के प्रवाह में बहता आया हुआ हूँ, पर राधा माँ की ममता के कारण मुझे कभी भी अनाथ होने का अनुभव नहीं हुआ। माता-पिता का स्नेह भी इससे बढ़कर नहीं हो सकता। मेरी प्राप्ति के बाद राधा माँ को अपने स्वयं के संतान प्राप्त हुई, किंतु फिर भी मेरे प्रति उनका प्रेम कभी कम नहीं हुआ।''

यह कहते समय कर्ण उस रथ पर हाथ घूमा रहा था। भरी हुई आवाज में उसने कहा, ''मैं बहुत छोटा था तब 'तात' ने यह रथ मेरे लिए बनाया था। कब ? पता है ? जब मैं शिक्षा के लिए आश्रम गया था तो तात और राधा माँ मेरा विरह सहन न कर सके। इस विशाल विश्व में मेरे बिना वे एकाकी हो गए। फिर तात ने उत्कृष्ट कारीगर बुलाकर उनकी निगरानी में इस रथ का कार्य आरंभ किया। रथ तैयार तो हुआ, किंतु उसमें एक बड़ी भूल हो गई।''

''भूल ?''

कर्ण ने हँसकर कहा, ''हाँ भूल। तात ने शिशु आयु के कर्ण को ध्यान में रखकर रथ बनाया और मैं आश्रम से लौटा युवा बनकर। यह विषय हमारे बीच सदैव परिहास का रहा है।'' बातों-बातों में कर्ण गंभीर हो गया। उसका हास्य लुप्त हुआ और नेत्र भर आए।

''किंतु यह रथ ऐसे ही यहाँ बनाए रखा गया। तात ने अपने स्वयं के पुत्रों को भी उसका उपयोग नहीं करने दिया। तात और राधा माँ के स्मरण से जब हृदय व्याकुल हो उठता है तब मैं यहाँ आता हूँ और इस वास्तु को अपने मूल रूप में बनाए रखने का प्रयास करता रहता हूँ।''

रथ की कथा सुनकर श्रीकृष्ण भी उदास हो गए। कर्ण के कंधे पर हाथ रखकर उन्होंने कहा, ''कर्ण, इस जीवन में हमारी आशा-आकांक्षाओं का भी यही होता है। उनके स्वप्न देखकर हम हृदय में ऐसे ही सुंदर-सुंदर मंदिर बनाते रहते हैं, परंतु वे आशा-आकांक्षाएँ जब साकार होती हैं तब अपने समक्ष उनका कुछ अलग ही रूप खड़ा हो जाता है और फिर उनके लिए हृदय में बनाए हुए मंदिर अधूरे प्रतीत होने लगते हैं।''

कर्ण ने श्रीकृष्ण की ओर देखा और कहा, ''सत्य निगलना बड़ा कठिन होता है केशव ! अंधकार छाने लगा है। अब हम चलेंगे।''

संध्या के झुटपुटे समय श्रीकृष्ण के साथ कर्ण ने प्रासाद में प्रवेश किया। रात्रि का भोजन होने के पश्चात् श्रीकृष्ण ने अगले दिन प्रातः ही प्रस्थान करने का विचार

प्रकट किया। उसे सुनकर कर्ण और वृषाली चौंक उठे। कर्ण ने कहा, "आपके आतिथ्य में यदि कुछ त्रुटि रह गई हो तो उसके लिए क्षमा चाहता हूँ। किंतु हृदय में आपके सहवास का लाभ और अधिक पाने की अभिलाषा है।"

"अंगराज, राज ऐश्वर्य से युक्त तुम्हारे इस प्रासाद में त्रुटि किस बात की ? तुम्हारा सहवास मुझे भी प्रिय है, किंतु वहाँ राजा द्रुपद ने अपनी कन्या का स्वयंवर घोषित किया है और द्रुपद मेरे अच्छे मित्र हैं। इस स्नेह भाव के नाते मेरा वहाँ जाना आवश्यक है। तुम्हें भी तो स्वयंवर का निमंत्रण मिला होगा ?"

"हाँ मिला है।"

"फिर तुम नहीं चलोगे ?"

"नहीं।"

"कारण ?"

"द्रुपद मेरे मित्र नहीं हैं। और वीरों को स्वयंवर में जाना चाहिए जीतने के लिए।" वृषाली की ओर देखकर कर्ण ने आगे कहा, "उसके लिए अब स्वयंवर में जाने की मुझे आवश्यकता नहीं। अपने जीवन में मैं तृप्त हूँ।"

श्रीकृष्ण प्रसन्नता से मुसकराए। वृषाली की गरदन लज्जा से झुक गई। कर्ण ने श्रीकृष्ण से प्रश्न किया, "किंतु कल ही ..."

"हाँ, मैं स्वयंवर के लिए नहीं जा रहा हूँ। स्वयंवर की तैयारियाँ करने के लिए मुझे पहले जाना होगा।"

"क्या द्रुपद राजकुमारी बहुत सुंदर है ?"

"सुंदर ? यह शब्द उसके लिए अधूरा है। वह कन्या द्रुपद की नहीं है। द्रुपद द्वारा किए गए यज्ञ से प्राप्त हुई वह तेजस्वी कन्या है।"

वृषाली की ओर स्मित हास्य करते हुए श्रीकृष्ण ने आगे कहा, "वृषाली इसने विचार में परिवर्तन किया तो भी इसे स्वयंवर में मत जाने देना। नहीं तो वह याज्ञसेनी कदाचित् इसके रूप और कवच-कुंडलों पर मोहित हो जाएगी। अंगराज, मैं जा रहा हूँ इसका खेद मत करो। भेंट कितने समय की हुई इसकी अपेक्षा वह किस भावना से हुई इसका महत्त्व अधिक होता है। तुम्हारा यह स्नेह मैं कभी भी भुला नहीं पाऊँगा।"

अगले दिन प्रातःकाल ही में प्रासाद के ज्योतिस्तंभ पर श्रीकृष्ण, कर्ण, वृषसेन और वृषाली खड़े थे। प्रासाद के सामने सुसज्ज कृष्ण दल खड़ा था। पूर्व क्षितिज पर एक सुनहरी रेखा प्रकट हुई। श्रीकृष्ण ने कहा, "अब बिदा लो अंगराज।"

"आपके साथ कुछ अंतर तक मैं आता हूँ न।"

"नहीं, बिदा कभी भी मंद गति से नहीं लेनी चाहिए। उससे दुःख बढ़ता है। बिदाई हमेशा शीघ्र समाप्त करनी चाहिए। तुम प्रासाद के द्वार तक भी मत आओ। यहीं खड़े रहो। बिदाई लेते समय मैं बहुत देर तक तुम्हें देख सकूँगा। अब मैं निकलूँ ?"

श्रीकृष्ण के उन शब्दों से कर्ण का कंठ रुद्ध हो गया। दो दिन का अल्प सहवास, किंतु अनेक वर्षों की गहन मित्रता का आभास दे रहा था।

कर्ण ने कहा, "हे केशव मैं क्या कहूँ ? आपको और कुछ दिन रुकने के लिए कहूँ तो अधिकार जताना होता है। जाने के लिए कहूँ तो उपेक्षा लगती है और ऐसा कहूँ कि जो आपके हृदय में है करो, तो उदासीनता दिखाई देती है। अतः इतना ही कहना चाहूँगा कि हम जहाँ कहीं भी हों, जब भी एक-दूसरे का स्मरण करेंगे वह अच्छी भावना से किया जाए। उस स्मरण से मिलने जैसा संतोष मिल जाए।"

श्रीकृष्ण ने एकाएक कर्ण को आलिंगनबद्ध किया। उसकी पीठ पर हाथ फिराते हुए उन्होंने कहा, "तथास्तु।"

आलिंगन से मुक्त होते ही वृषाली ने श्रीकृष्ण को प्रणाम किया। श्रीकृष्ण ने हाथ ऊपर उठाया, किंतु शब्द नहीं निकल सके। वृषसेन आगे बढ़ा और उसने श्रीकृष्ण के चरणों पर मस्तक रखा। श्रीकृष्ण ने उसे उठाकर अपने हृदय से लगाया और कहा, "मित्र, इसका ध्यान रखना।"

फिर वृषसेन को नीचे खड़ा कर श्रीकृष्ण ने हाथ का दुशाला सँभाला। सुवर्ण धागों से चित्रांकित नीले रंग का वह दुशाला कर्ण के हाथों सौंपकर श्रीकृष्ण ने कहा, "यह दुशाला किसी श्रेष्ठ कलाकार ने बुना है मेरी स्मृति में इसे रख लो। मैं चलता हूँ।"

मुड़कर श्रीकृष्ण आगे बढ़े। कर्ण और वृषाली उनकी ओर देख रहे थे। कुछ कहने का भी भान कर्ण को नहीं रहा। कुछ ही देर में वह परिसर गंभीर शंखनाद से गूँज उठा। उसके पीछे-पीछे अश्वों के टापों की आवाज के साथ-साथ रथ-चक्रों की गड़गड़ाहट सुनाई दी। कर्ण ने देखा कि श्रीकृष्ण का सुवर्ण रथ अपने दल के साथ राजप्रासाद से बाहर जा रहा है। अनभिज्ञता से कर्ण ने हाथ जोड़े।

उगते हुए सूर्य-किरणों में श्रीकृष्ण का रथ नजरों से अदृश्य हो गया। एक लंबी श्वास लेकर कर्ण मुड़ा और उसकी मुद्रा भय व्याकुल हो उठी। कर्ण की दृष्टि जहाँ स्थिर हो गई थी उस तरफ वृषाली का भी ध्यान आकर्षित हुआ। पल भर के लिए उसके चरण भी जैसे भूमि में गड़ गए। वृषाली ने कर्ण को हाथ से ही संकेत किया और पुकारा, "वसू ऽ ऽ"

ज्योतिस्तंभ पर खड़े वृषसेन ने पीछे मुड़कर देखा। मुख पर मुसकराहट थी, कुंतल हवा से हिल रहे थे। वृषाली की दृष्टि उसकी दृष्टि से मिली। अपनी दृष्टि न हटाते हुए वृषाली सीधी वृषसेन के समीप गई और उसकी बाँह पकड़कर उसे वापस ले आई।

कर्ण ने एक निःश्वास छोड़ी और पूछा, "भय नहीं लगा ?"

"कैसा भय ? उसकी दृष्टि मेरी दृष्टि से मिलने तक ही भय था, तत्पश्चात् नहीं। मुझे इतना विश्वास था कि वह हिलेगा नहीं।"

"इस दृष्टि का इतना प्रभाव ?"

"यह प्रभाव यदि नेत्रों में न हो तो माँ बनना नहीं आता।" वृषाली ने कहा।

कर्ण ने शरारत से कहा, "नहीं, वैसे उस प्रभाव से हम भी भलीभाँति परिचित हैं। उसका भय हमें भी सदैव रहता है।"

वृषाली ने कृत्रिम कोप से कर्ण की ओर देखा। कर्ण जोर से हँस पड़ा और उसने वृषसेन को उठाया।

कर्ण का ध्यान बाहर की ओर गया। दूरदराज में धूलि के मेघ उठ रहे थे। श्रीकृष्ण की स्मृति में वह फिर से गंभीर हो गया।

"वृषाली, कृष्ण-भेंट का आनंद इतना होगा यह मैंने स्वप्न में भी नहीं सोचा था। ऐसा प्रतीत हो रहा है कि उनके कारण सूर्य के समान संपूर्ण जीवन प्रकाशमय हो गया है..."

प्रकरण-3

अपराह्न में कर्ण अपने महल में विश्राम कर रहा था। वृषसेन समीप ही बैठा हुआ था।

"तात।"

"हं।"

"श्रीकृष्ण महाराज कब आएँगे ?"

श्रीकृष्ण का नाम सुनते ही कर्ण ने वृषसेन की ओर देखा। श्रीकृष्ण को जाए हुए आठ से भी अधिक दिन बीत चुके थे, फिर भी उस शिशु को श्रीकृष्ण का विस्मरण नहीं हो रहा था। कर्ण की अवस्था भी कुछ भिन्न नहीं थी।

"कहो न तात ?"

"वसु, जब भाग्य में लिखा होता है तभी ऐसे व्यक्तियों का दर्शन, सहवास मिलता है और भाग्य में क्या लिखा है यह कौन बता सकता है ?"

वृषसेन कुछ समझ नहीं पाया। वह कुछ पूछना चाहता था कि उसका ध्यान पीछे की ओर गया। भीतरी दरवाजे से वृषाली अंदर आ रही थी। कर्ण की शय्या के समीप आकर वृषाली ने कहा, "आपसे मिलने कोई आया है।"

"कौन हो सकता है ?"

"आप ही बताइए।"

"हस्तिनापुर से शत्रुंजय आया होगा।"

"अं हं।" मस्तक हिलाकर वृषाली ने कहा।

"फिर वृषकेतु ?"

"नहीं।"

"फिर तो उत्तर बड़ा सरल है। मेरा मित्र, सखा चक्रधर आया होगा।"

वृषाली दंग रह गई। उसने पूछा, "आपने कैसे जाना ?"

कर्ण हँस पड़ा। "मुझसे न मिलकर सीधे तुम्हारे पास पहुँचने वाले ये तीन ही तो हैं। अपने दो पुत्र और चक्रधर। कहाँ है वह ?"

द्वार के पीछे खड़ा चक्रधर भीतर आया। कर्ण ने उठकर उसे गले लगाया। हँसकर प्रणाम करके चक्रधर ने कहा, "अंगराज, आपका सेवक आपको प्रणाम करता है।"

"वत्स, तुम्हें अभय है। मित्र, तुम्हारे आने पर मैं बहुत प्रसन्न हूँ।"

"किंतु अच्छा समाचार लेकर नहीं आया हूँ मैं।"

"क्यों ? क्या हुआ ?"

"कल रात्रि के समय बड़ी भारी संख्या में तस्कर आए और अपना संपूर्ण गोधन चुरा ले गए।"

वृषाली ने पूछा, "क्या ? संपूर्ण गोधन ?"

"हाँ, एक भी गौ नहीं बच पाई। रात्रि का समय था, अतः अपना दल उनका पीछा भी नहीं कर सका।"

"आप नहीं गए ?" वृषाली ने पूछा।

"मैंने कहा न भाभीश्री ! समय रात्रि का था। सुराप्राशन कर धुंद पड़ा था मैं। मैं कैसे पीछा कर सकता था ?"

कर्ण जोर-जोर से हँसने लगा। वृषाली ने क्रोधित होकर पूछा, "अपना गोधन लुट गया और आप हँस रहे हैं ?"

हँसी रोककर कर्ण ने कहा, "इसके कहने पर विश्वास मत करो वसु। गोधन लूट लिया होता तो क्या यह समाचार सुनाने यह यहाँ आता ? कभी नहीं...दूसरों को गोधन लुटाकर ही फिर वह समाचार देने के लिए यह यहाँ पहुँच जाता ?"

चक्रधर और कर्ण, दोनों हँस रहे थे। वृषाली ने रुष्टता से कहा, "यह कैसा परिहास ?"

"परिहास करना तो उसका जन्मजात स्वभाव है वृषाली। आश्रम में इसके परिहास से सभी तंग आते थे। एक बार क्या हुआ कि हम जंगल में गए थे। वापस लौटते समय यह आगे बढ़ा और सीधा राधा माँ के पास जा पहुँचा। राधा माँ से इसने कहा कि मैं कुएँ में गिर गया।"

"फिर ?"

"फिर क्या ? राधा माँ फूट-फूटकर रोने लगी। यह भयभीत हो गया। किंतु तब तक बात बहुत बढ़ चुकी थी। इतने में मैं वहाँ पहुँच गया और सत्य बात सभी

के ध्यान में आ गई। इस शैतानी के कारण तात ने जो कोड़े लगाए वे भी इस वीर ने सहन किए, पर आदत नहीं छूटी।''

वृषाली खुलकर जोर से हँस पड़ी।

''भाभीश्री, आज हम निकलेंगे।''

''कहाँ ?''

''गोधन देखने। अब इसी सप्ताह में पशु चराई के लिए निकलेंगे। उसके पहले इसे उन्हें देखना चाहिए।''

''चक्रधर, तुम्हारे होते हुए मेरे देखने की क्या आवश्यकता है ?''

''अं हं। मेरे लिए नहीं। किंतु गोधन की रक्षा के लिए जो सेवक गण हैं उन्हें वर्ष में एक बार अपने राजा के दर्शन होना आवश्यक है। इस बहाने मृगया भी हो जाएगी।''

कर्ण ने भरी हुई आवाज में वृषाली से कहा, ''इसके आगे कोई उपाय नहीं चलता। किंतु मित्र, इतनी शीघ्रता से निकलना संभव नहीं। कल प्रातः ही हम निकलेंगे।''

''तात, मैं आपके साथ चलूँ ?'' वृषसेन ने पूछा।

''वहाँ माँ की उँगली पकड़कर चलना नहीं होता। वहाँ तो अश्व पर सवार होना पड़ता है। समझे ?'' चक्रधर ने वृषसेन को चिढ़ाया।

''उस बालक को क्यों रुला रहे हो ?'' वृषसेन को अपने पास खींचकर कर्ण ने कहा, ''वसु जब तुम बड़े हो जाओगे न, तब मैं तुम्हें ले जाऊँगा।''

वृषसेन ने मस्तक हिलाया और वह कर्ण से और ही लिपट गया।

प्रकरण-4

कर्ण-भवन में एक ही धूम मची हुई थी। समस्त जन दुर्योधन की सेवा में लगे हुए थे। राजभवन के सामने दुर्योधन का गज ध्वजांकित सुवर्ण रथ खड़ा था। दुर्योधन का रक्षक दल भवन के विस्तृत उद्यान में फैला हुआ था।

सूर्योदय के पश्चात् कर्ण दुर्योधन से मिलने उसके महल में गया। कर्ण ने विनम्रता से दुर्योधन को प्रणाम किया, किंतु प्रणाम पूर्ण होने के पहले ही दुर्योधन ने कर्ण को गले लगाया और कहा, ''यह औपचारिकता छोड़ दो कर्ण। तुम अंगराज हो। मेरे मित्र हो।''

''यह सब आप ही की कृपा है।''

"तुम कब आए ?"

"संदेश मिलते ही मैं निकल पड़ा। रात्रि को मैं आया था तब आप निद्राधीन हो चुके थे। आप अचानक आए इसलिए आपके स्वागत में..."

"कुछ त्रुटि नहीं रही। और यह गृह मेरे लिए पराया थोड़े ही है ?"

दोपहर के भोजन के पश्चात् दुर्योधन, वृषाली सभी कर्ण के साथ कर्ण-महल में बैठे थे, तब दुर्योधन ने बात छेड़ी।

"कर्ण, मैं केवल तुमसे मिलने के लिए यहाँ तक नहीं आया हूँ। मैं तुम्हें ले जाने के लिए आया हूँ।"

"जो आज्ञा।"

"कहाँ जाना है पूछा नहीं तुमने ?"

"वह मेरा अधिकार नहीं।"

"तुम्हारी वीरता प्रकट करने का एक सुअवसर अपने आप चलकर आया है।"

"वीरता ?"

"हाँ, मैं तुम्हें स्वयंवर में ले जाने के लिए आया हूँ।"

"द्रुपद राजकुमारी के स्वयंवर में ?"

"हाँ, तुम्हें भी तो निमंत्रण मिला होगा ?"

"हाँ, मिला है। श्रीकृष्ण ने भी यही पूछा था।"

"श्रीकृष्ण ?"

"मैं बताना ही भूल गया। कुछ आठ दिन पहले, द्वारकाधीश श्रीकृष्ण यहाँ आए थे।"

"यहाँ आए थे ? किसलिए ?"

"इनसे मिलने।" वृषाली ने कहा। "वे दो दिन बहुत अच्छे व्यतीत हुए।"

"अच्छा !" दुर्योधन विचार में डूब गया।

"क्यों मित्र, क्या सोच रहे हो ?" कर्ण ने पूछा।

"श्रीकृष्ण का कुछ काम था यहाँ ?"

"नहीं, वे तपस्या के लिए कामरूप देश गए थे। वापस लौटते समय उन्होंने अचानक यहाँ वास्तव्य किया।"

दुर्योधन मुसकराया। अपनी जंघा पर जोर से थपकी लगाकर उसने कहा, "इस विश्व में ऐसे अचानक कुछ नहीं होता। हमें आगे-पीछे का संदर्भ ज्ञात नहीं होता, अतः हमें वह अचानक प्रतीत होता है। मैं बताता हूँ, श्रीकृष्ण यहाँ क्यों आए थे !"

"क्यों आए थे ?"

"कारण एक ही है। जरासंध का भय। कामरूप और अंगदेश पर उसकी सत्ता है। वह श्रीकृष्ण का शत्रु है और जरासंध को पराजित करके उसे मित्र बनाने वाले

तुम एक ही तो हो। वे तुम्हारी मित्रता सहजता से प्राप्त करना चाहते थे, अतः उन्होंने यह टेढ़ा मार्ग चुना।''

कर्ण मौन रहा। दुर्योधन फिर मूल विषय पर उतर आया।

''कर्ण, फिर स्वयंवर में चलोगे न ?''

''नहीं।''

''क्यों ? प्रण कठिन है, इसलिए ?''

''कैसा प्रण ?''

''महा दुःसाध्य प्रण है। द्रुपद ने मत्स्य-यंत्र खड़ा किया है। उसका वेध करने का सामर्थ्य केवल तुम्हारा ही है।''

''कुमार, यह हठ छोड़ दीजिए। आपकी कृपा से मुझे सत्ता, ऐश्वर्य–सबकुछ प्राप्त हुआ है। दास-दासियों से संपन्न इस महल में वृषाली जैसी सहचारिणी के साथ मैं तृप्त हूँ। इस महल में और एक राजकुमारी की आवश्यकता नहीं है।''

''अपनी दुर्बलता छुपाने के लिए क्या सुंदर कारण बताया तुमने। वाह ! मित्र मैं प्रसन्न हूँ।''

''दुर्बलता छुपाने ?''

''नहीं तो क्या ? उस मत्स्य-यंत्र का नाम सुनते ही कौरव सभा के एक-एक वीरों ने न जाने क्या-क्या कारण बताए और एक-एक करके सभी पीछे हट गए। परंतु इतना सुंदर कारण मैंने अभी तक नहीं सुना।''

''मुझे उस मत्स्य-यंत्र का भय नहीं है।''

''अच्छा ?''

''मित्र, मैंने द्रोणाचार्य से केवल दूर से ही विद्या प्राप्त नहीं की है। और भगवान् परशुराम से भी शस्त्रविद्या सीखी है मैंने।''

''बस करो कर्ण !'' दुर्योधन का स्वर ऊँचा हो गया था। ''जिन गुणों का उपयोग समय पर नहीं किया जा सकता उन गुणों की कथा क्या कहना ? जानते हो कि उस द्रुपद ने मुझे क्या संदेश भेजा है ? आपकी राजसभा में यदि कोई वीर हो तो मत्स्य-वेध का आह्वान स्वीकारने के लिए उस वीर के साथ आइए अन्यथा कम-से-कम मेरा आतिथ्य स्वीकारने के लिए आइए। ठीक ही तो है। अपने गृह उपवास होता है, अतः अन्न सेवन के लिए कौरव युवराज को द्रुपद के गृह जाने में कोई संकोच नहीं होना चाहिए।''

''मित्र !''

''कर्ण, मित्र कहने में लज्जा आती है। कौरव राजसभा का तेजोभंग होने का प्रसंग आया है। इस समय तुम कैसे-कैसे कारण बता रहे हो ?''

''मित्र ! कष्टी मत बनो। मैं चलूँगा। अवश्य चलूँगा और मत्स्य वेधकर स्वयंवर भी जीत लूँगा। जब तक मैं जीवित हूँ तुम्हें अपमानित नहीं होना पड़ेगा।''

दुर्योधन का मुख प्रसन्नता से खिल उठा। उठकर उसने कर्ण की पीठ

थपथपाई और वृषाली की ओर देखकर कहा, ''भाभीश्री, आपको तो कोई आपत्ति नहीं है न ?''

''जरा भी नहीं। इस महल में राजकुमारी का स्वागत करने में मुझे प्रसन्नता ही होगी।''

प्रस्थान के दिन कर्ण अपने महल से बाहर निकल रहा था तब वृषाली ने स्मरण दिलाया, ''स्वयंवर में निश्चित जा रहे हो न ?''

अपनी दृष्टि उसकी दृष्टि से मिलाकर कर्ण ने कहा—''निश्चित''।

''और स्वयंवर में भाग भी लोगे ?''

''निश्चित। वृषाली, मैं जब भी स्वयंवर में जाता हूँ, जीतने के लिए ही जाता हूँ। वहाँ पराजित नहीं होऊँगा। वापस आऊँगा तो राजकुमारी को लेकर ही।''

''मैं प्रतीक्षा करूँगी। तुम दोनों का स्वागत करने में मुझे प्रसन्नता ही होगी।''

''अवश्य प्रतीक्षा करना।''

फिर वृषाली को बाँहों में समेटकर रुद्ध कंठ से कर्ण ने कहा, ''प्रिये, कहते हैं, सौतन कभी अच्छी नहीं होती।''

कर्ण के आलिंगन से मुक्त होकर वृषाली ने कहा, ''इतना विश्वास नहीं होता तो राजकुमारी को लाने की अनुमति ही मैं न देती। इतनी भोली नहीं हूँ मैं।''

वृषाली के शब्द सुनकर कर्ण वहाँ रुका। हर्षित हृदय से उसने वृषाली की ओर देखा और फिर कहा, ''चलो, कुमार प्रतीक्षा कर रहे होंगे ?''

''आपके साथ कौन-कौन जा रहा है ?''

''चक्रधर है न।''

वृषाली ने मुसकराकर कहा, ''यूँ ही पूछा। यह तो मुझे पहले ही ज्ञात होना चाहिए था।''

प्रकरण-5

राजा द्रुपद द्वारा राजकुमारी के स्वयंवर की तैयारियाँ भव्य रूप में की जा रही थीं। स्वयंवर में उपस्थित रहने वाले नृपों के वास्तव्य के लिए भव्य शिविर बनाए गए थे। पांचाल देश के कुशल कारीगर उस नगरी को सुशोभित करने तथा अलौकिक स्वयंवर मंडप बनाने के लिए कई महीनों से दिन-रात कष्ट उठा रहे थे। उस नगरी को साक्षात् यक्ष नगरी का स्वरूप प्राप्त हुआ था।

नगरी में आ रहे विविध देशों के नृपों का दर्शन लेने के लिए राजमार्ग पर

प्रजाजनों की निरंतर भीड़ लगी रहती थी। कामरूप, मगध, गांधार, सौराष्ट्र, आनर्त, कांबोज आदि देशों के राजा अपने-अपने ऐश्वर्य के साथ नगरी में उपस्थित हुए। एक दिन कर्ण के साथ दुर्योधन ने भी द्रुपद-नगरी में प्रवेश किया। सभी आमंत्रित नृपों का आगमन हो गया है यह देखकर द्रुपद ने स्वयंवर की तिथि निश्चित की। अब समस्त जन उसी तिथि की प्रतीक्षा कर रहे थे।

स्वयंवर का दिन आया। नगरी की ईशान दिशा में सभा मंडप बनाया हुआ था। प्रवेशद्वार में खड़े स्तंभ आकाश को छू रहे थे। रत्नांकित सुवर्ण आसनों से और तोरणों से सभा स्थान अलौकिक प्रतीत हो रहा था। द्रुपद के सचिवगण उपस्थित नृपों का स्वागत कर रहे थे। कर्ण ने दुर्योधन के साथ सभा मंडप में प्रवेश किया। कर्ण को देखते ही जरासंध अपने आसन से उठकर उसके सम्मुख आया। दुर्योधन को प्रणाम करके जरासंध ने कहा, "कौरवाधिपति युवराज दुर्योधन महाराज की जय हो।"

नम्रता से मस्तक झुकाकर दुर्योधन ने कहा, "आशीर्वाद चाहता हूँ।"

जरासंध ने कर्ण का अभिवादन स्वीकार करके स्नेहपूर्ण स्वर से पूछा, "अंगराज, सब कुशल तो है न ?"

"आपकी कृपा।"

"अब स्वयंवर की चिंता नहीं। युवराज, अंगराज की उपस्थिति से स्वयंवर का निर्णय निश्चित हो चुका है। अंगराज, आपकी मनोकामना पूर्ण हो।"

दुर्योधन के साथ कर्ण आसनस्थ हुआ। सभी नृपों को देखते-देखते कर्ण की दृष्टि श्रीकृष्ण पर स्थिर हो गई। बलराम के समीप बैठे श्रीकृष्ण कर्ण की ओर ही देख रहे थे। कर्ण ने बैठे-बैठे ही अपना मस्तक झुकाया। श्रीकृष्ण ने सुहास्य मुद्रा से उस अभिवादन को स्वीकार किया।

कर्ण का ध्यान मत्स्य-यंत्र की ओर आकर्षित हुआ। सभा स्थान के मध्य का स्थान रिक्त था। मत्स्य-यंत्र वहीं पर लटकाया हुआ था। यंत्र के मध्य में एक छिद्र था और ऊपरी हिस्से पर एक मत्स्याकृति घूम रही थी। मत्स्य-यंत्र के नीचे द्रव से भरा हुआ एक सुवर्ण पात्र रखा हुआ था। उस पात्र में मत्स्य-यंत्र प्रतिबिंबित हुआ था।

सभागृह में अचानक नीरव शांतता छा गई। कर्ण ने देखा, राजा द्रुपद मत्स्य-यंत्र के समीप आ रहे थे। हाथ जोड़कर वे खड़े रहे। उनके शब्द सभी के कानों में टकराने लगे, "वीर हो ! यज्ञकुंड से उत्पन्न अपनी तेजस्वी कन्या द्रौपदी को मैंने वीर्यशुक्ला घोषित किया है। अतः इस यंत्र के समीप रखा हुआ धनुष सज्ज करके जो वीर इस मत्स्य का वेध करेगा उसी का वरण मेरी कन्या करेगी। स्वयंवर के लिए यही मेरा प्रण है।"

प्रण सुनते ही उपस्थित नृपों में कानाफूसी होने लगी। सभी का ध्यान उस मत्स्य-यंत्र की ओर तथा वहाँ रखे धनुष की ओर जा रहा था।

अचानक खुसुर-फुसुर बंद हो गई। राजकुमारी सभागार में प्रवेश कर रही थी।

द्रुपद पुत्र धृष्टद्युम्न आगे चल रहा था, उसके पीछे-पीछे राजकुमारी आ रही थी। मत्स्य-यंत्र के समीप एक चौरस आसन रखा हुआ था। हाथों में वरमाला लेकर द्रौपदी उस आसन पर जाकर खड़ी हो गई।

कर्ण राजकुमारी को देख रहा था। उसके रूप के संबंध में जो कुछ भी सुना था उसमें तनिक भी त्रुटि नहीं थी। बल्कि उस वर्णन में ही त्रुटियाँ थीं। द्रौपदी के उस साँवले रूप पर समस्त जन मोहित हो गए। उसके नेत्र कमल दल के समान थे और भौंहें धनुषाकृति थीं। सभी को ऐसा प्रतीत हुआ जैसे साक्षात् दुर्गा ही मानव रूप लेकर प्रकट हुई हो।

स्वयंवर का प्रारंभ हो गया। मत्स्य-वेध का आह्वान स्वीकारने के लिए जब भी कोई नृप उठता तो द्रौपदी का भ्राता धृष्टद्युम्न ऊँचे स्वर में उस राजा का, उसकी वीरता का परिचय करा देता था। कई राजा उठे, किंतु उस महाधनुष की डोर भी न लगा सके। समस्त लोगों के हृदय में आशंका उठी कि स्वयंवर का प्रण पूरा होता है या नहीं। अग्रभाग में बैठे तपस्वियों, ब्रह्मवृंदों के मुख पर चिंता के मेघ छाने लगे। दुर्योधन ने कर्ण को संकेत किया। कर्ण उठ खड़ा हुआ।

"हे राजकुमारी, तुम्हारा स्वयंवर जीतने के लिए अब जो वीर खड़ा हुआ है उसकी वीरता इस धरातल पर अलौकिक है। अपनी वीरता से इसने अनेक नृपों को पराजित किया है। जिसके अलौकिक दातृत्व की ख्याति तीनों लोकों में फैली हुई है ऐसा अंगराज महारथी कर्ण मत्स्य-यंत्र का वेध करने के लिए सभा स्थान में आ रहा है।"

नृप का नाम सुनकर गरदन भी न उठाने वाली द्रौपदी ने कर्ण का नाम सुनते ही गरदन ऊपर उठाई और एक तीखी दृष्टि कर्ण पर डाली। उसकी दृष्टि में तीव्र अंगार प्रकट हुआ था। हाथ की वरमाला थर-थर काँपने लगी थी। समीप आ रहे कर्ण की ओर देख रही थी। कर्ण ने एक बार द्रौपदी की ओर देखा और धनुष को हाथ से स्पर्श किया। द्रौपदी के शरीर पर रोंगटे खड़े हो गए, मानो उस हाथ का स्पर्श उसे ही हो रहा हो। उसके नेत्र विस्फारित हो गए। जिस धनुष को कोई हिला भी न सका उसे कर्ण ने सहजता से खड़ा किया था। वायु की गति से जैसे ताड़ वृक्ष झुक जाता है उसी तरह झुककर कर्ण ने उस धनुष को प्रत्यंचा लगाई। सभागार से उसकी प्रशंसा के शब्द उठने लगे। किंतु कर्ण का ध्यान उस ओर नहीं था। उसने धनुष उठाया, आसन पर रखा हुआ तीर उठाकर धनुष को लगाकर पैंतरा लिया। सुवर्ण पात्र में पड़े प्रतिबिंब को देखते-देखते धनुष धीरे-धीरे ऊपर उठ रहा था। अचानक उस प्रतिबिंब में कर्ण को एक ही क्षण याज्ञसेनी का दर्शन हुआ। उसके मुख पर मुसकराहट छाई। दायाँ घुटना भूमि में गाड़कर बाएँ घुटने पर बाँह स्थिर करके कर्ण ने धनुष की पकड़ ली और तीर सहित प्रत्यंचा कानों तक खींचकर एकाग्र चित्त से वह मत्स्य-यंत्र का वेध निश्चित करने लगा। मत्स्य-यंत्र पर लटकाया हुआ मत्स्य तेजी से घूम रहा था। प्रत्यंचा आकर्ण खींची गई। समस्त जनों ने श्वास रोकी

कि अचानक तीर चलने से पहले ही तीर से भी तेज शब्द राजमंडल से उठे, "मैं सूत-पुत्र का वरण नहीं करूँगी।"

कर्ण के कानों में वे शब्द तप्त रस की तरह जा पड़े। खींची हुई प्रत्यंचा का बल नष्ट हुआ। उसने एक क्रोधपूर्ण दृष्टि द्रौपदी पर डाली। द्रौपदी की मुद्रा पर भी उतना ही क्रोध प्रकट हुआ था। चकित होकर धृष्टद्युम्न ने पूछा, "राजकुमारी तुमने क्या कहा ?"

"हाँ !" निश्चयी स्वर में द्रौपदी ने कहा, मैंने यही कहा कि "मैं सूत-पुत्र का वरण नहीं करूँगी। ऐसे दस मत्स्य-वेध करने पर भी मैं उसे कभी भी प्राप्त नहीं होऊँगी। भैया, कहो उसे। कहो कि कौए को राजहंसनी की ओर दृष्टि नहीं उठानी चाहिए।"

कर्ण खड़ा हो गया था। उसने धनुष फेंक दिया। अपनी घायल दृष्टि ऊपर उठाई। सूर्य-दर्शन होते ही क्रोध से जलने वाले उसके मुख पर एक विकट हास्य प्रकट हुआ। सूर्य की ओर देखकर वह हँस पड़ा। वह हास्य उसके क्रोध से भी तीखा था।

द्रौपदी की ओर भी न देखकर कर्ण वापस लौट रहा था। उस घटना से पूरी सभा में हड़बड़ी मच गई। श्रीकृष्ण और जरासंध अपने-अपने आसनों से उठ खड़े हुए। दुर्योधन अपना खड्ग सँभालते हुए आगे बढ़ा। कर्ण ने अपना बायाँ हाथ जोर से दुर्योधन के खड्ग पर थामा और उसे साथ चलने का निर्देश किया। देखते-ही-देखते कर्ण, दुर्योधन स्वयंवर मंडप से बाहर चले गए। कर्ण ने सोचा, कि अतिशीघ्र उस स्थान से दूर चला जाना चाहिए।

कर्ण के पीछे-पीछे आया दुर्योधन उसके समीप आया और उसकी बाँह पकड़कर उसे रोककर उसने कहा, "मित्र क्यों तुमने मुझे वहाँ से बाहर आने के लिए विवश किया ? उस राजकुमारी का हरण..."

"कुमार मैं वह नहीं चाहता।"

"परंतु क्यों ? कर्ण, मेरी बात सुनो। अभी भी अवसर है। इस राजसभा में जरासंध जैसे मेरे कई मित्र उपस्थित हैं। इस स्वयंवर को तहस-नहस कर देंगे हम।"

"नहीं कुमार, मुझे ऐसा कुछ नहीं करना है। वह राजकुमारी किसी को भी वरमाला पहनाए। मुझे उसकी चिंता नहीं।"

कर्ण के इन शब्दों से दुर्योधन अवाक् हो गया। वह मात्र इतना ही कह सका, "मित्र, मैं क्या करूँ ? मैं क्या करूँ ?"

"बहुत कुछ कर सकते हो। इस नगरी में एक क्षण भी रुकने की इच्छा नहीं है मुझे। मैं चंपानगरी जाना चाहता हूँ। उसके लिए मुझे कृपया अनुमति दो। मुझे अब एकांत की आवश्यकता है। मैं चलता हूँ।"

दुर्योधन को प्रणाम करके चक्रधर ने कर्ण का अनुसरण किया।

तत्पश्चात् कुछ ही देर में एक सुवर्ण रथ, अश्वदल के साथ द्रुपद-नगरी से बाहर जाता हुआ दिखाई दिया।

प्रकरण-6

कर्ण के आगमन का समाचार मिलते ही वृषाली दौड़कर भवन के द्वार पर गई। किंतु भवन के सामने खड़ा रथ रिक्त था। कर्ण महल में गया है यह ज्ञात होने पर वृषाली भी वहाँ गई। महल में चक्रधर व कर्ण खड़े थे। वृषाली को देखते ही कर्ण के मुख पर मिथ्या हँसी छाई। वृषाली ने प्रश्न किया, "स्वयंवर हो गया ?"

"हाँ।"

"फिर अकेले ही आए ?"

"दुर्योधन पीछे रुक गया है।"

"दुर्योधन के बारे में नहीं पूछ रही हूँ मैं।"

"तो फिर किसके बारे में ?"

"राजकुमारी को लाने वाले थे न ?"

"नहीं बना।"

"प्रण बहुत कठिंन था ?"

अब चक्रधर आगे बढ़ा।

"भाभीश्री उससे मत पूछिए। मुझसे पूछिए क्या हुआ !"

"चक्रधर !" कर्ण ने डाँटा। किंतु चक्रधर ने उसकी ओर ध्यान ही नहीं दिया। वह बोलता ही रहा, "भाभीश्री प्रण कठिन अवश्य था। मत्स्य-यंत्र का वेध करना था। प्रण का धनुष उठाने का पराक्रम किसी भी राजा ने नहीं दिखाया, फिर प्रत्यंचा जोड़कर मत्स्य-वेध करना तो दूर ही रहा।"

"इन्होंने भाग नहीं लिया ?"

"लिया न। यह उठकर सीधा धनुष के समीप गया। सहजता से धनुष उठाया और बलपूर्वक उसे झुकाकर प्रत्यंचा भी जोड़ी।"

"सच ?" कौतुक भरे स्वर से वृषाली ने पूछा।

"हाँ, और निशाना लगाना ही था कि धनुष फेंककर ये महाशय वापस आ गए। मत्स्य-वेध न करके।"

"क्यों ?"

"क्यों ? क्योंकि इसका ही वेध हो गया था। मत्स्य-यंत्र के वेध के पूर्व इसके

ऊपर ही घाव किए गए।''

''घाव ?'' वृषाली की मुद्रा भय से पीली पड़ गई।

''हाँ, कभी भी न मिटने वाला घाव। भाभीश्री, इसने धनुष उठाया और इतने में भरी सभा में वह उन्मत्त रूपगर्विता गरज पड़ी, 'मैं सूत-पुत्र का वरण नहीं करूँगी। कौए को राजहंसनी की ओर दृष्टि नहीं उठानी चाहिए'।''

चक्रधर अपने क्रोध पर नियंत्रण नहीं पा सका। उसका कंठ अवरुद्ध हो गया। वृषाली का मुख भी शव की तरह पीला पड़ गया था।

''कहिए देवरश्री, आगे क्या हुआ ? बताइए न ?''

''बहुत कुछ हुआ। आपके इस पतिदेव ने मौन रहकर सबकुछ सहन किया। निशाना लगाने के लिए उठाया धनुष वहीं भूमि पर फेंककर यह स्वयंवर मंडप से बाहर चला आया। यहाँ पहुँचने तक उसने पीछे मुड़कर देखा तक नहीं।''

कर्ण सुन रहा था। उसका सारा शरीर ऐंठ गया था। वृषाली उसकी ओर दौड़ पड़ी। उसने पूछा, ''क्या यह सत्य है ?''

''अं'' एक विकल हास्य करते हुए कर्ण ने कहा, ''उसने जो कुछ भी कहा उसका एक-एक अक्षर सत्य है।''

वृषाली का सारा क्रोध उमड़ पड़ा। केतकी रंग की उसकी गौरवर्ण मुद्रा तप्त बन गई। धारदार नासिका का अग्रभाग तथा कान, लाल-पीले हो गए। सदैव हँसने वाले नेत्रों में असहायता की लहर उठी। ''क्यों यह सबकुछ सहन किया आपने ? ऐसा अपमान सहकर वापस लौटने की अपेक्षा स्वयंवर को तहस-नहस करके उस उन्मत्त राजकुमारी को घसीटकर यहाँ ले आते...''

''भाभीश्री, युवराज दुर्योधन ने भी यही कहा, किंतु इसने माना ही नहीं।''

''चक्रधर, वृषाली...मुझे यदि यही करना होता, तो उसके लिए मुझे युवराज दुर्योधन की सहायता की कोई आवश्यकता नहीं थी। यह मत भूलो वृषाली कि जब दुर्योधन ने मेरे ही कहने पर स्वयंवर मंडप से चित्रांगद राजा की पुत्री का हरण किया था, तब समस्त नृपों का सामना मैंने अकेले ने ही किया था। वह वीरता एक बार दिखाई है मैंने। यदि चाहता तो अब भी दिखा सकता था।''

''फिर रुके क्यों ? उस राजकुमारी का हरण क्यों नहीं किया ?''

''उसका हरण मैं करता तो वह मेरी स्वामिनी बन जाती। उसकी इतनी योग्यता ही नहीं थी।''

''मैं कुछ समझी नहीं।''

''इसमें न समझने जैसा क्या है ? द्रौपदी मुझे रूप-संपन्न तो लगी, किंतु वह केवल रूप-संपन्न ही थी। पुरुषार्थ से बढ़कर कुल का और गुणों से बढ़कर रूप का मोह जिसे हो ऐसी स्त्री का मेरे जीवन में स्थान नहीं। वह इस गृह की दासी बनने योग्य भी नहीं थी। इसीलिए मुझे संयम करना पड़ा।''

प्रकरण-7

महल में नीरव शांतता छाई हुई थी। बड़े-बड़े दीपदानों की ज्योतियों का शांत, मंद प्रकाश महल में फैला हुआ था। दीपदानों की चंद ज्योतियाँ धीरे-धीरे शांत हो रही थीं। ऐसे समय, महल में जाग रहा था केवल कर्ण। कर्ण की प्रतीक्षा में थकी वृषाली अपनी प्रशस्त शय्या पर कब की निद्राधीन हो चुकी थी। अकेला कर्ण मंचक पर बैठा हुआ था। दीर्घ उष्ण उच्छ्वास उसकी नासिका से बाहर निकल रहे थे। मंचक के समीप रौप्य आसन पर सुरा की सुराही रखी हुई थी। बिलौर के पात्र में कर्ण सुराप्राशन कर रहा था। आधी रात बीत चुकी थी, किंतु समय-काल का होश कर्ण को नहीं था। अचानक कर्ण ने मस्तक ऊपर उठाया। उसकी दृष्टि दीपदान पर स्थिर हुई। दीपदान की एक ज्योति थरथरा रही थी। उसकी ओर कर्ण का ध्यान आकृष्ट हुआ।

'ज्योति। थरथर काँप रही ज्योति।

यह याज्ञसेनी। यज्ञ से निकली हुई ज्योति।

थर-थर काँपने वाली। दाहक !

अपने तेज से दूसरों के हृदय में दाह उत्पन्न करने वाली, अपने स्पर्श से दूसरों को जलाने वाली यह ज्योति !

याज्ञसेनी ! द्रौपदी ! !

यज्ञ के समय द्रुपद ने यज्ञ में किसकी आहुति दी थी ? कौन से मंत्र का उच्चारण किया था ? क्या अस्मिता, अभिमान के मंत्रों से व काम, क्रोध और मत्सर की समिधाओं से तो वह यज्ञ संपन्न नहीं हुआ था ? नहीं तो उस यज्ञ से द्रौपदी जैसी भयानक ज्योति कैसे उत्पन्न हुई ?'

'मैं सूत-पुत्र का वरण नहीं करूँगी।'

'कौन कह रहा है यह ? याज्ञसेनी ?'

'द्रौपदी, मेरे कुल का उच्चार करने का तुम्हें क्या अधिकार ? हे रूपगर्विता, तुम्हारा भी कौन सा बड़ा कुल है ? क्या तुम द्रुपद-राजपुत्री हो ? नहीं, अपने गुरुबंधु-द्रोणाचार्य का नाश करने हेतु द्रुपद द्वारा आयोजित यज्ञ की राख से उत्पन्न एक दान हो तुम। वह दान मेरे कुल का उच्चार क्यों करे ?'

कर्ण ने सुराही उठाकर सुरा से पात्र भर लिया। खट्टी, उग्र गंध फैल गई। सुरा का पात्र होंठों से लगाकर, कुछ झुककर वह आसन पर बैठ गया। नेत्र बंद थे फिर भी सामनें जैसे चलचित्र चल रहा था।

'मत्स्य-वेध करने के लिए मैं आगे बढ़ा वह तुम्हारे रूप के लालच में नहीं। तुम्हारे शय्या सुख का स्वप्न हृदय में लेकर मैंने धनुष की प्रत्यंचा नहीं खींची थी। अपने जीवन में मैंने भोग को कभी भी अवास्तव महत्त्व नहीं दिया है।'

'फिर मैंने वह आह्वान क्यों स्वीकारा ?'

'क्या द्रौपदी सुंदर थी इसलिए ? नहीं, दुर्योधन के लिए मैं खड़ा रहा। काम जाग्रत करने वाला रूप द्रौपदी को मिला था इसलिए नहीं। वह आह्वान सुंदरता का नहीं था। वीरता का था। उसे स्वीकारना मेरा धर्म था। वीरता के लिए प्राप्त होने वाले पुरस्कार से भी वीरता मुझे अधिक प्रिय थी और इसीलिए मैंने वह आह्वान स्वीकारा। यदि उसमें कुल का संबंध होता तो मैं उसे कदापि स्वीकार नहीं करता। सूतकुल की अप्रतिष्ठा मैं अपने हाथों कभी नहीं होने देता। वह अपमान कितना तीव्र होता है इसका अनुभव मैंने एक बार किया था। पुनः वह भूल मैं कैसे दोहराता ?'

'किंतु, अपमान तो हुआ न ?'

'हाँ, हुआ। उसमें मेरा क्या दोष ?'

'फिर किसका ? द्रौपदी का ?'

'क्या, वर चुनने का अधिकार उसे नहीं था ? नहीं था। लाख बार कहूँगा, नहीं था। ऐसा यदि होता तो फिर मत्स्य-वेध का प्रण लगाने का कुछ प्रयोजन ही नहीं था। राजा द्रुपद ने स्पष्ट कहा था। द्रौपदी वीर्यशुक्ला थी। वीरता दिखाने वाले को ही वह पुरस्कार मिलने वाला था।'

कर्ण ने पुनः सुराही उठाई और सुरा से पात्र भर लिया। फिर उसे गटगट पीकर पात्र आसन पर रख दिया।

'कहते हैं, सुरा से बुद्धि सुस्त हो जाती है, अपमान भुलाया जाता है। फिर आज इस सुरा को क्या हुआ है ? क्या आज सुरा भी अपना मूल स्वभाव भूल गई ?'

'भरी सभा में ऐसा अपमान ? और वह भी एक स्त्री से ? स्त्री ! स्त्री सुलभ संकोच उसमें नहीं था और वीर का प्रकोप मुझमें जाग्रत नहीं हुआ। क्यों मैंने वह अपमान सह लिया ? किस प्रतिष्ठा के लिए ? यह हुआ कैसे !'

कर्ण ने आसन पर रखा हुआ सुरा पात्र उठाया। सुरा समाप्त करके पात्र आसन पर रखते-रखते वह लड़खड़ाया। आसन का आश्रय लेकर उसने अपने आपको सँभाला।

'यह हुआ कैसे ? कैसे हुआ यह ?'

उस विचार से कर्ण हँस पड़ा।

'द्रौपदी ! वैसे भी याज्ञसेनी ! आग लगाने के अतिरिक्त वह और कर ही क्या सकती है ? वह तो उसका धर्म है। और मैं...जल पर तैरने वाला, जल से पाया हुआ ! सहन करने के अतिरिक्त और कर ही क्या सकता हूँ। सहन करना। किसी भी अपमान को सहन करना...उसी का नाम है अंगराज...राधेय...सूत-पुत्र ... सूत-पुत्र कहलवाने में मेरा अपमान नहीं होता। उस पर मुझे गर्व है। क्रोध आता है सूतकुल को हीन समझने वालों पर। श्रेष्ठ कुल की कितनी प्रतिष्ठा।'

'श्रेष्ठ कुल। यह श्रेष्ठ कुल है भी क्या ?'

'क्या श्रेष्ठ कुल में जन्म अर्थात् राजा के कुल में जन्म ऐसा ही इसका अर्थ

है ? क्या श्रेष्ठ कुल में जन्म अर्थात् ब्राह्मण कुल में जन्म ऐसा समझना चाहिए ? बस ! इतना ही अर्थ है कुल का ! इससे और अनर्थ क्या हो सकता है ?'

'जिस कुल में परंपरा से सुसंस्कार आते हैं, चारित्र्य, नीति और व्यवहार का अखंड मिलाप पीढ़ियों से चलता आता है वह कुल वास्तव में श्रेष्ठ है। करना हो तो उन्हीं लोगों को कुल का उच्चार करने का अधिकार। श्रेष्ठ कुल के लिए यदि यह कसौटी लगाई जाए तो कितने लोग अपने कुल का उच्चार कर पाएँगे ? क्या ऐसे अर्थहीन कुल की प्रतिष्ठा बताने वालों की अपेक्षा अपने परंपरागत व्यवसाय से अपनी जाति बताने वाले सूत, सारथि या कुम्हार अधिक प्रामाणिक नहीं हैं ? पुत्र प्राप्ति के लिए अन्यों का आश्रय लेकर कुल बनाए रखने वालों को तो कम-से-कम श्रेष्ठ कुल का उच्चार नहीं करना चाहिए।'

सुरा लेने के लिए कर्ण ने फिर से सुराही उठाई। उसे उलटा किया फिर भी एक बूँद भी पात्र में नहीं गिरा। उस रिक्त सुराही की ओर देखकर कर्ण उठा, उसका ध्यान दीपदान की ओर गया। वह ज्योति अभी तक थरथरा रही थी। क्रोध में आकर कर्ण ने सुराही उस दीपदान पर फेंकी। दीवार से टकराकर वह रौप्य सुराही आवाज करते हुए भूमि पर गिर गई। उस आवाज से हड़बड़ाकर वृषाली का हृदय व्यथित हुआ। उसे सिसकी आई और वह फूट-फूटकर रोने लगी।

रोने की आवाज से कर्ण सजग हुआ। उसने मुड़कर देखा, "वृषाली ऽ ऽ वसु। रो रही हो ? मेरे लिए ? मेरा अपमान हुआ, इसलिए ?"

कर्ण अपने आप को सँभालकर एक-एक चरण आगे बढ़ रहा था। उसके शब्दों से वृषाली का मनोवेग और प्रबल हो गया।

कष्ट से अपने आपको सँभालकर, स्थिर होकर कर्ण जोर से चीखा, "मदनिका मदनिका ऽ ऽ"

महल के द्वार खुल गए। द्वार पर ऊँघती हुई रूप संपन्न दासी भीतर आई, उसकी निद्रा उड़ गई थी। उत्तरीय सँभालने का भी ध्यान उसे नहीं रहा। कंचुकी परिधान की हुई अर्धवस्त्रांकित मदनिका अपने स्वामी की आज्ञा की प्रतीक्षा में खड़ी रही। उसका भरा-पूरा यौवन और सुडौल कद उसकी सुंदरता और बढ़ा रहा था। उसकी ओर उँगली उठाकर कर्ण गरज पड़ा, "देखो वृषाली, इस मदनिका का सुंदर रूप देखो। यह मदनिका क्या कम सुंदर है ? उस याज्ञसेनी से तो मुझे यह कई गुना सुंदर लगती है। और ऐसी कई दासियाँ इस भवन में हैं जो मेरे एक स्पर्श से अपने आपको धन्य समझेंगी। तो क्या इसलिए मैं उन्हें स्पर्श करूँ ? नहीं वृषाली, इस कर्ण ने आज तक किसी से दान नहीं लिया। स्वेच्छा से दिया हुआ भी ! जाओ, मदनिका, जाओ। जाकर निश्चिंत हृदय से सो जाओ।"

द्वार बंद करके मदनिका महल के बाहर चली गई। कर्ण शय्या के समीप आया। अपना थका हुआ शरीर उसने शय्या पर झोंक दिया और बाएँ हाथ से वृषाली को अपनी ओर खींच लिया। वृषाली कर्ण पर झुक गई। अपना माथा कर्ण की छाती

पर रखकर वह अश्रु बहाने लगी। कर्ण उसके केशों में हाथ घुमाता रहा। उसकी खुली छाती पर वृषाली के अश्रु झर रहे थे। कर्ण बोल रहा था, "वसु, मत रो वसु ! मेरे लिए इतनी कष्टी मत बनो। तुम्हारा यह पति महापराक्रमी है। केवल जीतने से या विजय से वीरता सिद्ध नहीं होती। पराजय सहन करने में भी वीरता होती है, किंतु उसके लिए साहस चाहिए। हृदय भी बड़ा निर्लज्ज होना चाहिए। गुरुदेव भगवान् परशुरामजी ने ही मुझे वर दिया है कि मेरे जैसा क्षत्रिय वीर तीनों लोकों में नहीं होगा। वह वर असत्य कैसे होगा ? जन्मजात प्राप्त कवच-कुंडल मेरे रक्षणकर्ता हैं, नहीं तो द्रौपदी के घाव से यह छाती कब की विदीर्ण हो जाती। उसके उन दाहक शब्दों से कान उसी समय फट जाते। मैं योद्धा हूँ। घावों की चिंता मुझे नहीं करनी चाहिए। जन्म से आरंभ हुआ यह युद्ध अंतिम क्षण तक मुझे ही लड़ना है। जो भी अपमान हो, उसे सहन करना है। उसी में मेरे जीवन का यश समेटा हुआ है। वसु, तुम मेरे लिए...मेरे लिए अश्रु..."

वृषाली ने गरदन ऊपर उठाई।

बातों-बातों में कर्ण सो गया था...।

प्रकरण-8

शिशिर ऋतु समाप्त हुई। कोमल चरणों से वसंत ऋतु का आगमन हुआ। संपूर्ण प्रकृति का रूप नए कोंपलों से खिल उठा। चुभती हुई ठंडक कम हो गई। प्रातः की ठंडी हवा से भी प्रसन्नता होने लगी। अपनी प्रतिदिन की उपासना समाप्त करके नदी तट से वापस लौट रहा कर्ण प्रकृति का वह परिवर्तित रूप निहार रहा था।

कर्ण ने प्रासाद में प्रवेश किया तब वृषाली ने चक्रधर के आगमन का समाचार सुनाया। उससे कर्ण के हृदय की प्रसन्नता और बढ़ गई।

महल में आते ही कर्ण चक्रधर से मिला।

"कब आए मित्र ?"

"तुम्हारे कुछ ही समय पूर्व।"

"गोशाला..."

"सभी क्षेम है। केवल इस समय उसमें एक बैल कम है।"

"अर्थात् ?"

"क्योंकि वह तुम्हारे समक्ष खड़ा है।"

वृषाली और कर्ण हँस पड़े। कर्ण ने कहा, "बैल के साथ स्वयं की तुलना

करना कोई बुद्धिमानी नहीं।"

"बड़ों का अनुकरण तो करना ही चाहिए न।"

"कौन बड़े ?"

"सभी।"

चक्रधर अधूरी बात कह रहा था और हँसी रोकने का भी प्रयास कर रहा था।

वृषाली ने कहा, "देवरश्री के हृदय में कुछ अखर रहा है।"

"कुछ नहीं।"

"कहो मित्र। एक बार कह ही डालो।"

"उस द्रुपद राजकुमारी का क्या हुआ, पता है ?" द्रौपदी के उल्लेख से कर्ण सजग हो गया। उदास भाव से उसने पूछा, "क्या हुआ ?"

"स्वयंवर के मंडप से हमारे चले आने के पश्चात् एक ब्राह्मण ने मत्स्य-वेध किया और द्रौपदी ने उसका वरण किया।"

"ब्राह्मण ?"

"वही तो कह रहा हूँ। तुम्हें स्मरण है ? स्वयंवर मंडप के अग्रभाग में ऋषिजनों के साथ कुछ ब्राह्मण बैठे हुए थे। उसमें पाँच ब्राह्मणों का एक समूह था। वे और कोई नहीं, बल्कि पाँच पांडव थे।"

"क्या कह रहे हो ?" कर्ण की मुद्रा में आश्चर्य था।

"जी, अपनी रथशाला का रक्षक जो दुर्योधन महाराज को हस्तिनापुर छोड़ने गया था वह वापस लौटा है। उसी से यह विस्तृत समाचार प्राप्त हुआ है।"

"किंतु दुर्योधन तो कह रहा था कि पांडव लाक्षागृह में जलकर भस्म हो गए।"

"समस्त जन ऐसा ही समझ रहे थे, किंतु पांडव लाक्षागृह से सुरक्षित बाहर निकल गए। अपना पता न लगे, अतः वे ब्राह्मण वेश धारण कर घूम रहे थे।"

"और मत्स्य-वेध किसने किया ?"

"उसी अर्जुन ने। उसके अतिरिक्त और कौन कर सकता है ?" चक्रधर फिर हँसने लगा।

किंचित् क्रोध से कर्ण ने कहा, "इसमें हँसने की क्या बात है ? अर्जुन जैसा वीर धनुर्धर पति प्राप्त हुआ यह तो द्रौपदी का सचमुच ही भाग्य है।"

"उसका भाग्य तो इससे भी बड़ा है। एक पुरुष के साथ रहकर वह कैसे सुखी हो सकती है ?"

क्रोध को नियंत्रित कर कर्ण उठा। अपनी दृष्टि चक्रधर पर स्थिर कर उसने कहा, "चक्रधर, द्रौपदी परिणीता है। परस्त्री के संबंध में ऐसी बातें करना तुम्हें शोभा नहीं देता। मुझे यह कतई मंजूर नहीं।"

"किंतु उसे मंजूर है न। उसे मैं क्या करूँ ?"

"बस करो चक्रधर। आगे एक शब्द भी मत कहो। परिहास की भी सीमा होती है।"

चक्रधर पर उसका तनिक भी प्रभाव नहीं हुआ। उलट उसकी हँसी बढ़ गई। रोकी न जाने वाली उस हँसी से उसके नेत्रों में जल भर आया। अब आश्चर्य करने की पारी कर्ण और वृषाली की थी।

"अब क्यों हँस रहे हो चक्रधर ? किस कारण ?"

"बताता हूँ, बताता हूँ।" हँसी रोककर चक्रधर ने कहा, "सुनो मित्र, आज तक नहीं हुई ऐसी अनहोनी। सुनो, स्वयंवर जीतने के पश्चात् पांडव द्रौपदी को लेकर उस कुम्हार के निवास पर गए जिसके आश्रय में वे रहते थे। बाहर से ही अर्जुन ने माता कुंती को पुकारा, 'माता, हम भिक्षा लाए हैं।' गृहकार्य में व्यस्त माता ने भिक्षा न देखकर ही उसे पाँच जनों में विभाजित करने की आज्ञा दी।"

"फिर ?" कर्ण ने पूछा।

"फिर क्या ? आज्ञाकारी बालकों ने पाँच जनों में भिक्षा विभाजित कर ली।"

"असत्य।"

"सर्वथा सत्य। पांडव प्रकट हो गए हैं और द्रौपदी ने पाँचों पांडवों से विवाह कर लिया है।"

"द्रौपदी और पाँच पांडवों की पत्नी।" कर्ण की मुद्रा पर खिन्नता छाई।

"वीरता का अपमान कितना बड़ा पाप होता है। आखिरकार याज्ञसेनी द्रौपदी पाँच पांडवों की भिक्षा जो ठहरी।"

"भिक्षा की संपूर्ण कथा काल्पनिक है। कहते हैं कि द्रौपदी का रूप देखकर पांडवों की काम-वासना तीव्र हो गई और उस अनर्थ से बचने के लिए विवश होकर माता कुंती को वह आज्ञा देनी पड़ी।"

"कुछ भी हो। किंतु वह पाँचों की पत्नी बनी यह तो सत्य है न ? क्या, पांडव हस्तिनापुर में ही हैं ?"

"नहीं, उनका वास्तव्य अब इंद्रप्रस्थ में है।"

"इंद्रप्रस्थ ?"

"हाँ, द्रुपद के गृह पांडवों के प्रकट होने का समाचार प्राप्त होते ही धृतराष्ट्र महाराज ने विदुर को उनके पास भेजा। विदुर के साथ पांडव हस्तिनापुर गए। कौरवेश्वर ने खांडवप्रस्थ के साथ पांडवों को आधा राज्य प्रदान किया। खांडवप्रस्थ में पांडवों ने जो नगरी बसाई उस नगरी का नाम है इंद्रप्रस्थ। उस वैभवशाली नगरी में पांडव माता कुंती और द्रौपदी के साथ निवास कर रहे हैं।"

उस वृतांत को सुनकर कर्ण ने एक दीर्घ श्वास भरी। क्यों ? कौन जाने ! उसका हृदय अशांत बन गया। उसके नेत्रों के समक्ष दुर्योधन दिख रहा था। कर्ण ने कहा, "यह सबकुछ हो रहा था तब मुझे हस्तिनापुर में रहना चाहिए था। कम-से-कम दुर्योधन इसका समाचार मुझे भेजता तो भी अच्छा होता।"

प्रकरण-9

चंपानगरी सुखमय जीवन व्यतीत कर रही थी। कर्ण जैसे दातृत्वशील राजा के आधिपत्य में नागरिक तृप्त थे। अपनी प्रजा का हितैषी कर्ण राज-कारोबार में मग्न था, किंतु बीतने वाले वर्षों के साथ उसका विश्वास ढल रहा था। हस्तिनापुर से प्राप्त समाचारों से वह दुविधा में पड़ रहा था। पांडवों ने इंद्रप्रस्थ नगरी बनाई थी। मयसभा जैसी अलौकिक सभा का वर्णन कर्ण सुन चुका था। वर्ष बीत रहे थे। यह सबकुछ हो रहा था, किंतु हस्तिनापुर का कुछ समाचार प्राप्त नहीं हो रहा था। दुर्योधन का कोई भी संदेश कर्ण को नहीं मिला था।

इस चिंता से ग्रस्त कर्ण को एक दिन समाचार प्राप्त हुआ कि पांडवों का दल अंगदेश पर आक्रमण करने आ रहा है। कर्ण ने अपनी संपूर्ण सेना एकत्रित की। रथशाला से गड़गड़ाहट करते हुए रथ बाहर निकलने लगे। चंपानगरी के राज मार्गों पर अश्वों के टापों की आवाजें उठने लगीं। विभिन्न प्रकार के शस्त्र धारण करने वाले वीर अपने-अपने परिवारों से बिदा लेकर अपने दलों में सम्मिलित होने लगे।

अपनी सेना लेकर कर्ण अंगदेश की सीमा पर जाकर खड़ा हुआ। जब उसे पांडव सेना के दर्शन हुए तो आश्चर्यचकित हो गया। ग्रीष्म ऋतु में धरती माता पर पड़ने वाली मेघों की छाया के समान पांडवों की विशाल चतुरंग सेना आगे बढ़ रही थी। जिन्हें इंद्रप्रस्थ का निर्माण करके कुछ ही वर्ष हुए थे वही पांडव इतनी विशाल सेना लेकर आ रहे हैं, इस पर कर्ण को विश्वास नहीं हो रहा था।

दोनों दल एक-दूसरे से भिड़ गए और फिर घमासान युद्ध आरंभ हुआ। गजों के चीत्कार, रथ-चक्रों की गड़गड़ाहट और शंख तथा रणवाद्यों की आवाजों से पृथ्वी धुंद हो जाने का आभास हो रहा था। कर्ण-रथ दल के अग्रभाग में खड़ा था। वह अपनी सेना का पराक्रम अवलोकन कर रहा था। इतने में कर्ण का सारथ्य करने वाले चक्रधर ने कहा, "उधर देखो कर्ण।"

कर्ण ने अपनी दृष्टि घुमाई। सूर्योदय के समय जैसे केसरिया सूर्य-बिंब क्षितिज पर प्रकट होकर देखते-ही-देखते पूर्णाकार हो जाता है उसी प्रकार एक सुवर्ण रथ दौड़ते हुए कर्ण की दिशा में आ रहा था। सिंहचिह्न देखते ही कर्ण समझ गया कि वह रथ भीम का है। कर्ण-रथ भीम के सम्मुख गया।

भीम का रथ कर्ण के समीप आया। भीम अपने रथ में सारथि के पीछे खड़ा था। रथ के हिलने के कारण अपने आपको सँभालकर खड़ा भीम अपनी ही मस्ती में झूमने वाले मदांध गज के समान प्रतीत हो रहा था। तप्त सुवर्ण जैसी शुद्ध गौर कांति, विशाल और चौड़े स्कंध तथा पुष्ट और दीर्घ भुजाओं का भीम कर्ण की ओर ही देख रहा था। कर्ण ने धनुष को तीर लगाया यह देखकर त्वेष से भीम ने भी

उसका अनुकरण किया और फिर घमासान युद्ध आरंभ हुआ।

सूर्यास्त होने तक वह भयानक युद्ध चलता रहा, किंतु जय-पराजय बताना कठिन था। सूर्यास्त होते ही रणभूमि पर दीर्घ शंखनाद उठा और उस दिन का युद्ध समाप्त हुआ। भीम ने एक घृणायुक्त दृष्टि कर्ण की ओर डाली और वह गरज पड़ा,

"राधेय...सूत-पुत्र...कल रणभूमि पर तुम्हें इतने भी कष्ट नहीं होंगे। अब स्वगृह जाकर विश्राम करो। पृथ्वीतल का अंतिम विश्राम चाहे जितना करो।"

यही वे शब्द। शस्त्र-स्पर्धा के समय इसी भीम ने ऐसा ही उपहास किया था। आयु बढ़ने से रूप में परिवर्तन हो गया, किंतु स्वभाव ? वह वैसा ही रहा...असंयमी, क्रोधी, घमंडी।

कर्ण ने चक्रधर को रथ घुमाने की आज्ञा दी। रथ चंपानगरी की ओर दौड़ने लगा। कर्ण प्रासाद में पहुँच गया। मशाल लिये हुए सेवक आगे दौड़े। प्रासाद में पहुँचते ही हस्तिनापुर से अश्वत्थामा के आगमन का समाचार प्राप्त हुआ।

उस समाचार से कर्ण के उद्विग्न हृदय को कुछ शांति मिली। अधीरता से वह अश्वत्थामा से मिलने गया। दोनों गले लगे।

"गुरुबंधो ! यह क्या हो रहा है ? बिना किसी अपराध के पांडव सेना मेरे राज्य पर आक्रमण करती है और कौरवेश्वर हस्तिनापुर में बैठे उसका आनंद ले रहे हैं ?"

"मैंने सुना कि युद्ध आरंभ हो गया है।"

"हाँ, जिसका निर्णय होने वाला नहीं, हेतु निश्चित नहीं; ऐसा युद्ध करके मैं वापस आया हूँ।"

"निर्णय ? हेतु ?"

"नहीं तो क्या ! जिन पांडवों का धृतराष्ट्र महाराज ने स्वागत किया, जिन्हें खांडवप्रस्थ के साथ-साथ आधा राज्य प्रदान किया उन पांडवों पर मैं शस्त्र चलाऊँ ? भीम की यदि पराजय हो गई तो उसके लिए मेरी प्रशंसा की जाएगी या निंदा ? यह बताएगा कौन ?"

"मैं बताता हूँ अंगराज। यदि आपने भीम को परास्त किया तो उसके लिए आपको ही दोषी माना जाएगा।"

"अं।"

"अपेक्षाकृत मैं कुछ विलंब से पहुँचा। नहीं तो आज का युद्ध भी टल जाता। कौरवों के महामंत्री और परामर्शदाता विदुर तथा पितामह भीष्माचार्य की आज्ञा से ही मैं यहाँ उपस्थित हुआ हूँ।"

"क्या आज्ञा है उनकी ?"

"कौरवों से एकनिष्ठ राजा पांडवों का विरोध न करें। राजसूय यज्ञ करने की अभिलाषा हृदय में रख पांडव कर-भार वसूल कर रहे हैं। दिग्विजय के लिए वे पाँच मार्गों से निकले हैं। अतः समस्त जन पांडवों को कर-भार दें, उनसे संधि करें।"

"और युवराज दुर्योधन...?"

"वे इस योजना में नहीं हैं।"

"अर्थात् ? कुछ मतभेद हुए ?"

"मुझे ज्ञात नहीं।"

"गुरुबंधो ! असत्य भाषण मत करो। तुम भी मेरे जैसे ही कुमार दुर्योधन के परम मित्र हो।"

ये शब्द श्रवण कर अश्वत्थामा हड़बड़ा गया। फिर भी अपना स्वर स्थिर रख उसने कहा, "मुझे कुछ ज्ञात नहीं है। सेवक केवल आज्ञा का पालन करना जानता है। मैं चलता हूँ।"

"रात्रि के इस समय ?"

"मित्र जो तुम्हारा हुआ वही अन्यों का। पांडवों की प्रचंड शक्ति का सामना जंगल के आश्रय में रहने वाले ये राजा कैसे कर पाएँगे ? अतः जितनों को सतर्क किया जा सके, करना चाहिए। तुम संधि करो; मैं चलता हूँ।"

कर्ण अश्वत्थामा को छोड़ने राजद्वार तक गया। द्वार पर अश्वत्थामा के चरण रुक गए। वह मुड़ा, "मित्र, दूत का कर्तव्य समाप्त हुआ। हस्तिनापुर में सभी क्षेम हैं। कुमार दुर्योधन तुम्हारे बिना एकाकी हैं और..."

"और ?"

"अधिरथ, राधा माँ ने तुम्हारा स्मरण किया है।" यहाँ आने के पूर्व मैं उनसे मिलने गया था। तब मेरे साथ अधिरथजी ने तुम्हारे लिए एक संदेश भेजा है।"

"कैसा संदेश ?"

उन्होंने कहा, "हम अब थक गए हैं। मिलने को जी चाहता है।"

"बस। इतना ही..." कर्ण आगे बोल न सका।

"हाँ, कहा है, हो सके तो परिवारसहित आना।" अश्वत्थामा ने कर्ण से बिदा ली। फड़कती हुई मशालों के प्रकाश में अश्वत्थामा का रथ रात्रि के अंधकार में अदृश्य हो गया। उस नीरव शांतता में टापों की आवाज पर्याप्त समय तक सुनाई दे रही थी।

प्रकरण-10

प्रातःकाल का समय था। सूर्योदय होने में पर्याप्त अवधि थी। सर्वत्र नीरव शांतता छाई हुई थी। रणवेश परिधान किया हुआ कर्ण अपने रथ पर आरूढ़ हो गया था। चक्रधर को संकेत किया और रथ दौड़ने लगा। रथ के पीछे कर्ण का अश्वदल दौड़ रहा था।

कर्ण का शिविर दृष्टिपथ में आया। शिविर में असंख्य अलावें जल रही थीं। उन अलावों की मालिका ऐसी प्रतीत हो रही थी जैसे जंगल में दावानल भड़क उठा हो। प्रातःकाल के उस अंधकार में कर्ण का दल सज्ज हो रहा था। पांडवों का शिविर वहाँ से दिखाई दे रहा था।

सूर्योदय की प्रतीक्षा में कर्ण एक अलाव के पास खड़ा रहा। उसकी मुद्रा पर ज्वालाओं का प्रकाश बिखर गया था। उठने वाली ज्वालाओं पर रखी हुई उँगलियों में हलचल हो रही थी। उँगलियों को ज्वाला के दाह की अनुभूति होने पर हाथ पीछे हट रहे थे। ज्वालाओं का वह अग्निनृत्य कर्ण एकटक देख रहा था।

प्रातःकाल का प्रकाश फैलने लगा। दोनों दलों से रणवाद्यों की आवाजें उठने लगीं। शिविर में हलचल शुरू हो गई। धीरे-धीरे सूर्योदय के पहले ही दल सज्ज हो गया।

"अंगराज ऽ ऽ"

"अं" कर्ण ने मुड़कर देखा। चक्रधर खड़ा था। दीर्घ श्वास लेकर कर्ण ने कहा, "चलो।"

कर्ण रथ पर आरूढ़ हो गया, किंतु सदा की तरह रथ में रखा हुआ धनुष उसने नहीं उठाया। रथ, दल के मध्य खड़ा रहा। धीरे-धीरे क्षितिज पर सूर्य-बिंब प्रकट हुआ और भीम के रथ से शंखनाद उठा, परंतु कर्ण-रथ से उसका प्रत्युत्तर नहीं मिला। चक्रधर ने देखा कि कर्ण रथ में शांत खड़ा है। भीम ने पुनः आह्वान किया। कर्ण ने चक्रधर से कहा, "मित्र, हम भीम से मिलने जाएँगे।"

संपूर्ण सेना को पीछे छोड़कर आ रहा कर्ण का एकाकी रथ देखकर भीम को आश्चर्य हुआ। रथ समीप आ रहा है यह देखकर भीम ने अपने धनुष को प्रत्यंचा लगाई। कर्ण-रथ स्पष्ट दृगोचर होने लगा। कर्ण के हाथ में धनुष नहीं था। वह रथ में निःशस्त्र खड़ा था। रथ समीप आते ही भीम के कानों में शब्द आए, "पांडु-पुत्र भीम की जय हो ! अंगराज कर्ण आपका स्वागत करता है।"

भीम ने इसकी अपेक्षा नहीं की थी। कर्ण के अभिमान से, उसके रौद्र रूप से भीम अवगत था। सावधानी से उसने पूछा, "किस हेतु यह स्वागत हो रहा है ?"

"हम राजसूय यज्ञ के पवित्र कार्य के लिए निकले हुए वीरों का विरोध नहीं करते।"

"यह यदि कल कहते तो समझ लिया होता। क्या अंगराज पराजय की कल्पना से भयभीत हो गए हैं ?"

"तनिक भी नहीं।" क्रोध को नियंत्रण में रख कर्ण ने कहा, "आप राजसूय यज्ञ का आमंत्रण देने आए हैं न ?"

"हाँ, जो कर-भार देकर सत्ता मान लेते हैं उन्हें आमंत्रण दिया जाता है और..."

"और ?"

"और जो नहीं मानते उन्हें परास्त कर राजसूय यज्ञ में आने की आज्ञा दी जाती है। आपको आमंत्रण चाहिए या आज्ञा यह आप ही सोचिए। दोनों के लिए मैं तैयार हूँ।"

"आपको इच्छित कर-भार देकर आपके राजसूय यज्ञ के समारोह में भाग लेने में मुझे प्रसन्नता होगी।"

"आखिर पराजय स्वीकार कर ही ली न ?"

"इसी में यदि आपको संतोष है तो ऐसा ही समझिए। मैं आपको चंपानगरी ले जाने के लिए आया हूँ।"

"जैसी आपकी इच्छा।"

कर्ण अपने रथ से नीचे उतरा। भीम के रथ पर आरूढ़ होने से पूर्व उसने भीम के सारथि को नीचे उतरने के लिए कहा। सारथि के उतरते ही कर्ण ने उसका स्थान ग्रहण किया। भीम आश्चर्यचकित हुआ। उसने पूछा, "अंगराज क्या आप मेरा सारथ्य करेंगे ?"

बिना मुड़े कर्ण ने कहा, "आप चंपानगरी आ रहे हैं। आपका सारथ्य करना मेरे लिए उचित है और आपके लिए अधिक सुरक्षित भी।"

भीम के रथ के पीछे-पीछे कर्ण का रिक्त रथ तथा भीम का रक्षक दल आ रहा था। कर्ण के शिविर से कर्ण का रक्षक दल रथ के आगे दौड़ने लगा। चंपानगरी की दिशा में धूलि के मेघ उठने लगे।

चंपानगरी के भारी भरकम तटों के द्वार पर आकर रथ रुक गया। खंदक पर तख्तियाँ बिछा दी गईं। कर्ण के साथ भीम ने चंपानगरी में प्रवेश किया। चंपानगरी की सुंदरता से चकित होकर वह कमल-पुष्पों से युक्त जलाशय और उद्यानों से सुशोभित चंपानगरी का अवलोकन कर रहा था। प्रशस्त राजमार्ग से रथ अश्वदल के पीछे दौड़ रहा था। अन्यथा कर्ण-रथ को देखते ही कर्ण-दर्शन से हर्षित होकर कर्ण को प्रणाम करने वाले जन, राजमार्ग से बचने का प्रयास करते हुए दिखाई दे रहे थे। उस सुंदर वैभव संपन्न नगरी का वह उदास रूप भीम को भी अखर गया। उससे रहा न गया। उसने पूछा, "अंगराज, यक्ष-नगरी के समान आपकी यह सुंदर नगरी, किंतु ऐसा प्रतीत हो रहा है कि इस यक्ष-नगरी का उपभोग लेने के लिए आपके प्रजाजन अभी तक इतने सुयोग्य नहीं हुए हैं। उनकी उदासीनता..."

कर्ण खिन्नता से मुसकराया। उसने कहा, "हे महाबाहो भीम, साधारण व्यक्ति पराजय सहजता से स्वीकार नहीं कर सकता।"

भीम की भौंहें सिकुड़ गईं। उत्तर में उसने कहा, "सत्य है। सर्वथा सत्य। पराजय स्वीकार करने के लिए हृदय बड़ा कठोर होना चाहिए। आपके जैसी शक्ति उन साधारण जनों में कहाँ ?" कर्ण ने पीछे नहीं देखा। उसके हाथ का चाबुक जोर से ऊपर उठा। चाबुक की वेदना से रथ के अश्व तेजी से दौड़ने लगे। रथ में स्तंभ का आश्रय लेकर खड़ा हुआ भीम जोर-जोर से हँस रहा था।

राजप्रासाद में भीम एक सुवर्ण आसन पर बैठा था। पार्श्व भाग में कर्ण के सचिव खड़े थे। भीम के सामने मूल्यवान सुरा की सुराही और सुरा पात्र रखा हुआ था, किंतु भीम का ध्यान तनिक भी उसकी ओर नहीं था। बैठे-बैठे वह कर्ण-प्रासाद का वैभव निहार रहा था। वह क्या कहता है इसकी ओर सभी का ध्यान लगा हुआ था। भीम पुनः जोर से हँस पड़ा। उसने कहा, "अंगराज, आपका प्रासाद मुझे बहुत अच्छा लगा। यह भूमि इतनी संपन्न होगी यह मैंने स्वप्न में भी नहीं सोचा था।"

"परमेश्वर की कृपा से अभी तक तो यह भूमि सुरक्षित थी।"

"आगे भी रहेगी, हमारी कृपा से। अंगराज यह प्रासाद आपने बनाया कि पहले से ही था ?"

"मैंने बनाया।"

"सुंदर। अति सुंदर। अंगराज यदि वह पराक्रम आप नहीं करते तो कदाचित् मैं इस चंपानगरी का स्वामी बनता।"

"कौन सा पराक्रम ?"

"मल्लयुद्ध में आपने जरासंध को परास्त किया और फिर उसी ने आपको यह नगरी भेंट में दी न ?"

"हाँ।"

"आपके उस मित्र का, जरासंध का युद्ध में वध करके ही मैं दिग्विजय करने बाहर निकला हूँ।"

"क्या ? जरासंध का वध हुआ ? युद्ध में..."

"हाँ, मैंने किया। मल्लयुद्ध का उसका आह्वान मैंने स्वीकारा। उसी में उसका वध हुआ।"

जरासंध की मृत्यु के समाचार से कर्ण के हृदय को तीव्र आघात पहुँचा। खुले हृदय का औदार्यशील जरासंध उसके नेत्रों के सामने खड़ा रहा। आखिरी भेंट हुई थी द्रौपदी स्वयंवर में। कर्ण को दखते ही उसने बड़े प्रेम से उसका स्वागत किया था।

"क्यों ? आप बोलते क्यों नहीं ?" भीम ने पूछा।

"वृद्धावस्था के आगे किसी का कुछ नहीं चलता।"

भीम जोर-जोर से हँसने लगा। संपूर्ण महल उसकी हँसी से गूँज उठा। "अंगराज ! आपने जब मल्लयुद्ध का आह्वान स्वीकारा था तब भी जरासंध वृद्ध था। युवा नहीं था।"

"वह मुझे ज्ञात था इसीलिए मैंने उसे छोड़ दिया था। हे पांडुपुत्र ! मानव की बढ़ती हुई आयु से उसकी इच्छा-आकांक्षाएँ भी बढ़ती जाती हैं। केवल दो बातों का ध्यान उसे नहीं रहता।"

"कौन सी दो बातें ?"

"एक तो वृद्धत्व। उसकी अनुभूति उसे कभी नहीं होती।"

"और... ?"

"और दूसरी मृत्यु। वह अटल है। कितना भी दिग्विजय क्यों न करो, एक-न-एक दिन सबकुछ त्याग देने के लिए विवश कर देने वाली, निर्जीव बना देने वाली मृत्यु। उसकी भी अनुभूति मानव को कभी नहीं होती।"

मृत्यु के विचार से भीम के शरीर पर रोंगटे खड़े हुए। विजयी हँसी लुप्त हो गई। उसने शुष्क स्वर में कहा, "जन्म-मृत्यु का निर्णय सुनने के लिए पाठशाला, आश्रम बहुत हैं। उसके लिए हम यहाँ नहीं आए हैं। अंगराज, हमारा कर-भार..."

"उसकी पूरी व्यवस्था हो चुकी है।"

सचिवों ने थालियों से आच्छादन हटाए। अनेक सुवर्ण थालियों में कई प्रकार के रत्न रखे हुए थे। उन पर दृष्टि नहीं ठहर रही थी। भीम अवाक् हो गया। कर्ण ने कहा, "हे पांडु-पुत्र, यदि आप इससे संतुष्ट नहीं हों तो और कुछ ... "

"नहीं, मैं इस पर तृप्त हूँ। ठीक है, हम चलते हैं। मेरे भ्राताओं की ओर से मैं आपको आमंत्रण देता हूँ। उसको स्वीकार कीजिए।"

"यह अनुरोध है या आज्ञा ?"

भीम उत्तर न दे सका। उसने देखा कर्ण की दृष्टि में कुछ अलग ही शांत भाव प्रकट हुआ था। उस दृष्टि से दृष्टि मिलाने का साहस भीम में नहीं था। भीम अगतिक बन गया। कर्ण की दृष्टि से बचते हुए उसने कहा, "अंगराज मैं अनुरोध कर रहा हूँ। अब हम चलते हैं।"

"क्षमा।" कर्ण ने कहा, "अपराह्न हो चुका है, यदि आप यहीं पर भोज..."

कर्ण को आगे बोलना नहीं पड़ा। जाने वाले भीम के स्पष्ट शब्द उसके कानों में गूँज गए, "क्षत्रिय, शरणागत के गृह अन्न नहीं ग्रहण करते।"

प्रकरण-11

कर-भार स्वीकार कर भीम चला गया और उसी के साथ कर्ण के हृदय की शांति भी खो गई। अकारण हुई मानहानि से उसके हृदय को तीव्र आघात पहुँचा था। दिन-प्रतिदिन उसका मनःताप बढ़ता जा रहा था।

प्रतिदिन की सूर्योपासना के लिए कर्ण नदी तट पर जाने के लिए तैयार हो गया था। उसने रथ सज्ज करने की आज्ञा भी दी थी। इतने में वृषाली ने आकर पूछा, "अभी तो पर्याप्त समय है न ?"

"मानो तो है। मानो तो नहीं। वसु, खोई हुई मनःशांति पुनः प्राप्त करने के लिए यही एक मार्ग शेष रहा है इस कर्ण के पास। ईश्वर चिंतन से हृदय हलका हो जाता है।"

वृषाली मौन रही।

कर्ण-रथ प्रासाद से बाहर निकला। राजमार्ग से रथ जा रहा था। मार्ग पर कई भवनों के सामने जनसामान्य की भीड़ दिखाई दे रही थी। भवनों से आक्रोश उठ रहा था। भवनों के सामने एकत्रित हुए जन रथ की गड़गड़ाहट सुनकर पीछे मुड़कर देखते और फिर दृष्टि घुमा लेते। नगरी में छाया हुआ यह सन्नाटा कर्ण को सहन नहीं हो रहा था। उसने अपने सारथि को रथ की गति बढ़ाने की आज्ञा दी। रथ दौड़ने लगा। नदी के तट पर वृक्षों की छाया में रथ रुकते ही कर्ण रथ से उतरकर नदी की ओर चल पड़ा।

नदी के तट पर कर्ण के चरण रुक गए। नदी का विस्तृत मरुस्थल संपूर्ण रिक्त था। सूर्य-दाह में संपूर्ण मरुस्थल प्रखर बन गया था, किंतु फिर भी उस मरुस्थल से बहने वाला नीलवर्णीय प्रवाह नेत्रों को सुखद अनुभव दे रहा था। उस गूढ़ वातावरण में कर्ण का हृदय शांत हो गया।

कर्ण के चरण रेत में गड़ते हुए 'करकर' आवाज कर आगे बढ़ रहे थे। नदी के प्रवाह के समीप जाकर कर्ण ने अपने पादत्राण उतारकर रखे। सूखे वस्त्र और उत्तरीय रेत पर रखकर उसने जल में प्रवेश किया। तलवों को जल का वह शीतल स्पर्श सुखकारक लग रहा था। कर्ण ने सूर्य-वंदन किया। आकाश में सूर्य अपने संपूर्ण तेज से प्रकाशमान हो गया था। कर्ण कुछ अंतर चलकर गया और फिर उसने अपना शरीर उस प्रवाहित जलाशय में झोंक दिया। एक व्याकुल करने वाली कँप-कँपी शरीर में उठी, किंतु वह क्षण भर के लिए ही। कर्ण प्रसन्नता से नदी में तैर रहा था। पर्याप्त समय तैरने के पश्चात् वह तट पर लौटा और पुनः जल में खड़ा होकर हाथ जोड़कर सूर्योपासना में मग्न हो गया। देखते-ही-देखते उस चिंतन में उसका भान खो गया।

उसकी सूर्योपासना समाप्त हुई तब सूर्य की किरणें उसकी पीठ तक आ पहुँची थीं। गरदन तक झुके उसके लंबे, काले कुंतल सूखकर गरदन पर चिपक गए थे। सूर्य-किरणों से उसका शरीर शुष्क बन गया था। कर्ण ने शांति से गंगाजल अंजलि में लिया और उसके पीछे-पीछे उसके शब्द निकले, "कोई याचक है ?"

पीछे से कोई उत्तर नहीं मिला। कर्ण ने संतोष से पुनः पूछा, "कोई याचक है ?"

"है।" कोमल स्वर उठा।

कर्ण की मुद्रा पर मुसकान छाई। बिना मुड़े उसने कहा, "हे याचक, मेरा धर्म और मेरा पौरुष छोड़कर तुम्हारा जो भी मनोवांछित होगा उसे पूर्ण करने के लिए मैं वचनबद्ध हूँ।" कर्ण ने अंजलि गंगा में रिक्त की और याचक का दर्शन करने वह मुड़ा।

नदी तट पर मेघवर्णी वस्त्र पहने एक स्त्री खड़ी थी। वह स्त्री मस्तक झुकाकर खड़ी थी। ललाट आँचल से अवगुंठित था, अतः उसका रूप नहीं दिखाई दे रहा था। कर्ण ने कहा, ''माते अपनी इच्छा बताओ। वह पूर्ण करनें में मुझे संतोष होगा।''

किंतु उस आकृति ने कुछ नहीं कहा।

''कहो माते ! संकोच मत करो। आज तक न किसी याचक ने संकोच किया है, न मेरे दातृत्व पर अविश्वास दिखाया है। तुम्हें क्या चाहिए ?''

''मुझे मेरा पुत्र चाहिए।'' शुष्क शब्द उठे।

''पुत्र ? मैं कुछ समझा नहीं माते !''

''कल के रणक्षेत्र में मेरे पुत्र की अकारण बलि गई। वह मेरा इकलौता पुत्र मुझे चाहिए।''

''माते ऽ ऽ''

''आपके दातृत्व के संबंध में मैं बहुत सुन चुकी हूँ। आपकी ऐसी ख्याति है कि कोई भी याचक आपसे विमुख होकर नहीं जाता।''

''किंतु माते, याचना का भी रूप होता है।''

''कैसा रूप ?''

''घन रूप। रात्रि का अंधकार और दिन का प्रकाश यदि माँगा जाए तो वह देना कैसे संभव होगा ? ये घटनाएँ केवल सूर्य-तेज से बद्ध होती हैं। जन्म-मृत्यु मानव के अधीन नहीं होते।''

''किंतु कारण तो अधीन होता है न ? क्या मेरे पुत्र की अकाल मृत्यु के लिए आप ही उत्तरदायी नहीं हैं ?''

''मैं ?'' कर्ण ने पूछा।

''हाँ, क्षमा हो राजन् पुत्रहीन माता संकोच नहीं कर सकती।''

''माते ! स्पष्ट कहो। कितना भी कटु क्यों न हो, किंतु यदि वह सत्य है तो मैं उसे संतोष से निगल लूँगा।''

''यह सत्य है कि कल रणक्षेत्र में मेरे पुत्र की मृत्यु हुई।''

''रणक्षेत्र के निर्णय से कौन बच सकता है ?''

''वह मैं भी जानती हूँ। रणक्षेत्र में जाने वाले वीरों को मृत्यु का आह्वान स्वीकारना ही पड़ता है। किंतु मेरे पुत्र की मृत्यु एक बांझ, असफल रणक्षेत्र में हुई इसका मुझे दुःख है।''

''असफल ?''

''हाँ, राजन् ! आपकी आज्ञा से ही वह युद्ध हुआ न ? जिस युद्धभूमि पर जय-पराजय का निर्णय नहीं होने वाला था उस युद्धभूमि पर मेरे पुत्र को भेजने का क्या अधिकार था आपको ? कर-भार ही देना था, फिर युद्ध किसलिए किया ? शोक के लिए ? या प्रजानिष्ठा का भार कम करने के लिए ?''

अपराह्न की धूप से भी वे शब्द दाहक थे।

"उसमें मेरा दोष नहीं था।"

"तो फिर किसका दोष था ? मेरे पुत्र का ? सत्य है। दोष उसी का था। राजा से निष्ठा रखी, उचित-अनुचित का विचार भी न करके शत्रु पर टूट पड़ा और अपने कर्तव्य का निर्वाह करने के लिए अंतिम क्षण तक लड़ता रहा। दोष उसी का था, आपका नहीं। आपकी निष्ठा के लिए जिनकी बलि चढ़ाई जानी थी, चढ़ गई और जिन्होंने बलि ली उन्हें कर-भार देकर आपने अपने आपको संकट से सुरक्षित रखा।"

"कहो माते, रुक क्यों गईं ? पिछले दो दिनों से जो बात मुझे चुभ रही थी वही तुम्हारे मुख से निकल रही है। वह सबकुछ मुझे सुनने दो।"

"मुझे कुछ नहीं कहना है। मुझे मेरा पुत्र चाहिए।"

"माते, खोई हुई मन की शांति, खोया हुआ स्वप्न और गया हुआ जीव प्रयासों के उपरांत भी पुनः प्राप्त नहीं होते।"

"वह मैं क्यों सोचूँ ? दान के लिए खड़े रहने वाले को वह सोचना चाहिए। वीर अपने सर्वस्व का बलिदान करने युद्धक्षेत्र पर जाते हैं। राजा का विश्वासघात वे नहीं जानते।"

उस अंतिम वाक्य से कर्ण का शरीर अचेत हो गया। निश्चयी स्वर में उसने कहा, "ठीक है, माते ! तुम्हारा पुत्र तुम्हें अवश्य मिलेगा। समझ लो कि रणक्षेत्र में जो वीर गया उसका नाम कर्ण था और तुम्हारा पुत्र अब आगे मेरे रूप में जीवित है।"

"माता के हृदय से कपट करना इतना सहज नहीं राजन्।"

"यह कपट नहीं है माते। मुझे दो दिन की अवधि दो। इन दो दिनों में चंपानगरी का अधिपति कोई और बनेगा और मैं कर्ण तुम्हारे गृह, तुम्हारा पुत्र बनकर सेवा करने आऊँगा। तुम्हारे पुत्र ने जो भी सुख तुम्हें दिया होगा वही सुख निरंतर तुम्हें देने के लिए अपनी संपूर्ण तपस्या मैं दाँव पर लगा दूँगा। अतः हृदय में तनिक भी संदेह मत रखो। यह प्रतिज्ञा..."

कर्ण के उन शब्दों से वह स्त्री आँधी में काँपने वाली लता की तरह थर-थर काँपने लगी। सारा संयम, कठोरता कहीं-से-कहीं लुप्त हो गई। वह जोर से चीख उठी, "नहीं ऽ ऽ, राजन् ऐसी प्रतिज्ञा मत कीजिए। अपना दुःख तो मैं सह लूँगी। किंतु पुत्रहीन माता से पुत्रवान माताओं की रक्षा करने वाला आपके जैसा राजा दूसरा नहीं मिलेगा।"

और फिर वह स्त्री खड़ी-खड़ी अश्रु बहाने लगी। कर्ण का हृदय उसके बोलों से विदीर्ण हो गया। वह धीरे से उसके सम्मुख गया। अपने हाथों से उसने उसका अवगुंठन हटाया। उस रूप के दर्शन से कर्ण की मुद्रा पीली पड़ गई। चक्रधर की पत्नी अवंती सामने खड़ी थी।

"अवंती ! तुम ऽ ऽ तुम्हारा कौस्तुभ..."

“जेठश्री ऽ ऽ मेरा कौस्तुभ खो गया। सदा के लिए...”

अवंती रेत पर गिर पड़ी। कर्ण आगे बढ़ा। अपने हाथों का आश्रय देकर उसने अवंती को बड़े कष्ट से खड़ा किया। अवंती की सांत्वना के लिए कर्ण के पास अश्रु के अतिरिक्त और कुछ नहीं था। अवंती को सँभालकर कर्ण उसे रथ तक ले गया। उसे स्वगृह पहुँचाकर कर्ण का रथ प्रासाद की ओर मुड़ा।

अपने ही विचारों में प्रासाद की सीढ़ियाँ चढ़ने वाला कर्ण प्रासाद में प्रवेश करने ही वाला था कि उसके चरण द्वार पर ही रुक गए। भीतर से हँसने की आवाज आ रही थी। कोई दौड़कर आ रहा था।

महल के भीतरी द्वार से चक्रधर दौड़ते हुए बाहर निकला। उसके पीछे-पीछे वृषसेन दौड़ रहा था। दहलीज पर आते ही वृषसेन ने धनुष को प्रत्यंचा लगाने का अभिनय किया। तीर चलते ही चक्रधर महल में गिर पड़ा और हँसते-हँसते उसने कहा, “मर गया ऽ ऽ, मर गया ऽ ऽ”

“वाह।” वृषसेन ने रुष्टता से कहा, “एक ही तीर में कोई मरता है क्या ?”

गिरी हुई स्थिति से ही अधखुले नेत्रों से चक्रधर ने कहा “कुमार ! सैकड़ों तीर चाहे लग जाएँ, किंतु प्राण जाते हैं एक ही तीर से जो हृदय वेधकर जाता है उससे।”

उसी समय क्रोधित वृषाली ने भीतर प्रवेश किया। “यह क्या देवरश्री ! अब आप क्या छोटे हैं बालकों के साथ खेलने के लिए ?”

चक्रधर धूल झटकते हुए हड़बड़ाकर उठा और उसी समय उसका ध्यान द्वार पर खड़े कर्ण की ओर गया।

कर्ण आगे बढ़ा। चक्रधर उसकी ही ओर देख रहा था। कर्ण के काले नेत्रों में अश्रु भर आए। क्षण ही में वे अश्रु पलकों से गालों पर झरने लगे। रुँधे हुए स्वर में कर्ण ने कहा, “मित्र ऽ ऽ”

कर्ण से दूर हटकर चक्रधर ने कहा, “मित्र, तीर आर-पार निकल चुका है। मैं भूल ही गया था। हस्तिनापुर जाने के लिए रथ और दल तैयार है। कभी भी मुहूर्त निकालो। मैं चलता हूँ।”

चक्रधर चला गया। वृषाली कर्ण के समीप आई। कर्ण अपने अश्रु पोंछ रहा था। वृषाली ने पूछा, “क्या हुआ ?”

“वसू ऽ ऽ चक्रधर का कौस्तुभ परसों के रणक्षेत्र में खो गया। सदा के लिए...”

और फिर वृषसेन को हृदय से लगाकर कर्ण अपने रोके हुए अश्रु बहाने लगा।

प्रकरण-12

हस्तिनापुर दृष्टिपथ में आने लगा। उसे देखकर वृषसेन प्रसन्नता से झूम उठा। उत्सुकता से वह नगरी का अवलोकन कर रहा था। गंगा के विशाल प्रवाह के तट पर स्थित हस्तिनापुर अपराह्न के प्रहर किसी श्वेत कमल की तरह खिल उठा था। उस नगरी के गोपुर और आकाश को छूने वाले भवन कमल दल के समान लग रहे थे। कर्ण ने वृषसेन से कहा, "वसू, वह देखो हस्तिनापुर। कौरवेश्वर की राजधानी।"

"तात, हस्तिनापुर बड़ा सुंदर होगा न ?"

"बहुत ही सुंदर।" कर्ण अलग ही स्वप्न देख रहा था।

"वहाँ तुम्हारे दादाश्री और दादी माँ तुम्हारी प्रतीक्षा कर रहे होंगे। तुम्हारे भ्राता शत्रुंजय तथा वृषकेतु तुम्हारा स्मरण कर रहे होंगे और तुम्हारे चाचाश्री द्रुम। वे तो ऐसा सोच रहे होंगे कि कब तुम आते हो और कब वे तुम्हें प्रासाद पर ले जाते हैं।"

"प्रासाद पर ?"

"हाँ, तुम्हारे चाचाश्री दुर्योधन महाराज के साथ रहते हैं न ?"

कर्ण का हृदय राधा माँ और अधिरथ तात को देखने के लिए अधीर हो गया था। हस्तिनापुर की सीमा पर रक्षकों का अभिवादन स्वीकार कर कर्ण-रथ ने भीतर प्रवेश किया। अधिरथ की हवेली के सामने आकर कर्ण-रथ रुक गया। रथ रुकते ही हवेली से वृषकेतु बाहर आया। रथ में कर्ण को देखते ही वह दौड़कर अंदर गया और फिर हवेली में एक ही धूम मच गई।

कर्ण, वृषाली और वृषसेन ने हवेली में प्रवेश किया। शत्रुंजय, वृषकेतु आगे बढ़े। उन्होंने कर्ण को प्रणाम किया। द्रुम समीप आया, किंतु कर्ण ने उसे प्रणाम करने का अवसर ही नहीं दिया। उसे तुरंत आलिंगनबद्ध किया। सभी ने महल में प्रवेश किया। द्रुम-पत्नी की भेंट हुई। कर्ण आगे बढ़ा। मातृ-वंदन कर वह उठ ही रहा था कि राधा माँ के शब्द कानों में पड़े।

"अच्छा हुआ तुम आए। तुम्हें देखने के लिए हृदय बहुत व्याकुल था।"

वृद्धावस्था के कारण थकी हुई राधा माँ को कर्ण देख रहा था। राधा माँ ने कहा, "कितने लंबे हो गए हो तुम। जरा झुको तो सही।" कर्ण झुक गया। राधा माँ ने उसकी बलैया ली। उन शुष्क उँगलियों से 'कटकट' आवाज निकली। राधा माँ ने कर्ण को आलिंगनबद्ध किया। सभी की मुद्रा प्रसन्न थी। कर्ण ने कहा, "माँ, देखो सब हँस रहे हैं।"

"हँसने दो। वे सभी क्या मेढकी की तरह आकाश से गिर पड़े हैं ? वे भी प्रेम और दुलार में ही बड़े हुए हैं।"

"हाँ, किंतु भैया अब बड़े हुए हैं न ?" द्रुम ने राधा माँ को खिजाने के लिए कहा।

“चुप, बड़ा आया है। मेरे लिए वह छोटा ही है।” राधा माँ का ध्यान वृषसेन की ओर गया। उसने वृषसेन को अपने पास खींचकर हृदय से लगाया।

संपूर्ण गृह में प्रसन्नता की लहरें दौड़ रही थीं, किंतु कर्ण का हृदय अधीर हो उठा था। उठकर उसने कहा, “माँ, तात कहाँ हैं ?”

“रथशाला गए हैं।”

“मैं उन्हें मिल आता हूँ।”

“अरे ! वे आते ही होंगे।”

“नहीं, मैं ही मिल आता हूँ।”

कर्ण को निकलते हुए देखकर द्रुम उठा। द्रुम सारथ्य कर रहा था। कर्ण को संपूर्ण वर्णन सुना रहा था। रथ रथशाला की ओर दौड़ रहा था।

चारों ओर से तट से बद्ध रथशाला की भव्य वास्तु दृष्टिपथ में आई। रथशाला के द्वार पर कर्ण और द्रुम उतर गए और उन्होंने रथशाला में प्रवेश किया। भीतर भव्य खुला आँगन था। बाईं ओर अश्वशाला थी। वहाँ कई प्रकार की लकड़ियों के ढेर लगाए हुए थे। सामने दूर रथशाला दिखाई दे रही थी। रथशाला की ओर जाते-जाते कई आधे-अधूरे रथ दिखाई दे रहे थे। कर्ण चकित होकर रथशाला का वह रूप देख रहा था। इससे पूर्व इसी रथशाला में सैकड़ों कारीगर कार्य करते थे। अनेक प्रकार की आवाजों से यह रथशाला गूँजती रहती थी। उसी रथशाला में अब आश्रम जैसी शांतता छाई हुई थी। कर्ण ने उस विचार को हृदय से हटा दिया। उसका ध्यान अब समीप आ रही रथशाला की ओर लगा हुआ था। रथशाला के सामने एक सुवर्ण रथ एक ही चक्र के आधार से खड़ा था। उसका दूसरा हिस्सा एक लकड़ी के लट्ठे पर रखा हुआ था। रथ से कुछ अंतर पर भूमि में गड़ी हुई घिरनी पर एक सुंदर रथ-चक्र फेरे ले रहा था। उस घूमने वाले चक्र के समीप एक व्यक्ति बैठा था। शुभ्र, विरल केश गरदन तक आए हुए थे। साँवली छाती पर श्वेत उत्तरीय विश्राम कर रहा था। अपनी तीव्र दृष्टि से वह व्यक्ति उस घूमने वाले चक्र को देख रहा था। कर्ण के समीप आने की अनुभूति भी उसे नहीं हुई।

“तात !”

“अं।” कहकर उस वृद्ध व्यक्ति ने गरदन ऊपर उठाई। कर्ण को देखते ही वह व्यक्ति हर्षभरित हो उठा। कर्ण प्रणाम कर उठ ही रहा था कि अधिरथ ने उसकी पीठ पर थपथपाकर पूछा, “कब आए कर्ण ?”

“बस, कुछ ही समय पूर्व।”

“सभी क्षेम है न ?”

“आपके आशीर्वाद से... ”

“अकेले ही आए हो ?”

“नहीं, हम सब आए हैं।”

अधिरथ ने उसकी ओर देखा और फिर सेवकों से कहा, “रथ-चक्र को जोड़ो।”

रथ-चक्र को जोड़ा गया। अधिरथ के साथ कर्ण उस सुवर्ण रथ का अवलोकन कर रहा था। रथ पर दृष्टि नहीं ठहर रही थी, वह इतना सुंदर और सुसज्ज हो गया था। कर्ण ने पूछा, "किसका रथ है यह ?"

"दुर्योधन महाराज राजसूय यज्ञ के लिए जा रहे हैं न। उन्हीं के लिए यह विशेष रथ तैयार कर दिया गया है।"

"रथ अद्वितीय हो गया है।"

"मनपसंद कार्य करने के लिए आजकल पर्याप्त समय मिलता है न, अतः इतना शानदार कार्य होता है।"

"किंतु अब रथ का काम इतना नहीं दिखाई दे रहा है।"

"होगा तो दिखेगा न ! इससे पूर्व बनाए गए रथ ही पर्याप्त मात्रा में उपलब्ध हैं। उन्हें सुस्थिति में रखने का कार्य ही अब शेष रह गया है। कुछ पुराने शिल्पी, कारीगर भी हैं। यह कहना अनुचित नहीं होगा कि केवल उन्हीं के लिए विदुरजी ने रथशाला का कार्य जारी रखा है।"

"किंतु यहाँ तो सैकड़ों कारीगर थे, अपनी चंपानगरी से ही..."

"वे सभी अब इंद्रप्रस्थ चले गए हैं। नई राजधानी जो बनाई जा रही है। पांडवों की रथशाला सज्ज करने के लिए भीष्माचार्य ने ही उन्हें इंद्रप्रस्थ भेजा है। पांडवों द्वारा बनाई जाने वाली राजधानी के फलस्वरूप सभी कलाकारों, शिल्पियों के अच्छे दिन आए हैं।"

"इतना भव्य है इंद्रप्रस्थ ?"

"उसके आगे हस्तिनापुर कुछ भी नहीं। रथशाला सज्ज करने मैं ही तो गया था वहाँ। कर्ण, पांडवों द्वारा बनाई गई मयसभा देखकर तुम दंग रह जाओगे। देवों को भी ईर्ष्या हो जाए ऐसी है वह मयसभा। अपनी गजशाला उसी कार्य में व्यस्त थी।"

"गजशाला ?"

"हाँ, इतने भव्य प्रासाद, गोपुर और मयसभा जैसे सभागृह के लिए लकड़ी तो चाहिए न। देवदार, शीशम और साल जैसे विशाल वृक्षों के लट्ठे खींचकर लाने का काम क्या कोई मनुष्य कर सकता है ? उसके लिए केवल अपनी गजशाला ही क्या, अपना चतुरंग दल भी कार्य कर रहा था। कर्ण, आकाश में जैसे सूर्य-चंद्र शोभा देते हैं वैसे ही इस भूमि पर हस्तिनापुर और इंद्रप्रस्थ प्रतीत होते हैं।"

रथ का चक्र रथ में जोड़ा गया था। सर्वोत्तम अश्व रथ में जोड़े गए थे। रथ तैयार हुआ यह देखकर अधिरथ ने कर्ण से कहा, "चलो कर्ण ! रथ की परीक्षा लेते हैं। तत्पश्चात् स्वगृह लौटेंगे।" कर्ण रथारूढ़ हो गया। अधिरथ ने वल्गाएँ हाथ में लीं। धीमी गति से रथ रथशाला के बाहर आया। रथ के साथ द्रुम सेवकों सहित आया था। अधिरथ ने कर्ण से कहा, "कर्ण अब तुम उतरो।"

"मैं भी आता हूँ न साथ में।"

"कर्ण यह रथ युवराज का है। उसका उत्तरदायित्व भी बड़ा है। कौरव साम्राज्य के युवराज का रथ सभी बातों में श्रेष्ठ ही होना चाहिए। इस रथ की परीक्षा भी भिन्न है।"

"भिन्न ?"

"हाँ, रथ समतोल दौड़ना चाहिए। अतः रथ को गति देने से पूर्व मैं रथ की खूँटियाँ निकाल लेता हूँ। दोनों चक्रों की समतोल गति से ही रथ को लगाम लगना चाहिए। चक्र को न छोड़ते हुए रथ दौड़ना चाहिए। तुम उतरो और फिर देखो।"

कर्ण उतर गया। अधिरथ ने क्षण भर के लिए अपने नेत्र बंद किए। रथ को प्रणाम किया। डोर हाथ में लेकर वे रथ पर खड़े हो गए। सामने दूर तक दिखने वाला मार्ग निहार लिया और फिर सेवकों को आज्ञा दी।

"खूँटियाँ निकालो।"

रथ के चक्रों को लगाई हुई खूँटियाँ निकाल दी गईं। कर्ण की श्वास जैसे रुक गई। चाबुक की आवाज उठी। रथ तेजी से दौड़ने लगा। कुछ ही क्षणों में मोड़ पर रथ दृष्टि से अदृश्य हो गया। उस रिक्त मार्ग की ओर कर्ण का ध्यान लगा हुआ था। कुछ ही देर में रथ की आवाज सुनाई दी। रथ दृष्टिपथ में आ गया। तेजी से दौड़ता हुआ रथ सामने आकर रुक गया। अश्वों के मुँह से झाग निकल रही थी। अधिरथ संतोषपूर्वक नीचे उतरे और गर्व से उन्होंने कहा, "रथ सज्ज हो गया है।"

"क्या, खूँटियाँ निकालकर, कोई भी रथ चला सकता है ?"

अधिरथ मुसकराए, "कोई भी नहीं। जो रथ परीक्षा करने में निपुण है वही यह कर सकता है। और सुनो कर्ण, खूँटियाँ निकालकर रथ चलाना यह रथ की कसौटी नहीं है। यह परीक्षा लेने की एक पद्धति है मेरी।"

सेवक रथ को रथशाला ले गए और कर्ण, द्रुम के साथ अधिरथ अपने रथ में स्वगृह लौटे।

प्रकरण-13

प्रातः समय कर्ण राधा माँ से बातें कर रहा था इतने में द्रुम हड़बड़ी से भीतर आया। उसने कहा, "भैया, दुर्योधन महाराज पधारे हैं।"

कर्ण उठ ही रहा था कि उसके पूर्व ही दुर्योधन भीतर आया। उसने राधा माँ को प्रणाम किया। संकोच से राधा माँ ने कहा, "आयुष्मान भव।"

कर्ण ने कहा, "युवराज।"

कर्ण की ओर देखकर दुर्योधन ने कहा, "मैं अब तुमसे बात ही नहीं करूँगा।"

कर्ण मुसकराया। उसने पूछा, "क्या यही कहने के लिए दौड़कर दुर्योधन महाराज इस सेवक के अंतःपुर तक आए हैं ?"

दुर्योधन ने कर्ण की ओर देखा और फिर जोर से हँसकर उसने कर्ण को गले लगाया। दोनों हँस रहे थे। फिर दुर्योधन ने कहा, "मित्र कल आए हो और अभी तक मिलने के लिए समय नहीं मिला ?"

"ऐसी कोई बात नहीं। किंतु वर्षों पश्चात् आया हूँ, अतः..."

"ठीक, ठीक। चलो, शीघ्र तैयार हो जाओ। मैं तुम्हें प्रासाद पर ले जाने के लिए आया हूँ।"

"जो आज्ञा।"

कर्ण तैयार हुआ। रथ में बैठकर दोनों प्रासाद की ओर निकल पड़े। श्वेत धवल और केसरिया रंग के पत्थरों से बनाए हुए भव्य प्रासाद के सामने आकर रथ रुक गया। बिलौर की सीढ़ियों से जाते समय सेवक दुर्योधन को प्रणाम कर रहे थे। अनेक महलों से सुसज्ज ऐश्वर्य संपन्न प्रासाद से दोनों जा रहे थे। कई महल लाँघकर दोनों राजमहल पहुँचे। द्वारपाल आदर से दूर हट गए। राजमहल में धृतराष्ट्र महाराज बेलबूटी पर उच्च सुवर्ण आसन पर बैठे हुए थे। उन्होंने मस्तक पर रत्नांकित मुकुट धारण किया था। राजभूषणों और राजवस्त्रों से उनके रूप को कुछ अलग ही भव्यता प्राप्त हुई थी। नेत्र बंद होने का आभास हो रहा था कि किसी भी क्षण उनके नेत्र खुल जाएँगे। धृतराष्ट्र महाराज के पार्श्व भाग में दो दासियाँ मंद गति से चँवर डुला रही थीं। धृतराष्ट्र की दाईं ओर उनके सिंहासन के समीप एक चंदनी आसन पर विदुर बैठे हुए थे। गोल मुख, शांत दृष्टि, ललाट पर चंदन का लेप लगाए हुए विदुर का ध्यान महल में प्रवेश कर रहे दुर्योधन पर गया। धृतराष्ट्र महाराज की बाईं ओर आसनस्थ हुए भीष्माचार्य की ओर उन्होंने देखा। भीष्माचार्य ने अपनी गरदन घुमाई। ऐसा प्रतीत हुआ जैसे हिमालय ही घूम गया हो। मस्तक के आधी पीठ तक पहुँचने वाले शुभ्र धवल केश, छाती तक आई हुई श्वेत दाढ़ी, श्वेत भौंहों में जड़े हुए हीरों जैसे नेत्र। ऐसा आभास हो रहा था जैसे साक्षात् भव्यता ही उस रूप में साकार हो गई हो। अनुभवी, तपोवृद्ध भीष्माचार्य ने दुर्योधन को आते हुए देखकर कहा, "राजन् ! युवराज दुर्योधन पधार रहे हैं।"

कर्ण के साथ दुर्योधन आगे बढ़ा। प्रणाम कर उसने कहा, "तात, दुर्योधन प्रणाम कर रहा है।"

"कल्याण हो।"

कर्ण ने प्रणाम कर कहा, "सूत-पुत्र राधेय प्रणाम कर रहा है।"

धृतराष्ट्र के मुख पर मुसकराहट छाई। शांत स्वर में उन्होंने पूछा, "तुम कब आए अंगराज ?"

"कल ही रात्रि को।"

धृतराष्ट्र कुछ कहने ही वाले थे कि खड़ाऊँ की आवाज उठी। द्रोणाचार्य राजमहल में प्रवेश कर रहे थे। द्रोणाचार्य लंबे कद के थे। उनके मूल गौरवर्ण, किंतु धूप से तपे शरीर पर तपस्या का तेज फैला हुआ था। श्वेत दाढ़ी छाती तक आई हुई थी। द्रोणाचार्य को आते हुए देखकर विदुर ने कहा, ''द्रोणाचार्य।''

धृतराष्ट्र ने आज्ञा दी, ''विदुर, आचार्य को मृगाजिन दो।''

विदुर को कष्ट नहीं उठाने पड़े। सेवकों ने आचार्य को आसन दिया। द्रोणाचार्य की दृष्टि पड़ते ही दुर्योधन-कर्ण ने प्रणाम किया। आशीर्वाद के लिए हाथ उठाकर, धृतराष्ट्र की ओर देखकर द्रोणाचार्य ने कहा, ''राजन् ! मैं एक सौ एक आश्रमों के लिए स्थान देखकर आया हूँ। भीष्म महाराज स्थान देखकर अनुमति दें तो फिर आश्रम का कार्य आरंभ किया जाएगा।

''मुझे देखने की क्या आवश्यकता है ?'' भीष्म ने कहा, ''आपके द्वारा चुना गया स्थान निश्चित ही योग्य होगा।''

धृतराष्ट्र ने उसकी पुष्टि की। उससे संतुष्ट हुए द्रोण ने तृप्त होकर कहा, ''राजन् ! और कुछ वर्षों में यह नगरी साक्षात् ज्ञानपीठ बन जाएगी। इसकी कीर्ति त्रिखंड में फैलेगी। ज्ञान जैसा पवित्र इस भूतल पर कुछ भी नहीं है। राजन् ! राजसूय यज्ञ से लौटने पर मैं तत्काल यह कार्य आरंभ करूँगा।''

''राजसूय यज्ञ के लिए तो पर्याप्त अवधि है न ?''

''अवधि कहाँ है ? कुमार नकुल स्वयं आमंत्रण देने आए थे तब उन्होंने बारंबार कहा था...भीष्म, विदुर और मैं, हमें वहाँ शीघ्र पहुँचना आवश्यक है। ऐन समय पर जाकर कैसे चलेगा ?''

द्रोणाचार्य का स्वर कुछ ज्यादा ही ऊँचा हो गया है यह जानकर धृतराष्ट्र ने शीघ्रता से कहा,

''हाँ, हाँ। क्यों नहीं ? आपको शीघ्र जाना ही चाहिए। प्रस्थान का मुहूर्त कब का है ?''

''कल ही जाना होगा।''

''जैसी आपकी इच्छा।'' धृतराष्ट्र ने अपनी सम्मति दर्शाई। दुर्योधन ने कर्ण की ओर देखा। उसे नेत्रों से संकेत किया और सभी को प्रणाम कर दोनों महल के बाहर आए।

दुर्योधन के महल में प्रवेश करते ही दुर्योधन-पत्नी भानुमती ने कर्ण का स्वागत किया, ''आइए देवरश्री। कब आए आप ?''

''कल ही आया हूँ। हमारे मित्र को आपने चुरा लिया, अतः आना आवश्यक हो गया।''

''चुरा लिया ?''

''हाँ, नहीं तो क्या ? स्वयंवर के पश्चात् हमें तो भूल ही गए हैं आपके पतिदेव।''

क्षेम-कुशल पूछकर भानुमती चली गई।

महल में केवल दुर्योधन और कर्ण रह गए। दुर्योधन की चिंता उसकी मुद्रा पर स्पष्ट दिखाई दे रही थी। कर्ण ने पूछा, "मित्र, सबकुछ कुशल तो है न ?"

दुर्योधन ने हँसकर कहा, "राधेय कुशल के अतिरिक्त और कुछ शेष ही नहीं रहा है। देखा नहीं तुमने ? तात ने मेरा स्वागत कितनी आस्था से किया। मिलने का अवसर कभी-कभार ही मिलता है और वह भी इस प्रकार।"

"कभी-कभार ?"

"हाँ, कुछ दिन पूर्व तात के हृदय में मेरे संबंध में कुछ भ्रम पैदा हो गया था।"

"भ्रम ? कैसा भ्रम ?"

"किसी ने तात को बताया कि लाक्षागृह में पांडवों को जलाकर भस्म करने का कृत्य मेरा ही था। बताया क्या, सत्य ही था वह। पांडवों के भाग्य से और मेरे दुर्भाग्य से वह षड्यंत्र असफल हुआ। किंतु मित्र, पांडव जलकर भस्म हुए यह सुनकर पितामह भीष्म, महात्मा विदुर और द्रोणाचार्य को कितना शोक हुआ, क्या बताऊँ ? वह देखने के लिए तो तुम्हें यहाँ होना चाहिए था।"

"अच्छा हुआ पांडव बच गए। उनके बचने का आनंद मुझे भी है।"

"आनंद ? कर्ण, तुम मेरे मित्र हो न ?"

"कुमार, दुर्भाग्य से पांडव लाक्षागृह में जलकर भस्म हो जाते तो आजीवन शय्यागृह में निद्रा के लिए जाते समय भय लगता। शत्रु को पराक्रम से जीतना चाहिए, कपट से नहीं।"

"वह जाने दो। सुनो, मुझे बहुत कुछ कहना है। उस जतुगृह प्रकरण का हमारे ब्रह्मदेव ने कितना लाभ उठाया, तुम्हें ज्ञात है ? तीनों मुखों से मुझ पर निरंतर आग बरसाई जा रही थी। मैं बताता हूँ कर्ण, पांडव जो बच गए वे उनके भाग्य से नहीं। हमारे ही घर-भेदियों के कारण। पांडव सुरक्षित हैं यह ज्ञात होने के पश्चात् ही उनकी धार कुछ कम हो गई। इसके पूर्व तात के दर्शन के लिए जाने में भी भय लगता था।"

"किंतु अब तो सबकुछ ठीक है न ? उसमें ही संतोष... "

"संतोष ? इस हस्तिनापुर में अब संतोष ही संतोष है। जिस नगरी में भीष्माचार्य जैसे अजातशत्रु प्रमुख हैं, नीति के आदर्श का पालन करने वाले महात्मा विदुर जैसे सचिव हैं, ज्ञान और बैराग्य से परिपूर्ण द्रोणाचार्य जैसे परामर्शदाता हैं वहाँ त्रुटि किस बात की ? वर्तमान में कौरव साम्राज्य का कारोबार इन तीनों के हाथों ही तो चल रहा है। सुना नहीं तुमने ? अब इस राज्य में ज्ञानदान करने वाले सैकड़ों आश्रम बनाए जाएँगे। कौरवेश्वर की राजधानी हस्तिनापुर अब ज्ञानपीठ बनेगी। एक नए विचार से, नए भव्य स्वप्न से सब अभिभूत हो गए हैं!" दुर्योधन हँस पड़ा।

"तुम्हें ज्ञात नहीं कर्ण, राजप्रासाद के चिड़ियाघर के सभी बाघ, शेर, भालुओं को जंगल में छोड़ दिया गया है।"

“क्यों ?”

“क्योंकि उनकी जीविका के लिए रोज निष्पाप प्राणियों की हत्या जो करनी पड़ती है। विदुरजी ने अब नियम बना दिया है। जितनी आवश्यकता हो उतनी ही मृगया की जाए। अब केवल हस्तिनापुरवासी ही नहीं, बल्कि समस्त प्राणिमात्र संतोषपूर्वक जी रहे हैं। सभी तृप्त हैं।”

“और मित्र तुम...?”

“मेरे भाग्य में यह सुख कहाँ ? इस कुरु साम्राज्य का मैं युवराज हूँ। मुझे शांति मिलेगी भी कैसे ? इस साम्राज्य का वैभव बढ़े, इसकी सत्ता वृद्धिगत हो, यह राज्य बलशाली हो, यहाँ के नागरिक निर्भयता से मस्तक ऊँचा करके जी सकें, यहाँ के वीरों की भुजाओं में वज्र की शक्ति हो, ऐसी अभिलाषा हृदय में रखने वाला मैं। मेरे हृदय को संतोष कहाँ ? मित्र, मैं अकेला पड़ गया हूँ। सभी ने मुझे त्याग दिया है। मनोरंजन के लिए मैं मृगया करने जाता हूँ तो नगाड़े की आवाज से चाहे जिधर दौड़ने वाले पशु मेरे भय से भाग जाते हैं और एकाध पशु की मृगया मैंने कर भी ली तो उसकी जगह मैं अपने आप को पाता हूँ। मृगया से कुछ प्रसन्नता ही नहीं मिलती।”

दुर्योधन के वे व्याकुल शब्द सुनकर कर्ण का हृदय पिघल गया। दुर्योधन का ऐसा विकल रूप कर्ण ने कभी भी नहीं देखा था। उसने कहा, “मित्र, तुम ऐसे भयग्रस्त न बनो। एक काम करो।”

“कौन सा काम ?” दुर्योधन ने आशा से पूछा।

“उस श्रीकृष्ण की मित्रता संपादन करो। उन्हें अपना बनाओ।”

दुर्योधन खिन्नता से मुसकराया।

“उसकी आशा अब मत करो। श्रीकृष्ण पांडवों के हो गए हैं। राजमाता कुंती उनकी बुआ हैं। इतना ही नहीं, बल्कि श्रीकृष्ण की अनुजा सुभद्रा का वरण अर्जुन ने किया है। समूचे राजाओं से कर-भार वसूल करते समय श्रीकृष्ण की चतुरंग सेना ही पांडवों के साथ थी।”

“ठीक है, हम कुछ सोच लेते हैं।”

“मित्र, क्या तुम भी मेरे अपने हो या नहीं ?”

कर्ण को आभास हुआ जैसे दुर्योधन के नेत्र अश्रुओं से भर आए हैं।

“इस कर्ण के जीवन में तुम्हारी मित्रता से बढ़कर और कुछ नहीं है मित्र। मेरे कहने पर विश्वास करो। जब तक कर्ण जीवित है तब तक अपने आपको अकेला मत समझो। यह मत भूलो कि तुम्हारी मनोकामना पूरी करने के लिए तुम्हारा यह मित्र सदैव तुम्हारे साथ है।”

“वचन।”

“सज्जन, वीर और तपस्वी का शब्द ही प्रमाण मानना चाहिए। उसे ही वचन समझना चाहिए।”

दुर्योधन ने प्रेम से कर्ण का हाथ थाम लिया। उस हाथ की पकड़ की अनुभूति कर्ण को हो रही थी।

दुर्योधन से बिदा लेकर जाते समय कर्ण ने दुर्योधन से पूछा, "युवराज, क्या राजसूय यज्ञ के लिए मुझे आना आवश्यक है ?"

"क्यों ?"

"जाने की इच्छा नहीं है।"

"मुझे भी कहाँ इच्छा है जाने की। किंतु जाना तो पड़ेगा ही। और यदि तुम राजसूय यज्ञ में नहीं आए तो तुम्हारी अनुपस्थिति सभी के ध्यान में आएगी। चर्चा का विषय बनेगी और हमारा राजमंडल तुम पर अप्रसन्न हो जाएगा।"

"जो आज्ञा।"

"कल पितामह, आचार्य द्रोण और महात्मा विदुर राजसूय के लिए प्रस्थान कर रहे हैं। तत्पश्चात् हम साथ में जाएँगे।"

दुर्योधन से हाँ कहकर कर्ण स्वगृह तो आया, किंतु राजसूय यज्ञ का विचार उसके हृदय से दूर नहीं हट रहा था।

प्रकरण-14

खांडवप्रस्थ अर्थात् कौरव युवराजों की मृगया की भूमि। वह भूभाग घने जंगल एवं अनेकानेक हिंस्र पशुओं से संपन्न था। उस स्थान पर पांडवों द्वारा बनाई गई राजधानी को देखकर दुर्योधन के साथ गया हुआ कर्ण आश्चर्यचकित हो गया। वह नगरी यमुना के तट पर बसाई गई थी। मंदिरों, गोपुरों की चोटियाँ आकाश को छू रही थीं। भव्य तट के प्रवेश द्वारों से इंद्रप्रस्थ में प्रवेश करने पर एक सौ एक गज स्वागत के लिए खड़े थे। चंद्रमा की तरह शुभ्र-धवल हवेलियाँ उस नगरी की सुंदरता बढ़ा रही थीं। यज्ञ के लिए आमंत्रित नृपों के लिए प्रासाद उपलब्ध थे। चारों वर्णों के लिए बड़ी-बड़ी अतिथिशालाएँ निर्मित की गई थीं और उनके मनोरंजन के लिए नट-नर्तकों, गायक-वादकों की भी व्यवस्था उस नगरी में की गई थी।

यज्ञशाला के द्वार पर मंगल वाद्य बज रहे थे। यज्ञभूमि के मध्य में कुशल शिल्पियों की सहायता से श्रेष्ठ यज्ञवेदी स्थापित की गई थी। यज्ञकुंड और यज्ञशालाएँ सिद्ध हो गई थीं।

यज्ञभूमि के समूचे व्यवहार सुकर हों इस दृष्टि से युधिष्ठिर ने कार्य का विभाजन किया था। यज्ञ के समारोह पर ध्यान रखने का कार्य द्रोणाचार्य को सौंपा

गया था। भोजन विभाग दुःशासन सँभाल रहा था। यज्ञ के लिए आए हुए ब्राह्मणों और नृपों का आतिथ्य अश्वत्थामा और संजय कर रहे थे। दक्षिणा कृपाचार्य के कर-कमलों से प्रदान की जा रही थी। यज्ञ के लिए होने वाले अनगिनत व्यय पर विदुर का ध्यान था और दुर्योधन कर-भार वसूल करने में व्यस्त था।

सैकड़ों ब्राह्मणों के मुख से मंत्रोच्चार उठ रहे थे। यज्ञ में अर्पित की गई आहुतियों से तृप्त यज्ञकुंडों से धुएँ के मेघ आकाश में चढ़ रहे थे। अन्य सभी यज्ञकर्म पूरे हो जाने पर आखिर सोमयाग का दिन आया। अग्रपूजा का सम्मान किसे दिया जाता है उसकी ओर सभी नृपों का ध्यान लगा हुआ था। भीष्माचार्य ने वासुदेव पुत्र श्रीकृष्ण को वह सम्मान प्रदान किया। युधिष्ठिर ने देवकीनंदन की पूजा की। उसे देखकर शिशुपाल क्रोधित हो गया। भरी सभा में उसने श्रीकृष्ण की निंदा आरंभ की। श्रीकृष्ण ने पर्याप्त संयम रखा, किंतु शिशुपाल द्वारा मर्यादा का उल्लंघन किए जाने पर श्रीकृष्ण ने अपने सुदर्शन चक्र से शिशुपाल का वध किया। यज्ञभूमि में हुआ वध देखकर वहाँ उपस्थित सभी नृपों के हृदय भय से थर्रा उठे। यज्ञ के अंतिम दिन सभी राजा एक ही पंक्ति में भोजन के लिए बैठे थे। चंदन की सुगंध सर्वत्र फैली हुई थी। सैकड़ों सुवर्णासन रखे हुए थे। अग्रभाग में भीष्म, द्रोण दिखाई दे रहे थे। कर्ण विदुर के समीप बैठा था। श्रीकृष्ण पंक्ति में घूम रहे थे। भोजन परोसने के लिए आई हुई दासियों के समुदाय के अग्रभाग में द्रौपदी थी। विदुर ने कर्ण से कहा, ''राधेय, ऐसा प्रतीत हो रहा है कि जीवन कृतार्थ हो गया।''

''किस कारण महात्मा विदुर ?''

''ऐसा अलौकिक यज्ञ आयोजित कर उसे सफलतापूर्वक पूरा करना कोई साधारण बात नहीं। बिना पूर्व संचित के यह नहीं हो सकता। क्या तुमने ऐसा यज्ञ कभी देखा था ?''

''दुर्योधन के कारण ही मुझे यह यज्ञ देखने का भाग्य प्राप्त हुआ। यह सब पूर्व संचित ही है, और नहीं तो क्या ?''

कर्ण को थाली के सामने कोमल पैर दिखाई दिए। अनभिज्ञता से उसकी दृष्टि ऊपर उठी। सामने द्रौपदी खड़ी थी। दोनों के नेत्र एक-दूसरे से मिले। द्रौपदी के हाथ में पक्वान्न से भरी थाली थी। आँचल ढल गया था। वह ध्यान में आते ही परोसने के लिए झुकी हुई द्रौपदी बिना परोसे ही अवाक् खड़ी रह गई। कर्ण की दृष्टि झुक गई और उसी समय उसके कानों से शब्द टकराए, ''याचक को दाता की ओर दृष्टि उठाकर नहीं देखना चाहिए।'' क्रोध से कर्ण ने गरदन ऊपर उठाई। द्रौपदी शीघ्रता से जा रही थी। श्रीकृष्ण आगे बढ़े थे। उनकी मुद्रा पर प्रकट हुआ आश्चर्य का भाव कर्ण क्षण भर ही देख सका, क्योंकि दूसरे ही क्षण श्रीकृष्ण द्रौपदी के पीछे-पीछे जाते दिखाई दिए।

हाथ की थाली सँभालते हुए द्रौपदी पंक्ति से निकलकर बाहर आई। उसने भीतरी महल में प्रवेश किया। इतने में उन्होंने पुकारा, ''सुनो, द्रौपदी ऽ ऽ''

द्रौपदी ने पीछे मुड़कर देखा। श्रीकृष्ण को देखकर उसकी मुद्रा प्रफुल्लित हो गई।

"मुझे पुकारा तुमने मधुसूदन ?"

"हाँ।" आसपास कोई नहीं है यह सुनिश्चित कर श्रीकृष्ण ने पूछा, "क्या उस कर्ण का ऐसा अपमान करने की कुछ आवश्यकता थी तुम्हें कृष्णे ?"

"फिर उसने मेरी ओर देखा ही क्यों ?"

"तुम्हारा आँचल ढल गया वह दोष उसका नहीं था। वह अपना अतिथि है इतना भी भान तुम्हें नहीं रहा ?"

"हे केशव, क्यों, कौन जाने, उसे देखकर मैं अपने क्रोध पर नियंत्रण ही नहीं पा सकती।"

श्रीकृष्ण ने तीखा हास्य किया। उन्होंने कहा, "तुम्हें ज्ञात नहीं होगा, किंतु मुझे ज्ञात है। आँचल ढल गया वह दोष तुम्हारा, किंतु पातक उसके माथे। उसका अपराध क्या कि उसने दृष्टि ऊपर उठाई। कृष्णे, रूप के अभिमान से और कुल की वृथा प्रतिष्ठा के कारण तुमने एक बार भूल की। उसका पातक उसके माथे क्यों थोप रही हो ? वह पति के रूप में प्राप्त नहीं हुआ, अतः अब पछता रही हो न ?"

"केशव ऽ ऽ !" द्रौपदी चीख उठी। किंतु उसकी चीख सुनने के लिए श्रीकृष्ण वहाँ रुके ही नहीं।

श्रीकृष्ण भोजन की पंक्ति में लौटे तब समस्त जन उठ रहे थे। जाने वाले कर्ण को श्रीकृष्ण ने देखा। उसके समीप जाकर उन्होंने कहा, "राधेय ऽ ऽ।"

कर्ण मुड़ा। श्रीकृष्ण-दर्शन से उसकी मुद्रा प्रफुल्लित हो उठी। श्रीकृष्ण ने पूछा, "और वास्तव्य है न ?"

"नहीं, हम आज ही लौट रहे हैं। युवराज दुर्योधन और शकुनि महाराज और कुछ दिन रुकेंगे।"

"भोजन ठीक हुआ न ?"

"ठीक हुआ। मैं तृप्त हूँ। पक्वान्न से पेट तो भरता है, किंतु जिन हाथों से पक्वान्न का स्वाद लिया जाता है उन हाथों को उच्छिष्ट ही लगता है। वही धोने जा रहा था।"

बाएँ हाथ से उत्तरीय सँभालकर कर्ण जा रहा था। श्रीकृष्ण उसे देख रहे थे। उनकी मुद्रा चिंताग्रस्त हो गई थी।

प्रकरण-15

दुर्योधन अपने कक्ष में उद्विग्न अवस्था में टहल रहा था। उसके मातुल शकुनि समीप ही एक आसन पर बैठे हुए थे। और अपने कंजे नेत्रों से दुर्योधन की उस अवस्था का अवलोकन कर रहे थे। इंद्रप्रस्थ से लौटते ही दुर्योधन ने कर्ण को बुलाने के लिए अपना रथ भेजा था। कर्ण से मिलने के लिए वह अधीर हो उठा था। रथ की आवाज सुनते ही वह छज्जे की ओर दौड़ पड़ा और उसने कहा, "प्रतीत होता है वह आ गया।"

भवन के सामने खड़े रथ से उतरने वाले कर्ण को देखकर दुर्योधन को संतोष हुआ। महल में आकर उसने कहा, "मामाश्री, कर्ण आ गया।"

"युवराज, आपकी आज्ञा प्राप्त होने पर ऐसा कौन है जो नहीं आएगा ?"

महल में कर्ण का प्रवेश होते ही दुर्योधन ने कहा, "आओ मित्र, मैं तुम्हारी ही प्रतीक्षा कर रहा था।"

"आप कब आए ?"

"कुछ समय पहले ही हम आए।"

"और तुरंत मुझे बुलाया ?"

"क्यों, तुम्हें मिलने की इच्छा हुई यह क्या अपराध हुआ ? यदि ऐसा सोच रहे हो तो बुलाने के लिए क्षमा चाहता हूँ।"

दुर्योधन के शब्द सुनकर कर्ण को आश्चर्य हुआ। दुर्योधन के समीप जाते हुए उसने कहा, "मित्र क्या तुम्हें मिलने में मुझे संतोष नहीं होता ? तुरंत बुलाया, अतः मैं चिंतित हो गया था इसलिए मैंने पूछा।"

दुर्योधन का क्रोध कुछ शांत हुआ। उसने कहा, "बैठो।"

कर्ण की दृष्टि शकुनि की ओर गई। उन्हें प्रणाम कर कर्ण ने कहा, "क्षमा हो। मैंने आपको देखा ही नहीं। यात्रा प्रशस्त हुई न ?"

"उत्तम।"

"और इंद्रप्रस्थ का वास्तव्य ?"

"अति उत्तम।" शकुनि ने कहा, "कर्ण, तुमसे तो हम भाग्यवान। तुम शीघ्र चले आए, किंतु आग्रह के कारण हमें रुकना पड़ा।"

"अच्छा हुआ जो आप रुक गए। युवराज पर कर-भार स्वीकारने का दायित्व था, अतः यज्ञ की समाप्ति तक उन्हें विश्राम ही नहीं मिला था। बाद में श्रम परिहार हुआ होगा।"

"हाँ, हुआ न। कर्ण, पांडवों द्वारा बनाई गई मयसभा इस धरातल का एक आश्चर्य है। जल समझकर वस्त्र सँभालकर चलने लगो तो ध्यान में आता है कि यह जल नहीं, बल्कि स्फटिक भूमि है और स्फटिक भूमि समझकर निःशंक चरण बढ़ाओ तो जल में डुबकी खाने का प्रसंग आता है। द्वार समझकर जाने लगो तो

मस्तक दीवार पर टकराता है और दीवार समझकर रुको तो वहीं पर द्वार होता है। नहीं कर्ण। तुम्हें वह मयसभा देखनी ही चाहिए थी।''

''उसके लिए मयसभा की क्या आवश्यकता है मामाश्री, क्या यह जीवन ही एक मयसभा नहीं है ? स्नेह ढूँढ़ने जाओ तो स्नेह के स्थान पर कटुता मिलती है और जिसे मित्र मानो वह शत्रु बनकर सामने आता है। वर के लिए तपस्या करो तो शाप ही नसीब होते हैं और किसी दिन को शुभ मान बैठो तो वही दिन जीवन का अंतिम दिन बन जाता है। जब जीवन की इस मयसभा का अनुभव हर क्षण होता रहता है, तो फिर उस मयसभा का इतना क्या महत्त्व ?''

शकुनि ने हँसकर कहा, ''कर्ण, तुम्हारे मित्र का यही हुआ। मयसभा देखने वे गए तो वस्त्र भीगे, फिसलकर वे गिर पड़े और दीवार से भी टकराए।''

''मामाश्री।'' दुर्योधन ने डाँटा।

''ये अकेले ही नहीं। मेरी अवस्था भी कुछ ऐसी ही हुई थी। किंतु उससे पांडवों का अवश्य मनोरंजन हुआ होगा।''

दुर्योधन कुछ कहने ही वाला था कि विकर्ण ने महल में प्रवेश किया। सभी का ध्यान उसकी ओर आकृष्ट हुआ। आदरपूर्वक उसने भ्राता दुर्योधन से कहा, ''भ्राताश्री, तात ने आपका स्मरण किया है।''

''अभी ? हम अभी-अभी तो आए हैं ?''

''तात को आपके आगमन का समाचार मिला और उन्होंने तुरंत मुझे यहाँ भेजा।''

''वहाँ कौन-कौन हैं ?''

''कोई नहीं। केवल पितामह, आचार्य और विदुर चाचाश्री हैं।''

व्यंग्यपूर्वक हँसकर दुर्योधन ने कहा, ''और किसको होना चाहिए था ? ठीक है, उनसे कहो हम आ रहे हैं।''

विकर्ण चला गया...दुर्योधन ने कहा, ''प्रायः कुछ नए अपराध हुए होंगे !''

''किससे ?'' कर्ण ने पूछा।

''मुझसे और किससे ? नहीं तो इतनी शीघ्रता से तात मेरा स्मरण नहीं करते।''

''दुर्योधन ! तुम भूल कर रहे हो।'' शकुनि ने कहा, ''महाराज तुम्हें कितना चाहते हैं यह मुझे ज्ञात है। वे चाहे अंधे हों, किंतु चतुर लोगों को उन्हें समझना चाहिए।''

''वह मुझे भी ज्ञात है मामाश्री। किंतु वे दिन अब गए। वे अब वापस लौटने वाले नहीं।''

''मैं ऐसा नहीं समझता। तुम्हारे प्रति उनके असीम स्नेह से मैं परिचित हूँ।''

''फिर मेरे साथ चलिए।''

हड़बड़ी से उठकर शकुनि ने पूछा, ''कहाँ ?''

"तात के पास। आज उस स्नेह का अनुभव आप भी तो करें।"

"जाता तो, किंतु यह यात्रा। ओह मैं बहुत थक गया हूँ।"

"मैं वही कह रहा था। आप जाकर विश्राम कीजिए। कर्ण तुम चलोगे ?"

"जो आज्ञा।"

एक क्षण दुर्योधन रुक गया। महल में रखा हुआ संदूक उसने खोला और उसमें से मोतियों का एक कंठा उठाकर संदूक बंद कर दिया और फिर कर्ण के साथ महाराज धृतराष्ट्र के दर्शन के लिए वह निकल पड़ा।

महल में सेवकगण दीपदान प्रज्वलित करने में व्यस्त थे।

प्रकरण-16

राजगृह अनेक दीपदानों के प्रकाश से प्रकाशमान हुआ था। धृतराष्ट्र महाराज के सामने विदुर बैठे हुए थे। उनके कुछ समीप ही भीष्माचार्य का आसन रखा हुआ था। द्रोणाचार्य की बैठक मृगाजिन पर थी। कई दास-दासियाँ आज्ञा के लिए हाथ जोड़कर खड़ी थीं। महल में दुर्योधन और कर्ण का प्रवेश होते ही द्रोणाचार्य ने कहा, "राजन् ! युवराज दुर्योधन राधेय कर्ण सहित पधार रहे हैं। इन दोनों की मित्रता घनिष्ठ और अभेद्य है।"

इन शब्दों से दुर्योधन को संतोष हुआ। अन्यथा दुर्योधन को देखते ही गंभीर मुद्रा धारण करने वाले भीष्म, विदुर और द्रोण की प्रसन्न मुद्रा देखकर दुर्योधन के हृदय का बोझ उतर गया। उसने सभी को प्रणाम किया। महाराज धृतराष्ट्र ने कहा,

"दुर्योधन, तुम्हारे आने का समाचार मिला और मुझसे रहा नहीं गया। चाहे मैं तुम पर कितना ही क्रोध क्यों न करूँ, इस अंध पिता के हृदय में बसा हुआ तुम्हारा रूप निरंतर उसे सुख ही देता है। तुम्हारा स्वर सुनकर पर्याप्त दिन बीत गए थे, अतः मैंने तुम्हें तुरंत बुलवा भेजा।"

"तात, आपको मेरा स्मरण हुआ इससे ही मैं कृतार्थ हूँ।"

"अच्छा, वह छोड़ो। तुम्हारी यात्रा कैसी हुई ? यज्ञ के वातावरण में तुम्हारे हृदय को प्रसन्नता मिली न ?"

"किसे नहीं मिलती ? तात, ऐसा अलौकिक यज्ञ कभी देखा ही नहीं। योग और तपस्या से सिद्धि प्राप्त किए हुए सैकड़ों विद्वज्जनों द्वारा यज्ञ की देखभाल की जा रही थी। हजारों ब्राह्मणों के मुख से निकलने वाले मंत्रों से केवल भूमि ही नहीं, बल्कि सारी प्रकृति अभिभूत हो गई थी। यज्ञभूमि के दर्शन के लिए वहाँ सैकड़ों

नृपों की कतारें लगी हुई थीं।''

''युवराज जो कह रहे हैं उसमें तनिक भी असत्य या अतिरंजन नहीं।'' भीष्माचार्य ने कहा, ''उस यज्ञ के रूप से इस धरातल पर साक्षात् पुण्य का ही अवतरण हो गया था।''

''अच्छा पुत्र, मैं अब निश्चिंत हो गया।'' धृतराष्ट्र ने कहा, ''तुम्हारा क्रोधी, शंकाशील स्वभाव, अतः मुझे भय था कि उस यज्ञ को तुम सहन कर सकोगे या नहीं ? तुम्हें किसी बात की त्रुटि तो प्रतीत नहीं हुई न ?''

''त्रुटि ? त्रुटि प्रतीत हुई न।''

भीष्म, विदुर और द्रोणाचार्य ने एक साथ एक ही समय दुर्योधन की ओर देखा। दुर्योधन की मुद्रा पर स्मित हास्य था।

''त्रुटि थी हमारे ही बल की। तात, वह यज्ञ चाहे पांडवों ने आयोजित किया हो, किंतु उसे पूरा तो हमने ही किया न। संपूर्ण उत्तरदायित्व हम पर ही था। यज्ञ के व्यय पर विदुर चाचाश्री का नियंत्रण था। यज्ञ के संपूर्ण समारोह के प्रति ध्यान देने का कार्य पितामह और आचार्य कर रहे थे। भोजन विभाग दुःशासन ने सँभाला था। कृपाचार्य दक्षिणा-दान कर रहे थे।''

''और तुम... ?''

''मैं ?...'' सभी नृपों द्वारा लाया कर-भार स्वीकारते-स्वीकारते मैं तो थक गया।'' सभी खुलकर हँस पड़े।

''कर्ण, तुम्हें कौन सा कार्य सौंपा गया था ?'' धृतराष्ट्र महाराज ने पूछा।

''मुझे कुछ कार्य नहीं सौंपा गया था महाराज। अतः इन सभी लोगों से मैंने ही यज्ञ समारोह का अधिकांश उपभोग लिया।''

''महाराज !'' द्रोणाचार्य ने कहा, ''कर्ण वहाँ युवराज के स्नेही के रूप में नहीं गया था। वह अंगराज के रूप में वहाँ आमंत्रित था।''

विदुर का हृदय प्रसन्नता से खिल उठा था। उन्होंने कहा, ''बालक, दुर्योधन, मैं आज बहुत प्रसन्न हूँ। इस यज्ञ के फलस्वरूप कम-से-कम तुम्हारे और पांडवों के हृदय की दूरी तो मिट गई। यज्ञभूमि में हुआ तपस्वियों का दर्शन, मंत्रों का श्रवण और सु-संगत का सुयोग्य परिणाम होना अपेक्षित ही था।''

दुर्योधन आगे बढ़ा। हाथ में लाया हुआ कंठा उसने धृतराष्ट्र महाराज की गोद में रखा और कहा, ''महाराज, आते समय युधिष्ठिर ने यह कंठा आपके लिए दिया था।''

तेजस्वी और बड़े-बड़े नीलमणियों के उस कंठे को स्पर्श से टटोलकर महाराज धृतराष्ट्र ने पूछा, ''कंठा ?''

''हाँ, अति मूल्यवान नीलमणियों का कंठा है यह।''

''उनके हृदय का प्रेमभाव ही बड़ा है। कंठा भेजने की कोई आवश्यकता नहीं थी।''

“तात !”

“कहो !” धृतराष्ट्र ने अनुमति दी।

“यज्ञभूमि देखकर आने के पश्चात् मेरे हृदय में भी एक अभिलाषा उत्पन्न हुई है।”

“कैसी अभिलाषा ?”

“ऐसा ही राजसूय यज्ञ करने की।”

द्रोणाचार्य की हँसी की आवाज से दुर्योधन ने पीछे मुड़कर देखा। द्रोणाचार्य जंघा पर रखा हुआ हाथ उठाकर हँस रहे थे। उनकी हँसी रुकते ही दुर्योधन ने पूछा, “कुछ भूल हुई आचार्य ?”

“युवराज, राजसूय यज्ञ आप कैसे कर सकेंगे ?”

“क्यों ?”

“युवराज, धृतराष्ट्र महाराज सम्राट् हैं। उनके होते हुए आपको यह यज्ञ करने का अधिकार नहीं। राजसूय यज्ञ सम्राट् पद के लिए किया जाने वाला यज्ञ है।”

“दूसरा वैसा ही भव्य यज्ञ तो किया जा सकता है न ?”

“अवश्य !” द्रोणाचार्य ने सम्मति दर्शाई।

“किंतु दुर्योधन !” भीष्म ने कहा, “इतनी शीघ्रता से दूसरा यज्ञ करने का विचार भी न करो।”

“क्यों ?”

“राजसूय यज्ञ में सभी ने कर-भार दिया है। पुनः कर-भार देना उनके लिए संभव नहीं।”

दुर्योधन की मुद्रा पर कुछ अलग ही हास्य प्रकट हुआ। उसने द्रोणाचार्य से पूछा, “आचार्य, राजसूय यज्ञ का प्रयोजन क्या होता है ?”

“सम्राट् पद।”

“और वह यज्ञ पांडवों ने किया। आचार्य, सम्राट् कितने होते हैं ?”

“सम्राट् एक ही होता है।”

“फिर धृतराष्ट्र महाराज कौन हैं ? कर-भार देने वाले पांडवों के अंकित ?”

“युवराज ?”

“प्रश्नों के उत्तर दो आचार्य ! क्रोध न करो।”

उस प्रश्न से द्रोणाचार्य हड़बड़ा गए। अनपेक्षित खड़े हुए उस प्रसंग से कैसे बचा जाए, उन्हें सूझा नहीं। कष्टपूर्वक उन्होंने कहा, “युवराज, यह आपका भ्रम है। खांडवप्रस्थ के साथ-साथ धृतराष्ट्र महाराज ने ही आधा राज्य उन्हें प्रदान किया है। उस राज्य के आधिपत्य के लिए उन्होंने वह यज्ञ किया।”

“और उसके लिए कौरव साम्राज्य से निष्ठा रखने वाले राजाओं पर आक्रमण कर कर-भार वसूल किया।”

“यज्ञ के पवित्र कार्य के लिए वह कर-भार दिया गया था।” विदुर ने कहा।

"विदुर चाचा, बैठे-बैठे न्याय-नीति की बड़ी-बड़ी बातें करके न्याय-नीति का विस्तार नहीं होता। कई बार उसी आवरण के नीचे पनपने वाली अनीति ही नीति पर आक्रमण कर देती है।"

"युवराज, किससे कह रहे हो यह सबकुछ ?" धृतराष्ट्र ने पूछा।

"तात, शांति से सुनिए।" विदुर पर दृष्टि स्थिर करके दुर्योधन ने पीछे खड़े हुए कर्ण की ओर निर्देश किया। "चाचाश्री इस अंगराज पर भीम ने क्यों आक्रमण किया ? क्या आप यह कहना चाहेंगे कि उस समय उसे यह ज्ञात नहीं था कि यह मेरा मित्र है, कौरवों का अंकित है ?"

"हमने ही सभी को सूचित किया था कि सभी राजा कर-भार दें, विरोध न करें। किसी ने यदि आज्ञा भंग किया हो तो उसका प्रायश्चित्त..." द्रोणाचार्य अपना वाक्य पूरा नहीं कर सके।

दुर्योधन ने कहा, "आचार्य, संदेश बहुत विलंब से भेजा आपने। तब तक श्रीकृष्ण की चतुरंग सेना के बल पर आपका आधा राज्य पांडवों ने जीत लिया था। कौरव साम्राज्य की निष्ठा के लिए जिन्होंने अपने सामर्थ्य का यत्किंचित् भी विचार न करके हाथ में शस्त्र उठाए, उन्हें अपमानित होकर पराजय स्वीकार करनी पड़ी और पांडवों की आज्ञा से कर-भार लेकर यज्ञ में उपस्थित होना पड़ा। इसके आगे कौरव राजसूय यज्ञ कभी नहीं कर सकेंगे।"

क्रोध से भीष्माचार्य की मुद्रा उग्र बन गई थी।

"युवराज, अमंगल विचारों से आप भयव्याकुल बन गए हैं। कौरव साम्राज्य का श्रेष्ठत्व सिद्ध करने के लिए किसी यज्ञ की आवश्यकता नहीं। यह साम्राज्य स्वयंभू है, वह सभी को ज्ञात है।"

"इतना श्रेष्ठ साम्राज्य है यह ?" दुर्योधन ने व्यंग्य से कहा, "मुझे यह ज्ञात नहीं था। पितामह, ऐसे ही अर्थहीन शब्दों के नाद से आप तात को भ्रमित करते रहे। मैं भले ही अंधपुत्र हूँ, किंतु समझता हूँ। जो दिखता है, उसे समझने का सामर्थ्य निश्चित ही मुझमें है।"

"युवराज !" धृतराष्ट्र ने शुष्क स्वर में कहा।

"तात ! क्षमा। किंतु पूछिए पितामह से राजसूय यज्ञ में क्यों उन्होंने श्रीकृष्ण को अग्रपूजा का सम्मान दिया ? कुरु राज्य का गर्व उस समय कहाँ गया था ? क्या कुरु साम्राज्य का युवराज उस समय उन्हें नहीं दिखाई दिया ?"

"अग्रपूजा का मान बल से नहीं नापा जाता युवराज ! उस अधिकार को धारण करने वाले पुरुष में सत्वगुणों का आविष्कार होना आवश्यक होता है।" द्रोणाचार्य ने निर्णय दिया।

"और वह आपको श्रीकृष्ण में दिखाई दिया ? आचार्य, उस सभा में श्रीकृष्ण के वृद्ध पिता वसुदेव थे। कृपाचार्य का स्मरण आपको होना चाहिए था। भीष्म जैसे कई योग्य राजा वहाँ उपस्थित थे। उनकी योग्यता आपके ध्यान में नहीं आई और

वह श्रीकृष्ण ! वह ऋत्विज नहीं, आचार्य नहीं, राजा भी नहीं, फिर भी उसे आपने अग्रपूजा का सम्मान दे दिया ? क्यों ?''

''हे दुर्योधन, उस महापुरुष को तुमने नहीं जाना है। वह दैवी गुणों से संपन्न है। वह भगवान् है। ईश्वर का अवतार है।'' द्रोणाचार्य ने कहा।

दुर्योधन के हास्य से पूरा सभागृह निनादित हुआ। उसने कहा, ''आचार्य, यह साक्षात्कार आपको कब हुआ ? क्या यह आपके अंतर्ज्ञान का साक्ष्य है ? श्रीकृष्ण कब से भगवान् हो गया ? आपका, पितामह का और उसका परिचय कितने समय का ? कब से उसके अलौकिक गुणों की प्रचीति आपको हुई। शिशुपाल वध के समय से ही न ?''

''हं'' खिन्नता से हँसकर विदुर ने कहा, ''वह शिशुपाल भी यज्ञ सभा में ऐसी ही कुछ वृथा बातें कह रहा था।''

''उसी के कारण सभी राजाओं के सामने शिशुपाल का वध हुआ और सभी ने खुले नेत्रों से उसे देखा।''

''तुमने विरोध क्यों नहीं किया ? किसने रोका था तुम्हें ?'' भीष्म गरज पड़े।

''एक को ठोकर लग जाए तो दूसरे को सँभलकर चलना चाहिए। इतनी सूझ-बूझ है मुझमें। नहीं तो जो शिशुपाल का हुआ वही मेरा भी होता ! पितामह, मैंने विरोध क्यों नहीं किया, उसका एक कारण और भी था, कौरवों के अन्न पर पले आप सभी जन उन पांडवों के सामने लाचार थे...''

''दुर्योधन...'' संतप्त भीष्माचार्य खड़े रहे।

''चुप बैठिए।'' दुर्योधन का स्वर ऊँचा हो गया था। ''यह पांडव-सभा नहीं है, कौरवों की सभा है। साम्राज्य के युवराज को कुछ कहने से पहले सोच लीजिए। लाचार कहा, अतः इतना क्रोध ? लाचार नहीं तो क्या ? उस यज्ञ में किस सम्मान से आप गए थे। उसका स्मरण तो कीजिए। सम्राट् धृतराष्ट्र महाराज को यज्ञ का निमंत्रण देने युधिष्ठिर को स्वयं आना चाहिए था। किंतु निमंत्रण भेजा नकुल के हाथों। हेतुतः वह अपमान किया गया था। आपका नहीं, कौरव साम्राज्य का।''

''शांति, शांति ! दुर्योधन ! शांत हो जाओ। संयम न छोड़ो।'' धृतराष्ट्र ने कहा।

''संयम की सीमाओं का उल्लंघन उन्होंने ही किया है। मैं भला उसका पालन क्या करूँगा ? जिस जरासंध का समर्थन निरंतर कौरवों को मिलता रहा, जिसके पराक्रम से हारकर विवश होकर श्रीकृष्ण को द्वारका जाना पड़ा उस जरासंध का वध श्रीकृष्ण ने कपट से करवाया और जिस शिशुपाल ने अपने राज्य में भीम का स्वागत करके आदरपूर्वक कर-भार दिया था उस शिशुपाल का वध भी श्रीकृष्ण ने ही किया। क्योंकि वह सत्य बोल रहा था। सत्य वक्तव्य के कारण ही उसकी बलि चढ़ाई गई और उसे हमारे इन पूजनीय महात्माओं ने भी सहन किया। कौरवों की प्रतिष्ठा के लिए चेदीराज शिशुपाल का वध हुआ और कौरव साम्राज्य का दायित्व

सँभालने वाले आपके इन तीन परामर्शदाताओं ने उसे मौन रहकर सहन किया। पांडवों के साम्राज्य को आचार्य द्रोण ने आशीर्वाद दिया। कौरव सभा में गर्व से, निष्ठा से प्रवेश करने वाले हमारे राजाओं द्वारा नतमस्तक होकर लाया हुआ अपमानित कर-भार कौरवों के इस युवराज ने स्वीकार किया और कौरवों के महामंत्री ने, महात्मा विदुर ने...उस कर-भार को पांडवों की प्रतिष्ठा के लिए व्यय किया। धन्य उन पांडवों की और उनकी बुद्धि की। कौरव श्रेष्ठियों द्वारा ही अपना राजसूय यज्ञ पूरा करने वाले पांडव सचमुच ही धन्य हैं। तात, पांडवों के उस यज्ञ कुंड में मैंने कौरव साम्राज्य को जलते हुए देखा।''

''क्या कह रहे हो तुम ?'' उद्विग्नता से धृतराष्ट्र ने पूछा।

''उस दाह से मेरे अश्रु कब के शुष्क बन चुके हैं। आपके चक्षु तो कभी खुलेंगे नहीं और आपके इन परामर्शदाताओं के खुले चक्षु आपकी सहानुभूति में कभी बंद होंगे नहीं। श्रीकृष्ण के प्रति आस्था और पांडवों के प्रति अत्यधिक प्रेम ने इन्हें घुंद बना दिया है। इन भ्रमरों ने कौरव साम्राज्य को कब का खोखला बना दिया है। आपका भाग्य इतना ही है कि आप इसे देख नहीं सकते। मुझे आपके इस भाग्य से ईर्ष्या होती है।''

''बस करो दुर्योधन। जो हृदय में आए वह मत कहो। जिन पितामह ने अपरंपार कष्ट उठाकर यह साम्राज्य खड़ा किया, जिस विदुर ने अपने बुद्धि सामर्थ्य से इस राज्य को वैभवशाली बनाया, जिन हाथों ने तुम्हें शस्त्रविद्या सिखाई उनकी सेवा के प्रति इतने अनुदार शब्द। उनके लिए कम-से-कम अपने हृदय में कृतज्ञता का भाव तो जाग्रत रखो।'' द्रोणाचार्य ने कहा, ''कहता है, हमने साम्राज्य को खोखला बना दिया है !''

''हाँ आपने और आपके सद्भाव ने। एक तो पितामह ठहरे। उनको दोनों ही समान। दूसरे महात्मा। हम सदैव उनके समीप रहते हैं, अतः उन्हें हमारा दोष ही अधिक दिखाई देता है और पांडव दूर हैं, अतः वे उन्हें गुणवान प्रतीत होते हैं। आपका तो प्रश्न ही नहीं। आप तो सदैव धर्म निर्णय करने के लिए बैठे हुए हैं, किंतु आप तीनों के निर्णयों के कारण कौरव साम्राज्य विनाश की ओर जा रहा है।''

''क्या हुआ है साम्राज्य को ?'' भीष्म ने पूछा।

''क्या हुआ ? जरा चक्षु खोलकर देखिए न। श्राद्धों में दिए जाने वाले पिंडों की तरह आपने साम्राज्य का विभाजन किया, मेरे विरोध को नहीं माना। यदि तात को वानप्रस्थ भेजकर उस युधिष्ठिर को ही राजमुकुट पहनाते तो भी साम्राज्य अखंड रहता। अपने ही हाथों से विभाजन कर, फिर भेद हुआ कहकर दुःख प्रकट करना, यह कैसी रीत ?''

''संघर्ष से बचने के लिए वही एक उपाय था।'' विदुर ने कहा, ''राज्य का विभाजन करने की किसी की इच्छा नहीं थी।''

''राज्य का विभाजन करके शत्रु तृप्त नहीं होते। किंतु आपने ऐसा ही सोचा।

कुरु साम्राज्य की प्रतिष्ठा, ऐसी यह हस्तिनापुर नगरी। शत्रु को भयभीत कर देने वाली, वीरों का आह्वान करने वाली ! किंतु आपने अपने मिथ्या स्वप्नों के कारण इस नगरी को निस्तेज, निष्प्रभ बना दिया। जिस नगरी के आश्रमों में शस्त्रविद्या के पाठ पढ़ाए जाते थे, जहाँ भूमि रक्षणार्थ वीर तैयार होते थे, जो भूमि सत्य अर्थ में वीरप्रसवा थी उन आश्रमों में आपकी ज्ञान गंगा के सत्र आरंभ हुए।

"मृत्यु के पश्चात् प्राप्त होने वाले स्वर्ग की कल्पना इसी जीवन में करने में वीरों के हृदय संतोष पाने लगे। रथशाला से नए-नए तेजस्वी रथ निर्माण होने की अपेक्षा उन कुशल कारीगरों से शत्रु के भवन खड़े किए गए। जिन मत्त गजों ने अपनी पीठ पर सुवर्ण अम्मारियाँ वहन कीं, जिनके चरणों की आहट से रणभूमि भी सहमी जाती थी उन गजेंद्रों को सागौन के लट्ठे ढोने का काम दिया गया। क्या शांति के निदिध्यास में अपना साम्राज्य चिरशांति की ओर जा रहा है, यह भी आपके ध्यान में नहीं आया ?"

"इसके लिए उपाय..." कंपित स्वर में धृतराष्ट्र ने पूछा।

"मैंने ढूँढ़ा है ?"

"कौन सा ?"

"आत्मघात "

"आत्मघात ?" धृतराष्ट्र ने पूछा।

"हाँ, आत्मघात ! उसके अतिरिक्त और कोई मार्ग नहीं। तात, अपने हृदय का विचार अपने हृदय में ही रखिए। उसका उच्चार न कीजिए। आपकी इस विश्वसनीय राजसभा में कही जाने वाली हर बात पांडवों के महल में प्रतिध्वनि के रूप में उठती है। यहाँ आपके पक्ष में कोई नहीं है। जिसके कारण आप मुझसे अप्रसन्न हो गए थे, वही बात आज मैं आपसे कहना चाहता हूँ। राज्य का विभाजन अटल हुआ तब मैंने ही पांडवों को जतुगृह में जलाकर उनकी हत्या करने का षड्यंत्र रचाया था। पुरोचन द्वारा लाक्षागृह का निर्माण किया गया था। किंतु जिस दिन पांडवों ने उस गृह में प्रवेश किया उसी दिन उन्हें सतर्क करने के संदेश इसी भवन से प्रेषित किए गए थे।"

"युवराज !" विदुर व्याकुल हो उठे। उनकी ओर देखकर दुर्योधन हँस पड़ा। "चाचाश्री ! मैंने आपको कुछ नहीं कहा। मेरी योजना के अनुसार लाक्षागृह तो जल उठा, किंतु अपने ही गृह भेदियों के कारण पांडव सुरक्षित रहे। आधी रात को गंगा तट पर एक सुसज्ज नौका पांडवों को बचाने के लिए खड़ी थी। चाचाश्री, अपने ज्ञानचक्षुओं से आप भूत-वर्तमान देख सकते होंगे। मुझमें वह सामर्थ्य नहीं। किंतु मैं युवराज हूँ। युवराज की दृष्टि गरुड़ की तरह तीक्ष्ण होती है। जब वह निशाना लगाती है तब शिकार निश्चित पंजे में फँसता है। तात, मैं चलता हूँ।"

"कहाँ जा रहे हो ?"

"कहीं भी। किंतु इस भूमि से दूर। वहाँ जहाँ सम्मान से जी सकूँ। वहाँ जहाँ

युवराज पद को भुला सकूँ। पांडवों द्वारा प्रदान की गई भिक्षा को साम्राज्य समझकर जीवित रहने का बल अब मुझमें नहीं है।''

दुर्योधन ने देखा। महाराज धृतराष्ट्र, हाथ में लिये कंठे के मोती घुमा रहे थे।

''तात, यह कंठा नीलमणियों का है। सच्चे नीलमणी हैं ये। वे अपना जातिस्वभाव दिखाए बिना नहीं रहते। आप यह कंठा अवश्य परिधान कीजिए। नाग की लपेट की तरह शोभायमान होगा वह। नीलमणियों के गुण की प्रचीति के लिए अधिक समय प्रतीक्षा नहीं करनी पड़ेगी। डेढ़ प्रहर, डेढ़ दिन, डेढ़ सप्तक में ही उसकी प्रचीति आ जाती है। नील यदि प्रसन्न हुआ तो साम्राज्य अपने आप चलकर आता है, अन्यथा साम्राज्य धूलि में मिल जाता है। अब तो साम्राज्य विद्यमान ही नहीं। अतः यदि साम्राज्य आने वाला भी हो तो इस कंठे के गुण से ही आएगा। आप अवश्य उसकी परीक्षा लें। मैं चलता हूँ।''

दुर्योधन मुँह फेरकर महल के बाहर चला गया। कर्ण उसके पीछे-पीछे जा रहा था।

दुर्योधन, कर्ण चले गए और राजसभा में गहरा सन्नाटा छा गया। किसी को कुछ भी कहने का भान नहीं रहा। कुछ क्षण बाद विदुर के मुख से शब्द निकले, ''बहुत ही शीघ्र कोपी, असंयमी। ऐसे व्यवहार का परिणाम...''

''ठहरो, विदुर ! कुछ मत कहो।'' धृतराष्ट्र ने उच्च स्वर में कहा। विदुर ने देखा, धृतराष्ट्र खड़े-खड़े थर-थर काँप रहे थे। उनके होंठ एक क्षण थर्राए और फिर शब्द निकले, ''एक बार तो मुझे सत्य सुनने दो ऽ ऽ''

महाराज धृतराष्ट्र ने हाथ में लिया हुआ नीलमणियों का कंठा जोर से फेंक दिया। अंध हाथों से फेंका हुआ वह कंठा स्फटिक की भूमि पर फिसलते हुए दूर जाकर दीवार से टकराया। धृतराष्ट्र लड़खड़ा रहे थे, उनकी सहायता के लिए दासियाँ आगे दौड़ीं...

प्रकरण-17

अगले दिन संध्या के समय दुर्योधन-महल में दुर्योधन, शकुनि और कर्ण बैठे हुए थे। दुर्योधन का क्रोध अब तक शांत नहीं हुआ था। उसने कर्ण से कहा, ''मित्र, क्या मुझे तुम्हारी चंपानगरी में आश्रय मिलेगा ?''

''युवराज, नगरी आप ही की है। वहाँ आश्रय ढूँढ़ने का कोई प्रश्न ही नहीं उठता। किंतु क्रोध में...''

"क्रोध में आकर नहीं। अब इस नगरी में रहने की अभिलाषा ही नहीं रही है मुझे।"

"किंतु इतने निराश क्यों होते हो ?" शकुनि ने पूछा।

"और क्या होना शेष है ? कल क्या हुआ ज्ञात है न आपको ?"

"हाँ ज्ञात है। संपूर्ण महल में उसी की चर्चा है।"

"वह चर्चा निरंतर चलती रहे तो भी मुझे उससे कुछ लेना-देना नहीं है।" उदास होकर दुर्योधन ने कहा, "मैं तो निद्रा से भी वंचित हो गया हूँ। स्वप्न में भी वही यज्ञ, वही मयसभा दिखती है मुझे। इस अनर्थ के कारण आप ही हैं मामाश्री।"

"मैं ? वाह...यह कौन सा न्याय ?"

"हाँ आप ! मैं तो कह रहा था कि राजसूय यज्ञ में मैं नहीं जाऊँगा। किंतु आपने आग्रह किया और अपमान सहना पड़ा। अपनी अनुपस्थिति में कुछ होता है तो उसका दुःख इतना तीव्र नहीं होता।"

"शांत हो जाओ दुर्योधन।" शकुनि ने कहा, "मैं तुम्हारा क्रोध समझ सकता हूँ। किंतु सत्य की उपेक्षा न करो। तुम यदि राजसूय में नहीं जाते तो क्या तुम्हारे लिए वह यज्ञ रुकने वाला था ? शत्रु पक्ष के बलाबल की उपेक्षा नहीं करनी चाहिए। उसे खुले नेत्रों और सतर्क हृदय से देखना चाहिए। क्या राजसूय यज्ञ में उनके द्वारा प्रकट किया गया उनकी सत्ता का दर्शन तुम्हें नहीं हुआ। आज तक जो राजा कौरवेश्वर के सामने विनम्र होते थे वही राजा युधिष्ठिर पर सुवर्ण पुष्प बिखेर रहे थे न ! सत्ता का बल और प्रतिशोध की भावना न होती तो क्या मयसभा में हमारी ऐसी दुर्गत करने की धृष्टता उन्हें होती ? हे दुर्योधन, राजसूय यज्ञ आयोजित करके युधिष्ठिर ने तुम्हारे कौरव साम्राज्य को आह्वान दिया है।"

"क्या कौरवों के बाहुबल से वे अवगत नहीं हैं ?" दुर्योधन ने उछलकर कहा।

"बाहुबल तो है, किंतु किसका ?" दाएँ हाथ की अँगूठियों को बाएँ हाथ से टटोलते हुए शकुनि ने कहा, "युधिष्ठिर को राजचिह्न प्रदान किए गए। सभी नृपों ने अपने-अपने वैभव के साथ पांडवों के सामने मस्तक झुकाए। पितामह ने श्रीकृष्ण को अग्रपूजा का सम्मान दिया। नहीं, दुर्योधन, इस घड़ी तो बाहुबल उन्हीं का है।"

कर्ण ने शांति से कहा, "शकुनि महाराज, एक बात आप भूल गए। उस यज्ञ से आप प्रभावित हुए हैं। किंतु उससे कौरवों को दुर्बल समझने की आवश्यकता नहीं। पितामह ने अग्रपूजा का सम्मान श्रीकृष्ण को दिया था। द्रोणाचार्य द्वारा यज्ञभूमि की पूर्तता की गई इसमें भयभीत होने जैसी कोई बात नहीं। कल प्रसंगवशात् यही भीष्माचार्य, द्रोणाचार्य, विदुर तथा कृपाचार्य जीवन का सर्वस्व न्योछावर कर हमारे पक्ष में खड़े होंगे इसमें मुझे कोई संदेह नहीं। सम्राट् धृतराष्ट्र महाराज की केवल आज्ञा से ही..."

शकुनि ने शांतिपूर्वक कहा, "बहुत छोटे हो तुम। ऐसी आशा न करो। कौरव-सम्राट् अंध हैं और राजमाता ने भी पतिनिष्ठा की पट्टी नेत्रों पर बाँधी हुई है।"

"किंतु कौरव-पुत्र तो अंध नहीं हैं ?" दुर्योधन ने पूछा।

"उत्तर चाहिए ?" शकुनि ने पूछा।

"हाँ।"

"कौरव-पुत्रों की खुली चाल को विदुर की निःसत्व नीति की लगाम लगाई हुई है और अंध सम्राट् का राजरथ विदुर के सारथ्य में शत कौरव रूपी अश्वों से ही खींचा जाता है।"

"मामाश्री।" उठकर दुर्योधन ने कहा।

"कुछ सुरा लो। क्रोध शांत हो जाएगा। युवराज, क्रोध से कुछ नहीं सिद्ध होता। पांडवों के राजसूय यज्ञ में उनके कोषागार के रत्न गिनने में जब ये हाथ व्यस्त थे तब यह क्रोध प्रकट होना चाहिए था। जब मयसभा में फिसलकर गिर पड़े और पांडव-स्त्रियों की हँसी उठी। तब उन गीले वस्त्रों पर लज्जा आनी चाहिए थी। 'अंधपुत्रों' पुकारकर भीम ने जब मार्ग दिखाया था तब नेत्र खुलने चाहिए थे।"

"मामाश्री, आप भी..."

"नहीं दुर्योधन। वह दुःख तुम्हारे जितना मुझे भी कुरेदता जा रहा है।"

"क्या इसके लिए कोई उपाय नहीं ?" झुँझलाकर दुर्योधन ने पूछा।

"ढूँढ़ा जाए तो है, अवश्य है।"

"कौन सा ?"

"बताता हूँ।"

शकुनि ने सुरा के तीन पात्र भरे। अपना पात्र उठाकर सुरा का आस्वाद लिया। अपने ललछौहे पतले होंठों पर जिह्वा घुमाते हुए शकुनि ने कहा, "सुरा उत्तम है, लो, पी लो।"

दोनों ने पात्र उठाए। कर्ण ने पूछा, "युद्ध ?"

"नहीं।"

"सामोपाय ?"

"नहीं।"

"घात ?" कर्ण की मुद्रा पर साक्षात् भय प्रकट हुआ था।

"नहीं।"

"कहिए मामाश्री।" दुर्योधन ने अधीरता से पूछा, "इन तीन मार्गों को छोड़कर अन्य कोई भी उपाय बताइए ?"

"मैंने बहुत सोचा। मेरी दृष्टि में एक ही उपाय अब शेष है।"

"कहिए।"

"द्यूत।" शकुनि ने बता ही दिया।

"द्यूत ?" कर्ण और दुर्योधन ने एक साथ प्रश्न किया और वे एक-दूसरे की ओर देखने लगे।

"ऐसे क्या देख रहे हो ?" पासे खेलने का अभिनय करते हुए शकुनि ने कहा,

''दुर्योधन, वह पांडव श्रेष्ठ युधिष्ठिर द्यूत का व्यसनी है। उसे द्यूत का आह्वान दो। वह क्षत्रिय है और क्षत्रिय कभी द्यूत का आह्वान टाल नहीं सकता।''

''किंतु कारण क्या दूँ ?''

''उसमें क्या सोचना। पुण्य प्राप्ति के लिए एक यज्ञ का आयोजन करो। उसके लिए मयसभा जैसा सभागृह बनाओ। धृतराष्ट्र महाराज उसके लिए अवश्य अनुमति देंगे। द्यूत का पट बिछाने दो, फिर देखो इस शकुनि की कुशलता।''

''महाराज ! क्षमा हो।'' कर्ण ने कहा। ''आप आयु में बड़े हैं। आपने बहुत कुछ देखा है, अनुभव किया है। हस्तिनापुर से लेकर गांधार देश तक मूल्यवान वस्तुओं का मूल्यांकन और व्यापार करने में आप निपुण हैं। मानव स्वभाव की परीक्षा आपके समान कौन कर सकता है ? फिर भी इस द्यूत का इतना विश्वास...''

''निश्चिंत हृदय से करो।'' अपना उत्तरीय सँभालकर शकुनि खड़े हुए। उनके वेधक कंजे नेत्रों में कुछ अलग ही आभा प्रकट हुई थी। ''राधेय, मैं मात्र व्यापारी नहीं हूँ। यह न भूलो कि मैं सुबल राजा का पुत्र गांधार देशाधिपति भी हूँ। हस्तिनापुर से गांधार देश तक जो यात्रा मैं करता रहता हूँ वह मात्र व्यापार के लिए नहीं, बल्कि वास्तव में द्यूत ही उसका सत्य प्रयोजन है।''

''द्यूत के प्रयोजन के लिए यात्रा !'' दुर्योधन ने पूछा।

''हाँ द्यूत के लिए इस धरातल के सम्राटों और ऐश्वर्य संपन्न जनों के रत्नगृह और संपन्न कराने के लिए और वस्त्रों, अलंकारों की शोभा बढ़ाने के लिए, भूलोक के रत्नों, महान् वस्त्रों, सुंदर नक्कादार और नाजुक सुवर्णालंकारों तथा रूपवान दासियों को लेकर इस देश में आने वाले व्यापारियों के समूहों की यात्रा गांधार-हस्तिनापुर के दुर्गम मार्ग से ही होती है।''

कर्ण-दुर्योधन शकुनि की ओर देख रहे थे। शकुनि का अति गौरवर्ण और अधिक उजला प्रतीत हो रहा था। दुबले-पतले शरीर का वह लंबा व्यक्तित्व अपनी ही धुन में मग्न था। बाएँ कंधे का रेशमी उत्तरीय बाईं कलाई तक आकर रुका हुआ था। उसको घुमाते हुए शकुनि बोल रहा था, ''हिमालय पर्वत की पहाड़ियों, खाइयों और चट्टानों के सँकरे मार्गों से यह यात्रा होती है। अनेकानेक मूल्यवान वस्तुओं के गट्ठों से लदे हुए ऊँटों की लंबी कतारें इस मार्ग से चलती रहती हैं। चोरों के भय से निरंतर सतर्क रहने वाले, धनुष-बाण और खड्ग से सज्ज रक्षक आसपास के प्रदेशों पर सख्त ध्यान रखते हैं। संध्या के समय सुरक्षित स्थान देखकर मुकाम होता है। डेरे, पावटियाँ खड़ी की जाती हैं। सेवकों की हलचल, ऊँटों की ऊँची आवाजें और अश्वों की हिनहिनाहट से संपूर्ण वातावरण निनादित हो उठता है। अलावें प्रज्वलित होती हैं और उस प्रकाश में रात्रि का आरंभ होता है। दिन भर की यात्रा से थके हुए जीवन अलावों की उष्णता और पर्वतों-पहाड़ियों से बहने वाली ठंडी चुभने वाली हवा से सतर्क हो जाते हैं। उत्तम सुरा के सेवन से आरक्त बने नेत्रों में कुछ अलग ही मादकता छा जाती है और फिर द्यूत का पट बिछाया जाता है।''

"द्यूत, वैसे ही एक जुआ। उसका विश्वास कौन दे सकता है ?" उद्विग्नता से कर्ण ने कहा।

"कर्ण, मैं सादा द्यूती नहीं। अनेकानेक देशों के द्यूतियों के साथ मैंने द्यूत खेला है। प्रियकर को जैसे अपनी प्रियतमा के अंग-प्रत्यंगों की अनुभूति होती है उसी तरह पासों पर कुरेदी हुई मुद्राएँ मेरे इन अभ्यस्त हाथों को रात्रि के अंधकार में भी उसकी अनुभूति दिलाती रहती हैं।"

"क्या द्यूत में यश मिलेगा ?" दुर्योधन ने आशा से प्रश्न किया। शकुनि उत्तर देने ही वाले थे, कि कर्ण ने कहा, "युवराज, द्यूत की सहायता से यश की आकांक्षा केवल मूर्ख और व्यसनी लोग ही करते हैं। द्यूत एक मनोरंजन का खेल है। मनोरंजन के लिए ही उसका उपयोग किया जाना चाहिए, राजनीति में उसे स्थान नहीं। राजनीति में बुद्धि और बाहुबल का पराक्रम यही विजय का साधन होता है। वीरों को उसी का अवलंब करना चाहिए।"

"राधेय, तुमने उचित ही कहा, तुम बिलकुल सही हो।" शकुनि ने कहा। "राजनीति में बुद्धि और बाहुबल ही श्रेष्ठ। तुम योद्धा हो, वीर हो, बुद्धिमान हो। राजसूय यज्ञ में पांडवों के पीछे खड़ी श्रीकृष्ण की चतुरंग सेना तुमने देखी है। हजारों नरेंद्र आज अपने बल से पांडवों का सामर्थ्य बढ़ा रहे हैं। जरासंध जैसे कौरवों की शक्तियों की पराजय हुई है। क्या तुम समझते हो कि पांडवों को रणभूमि पर पराजित करना सहज साध्य है ? और उसके लिए धृतराष्ट्र महाराज कभी सम्मति देंगे ? आने वाले हर पल के साथ पांडवों का बल बढ़ता जा रहा है। क्या इसे न समझने जितने तुम मूर्ख हो ? अब रही बुद्धि। उसका ही उपयोग अब करना है।"

"महाराज, बुद्धि के दान भी अन्यों के हाथों नहीं पड़ते।" कर्ण ने स्पष्टतापूर्वक कहा, "दुबले और अस्थिर हाथों से ही पासे फेंके जाते हैं।"

शकुनि ने घूरकर कर्ण की ओर देखा। उनके नेत्रों में कुछ अलग ही विश्वास प्रकट हुआ था। अपने हाथ ऊपर उठाकर, उन्हें निहारते हुए शकुनि ने कहा, "दुबले हाथ ? ये हाथ दुबले ? इन हाथों का जादू तुम नहीं जानते, अतः ऐसे शब्द तुम्हारे मुख से निकले। इस शकुनि के हस्तचापल्य पर विश्वास रखो। सुरा से अस्थिर बने इन हाथों से जब पासे पकड़े जाते हैं, तब ये हाथ पर्वत की तरह स्थिर बन जाते हैं। ये हाथ मात्र सादे जुआरी नहीं। कृतहस्त, अतिदेवी के रूप में इनकी ख्याति है। द्यूत अठारह व्यसनों में सर्वश्रेष्ठ व्यसन है। बाहुबले जैसा ही श्रेष्ठ। इस हस्त स्पर्श से 'करकर' आवाज करने वाले पासे जब पट पर लुढ़ककर 'ता थै' नृत्य करने लगते हैं तब राजसभा में नृत्य करने वाली नृत्यांगना के पदविन्यास का स्मरण होता है। भूरे रंग के वे पासे एक बार पट पर फेंके जाने के पश्चात् जब उनका पदविन्यास आरंभ होता है तब जुआरी की अवस्था उस व्यभिचारी स्त्री की तरह होती है जो असीम आकर्षण से संकेत स्थल पर खिंची चली आती है। वह जुआरी युधिष्ठिर इन पासों के फंदे में अपना होश खो बैठेगा और सर्वस्व प्रण पर लगा देगा, यह

तुम निश्चित समझो।"

"इतना विश्वास है इन पासों पर ?" दुर्योधन ने पूछा।

"मैं कर्ण जैसा ब्रह्मास्त्र जानने वाला योद्धा नहीं हूँ कि कवच-कुंडलों के आधार पर शत्रु का सामना कर सकूँ; वीर का रथ चाहे जैसा घुमाकर शत्रु के समक्ष खड़ा करने जैसा सारथ्य भी मेरे पास नहीं है। तुम्हारी सहायता के लिए केवल यही एक विद्या मेरे पास है। जीवन में जिसका विश्वास करूँ ऐसी यही एक कला मुझे ज्ञात है। अब उसका लाभ उठाना है या नहीं, इसका विचार तुम्हीं करो।"

"पासों का सामर्थ्य इतना बड़ा होता है ?"

"बड़ा ? युवराज, ये पासे गिरते हैं नीचे, किंतु परिणाम दिखाते हैं सभी पर। इनके हाथ नहीं होते फिर भी जिनके हाथ हैं ऐसे पुरुषों को वे लाचार बना देते हैं। भूलोक के पट पर बिखरने वाले ये पासे दिव्यलोक के अंगारे होते हैं। हस्तस्पर्श को शीतल बना देने वाले ये पासे प्रतिपक्ष का हृदय ही ठंडा कर देते हैं। इनका बल रणभूमि के योद्धा से और प्रबल शस्त्र से भी अधिक होता है। हे दुर्योधन, उस द्यूत-लंपट युधिष्ठिर को द्यूत का आह्वान दो और फिर इन हाथों का चापल्य देखो। राजसूय यज्ञ से प्रमत्त बने उन पांडवों के पाँचों राजमुकुटों को मेरे द्यूत की गोटियाँ बनाकर उनके फैले हुए राज्य को तुम्हारे पैरों तले न दबा दूँ तो मेरा नाम शकुनि नहीं।"

"और यही यदि उस युधिष्ठिर ने किया तो ?" कर्ण ने व्यंग्यपूर्वक कहा।

"असंभव।" शकुनि ने दृढ़तापूर्वक कहा, "राधेय, इस द्यूत में तुम नए हो, अनभिज्ञ हो। दो-चार तीर छोड़ने आए और खड्ग के चार वार करने आए कि सभी को योद्धा बनने का गर्व हो जाता है, किंतु वह धैर्य रणभूमि पर टिका नहीं रहता। रणसिंघा की आवाज से, रणभूमि के दर्शन से ऐसे वीर थर-थर काँपने लगते हैं। योद्धा के हृदय में मृत्यु का भय नहीं होना चाहिए। रणवाद्य की आवाज से सच्चे वीर को आवेश चढ़ता है। मृत्यु का विचार भी हृदय में न लाकर वह शत्रु से भिड़ जाता है; वह मात्र अपने संस्कारों के कारण। क्या पंचकल्याणी उत्तम अश्व पर कभी दुर्बल जीव सवार हो सकता है ? वैसे ही इन पासों के भी संस्कार होते हैं। मैं अक्ष विद्या में निपुण हूँ। जो है उसे खो देने की अपेक्षा जिसे खो दिया है उसे पुनः पाने की अभिलाषा हृदय में रखने वाले को ही ये पासे वश होते हैं। पाप-पुण्य के मटके ढूँढ़कर पेट भरने वाले उस दुर्बल युधिष्ठिर को इस द्यूत में कैसे यश मिलेगा। वह मेरा ही है।"

कर्ण निरुत्तर बन गया है यह देखकर दुर्योधन ने प्रसन्न होकर पूछा, "मामाश्री, किंतु तात इसे सम्मति..."

"कल के तुम्हारे पराक्रम से उनके नेत्र खुल गए हैं। कदाचित् वे सम्मति देंगे भी। किंतु किसी भी परिस्थिति में यह संपूर्ण बात अपने पिता के कानों तक पहुँचा देना तुम्हारे लिए इष्ट है। उनकी अनुमति प्राप्त हुई कि विजय अपनी ही है।"

दुर्योधन ने लगाव से कहा, "मामाश्री, अब आपके बिना कोई चारा नहीं।

आप ही यह बात तात के कानों तक पहुँचा दें तो अच्छा होगा। आप यह अच्छी तरह कर सकेंगे। मेरे लिए यह कार्य कुछ कठिन होगा।''

''ठीक है। तुम चिंता मत करो। यज्ञ और द्यूत राजमान्य हैं। राजनीति के अनुसार भी हैं। धृतराष्ट्र उसे निश्चित सम्मति देंगे। यह कार्य तुम मुझ पर छोड़ दो। कल सूर्योदय के पश्चात् उनके परामर्शदाता उन्हें मिलने से पहले तुम्हें सम्राट् से आमंत्रण आएगा तब तुम अवश्य वहाँ जाना। उस समय मैंने अपनी द्यूत की भूमिका तैयार की हुई होगी।''

दुर्योधन को आश्वासन देकर शकुनि चले गए। दुर्योधन ने संतोष से कर्ण की ओर देखा। कर्ण सचिंत हो गया था।

''मित्र !''

कर्ण ने ऊपर देखा। उठकर उसने कहा, ''युवराज यह द्यूत मुझे अच्छा नहीं लगता। वह वीर का मार्ग नहीं।''

''अन्य कोई मार्ग तुम्हें सूझता है ?'' दुर्योधन ने पूछा।

''यदि सूझता तो द्यूत का विचार श्रवण करने के लिए मैं यहाँ बैठता ही नहीं। किंतु फिर भी तुमसे कहना चाहूँगा कि पुनः एक बार सोच लो। पूर्ण विचार किए बिना आगे मत बढ़ो। जुआ और चारित्र्य ये दो बातें ऐसी होती हैं कि इसमें चरण आगे बढ़ाने से पूर्व ही सोचना चाहिए। बाद में पीछे हटना संभव नहीं होता। मैं चलता हूँ।''

दुर्योधन से बिदा लेकर कर्ण स्वगृह लौटा फिर भी द्यूत का विचार उसके हृदय से दूर नहीं हो रहा था।

प्रकरण-18

आकाश में सूर्य का तेज बढ़ रहा था। दुर्योधन से मिलने दुर्योधन के ही रथ में कर्ण हस्तिनापुर जा रहा था। कर्ण सोच रहा था कि शकुनि द्वारा प्रस्तावित और दुर्योधन द्वारा स्वीकृत द्यूत का आयोजन असफल हो जाए तो अच्छा होगा। उसे यह ज्ञात था कि सम्राट् को कितना भी पुत्र प्रेम क्यों न हो, विदुर का विचार लिये बिना वे कोई निर्णय नहीं लेते। और विदुर द्यूत को कभी भी सम्मति नहीं देंगे। इसका कर्ण को विश्वास था। कदाचित् द्यूत का आयोजन असफल हुआ होगा और संभवतः इसीलिए दुर्योधन ने रथ भेजा होगा।

रथ ने राजभवन के उद्यान में प्रवेश किया। उद्यान में भ्रमण करने वाले मयूरों

के समूह, पेड़-पौधों से निकलने वाले उनके स्वर कर्ण को मोहित नहीं कर सके। रथ राजभवन के द्वार पर आकर रुक गया। कर्ण रथ से उतर गया और उसने देखा कि दुर्योधन प्रसन्न मुद्रा में भवन की सीढ़ियों पर खड़ा है। रथ से कर्ण के उतरते ही दुर्योधन शीघ्रता से सीढ़ियाँ उतरकर उसके समीप आया और कर्ण का हाथ थामकर उसने कहा, "मित्र चलो, बहुत सी बातें करनी हैं।"

कर्ण को लेकर दुर्योधन महल में आया। सभी दास-दासियों को उसने बाहर जाने के लिए कहा और फिर कहा, "मित्र, तात ने द्यूत के लिए सम्मति दे दी है।"

"सच ?"

"इतना ही नहीं, बल्कि वैभवशाली अलौकिक ऐसा द्यूतगृह निर्माण करने की भी आज्ञा दी है।"

"क्या विदुरजी ने इसके लिए सम्मति दी ?"

"वाह, चाचाश्री कभी इसे सम्मति देंगे ? उनसे तो यह बात पूर्णतः गुप्त रखनी चाहिए। सभी सिद्ध हो जाने के पश्चात् ही उन्हें यह ज्ञात होगा।"

"कुमार, आप मेरी भी कुछ सुनेंगे ?"

"कहो ! मैं जानता हूँ। तुम विरोध करोगे। उसे सुनने के लिए भी मैं तैयार हूँ।"

"ठीक है। मैं कुछ नहीं कहूँगा।"

"यह तो विरोध से भी भयानक है। इतने रुष्ट मत हो जाओ मुझसे।"

"नहीं कुमार, मैं रुष्ट नहीं हूँ। किंतु सोचता हूँ कि ऐसे चोर द्वार का आश्रय वीरों को नहीं लेना चाहिए।"

"चोर द्वार क्यों ? मित्र, द्यूत तो राजमान्य है।"

"संपत्ति का लोभ त्यागकर उसे उड़ाने की हिम्मत आ जाए इतनी सीमा तक ही वह राजमान्य है। राजा को द्यूत जीतने के लिए नहीं, बल्कि मनोरंजन के लिए खेलना चाहिए। आश्रितों को धनलाभ हो इतना ही उसका हेतु। उसके आगे नहीं बढ़ना चाहिए।"

"ठीक है। हम द्यूत का विचार ही त्याग कर देते हैं।"

कर्ण को संतोष हुआ। दुर्योधन से इस उत्तर की अपेक्षा उसने नहीं की थी।

"कुमार, मुझे तुम पर गर्व है।"

"कम-से-कम एक मित्र तो ऐसा सोचता है यह क्या कम है ? अब इस पर ही संतुष्ट रहना होगा। पांडवों की सत्ता दिन-प्रतिदिन बढ़ती जाएगी। खुले नेत्रों से हम उसे देखते रहेंगे और उनके बढ़ते हुए सामर्थ्य से कौरव साम्राज्य ग्रस्त होगा तब निर्लज्ज होकर, उनके द्वारा प्रदत्त दान स्वीकार कर तृप्त होंगे। हम दोनों के पराक्रम की, बलवत्तर अभिलाषा की यदि यही परिपूर्ति होनी है तो उसे कौन रोक सकता है ?"

"किंतु क्या द्यूत के अतिरिक्त अन्य कोई उपाय नहीं ?"

"क्या तुम बता सकते हो ? तुम्हें कोई उपाय दिखाई देता है ?"

"यह सत्य है कि उपाय नहीं। फिर भी इस जुए से मैं सहमत नहीं हूँ।"

"दुर्बल हृदय को सदैव जुए से भय लगता है ?"

"दुर्बल हृदय ? और मेरा ?" छाती फुलाकर कर्ण ने कहा, "मित्र क्या अभी तक तुमने इस कर्ण को जाना नहीं ? मित्र, कहो कि इंद्रप्रस्थ पर आक्रमण करना है, मैं अभी तैयार हूँ। कितनी सेना मेरे पास है इसका विचार भी मैं नहीं करूँगा। शत्रु प्रबल है यह भी नहीं सोचूँगा। यह कर्ण शत्रु पर टूट पड़ेगा।"

दुर्योधन हँस रहा था। कर्ण ने क्रोधित होकर पूछा, "क्यों ? हँस क्यों रहे हो ? विश्वास नहीं होता ?"

"नहीं, विश्वास क्यों नहीं।" दुर्योधन गंभीर हो गया, "किंतु मित्र, जुआ और क्या होता है ?"

"जुआ ?"

"हाँ, जुआ। क्या शत्रु शक्तिशाली है यह जानकर भी उस पर टूट पड़ना जुआ नहीं ?"

कर्ण चकित हो गया था।

"मित्र, इस जीवन में ऐसी कौन सी बात है जिसमें जुआ नहीं ? क्या रणभूमि पर हम जानते हैं कि किस शत्रु का सामना करना होगा ? क्या हमें यह ज्ञात होता है कि शत्रु की खींची हुई प्रत्यंचा में कौन सा भयंकर तीर लगाया हुआ है ? जय-पराजय का निर्णय ज्ञात न होते हुए भी वीर शत्रु पर आक्रमण करते हैं, क्या यह जुआ नहीं ? तुम्हारा जन्म होने के तुरंत पश्चात् तुम्हारी माता ने तुम्हें जल प्रवाह में छोड़ दिया, क्या वह तुम्हारे जीवन के साथ खेला हुआ जुआ नहीं ? जीवन में जोड़ी हुई पत्नी, माना हुआ मित्र, जोड़े हुए संबंध, ये सभी हर पल खेले जाने वाले जुए का ही एक भाग नहीं हैं क्या ? मित्र, संपूर्ण जीवन चरण-चरण पर जुआ खेलने में ही व्यतीत होता है। उसका तुम्हें भय नहीं लगता और पट पर खेले जाने वाले इस जुए से तुम्हें भय लगता है ?"

"युवराज, कुछ भी कहिए, किंतु है तो यह जुआ ही। उसका फल किसकी ओर झुकेगा इसका विश्वास कौन दे सकता है ?"

"मित्र, जुआ अर्थात् हार या जीत। भाग्य के इन पासों से जीतेंगे या हारेंगे। दोनों के लिए मैं तैयार हूँ।"

"ठीक है ! द्यूत तो द्यूत।" कर्ण ने कहा।

"तुम चिंता न करो। इस द्यूत में विजय अपनी ही होगी। अब द्यूतगृह के शीघ्रातिशीघ्र निर्माण की ओर ध्यान देना चाहिए। यह द्यूतगृह उस मयसभा से भी श्रेष्ठ होना चाहिए। वहाँ जल के स्थान पर जल ही होगा, भूमि नहीं होगी। दीवार के स्थान पर दीवार ही होगी, द्वार नहीं होगा। स्फटिक भूमि स्फटिक की ही होगी। उस पर चरण रखने से जल स्पर्श नहीं होगा।" दुर्योधन के नेत्रों में प्रतिशोध की भावना जाग उठी थी। मुद्रा पर हँसी थी।

"कर्ण, उन प्रमत्त पांडवों को एक बार मेरे द्यूतगृह में चरण रखने दो। नेत्रों को जल दिखते हुए भी वे उस जल में डुबकियाँ खाने लगेंगे। दीवार को देखकर भी उन्हें उस पर मस्तक टकराने पड़ेंगे। स्फटिक भूमि पर खड़े रहकर भी चरणों का बल नष्ट होने के कारण उसी भूमि पर उन्हें गिरना पड़ेगा। चलो मित्र, अब अवधि बहुत अल्प है। द्यूतगृह का स्थान मामाश्री ने निश्चित किया है। वे आगे गए हैं। उस स्थान को देखने हमें जाना है।"

दुर्योधन के साथ कर्ण द्यूतगृह का संकल्पित स्थान देखने गया।

रात्रि के समय कर्ण अपने शय्यागृह में सुरा पान कर रहा था। अधिरथ के साथ-साथ द्रुम, वृषकेतु और शत्रुंजय से हृदय खोलकर बातें होने के फलस्वरूप कर्ण के हृदय का बोझ पर्याप्त हलका हो चुका था।

इतने में वृषाली ने शय्यागृह में प्रवेश किया। कर्ण ने उसकी ओर देखा और पूछा, "इतना विलंब ?"

"हाँ, सासजी के चरण दबा रही थी।"

"क्या माँ सो गईं ?"

"नहीं, जाग रही हैं।"

"फिर उनके सो जाने तक तुम वहीं क्यों नहीं रुकीं ?"

"उन्होंने ही मना किया।"

"क्यों ? क्या कहा उन्होंने ?"

"वृषाली लज्जित हो गई। कर्ण ने झुककर वृषाली का हाथ थाम लिया। उसे अपने समीप बिठाकर पूछा, "कहो न !"

"अं हं।" वृषाली और लज्जित हो गई।

"कहना पड़ेगा।" कर्ण ने हठ पकड़ी "क्या कहा माँ ने ?"

वृषाली का मुख फीका पड़ गया। कष्टपूर्वक उसने कहा, "उन्होंने कहा...वह प्रतीक्षा कर रहा होगा।"

कर्ण जोर से हँस पड़ा और वृषाली को उसने अपने पास खींच लिया। उसी समय धक्का लगकर मंचक पर रखा हुआ सुरा पात्र लुढ़क गया और सुरा भूमि पर गिर गई। वृषाली ने कहा, "पात्र गिर पड़ा न !"

"जुए के एक पात्र के गिरने से सुराही रिक्त नहीं होती।"

"कैसा जुआ ?"

"सबकुछ जुआ ही तो है। तुम्हारा-मेरा विवाह यह भी एक जुआ ही तो है।"

"यह आप क्या कह रहे हैं ?"

"आज ही मुझे यह ज्ञात हुआ।" कर्ण ने मुसकराकर कहा, "वसु हम शय्यागृह में बैठे हैं, आनंद में हैं। कुछ क्षण बाद हम कलह नहीं करेंगे इसका क्या विश्वास ? यह जुआ ही नहीं क्या ?"

"बहुत सुन लिया, उठो।" वृषाली ने कहा, "रात्रि बहुत हो चुकी है।"

कर्ण ने उठते हुए पूछा, "जुए का क्या ?"

"उसका विचार आप मत कीजिए।" वृषाली ने मुसकराकर कहा, "शय्यागृह में पासे स्त्री के हाथ में होते हैं, पुरुष के नहीं।"

कर्ण ने देखा, वृषाली शय्यागृह के दीपदान का प्रकाश मंद कर रही थी, प्रकाश मंद होता जा रहा था...

प्रकरण-19

दुर्योधन के संकल्पित यज्ञ तथा द्यूतगृह का कार्य आरंभ हो गया। पांडवों का यज्ञ मंडप भी फीका पड़ जाए ऐसा भव्य मंडप राजभवन के सामने आकार लेने लगा। राजभवन के विस्तृत उद्यान के एक हिस्से में द्यूतगृह के निर्माण का कार्य आरंभ हुआ। सैकड़ों कुशल कारीगर और वास्तुशिल्पी उस कार्य पर नियुक्त किए गए थे। द्यूतगृह के कार्य की ओर ध्यान देने के लिए निपुण और तत्पर सेवकों की नियुक्ति की गई थी। दुर्योधन को उसके अतिरिक्त कुछ सूझ ही नहीं रहा था।

द्यूतगृह तैयार हो गया। उत्कीर्ण हुए सैकड़ों स्तंभों से वह द्यूतगृह सुशोभित हो उठा था। उसकी कमानों पर सुवर्ण जड़ित वैडूर्य रत्नों से चित्र-विचित्र बेलबूटी चित्रित की गई थीं। उस सभागृह में अनेक द्वार एवं झरोखे रखे गए थे। सभागृह का महाद्वार रत्नांकित सुवर्ण से जड़ा हुआ था। द्यूतगृह की दीवारों पर द्यूत-पट के सुबक चित्र चित्रित किए गए थे और प्रवेशद्वार पर द्यूत खेल रहे शिव-पार्वती का चित्र चित्रित किया गया था। सभागृह की अर्धचंद्राकार बैठक सभागृह की भूमि से कुछ ऊपर उठाकर तैयार की गई थी। उस बैठक पर सैकड़ों सुवर्णासन चढ़ते क्रम में रखे हुए थे। मध्य में सम्राट् के लिए मोतियों के छत्र से सुशोभित रत्नजड़ित सुवर्ण सिंहासन रखा हुआ था। चढ़ते क्रम से बनाई हुई वह अर्धचंद्राकृति बैठक इस प्रकार से बनाई गई थी कि किसी भी स्थान से द्यूतगृह में रखा हुआ पट स्पष्ट दृगोचर हो। सभागृह में प्रवेश करते ही सम्राट् के सिंहासन के पार्श्व भाग में बिलौर की दीवार पर एक भव्य चित्र चित्रित किया गया था। उस चित्र में पंख फैलाकर नाग पर छलाँग भरने वाला गरुड़ दर्शाया गया था।

उक्त अर्धचंद्राकृति बैठक के सामने चमकती हुई स्फटिक भूमि पर हाथीदंत के कुरेदे हुए बड़े-बड़े नक्काशीदार आसन रखे हुए थे। चंदन के चौकोर आसनों पर द्यूत-पट, गोटियाँ और पासे फैलाकर रखे हुए थे। द्यूतगृह अब पूरा हो गया था।

दुर्योधन संतोषपूर्वक कर्ण के साथ उस द्यूतगृह का निरीक्षण कर रहा था। द्यूतगृह का अवलोकन कर दुर्योधन की मुद्रा हर्षोत्फुल्ल हो उठी। उसने कर्ण से कहा, "कर्ण, क्या तुम्हें इस द्यूतगृह में कोई त्रुटि दिखाई देती है ?"

"नहीं युवराज ! द्यूतगृह सभी अंगों से परिपूर्ण बना है। मेरे हृदय में द्यूतगृह के प्रति कभी भी आकर्षण नहीं था, किंतु इस द्यूतगृह को देखकर मेरे हृदय में भी द्यूत खेलने की अभिलाषा उत्पन्न हो गई है।"

दुर्योधन मुसकराया।

"अब बहुत अवधि तक प्रतीक्षा नहीं करनी पड़ेगी। मामाश्री ने सप्तमी का मुहूर्त निश्चित किया है।"

"इतना शीघ्र ?"

"उसमें क्या कठिन है। यज्ञ की सभी तैयारियाँ हो चुकी हैं। कल ही तात ने विदुरजी को इंद्रप्रस्थ जाकर पांडवों को आमंत्रित कर यहाँ लाने के लिए कहा है।"

"विदुरजी के हाथों निमंत्रण ?"

"हाँ, राजसूय यज्ञ के कारण पांडव थके हुए हैं। यहाँ आएँगे, चार दिन रहेंगे तो उनका श्रम परिहार होगा। नृत्य, गायन और द्यूत से उनका मनोरंजन होगा।"

पीछे चरणों की आहट सुनाई दी। दुर्योधन ने मुड़कर देखा। दुर्योधन-बंधु विकर्ण भीतर आ रहा था। उसने कहा, "महात्मा विदुर चाचाश्री पधार रहे हैं।"

दुर्योधन ने कर्ण की ओर देखा। "देखा मित्र, हमारे चाचाश्री की आयु कितनी दीर्घ है।" फिर विकर्ण की ओर देखकर उसने कहा, "उन्हें आने दो। किंतु वे इंद्रप्रस्थ जा रहे हैं न ?"

"हाँ, सभी तैयारियाँ हो चुकी हैं। साथ में मैं भी जा रहा हूँ, आज भोजन के पश्चात्..."

विकर्ण को आगे बोलने का अवसर ही नहीं मिला। महाद्वार से विदुर भीतर प्रवेश कर रहे थे। उनकी मुद्रा चिंताग्रस्त थी। दुर्योधन ने प्रणाम किया। कर्ण ने उसका अनुसरण किया। दुर्योधन ने कहा, "चाचाश्री, अच्छा हुआ आप आ गए। आपको यह द्यूतगृह एक बार देखना ही चाहिए था।"

विदुर का हाथ थामकर उन्हें अर्धचंद्राकृति सभा स्थान के समीप ले जाकर दुर्योधन ने कहा, "देखिए चाचाश्री। इन सभी सुवर्ण सिंहासनों पर आमंत्रित राजा बैठेंगे। कौरव श्रेष्ठ होंगे। सामने सीढ़ियों के मध्य जो सिंहासन रखा हुआ है उस पर सम्राट् बैठेंगे। उनके समीप के सुवर्ण सिंहासन पर भीष्माचार्य होंगे। किंतु आपका सदैव तात के समीप होने वाला आसन वहाँ नहीं रखा गया है। द्यूत स्पष्ट दिखाई दे इसलिए द्यूत के बहुत समीप आपका यह सुवर्णासन रखा गया है।"

थके हुए विदुर ने कहा, "युवराज, धृतराष्ट्र महाराज ने मुझे पांडवों को निमंत्रण देने की आज्ञा दी है।"

"वह मुझे ज्ञात है चाचाश्री। मैंने ही उसके लिए आग्रह किया था। मैंने तात से प्रार्थनापूर्वक कहा था कि आपके अतिरिक्त और किसी को न भेजें।"

"मुझे इन बातों में रस नहीं।"

"क्यों ? रस क्यों नहीं ? पांडवों के राजसूय में तो आपका आनंदरस छलक रहा था। यहाँ भी यज्ञ होने वाला है। मयसभा के स्थान पर द्यूतगृह है। बस।"

"आपका यह द्यूत और यज्ञ यदि सच्चा होता तो मैं हर्ष से इंद्रप्रस्थ जाता।"

"क्या यह यज्ञ सच्चा नहीं ? सुनो कर्ण, चाचाश्री क्या कह रहे हैं ?" दुर्योधन हँस पड़ा।

विदुर ने कहा, "दुर्योधन मैं क्या कहता हूँ उसे श्रवण करो। इस द्यूत का आयोजन मत करो। कम-से-कम पांडवों को यहाँ लाने के लिए मुझे मत भेजो।"

"चाचाश्री ! मैं कौन होता हूँ आपको भेजने वाला। तात ने कहा है। मैंने केवल उनसे प्रार्थना की थी।"

"एक ही बात हुई न। किंतु आप मेरा ही आग्रह क्यों कर रहे हैं ?"

"चाचाश्री ! आपको हमसे अधिक प्रेम उन पांडवों से है। आप उनके समर्थक हैं।"

"मैं क्या समर्थन करूँगा ?"

क्षण भर के लिए दुर्योधन का हास्य लुप्त हुआ। किंतु क्षण भर के लिए ही। "वाह चाचाश्री ! आप समर्थक नहीं होते तो लाक्षागृह से पांडव कैसे बचते ? आप यदि नाव का प्रबंध न करते तो वे गंगापार कैसे जाते ? मुझे सबकुछ ज्ञात है चाचाश्री।"

"और फिर भी मुझे भेजना चाहते हो ?"

"हाँ, जैसे आप पांडवों के हितकर्ता हैं वैसे ही तात के परामर्शदाता भी। आप पांडवों से कुछ नहीं छुपाएँगे। और फिर मुझ पर विश्वासघात का आक्षेप नहीं लगाया जाएगा।"

"कर्ण ! क्या यह तुम्हारे परामर्श से हो रहा है ?" विदुर ने पूछा।

"उसका इससे कुछ संबंध नहीं है चाचाश्री।"

"कर्ण, क्या यह तुम्हारे परामर्श से हो रहा है ?" विदुर ने पुनः पूछा।

"यदि 'हाँ' ऐसा उत्तर दिया तो ?"

विदुर ने मस्तक हिलाकर कहा, "मैं उसे नहीं मान सकता। तुम द्यूत के मार्ग का अवलंब कभी नहीं कर सकते। तुम युद्ध करोगे, किंतु द्यूत..."

"फिर मुझसे क्यों प्रश्न किया आपने ?" कर्ण ने कहा।

"चाचाश्री ! तात की आज्ञानुसार आप इंद्रप्रस्थ जाइए। सम्राट् युधिष्ठिर को सबकुछ बताइए। द्यूत का आमंत्रण दीजिए। उनसे कहिए कि यज्ञ तो केवल एक कारण है और द्यूत आह्वान है। यज्ञभूमि के स्वादिष्ट भोजन के लिए उन्हें नहीं बुलाया गया है, बल्कि द्यूत खेलने के लिए उन्हें आमंत्रण दिया गया है। उनसे कहिए कि

सुबल-पुत्र गांधार देशाधिपति शकुनि महाराज द्यूत के लिए बैठने वाले हैं। अक्ष विद्या में निपुण ऐसी उनकी ख्याति है। वे कृतहस्त अर्थात् अपनी इच्छानुसार पासे खेलने में निपुण हैं। अतिदेवी अर्थात् मर्यादा का उल्लंघन करके द्यूत खेलने वाले ऐसी भी उनकी कीर्ति है। उनके साथ द्यूत खेलना अर्थात् साक्षात् पराजय। यह सबकुछ उस युधिष्ठिर को समझाकर ही द्यूत का आमंत्रण दीजिए। सम्मानपूर्वक उन्हें यहाँ ले आइए।''

दुर्योधन के बोलों से कर्ण आश्चर्यचकित हो गया था। दुर्योधन ने द्यूत का पूरा भेद ही विदुर के सामने खोल दिया था। उससे रहा नहीं गया। उसने कहा, ''युवराज ! ऐसा संदेश भेजने पर कौन सा विचारी व्यक्ति द्यूत खेलने आएगा ?''

''विचारी व्यक्ति नहीं आएगा। किंतु वह आएगा, अपने हाथों अपना सर्वस्व हारेगा। हारना ही पड़ेगा उसे। क्योंकि वह द्यूत का केवल व्यसनी ही नहीं, बल्कि झूठा सम्राट् भी है। उस सम्राट् पद के लिए ही सही, उसे द्यूत में उतरना ही पड़ेगा।''

''इसमें सम्राट् पद का क्या संबंध युवराज ?''

''संबंध है, मित्र ! उस युधिष्ठिर को एक बार यह आह्वान अस्वीकृत करने दो, फिर देखो। क्षत्रिय द्यूत का आह्वान कभी भी अस्वीकृत नहीं कर सकते। और जो क्षत्रिय नहीं उसे सम्राट् बनने का अधिकार नहीं। नहीं मित्र, उस युधिष्ठिर को आना ही पड़ेगा...'' दुर्योधन जोर-जोर से हँस रहा था। विदुर के द्यूतगृह से बाहर जाने तक वह हँस ही रहा था...

प्रकरण-20

दुर्योधन का तर्क सत्य था। विदुर के साथ पांडव सपरिवार इंद्रप्रस्थ से हस्तिनापुर आए। कौरवों के राजप्रासाद में ही पांडवों का वास्तव्य था। यज्ञ के लिए आए हुए नृपों को कौरव-पांडवों की उस युति पर प्रसन्नता हो रही थी। पांडवों की सुख-सुविधा में कोई त्रुटि नहीं रखी गई थी। स्वादिष्ट भोजन की सामूहिक पंक्तियाँ, नृत्य, गायन का मनोरंजन आदि के कारण पांडव प्रसन्न थे। यज्ञ का समापन समारोह संपन्न हुआ। उस रात्रि को पांडवों ने अपने शय्यागृह में सुश्राव्य गायन सुनते हुए विश्राम किया। स्त्रियों के सहवास में उन्होंने वह शुभरात्रि सुख में बिताई।

प्रातःकाल वैतालिक स्तुतिपाठ करने लगे तब पांडवों की निद्रा भंग हो गई। फिर मुखप्रक्षालन आदि कर वे धृतराष्ट्र से भेंट करने के लिए राजगृह गए। राजसभा में भीष्माचार्य, द्रोणाचार्य, विदुर, इनके अतिरिक्त दुर्योधन और विकर्ण भी उपस्थित

थे। क्षेम-कुशल होने के पश्चात् धृतराष्ट्र ने कहा, "हे युधिष्ठिर, इस यज्ञ के साथ युवराज दुर्योधन ने 'तोरणस्फटिका' नामक एक द्यूतगृह भी बनवा लिया है। उस द्यूतगृह में जाकर आज उस सुख का आस्वाद लो।"

युधिष्ठिर ने सम्मति देकर कहा, "जो आज्ञा। द्यूतगृह के संबंध में मैं भी सुन चुका हूँ। द्यूत का आमंत्रण स्वीकार कर ही मैं यहाँ आया हूँ।"

जब युधिष्ठिर के साथ धृतराष्ट्र द्यूतगृह में पधारे तब वहाँ उपस्थित सभी राजा, आदरणीय व्यक्ति और प्रतिष्ठित नागरिक जो अपने-अपने आसनों पर विराजमान थे, उठ खड़े हुए। धृतराष्ट्र का हाथ थामकर संजय उन्हें सभागृह में ले जा रहे थे। द्यूतगृह की रचना उन्हें समझा रहे थे। द्यूतगृह में अनेक कुशल द्यूतकार द्यूत का अवलोकन करने के लिए एकत्रित हो गए थे। उन सभी का परिचय युधिष्ठिर से करा दिया गया। धृतराष्ट्र महाराज के सिंहासन पर विराजमान होते ही सभी ने पुनः अपने-अपने आसन ग्रहण किए। द्यूतगृह में शांति छा गई। दुर्योधन खड़ा हुआ। उसने कहा, "तात ! आपके आशीर्वाद से यह द्यूतगृह द्यूत के लिए सिद्ध हो गया है। यह अलौकिक द्यूत देखने के लिए आमंत्रित राजा, राजनगरी के प्रतिष्ठित नागरिक और कौरव वीर यहाँ एकत्रित हो गए हैं। राजसूय यज्ञ का आयोजन कर सम्राट् बने हुए युधिष्ठिर महाराज अपने भ्राताओं सहित इस द्यूत में भाग लेने के लिए यहाँ आए हैं। इस द्यूत को आशीर्वाद देने के लिए पितामह भीष्म, महात्मा विदुर, द्रोणाचार्य और कृपाचार्य जैसे श्रेष्ठ भी यहाँ उपस्थित हैं। अब द्यूत के लिए अधीर बने हुए इस सभागृह को कृपया आज्ञा दें।"

धृतराष्ट्र का गंभीर स्वर गूँज उठा।

"बालको ! विद्वानों ने कहा है कि द्यूत कलह का मूल है, मृत्यु का द्वार है, किंतु राजमान्य और धर्ममान्य भी है, इसीलिए मैंने इस द्यूत को सम्मति दी है। अतः स्नेह से और खुले हृदय से यह द्यूत खेलो।"

दुर्योधन ने युधिष्ठिर की ओर देखा। युधिष्ठिर खड़ा हुआ। उसने दुर्योधन से पूछा, "मेरा द्यूत किसके साथ होगा और मेरे द्वारा विजित पण की पूर्ति कौन करेगा यह समझने के पश्चात् ही मैं द्यूतगृह में प्रवेश करूँगा।"

दुर्योधन ने स्पष्ट शब्दों में कहा, "हे भूपते जैसा तुम्हें पहले ही सूचित किया जा चुका है, कि हमारे मातुल, सुबल-पुत्र गांधार देशाधिपति, शकुनि महाराज आपके साथ द्यूत खेलेंगे और द्यूत में जो भी पण आप जीतेंगे उसकी पूर्ति मैं करूँगा। मेरे इस वचन की यह सभा साक्षी है।"

शकुनि अपने आसन से उठे। उन्होंने युधिष्ठिर से कहा, "हे युधिष्ठिर मैं तुम्हारे साथ द्यूत खेलने के लिए तैयार हूँ। द्यूत के लिए सभी सिद्धता हो चुकी है।"

युधिष्ठिर ने एक बार संपूर्ण सभागृह पर दृष्टि घुमाई और फिर कहा, "शकुनि महाराज, सम्राट् ने आरंभ में ही बताया है कि द्यूत पाप का मूल है और द्यूतकर सदैव कपटनीति का अवलंब करते हैं।"

शकुनि हँस पड़े।

"राजा, तुम ज्ञानी हो। इस विश्व में आह्वान ऐसा ही होता है। विद्वान् अविद्वान् को, अस्त्रज्ञ अकृतास्त्र को और बलवान दुर्बल को ऐसा ही आह्वान देता है। तुम्हें यदि मुझसे भय लग रहा तो अभी इसी समय द्यूत से परावृत हो सकते हो।"

युधिष्ठिर ने तुरंत गर्व से अपनी गरदन ऊपर उठाई। अपना उत्तरीय सँभालकर सीढ़ियाँ उतरकर द्यूत-पट की ओर जाते हुए उसने कहा, "मैं द्यूत के लिए तैयार हूँ।"

शकुनि की मुद्रा पर विजय का हर्ष प्रकट हुआ और वे भी पट की ओर जाने लगे।

सभा-स्थान के मध्य रखे हुए द्यूत-पट की ओर सभी का ध्यान लगा हुआ था। जहाँ द्यूत-पट रखा हुआ था वह भूमि उर्णावस्त्र से आच्छादित की गई थी। युधिष्ठिर ने अपना स्थान ग्रहण किया। उसके पार्श्व भाग में भीम, अर्जुन, नकुल और सहदेव चिंताग्रस्त मुद्रा से बैठे। पट की दूसरी ओर शकुनि ने अपना स्थान ग्रहण किया। उन्होंने एक बार सभा स्थान का निरीक्षण किया और फिर युधिष्ठिर की ओर देखकर शांतिपूर्वक अपनी उँगलियों से अँगूठियाँ उतारकर समीप रखे हुए आसन पर रखीं। सभा स्थान के नीचे पट के समीप बैठे विदुर की ओर एक दृष्टि डाली और पट पर रखे पासे हाथ में लिये। घुटने मोड़कर शकुनि ने पासे हाथ में लिये और उन्हें कानों तक ले जाकर फिर उन पासों को वे हाथ में झुनझुनाने लगे। शकुनि की आवाज गूँज उठी, "कहो राजा, क्या दाँव पर लगाते हो ?"

युधिष्ठिर का हाथ गले की ओर गया। उस हाथ को गले के बहुमूल्य हार का स्पर्श हुआ। युधिष्ठिर ने कहा, "यह बहुमूल्य हार मैं दाँव पर लगाता हूँ।"

शकुनि ने पासे झुनझुनाए और पट पर फेंके। सभी की दृष्टि पट पर स्थिर हो गई और शकुनि की आवाज उठी, "राजा, मैंने पण जीता है..."

दुर्योधन के मुख पर विजय की हँसी प्रकट हुई। उसने समीप बैठे कर्ण की ओर देखा। कर्ण की उत्सुकता बढ़ गई थी। मुद्रा पर स्मित प्रकट हुआ था। जैसे किसी पर्वत से शिलाखंड टूटकर गिरते समय अपने साथ पर्वत के अनेक शिलाखंडों को साथ ले जाता है उसी प्रकार गले के हार के पश्चात् दास, दासी, गोधन, ऐश्वर्य के साथ-साथ युधिष्ठिर अपना राज्य भी हार चुका। किंतु उसका पतन वहाँ रुकने वाला नहीं था। सबकुछ हारने के पश्चात् युधिष्ठिर की दृष्टि पीछे बैठे हुए अपने भ्राताओं की ओर गई और एक-एक करके पण पर लगाए गए नकुल, सहदेव भी जीते गए। अब दाँव पर क्या लगाना यह युधिष्ठिर को नहीं सूझ रहा था। शकुनि ने कहा, "राजा, रुक क्यों गए ? विमातृज भ्राताओं को तो तुमने दाँव पर लगा दिया किंतु भीम और अर्जुन को सुरक्षित रखा। क्या यही तुम्हारा धर्म है ?"

उन शब्दों से युधिष्ठिर संतप्त हो गया और फिर भीम और अर्जुन को भी उसने दाँव पर लगा दिया। उन्हें जीतने पर शकुनि ने कहा, "राजा, तुम सर्वस्व हार चुके हो।"

"नहीं, मैं सर्वस्व नहीं हार चुका हूँ। अभी तक मैं यहाँ उपस्थित हूँ अब मैं स्वयं को दाँव पर लगाता हूँ। मेरे पूर्व पुण्य के फलस्वरूप द्यूत में खोया हुआ सर्वस्व मैं पुनः प्राप्त करूँगा।"

किंतु वह युधिष्ठिर का भ्रम ही ठहरा। द्यूत के पासे युधिष्ठिर के विरुद्ध पड़े थे। उसे देखकर सभा में एक ही हलचल पैदा हो गई। सभागृह में अनगिनत वातायन होते हुए भी सभी उपस्थितों का दम घुटने लगा। युधिष्ठिर हतोत्साह होकर उन पासों की ओर देख रहा था। "राजा !" शकुनि ने कहा, "तुम्हारे पास अपना और धन होतं हुए भी उसे सुरक्षित रख अपने आपको दाँव पर लगाना उचित नहीं है। वह पाप है..."

"मेरा सभी धन लुट गया ऽ ऽ अब कुछ भी नहीं बचा..."

"क्यों ? अभी भी तुम्हारी प्रिय भार्या तो अवशिष्ट है न ? क्या पांचाली तुम्हारा धन नहीं ?" सभी की श्वास जैसे रुक गई। वृथा प्रतिष्ठा और ईर्ष्या के दबाव में आया हुआ युधिष्ठिर उसे श्रवण कर आगे बढ़ा, रुक्ष स्वर में उसने पूछा, "पांचाली...?"

"हाँ, वह अब तक शेष है। यदि तुम उसे दाँव पर लगाओगे और जीत जाओगे तो तुम्हें हमारे दास्य से मुक्ति मिलेगी। यदि हमने पण जीता तो द्रौपदी हमारी दासी हो जाएगी। मंजूर ?"

सुध-बुध खोए हुए युधिष्ठिर ने कहा, "हाँ, मंजूर। सुनो शकुनि, जिसके नेत्र शरद् ऋतु के कमल दल के समान हैं, जिसके शरीर से शरत्कालीन कमल-पुष्प की सुगंध आती है, जिसके मेघवर्णी घुँघराले कुंतल विपुल और सुदीर्घ हैं, जिसका मध्यभाग यज्ञवेदी की तरह सुडौल है और जिसके शरीर पर विरल केश हैं ऐसी बुद्धिमती, कलंकविधुरा, सर्वांगसुंदर द्रौपदी को दाँव पर लगाकर अब मैं तुमसे द्यूत खेलूँगा।"

युधिष्ठिर के उन शब्दों से समस्त सभा को उससे घृणा उत्पन्न हो गई। सभा के संकेत का उल्लंघन कर सभा में 'धिक्कार-धिक्कार' ऐसे शब्द उठने लगे। भीष्म, द्रोण, कृप इनके ललाटों पर स्वेदबिंदु चमकने लगे। विदुर दोनों हाथों से मस्तक थामकर बैठे रहे। अचेतन होने के कारण उनके नेत्रों में अश्रु भी थम-से गए थे। शकुनि ने अपने हाथ ऊपर उठाए और एक अजीब-सा सन्नाटा छा गया। दुर्योधन उठ खड़ा हुआ था। प्रलय के लिए उत्सुक पासे शकुनि की उँगलियों के बीच 'करकर' की ध्वनि उत्पन्न कर रहे थे...

प्रकरण-21

फिसलते पासे द्यूत-पट पर जाकर स्थिर हो गए। निराश पांडवों के साथ-साथ शकुनि की आसक्त दृष्टि भी पासों पर स्थिर हो गई। शकुनि के कृतहस्तों की ही विजय हुई थी। दाँव कौरवों के पक्ष में ही पड़ा था। पांडव पांचाली हार गए थे। राजसभा में छाया हुआ सन्नाटा सहन न होकर अंधे धृतराष्ट्र ने अधीर होकर समीप बैठे संजय से पूछा, "कौन विजयी हुआ ?"

संजय को उत्तर देने की आवश्यकता नहीं पड़ी। उच्छ्वास के साथ युधिष्ठिर के क्षीण शब्द सुनाई दिए, "मैं पराभूत हो गया। मैं पराभूत हो गया।"

"जीत लिया। जीत लिया।" चीखते हुए उन्मादित शकुनि ने द्यूत का पट तितर-बितर कर दिया। कौरव सभा में अतीव हर्ष प्रकट हुआ। 'पांडव द्रौपदी हार गए।' यही शब्द संपूर्ण सभागृह में गूँज रहे थे। द्रौपदी दासी हो गई।

अंबर से चंद्रमा धरती पर उतरा। सूर्य की किरणों से अँधेरा छा गया। अग्नि ने जलधारा में स्नान किया। अमृत को सुरा की ग्लानि आई। वायु अचल बन गया। वज्र की एकतारी हो गई। द्रौपदी कौरवों की दासी हुई। खोने के लिए पांडवों के पास और पाने के लिए कौरवों के लिए कुछ भी शेष नहीं रहा। प्रमुदित राज्य सभा की ओर संतोष से देखते हुए शकुनि खड़े रहे। वृद्धत्व तथा हर्ष से उनकी गरदन हिल रही थी। जिसके कारण शिरोभूषण में जड़े रत्न और भी चमक रहे थे। बाईं कलाई पर लपेटकर नीचे छोड़े हुए पीतवर्ण दुशाले के छोर से शकुनि हवा ले रहे थे। वह लंबी, पतली, गौरवर्ण आकृति अपने भेदक कंजे नेत्रों से पराजित पांडवों की दयनीय स्थिति को निहार रही थी। मंच पर रखी अपनी अँगूठियाँ उन्होंने उठाईं। शांतिपूर्वक पूर्ववत् उन्हें उँगलियों में डाला और पांडवों की ओर अंगुली निर्देश कर क्षण भर वे वैसे ही खड़े रहे। उस कृति से सभा में सन्नाटा छा गया। कुछ क्षण बाद शकुनि की आवाज सभा में निनादित हो उठी, "हे कौरव श्रेष्ठो ! द्यूत में ऐश्वर्य के साथ-साथ राज्य भी खोकर पहले ही एक वस्त्र बने हुए पांडव द्रौपदी को पण में हारकर अब अर्धवस्त्र बन चुके हैं। इस दाँव से द्रौपदी कौरवों की दासी हो चुकी है। इस क्षण के पश्चात् द्रौपदी के भाग्य के पासे अब केवल कौरवों की अभिलाषा पर निर्भर हैं।"

दुर्योधन के समीप बैठा कर्ण शांतिपूर्वक सभी का अवलोकन कर रहा था। दुर्योधन के हाथ का स्पर्श होते ही कर्ण ने उसकी ओर देखा। दुर्योधन के मुख पर संतोष था। उसी समय विदुर खड़े हुए। दुर्योधन का संतोष नष्ट हुआ। माथे पर सूक्ष्म शिकन आई।

संपूर्ण सभा का ध्यान विदुर की ओर आकर्षित हुआ। कौरव सभा में विदुर स्पष्टवक्ता के रूप में विख्यात थे। उनकी पांडव प्रीति और श्रीकृष्ण स्नेह सभी को

ज्ञात था। अतः वे क्या कहते हैं इसके लिए सभी उत्सुक हो उठे। विदुर की शांत दृष्टि शकुनि की ओर मुड़ी—"शकुनि महाराज आज आपने अपनी द्यूत कुशलता से पांडवों को जीत लिया है। द्यूत में अतिदेवी अर्थात् मर्यादा का उल्लंघन करके खेलने वाले और कृतहस्त अर्थात् अपनी अभिलाषा के अनुसार पासे फेंकने में निपुण ऐसी आपकी ख्याति है जिसे आज के अपूर्व द्यूत-पट पर आपने सिद्ध कर दिखाया है। वैसे भी आप कृतहस्त हैं। आपके सामने आज पांडवों का राज्य और ऐश्वर्य भी लुप्त हो गया। अतिदेवी ख्याति सिद्ध करने के लिए ही कदाचित् आपने द्यूतप्रिय युधिष्ठिर को द्रौपदी को पण पर लगाने का दुःसाहस करने के लिए उद्यत किया। किंतु द्यूत केवल मनोरंजन के लिए ही होना चाहिए। भंजन के लिए, आत्मघात के लिए नहीं। व्यापार में आप निपुण हैं ऐसी भी आपकी ख्याति है। इस विश्व में, जरी वसनों का, महीन वस्त्रों का, नेत्र दीपक रत्नों का व्यापार होता है। मत्त गजों, सुलक्षणी अश्वों, सुंदर और अल्प रोंएवालें ऊँटों का व्यवहार और विक्रय होता है। उसकी परख करने वाले आप जैसे जानकार विरल ही होते हैं। किंतु जिस प्रकार यह विक्रय होता है उस प्रकार द्यूत के पासों पर मनुष्य का व्यापार नहीं होता, अतः द्यूत में दास बने पांडव दास नहीं हो सकते। वे स्वपराक्रम से राजसूय यज्ञ करने वाले वीर हैं। इसे अनदेखा नहीं किया जा सकता। द्रौपदी चाहे दासी बन चुकी हो, किंतु वह एक स्त्री है। इस तथ्य को यह राजसभा और सभा में बैठे धर्मगुरु भूल नहीं सकते। जिस मर्यादा का उल्लंघन आपने किया उसका उल्लंघन हम नहीं कर सकते। वह अमर्यादा होगी।" कर्ण की ओर देखकर विदुर ने कहा, "इस विश्व में राज्य देकर कोई राजा नहीं बनता, न राज्य हारकर कोई दास। द्रौपदी जन्मजात राजपुत्री है और वह इंद्रप्रस्थ की महारानी है।" मर्माघात हुआ कर्ण उस अंतिम वाक्य से अधिक ही क्रोधित हुआ। आसन से तड़ाक से उठकर वह गरज पड़ा।

"कौन महारानी ? द्रौपदी ? फिर राजमाता गांधारी कौन ? प्रतीत होता है कौरवकुल के अमात्य पद को विभूषित करने वाले विदुर को सम्राट् धृतराष्ट्र महाराज का विस्मरण हो गया है। अन्यथा इस कौरव सभा में सम्राट् की उपस्थिति में पांडवों के सम्राट् पद का उच्चार करने की धृष्टता आप नहीं करते। राजनीति और धर्मनीति को द्यूत मान्य है। उधार लिया हुआ राज्य पांडवों ने खो दिया है। जहाँ वे राजा ही नहीं रहे वहाँ रानी किसकी ?"

कर्ण को समर्थन देने के लिए दुर्योधन आगे बढ़ा।

"कर्ण, दास का पक्ष दासी-पुत्र ही ले सकता है। इसमें क्या आश्चर्य ? विदुर संपूर्णतः पांडवों के पक्षपाती हैं। वे हमारे पक्ष में कैसे बोलेंगे ?"

दुर्योधन का क्रोध देखकर विदुर एक क्षण स्तब्ध हो गए। समर्थन का प्रयास करते हुए उन्होंने कहा, "युवराज ! आपका क्रोध मैं समझ सकता हूँ। जिस कुल के अन्न पर मेरा पोषण हुआ उस कुल का अपमान मैं कैसे कर सकता हूँ ? उलटे क्रोध के आवेश में इस कुल पर कलंक न लगे इसीलिए मेरे सारे परिश्रम हैं। पांडव

अपने गृह आमंत्रित हैं। अपने अभ्यागतों का सत्कार...सम्मान...''

''सम्मान ? और इन पांडवों का ?'' दुर्योधन उछल पड़ा। इस द्यूत ने उनका उचित सम्मान ही किया है। अपने गृह आए हुए अभ्यागत के साथ कैसा व्यवहार किया जाए यह उन्होंने ही तो मुझे सिखाया है। राजसूय यज्ञ के उपलक्ष्य में बनाई गई मयसभा का उपभोग हमारे जितना किसने लिया था ? तब हमारा अपमान करते समय अभ्यागतों का विचार इनके हृदय में नहीं आया ? विदुर चाचा, इतना ध्यान में रखिए कि पांडव यहाँ आमंत्रित अवश्य हैं, किंतु वे हमारे आतिथ्य के लिए नहीं, बल्कि द्यूत के लिए। आप ही के द्वारा दिया गया द्यूत का निमंत्रण स्वीकार कर वे यहाँ आए हुए हैं। शकुनि अक्ष विद्या में निपुण हैं यह बात आपने ही उनसे कही थी न। ज्वालाओं से बचने के लिए सुरंग खोदे जा सकते हैं, पानी पर तैरने के लिए नाव खड़ी की जा सकती है, किंतु अब आपने यह अच्छी तरह समझ लिया होगा कि भाग्य से बचने के लिए कुछ नहीं किया जा सकता। विदुर चाचा, पांडवों की दुर्गति के लिए आप ही उत्तरदायी हैं। अब अधूरा रह गया कार्य आप ही पूरा कर दीजिए। तुरंत अंतःपुर में जाइए और अभी-अभी जिसके असामान्य सौंदर्य का वर्णन स्वयं युधिष्ठिर ने किया, उस पांचाली को इस राजसभा में ले आइए। इस कार्य के लिए आप ही सबसे अधिक योग्य हैं।''

दुर्योधन की वह आज्ञा श्रवण कर विदुर के चरणों का बल ही नष्ट हो गया। वे अपने आसन से गिर पड़े। उनकी यह अवस्था देखकर दुर्योधन की मुद्रा पर हास्य प्रकट हुआ। दुर्योधन ने अपने पुत्र प्रतिकर्मा को आज्ञा दी, ''प्रतिकर्मा, इस कायर के हाथों यह कार्य नहीं होगा। ये विदुर निरंतर हमारी निंदा और पांडवों की स्तुति करते आए हैं। एक बार कौरवों की सत्ता का दर्शन उन्हें खुले नेत्रों से करने दो। तुम सीधे अंतःपुर में जाओ और हमारी दासी को हमारी सेवा के लिए यहाँ ले आओ।''

दुर्योधन की आज्ञा पालन के लिए प्रतिकर्मा चला गया। दुर्योधन की उस आज्ञा से सभा में खुसुर-फुसुर होने लगी। भीष्म, द्रोण और कृप को अपने आपको सँभालना कष्टप्रद हो गया। कुछ समय पश्चात् प्रतिकर्मा अकेला ही राजसभा में उपस्थित हो गया। दुर्योधन ने पूछा, ''प्रतिकर्मा, पांचाली कहाँ है ?''

प्रतिकर्मा ने कहा, ''महाराज, द्रौपदी इस सभा में आने की स्थिति में नहीं है।''

''कारण ?''

''वह एकवस्त्रा...रजस्वला है। जब मैंने आपकी आज्ञा सुनाई तब उस राजपुत्री ने मुझे ही एक प्रश्न पूछने के लिए कहा।''

''कौन सा प्रश्न ?'' अनभिज्ञता से दुर्योधन ने पूछा।

युधिष्ठिर के समीप जाकर प्रतिकर्मा ने कहा, ''राजा युधिष्ठिर, द्रौपदी ने आपसे ही प्रश्न पूछा है। प्रश्न यह है कि द्यूत में स्वयं को हारने के पश्चात् आपने

द्रौपदी को दाँव पर लगाया या उसके पहले ?"

द्रौपदी का प्रश्न श्रवण कर युधिष्ठिर निश्चेष्ट और संवेदनाहीन बन गया। अधीर होकर दुर्योधन ने कहा, "हे पुत्र ! तुम उससे क्या पूछ रहे हो ? ऐसे ही लौट जाओ और उस द्रौपदी को यहाँ ले आओ। उसे जो भी प्रश्न पूछने हो, सभा में आकर पूछे। उस संभाषण को श्रवण कर हमारा भी मनोरंजन होगा।"

प्रतिकर्मा उस कठोर कर्म करने से बचना चाहता था। उसने सोचा कि युधिष्ठिर कुछ कहेगा, सभा कुछ निर्णय करेगी। सतर्क हो गए युधिष्ठिर ने प्रतिकर्मा की ओर देखा और समीप खड़े अपने दूत से कहा, "हे दूत, तुम ही द्रौपदी के पास जाकर मेरा संदेश पहुँचा दो कि प्रश्न पूछकर संकटहरण होने का यह समय नहीं है। उससे कहो कि क्यों न तुम एकवस्त्रा हो, रजस्वला हो, फिर भी इस राजसभा में उपस्थित हो जाओ। तुम जैसी राजपुत्री को राजसभा में ऐसी रक्तलांच्छित स्थिति में देखकर कदाचित् इन कौरवों के हृदय में हमारे प्रति अनुकंपा उत्पन्न होगी।"

पति कहलवाने वाले युधिष्ठिर का यह भाषण श्रवण कर कौरव-सभा में बैठे भीष्म, द्रोण और कृपाचार्य हताश हो गए। कर्ण को युधिष्ठिर से घृणा उत्पन्न हुई। उत्साहित हुए दुर्योधन ने दुःशासन को आज्ञा दी, "दुःशासन, खड़े क्यों हो ? अंतःपुर में जाओ और उस दासी को यहाँ ले आओ। यदि सीधी तरह वह न आए तो घसीटकर उसे यहाँ ले आओ। किंतु अकेले वापस मत लौटो।"

दुःशासन आसन से उठा और भ्राता की आज्ञा पालन करने के लिए सभागृह से बाहर चला गया। द्रौपदी को राजसभा में लाया जाएगा इस कल्पना से समस्त सभा भयग्रस्त हो गई। सभी के हृदय में आसुरी उत्सुकता उत्पन्न हो गई। सभा गृह के बाहर हुई छटपट की आवाज से सभी का ध्यान प्रवेशद्वार की ओर गया और कुछ ही क्षणों में द्रौपदी के केशों को पकड़कर सभागृह में प्रवेश करने वाले दुःशासन की ओर सभी का ध्यान आकृष्ट हो गया। द्रौपदी के शब्द कानों से टकराए, "छोड़ो पापी, छोड़ो मुझे... "

कुएँ से जैसे जल रहट द्वारा खींचकर खेतों में छोड़ दिया जाता है उस प्रकार दुःशासन द्रौपदी को खींचकर राजसभा में लाया और फिर एक ही झटके से उसने उसे सभा स्थान के सामने लाकर गिरा दिया। राजसभा के सामने द्रौपदी ध्वस्त हो गई थी। उसके नीलवर्ण, घुँघराले कुंतल उर्णवस्त्र पर बिखर गए थे। गिरी हुई द्रौपदी की ओर संकेत करके दुःशासन ने कहा, "कौरव दासी राजसभा में उपस्थित हो गई है।" दुःशासन के वे शब्द द्रौपदी के कानों से टकराए। वह सतर्क हो गई। निश्चयपूर्वक उसने अपनी गरदन ऊपर उठाई। एक हाथ से केशों को सहेजकर दूसरे हाथ से अधूरे वस्त्र सँभालकर लज्जा ढकने का प्रयास करते हुए वह खड़ी रही। कौरव सभा पर उसकी दृष्टि घूम रही थी। उसकी घायल दृष्टि क्षण भर के लिए दीन होकर बैठे अपने पतियों पर स्थिर हो गई। उनके दर्शन से उसकी असहायता नष्ट हो गई। उसके नेत्रों में अंगार प्रकट हुआ। रक्तलांच्छित, अर्धवस्त्र अवस्था का

भी भान उसे नहीं रहा। राजसभा में बैठे भीष्माचार्य की ओर देखकर उसके मुख से शब्द निकले, "पितामह, आप तो मुझे न्याय दीजिए। जिसे द्यूत का कोई ज्ञान नहीं ऐसे मेरे पति को अक्ष विद्या में निपुण व्यक्ति आह्वान देता है और उसका सर्वस्व हरण करता है। क्या यह योग्य है ?"

दुर्योधन खड़ा था। वह गरज पड़ा, "इसका उत्तर पितामह को देने की कोई आवश्यकता नहीं है। मेरा दास बना हुआ युधिष्ठिर ही इसका उत्तर देगा। दास्य आने पर भी अभी तक उसकी धर्मबुद्धि अवश्य जीवित होगी।"

समस्त लोग युधिष्ठिर की ओर देखने लगे। उसने अपनी गरदन ऊपर उठाई और शांतिपूर्वक कहा, "पांचाली, ये जो कह रहे हैं वह सत्य है। द्यूत में मैंने अपने हाथों अपना सर्वस्व गँवा दिया है।"

पति-वचन श्रवण कर द्रौपदी का वह आधार भी छूट गया। फिर भी निराश न होकर उसने धृष्टतापूर्वक भीष्म से पूछा, "पितामह ! इस सभा में बलपूर्वक मुझे लाने के पूर्व मैंने जो प्रश्न पूछा था वह इसीलिए, सर्वस्व हारकर, स्वयं को दाँव पर लगाकर जो स्वयं दास बन गया है उसे उसके पश्चात् पत्नी को दाँव पर लगाने का क्या अधिकार है ? पितामह ! अब मेरे पराक्रमी पति निर्बल और निःसत्व बन बैठे हैं। ऐसी इस अनार्य-सभा में आप ही मेरे त्राता हैं। इस पण से मैं हारी जा चुकी हूँ या नहीं, इसका निर्णय आप ही कीजिए।"

जिन्होंने जीवन में त्याग और पराक्रम के अतिरिक्त और किसी का विचार ही नहीं किया था, पितृ-वचन के लिए जिन्होंने अपने जीवन की सारी महत्त्वाकांक्षाओं पर बंधन डाले, जिन्हें जीवन में स्वार्थ ने कभी छुआ तक नहीं, ऐसे भीष्माचार्य को द्रौपदी का प्रश्न धर्मसंकट के समान प्रतीत हुआ। समस्त लोग भीष्माचार्य की ओर देख रहे थे। भीष्म आसन से उठे। हृदय के सारे आवेगों को संयमित कहा, "हे सुभगे ! तुम्हारा प्रश्न बड़ा गहन है। लोग समझते हैं कि समर्थ पुरुष जिसे धर्म कहता है, वही सच्चा धर्म है। मैं भी उसी धर्म से बद्ध हूँ। हृदय में ऐसी अभिलाषा होकर भी मैं तुम्हें अनुकूल उत्तर नहीं दे सकता इसका मुझे असीम दुःख है। तुम्हारा यह वचन सत्य है कि हारने के बाद दूसरे को दाँव पर लगाने का अधिकार नहीं रहता। किंतु पांचाली, तुम धर्म से पांडवों की अर्धांगी हो अर्थात् पांडव जब हारे तब तुम भी हार गई हो। दास की भार्या दासी होती है और युधिष्ठिर स्वमुख से ही अपनी पराजय स्वीकार कर रहा है। अर्थात् उसने अपना दास्य मान लिया है, अतः अपने प्रश्न का उत्तर तुम स्वयं ही ढूँढ़ लो। उसका निर्णय करने में मैं असमर्थ हूँ।"

द्रौपदी को ऐसा प्रतीत हुआ कि जैसे घनघोर मेघों से सूर्य आच्छादित हो गया हो। भीष्म के उत्तर से दुर्योधन, कर्ण प्रसन्न हुए। विदुर-विकर्ण जैसे सज्जनों ने द्रौपदी का पक्ष लिया, किंतु भीष्म-निर्णय के कारण उनका समर्थन कौरव-सभा में व्यर्थ सिद्ध हुआ। पांचाली की अवस्था उस नाव की तरह हो गई जो भरे समुद्र में तूफान में फँस गई हो और भाग्य की गति की लहरों पर लक्ष्यहीन बनकर झोंका खाने लगी

हो। भीष्म के आसनस्थ होते ही दुर्योधन खड़ा हुआ। उसने द्रौपदी से कहा, "द्रौपदी, अब मेरे बिना तुम्हारा कोई त्राता नहीं। यदि तुम कहो कि यह युधिष्ठिर तुम्हारा स्वामी नहीं तो मैं अभी तुम्हें दास्य से मुक्त करता हूँ। इस युधिष्ठिर के द्यूतकर्म को असत्य कहो, मैं तुम्हें संकट से अवश्य बचाऊँगा।"

इन शब्दों को उच्चारने का बल द्रौपदी में नहीं था। उसकी गरदन झुक गई। दुर्योधन की विजयी हँसी सभागृह में निनादित हुई। आरंभ से ही विदुर के साथ द्रौपदी का पक्ष लेने वाले विकर्ण को आने वाले संकट की अनुभूति हुई। निश्चयपूर्वक वह खड़ा हुआ।

"हे नरेंद्रो ! धर्म को जैसा झुका दिया जाए वैसा ही वह झुकता है। राजसभा में स्त्री को लाना ही अधर्म है। कपट से जीते हुए द्यूत में साध्वी स्त्री से छल किया जाए, इसके जैसा घोर पातक नहीं है। यह पांचाली द्रुपद-कन्या है। मेरा स्पष्ट मत है कि द्रौपदी नहीं जीती गई है।"

विकर्ण का भाषण समाप्त होते ही कर्ण उठा। अपनी सुंदर भुजाएँ पसारकर उसने कहा, "विकर्ण ! तुम अभी इतने बड़े नहीं हुए हो कि धर्म और नीति का निर्णय कर सको। तुम्हें यह ज्ञात नहीं कि बल के आधार पर ही राजनीति अपने निर्णय देती है। द्रौपदी तुम्हें पतिव्रता लगती है यह तुम्हारा कितना अज्ञान है ? भगवान् ने स्त्री के लिए एक ही पति नियत किया हुआ है। अनेक पुरुषों को भोग देने वाली यह कैसी पतिव्रता ? यह दुराचरणी, एकवस्त्रा ही क्या, विवस्त्रा भी होगी तो उसमें क्या अंतर पड़ता है ? हे विकर्ण, यह द्यूतसभा है, धर्मसभा नहीं।" द्रौपदी की ओर देखते हुए कर्ण ने कहा, "हे याज्ञसेनी अब तुम हमारी दासी बन चुकी हो। धर्म का आश्रय ढूँढ़ने की अपेक्षा जिसकी दासी बन चुकी हो उस दुर्योधन महाराज के अंतःपुर में जाकर अपनी सेवा से उन्हें प्रसन्न करो। इसी में तुम्हारा हित है। वही तुम्हारा धर्म है।"

"मेरा धर्म ?" युधिष्ठिर की ओर देखकर द्रौपदी ने कहा, "मेरे धर्म का कुछ स्थान ही नहीं रहा।"

"द्रौपदी, तुम्हारा स्थान अब यहाँ है, देखो।" कहते हुए दुर्योधन ने कदली स्तंभ की तरह सभी लक्षणों से युक्त, वज्र की तरह दृढ़ ऐसी अपनी जंघा खुली करके द्रौपदी को दिखाई।

सारी भूमि सूर्य-दाह में झुलस रही थी। आकाश को भेदकर जैसे मेघनाद उठता है उस प्रकार भीम की गर्जना से सभागृह गूँज उठा, "नरेंद्रो ! मेरी प्रतिज्ञा सुनो। जिस दुःशासन ने द्रौपदी के केशों को स्पर्श किया उस दुःशासन का वक्षस्थल नखाग्रों से चीरकर मैं उसका रक्तप्राशन करूँगा और भरी सभा में उन्मत्त होकर खुली जंघा दिखाने वाले दुर्योधन की जंघा मैं अपनी गदा से छिन्न-विच्छिन करूँगा तभी मेरी प्रतिज्ञा पूरी होगी।" भीम की उस घोर प्रतिज्ञा से समस्त सभा काँप उठी।

दुर्योधन के अपमान से कर्ण क्रोधित हो उठा, किंतु उसे रोककर दुर्योधन ने

स्पष्ट शब्दों में कहा, "प्रतिज्ञा ? क्या मेरे दास मेरी ही सभा में मेरी ही पराजय की प्रतिज्ञा करते हैं ? अभी तक इन दासों ने राजभूषण और राजवस्त्र पहने हुए हैं न ! इसीलिए उन्हें अपनी सत्य परिस्थिति की अनुभूति नहीं हो रही है। हे वृकोदर, तुम मेरे दास हो। हे दास, स्वामी की खुली जंघा का दर्शन यदि दासी को होता है तो वह उसका सम्मान ही समझना चाहिए, किंतु दास को उस ओर ध्यान तक नहीं देना चाहिए। उससे यदि यह प्रमाद हुआ भी तो उसका परिणाम क्या होता है यह अभी तुम्हें ज्ञात होगा।" दुर्योधन का स्वर ऊँचा हो गया। पांडवों की ओर संकेत करके वह चीखा, "सेवको, देख क्या रहे हो ? इन उन्मत्त दासों के राजभूषण और वस्त्र उतार दो।"

उसकी यह आज्ञा श्रवण कर समस्त सभा जैसे सिकुड़ गई। सेवकों को आगे बढ़ते देखकर युधिष्ठिर ने स्वयं ही अपने राजभूषण और वस्त्र उतार दिए। अन्य पांडवों ने भी उसका अनुसरण किया। पतियों की वह दयनीय अवस्था देखकर द्रौपदी ने अपने नेत्र बंद कर लिये। द्रौपदी की उस कृति से कर्ण का ध्यान उसकी ओर आकर्षित हुआ। उसने दुःशासन को आज्ञा दी, "दुःशासन ! ये दास जिस तरह निर्वस्त्र हुए हैं उसी तरह इस पांचाली को भी निर्वस्त्र करो। राजहंसनी कैसी होती है यह आज इस सूत-पुत्र को देखना ही है। सामान्य स्त्री से राजस्त्री कितनी अलग होती है यह देखने के लिए मैं उत्सुक हूँ। देख क्या रहे हो ? उस एकवस्त्रा को निर्वस्त्र करो।" पहले ही चेतना शून्य बने हुए भीष्म और विदुर उन शब्दों से चौंककर सतर्क हो गए। भयचकित द्रौपदी के नेत्र विस्फारित हो गए। आगे बढ़ने वाले दुःशासन को देखकर भयव्याकुल द्रौपदी पीछे हटने लगी। दुःशासन आगे बढ़ ही रहा था कि संताप से थर-थर काँपने वाले भीष्म खड़े हुए, "ठहरो दुःशासन, आगे मत बढ़ो।"

सभागृह में गहरा सन्नाटा छा गया। भीष्माचार्य की तेजपुंज मूर्ति अतिदाह से शुभ्र पड़ने वाले लोहे की तरह निस्तेज हो गई थी। अग्निस्फुल्लिंग की वर्षा की तरह उनके शब्द कौरव-सभा पर बरसने लगे, "धिक्कार है इस सभा पर। यहाँ के सज्जन, पराक्रमी कहलाने वाले नरेंद्रों पर। क्या इस राजसभा का पुरुषत्व नष्ट हो गया है ? यह राजसभा है या साक्षात् अधर्मसभा ? राजनीति का एक भाग समझकर मैं इतने समय तक मौन रहा। किंतु तुम्हारी अधोगति की तो सीमा ही नहीं है। सूतकुल में जन्म और हीनवृत्ति धारण करने वाले पुरुष पर मैं दोष नहीं लगा सकता, परंतु उसके विचार से इस अघोरी कृत्य के लिए उद्दीप्त हुए लोगों का विवेक कहाँ चला गया है ? यह इस सभा की अमर्यादा है। जब तक यह भीष्म यहाँ खड़ा है, अबला को निर्वस्त्र करने की धृष्टता कोई भी नहीं कर सकता। दुःशासन पीछे हट जाओ। यह मेरी आज्ञा है।"

दुःशासन वहीं खड़ा रहा। उसने आशा से दुर्योधन की ओर देखा। दुर्योधन ने अपने आपको सँभाला। क्रोध पर नियंत्रण कर उसने पूछा, "पितामह, यह आज्ञा

आप किस बल पर दे रहे हैं ?''

"क्या पूछ रहे हो ?'' चकित होकर भीष्म ने पूछा।

"यह आज्ञा आप किस बल पर दे रहे हैं ?'' शांत स्वर में दुर्योधन ने फिर से पूछा।

"तुम मेरे बल के संबंध में पूछ रहे हो ?'' भीष्म क्रोध पर नियंत्रण नहीं पा सके। "कहाँ से आया यह बल ? मूर्ख, तुम मुझे जिस नाम से संबोधित करते हो वही मेरा बल है। मैं भीष्म पितामह हूँ। इस राज्य का वास्तविक उत्तराधिकारी। मेरे त्याग के कारण ही तुम इस राज्य का उपभोग ले रहे हो। और तुम मुझे आह्वान कर रहे हो ? हे दुर्योधन, दुष्ट संगति के कारण तुम अधोगति की चरम सीमा पर खड़े हो। उससे अधिक न फिसलो।''

अपने प्रहार से तेजोभंग होगा इस कल्पना से देखने वाले भीष्माचार्य को दुर्योधन के मुख पर प्रकट हुआ हास्य देखकर आश्चर्य हुआ। अपना स्वर स्थिर रखने का प्रयास करते हुए दुर्योधन ने कहा, "पितामह ! अपने दातृत्व का उल्लेख स्वयं करके आप स्वयं ही अपनी गरिमा भूल गए हैं। क्रोध के अधीन होकर और न फिसलिए। यह कहने का प्रसंग मुझ पर आया यह मेरा दुर्भाग्य।''

दुर्योधन के प्रत्याघात से भीष्म सुन्न हो गए। हिमशिखरों पर पड़े तप्त किरणों के कारण फिसलने वाले हिमखंड जैसी अवस्था उस कुरुश्रेष्ठ की हुई। आवेश नष्ट हो गया। तेज समाप्त हो गया। अंगांग काँपने लगा। दुर्योधन ने मर्माघात किया था।

"युवराज ! कटु क्यों न हो, किंतु तुमने सत्य ही कहा है। समय पर सावधान भी किया है। इस भीष्म के भाग्य में अब सीढ़ियाँ उतरने के अतिरिक्त और कोई मार्ग शेष नहीं रहा है।''

भीष्माचार्य ने अपने खड़ाऊँ चरणों में डाले और राजसभा की सीढ़ियाँ उतरकर वे जाने लगे। उन्हें रोकने का सामर्थ्य विदुर में भी नहीं रहा। बिलौर की भूमि से खड़ाऊँ की ध्वनि उठ रही थी। दूर जा रही ध्वनि से द्रौपदी का शेष आधार भी नष्ट हो गया। दुर्योधन के हृदय का तनाव नष्ट हो गया। उसने दुःशासन को संकेत किया।

समस्त सभा स्तब्ध थी। दुःशासन आत्मविश्वास से आगे बढ़ा और उसने द्रौपदी के आँचल को छुआ। कर्ण के शरीर में कँपकँपी छूटी। गला शुष्क पड़ गया। जिसकी अभिलाषा कर्ण कर रहा था उसे देखने का धैर्य उसमें नहीं रहा।

अनभिज्ञता से उसने अपने नेत्र बंद किए।

प्रकरण-22

द्रौपदी के वस्त्र को दुःशासन ने स्पर्श किया और सभागृह में गहरा सन्नाटा छा गया। साँसें अवरुद्ध हो गईं। किंतु वह भयानक सन्नाटा वैसे ही टिका रहा। नग्न होने के भय से अपने अपर्याप्त वस्त्र को गले लगाकर खड़ी द्रौपदी को उस सन्नाटे की अनुभूति हुई। नए संकट के भय से उसने नेत्र खोले। उसकी दृष्टि महाद्वार की ओर गई। संपूर्ण सभा की दृष्टि महाद्वार की ओर लगी हुई थी। दुःशासन के हाथ से आँचल छूट गया था। जिस ओर सभी का ध्यान लगा हुआ था उस ओर द्रौपदी का भी ध्यान आकर्षित हुआ।

सभागृह के द्वार पर श्रीकृष्ण खड़े थे।

द्रौपदी को अपने नेत्रों पर विश्वास नहीं हो रहा था। उसकी दृष्टि श्रीकृष्ण पर जड़ी हुई थी। श्रीकृष्ण धीमे चरणों से सभागृह में आ रहे थे। रेशमी पीतांबर, शरीर पर रेशमी उत्तरीय और मस्तक पर सुवर्णकिरीट। श्रीकृष्ण का रूप वही था। वही गरदन पर लहराते हुए कुंतल। वही विशाल नेत्र। उस साँवले रूप में त्रुटि थी केवल होंठों पर नित्य बिराजने वाले स्मित हास्य की। नेत्रों में प्रशांत भाव प्रकट हुआ था लहरोंहीन समुद्र के जैसा। श्रीकृष्ण को देखते ही द्रौपदी के हृदय के सारे बंध टूट गए। आगे बढ़ते हुए श्रीकृष्ण की ओर वह दौड़ पड़ी और देखते-ही-देखते श्रीकृष्ण के आलिंगन में बद्ध हो गई। पीठ पर घूमने वाले श्रीकृष्ण के हाथ उसे अभय दे रहे थे। उन हाथों के विश्वास से द्रौपदी सँभल गई। अश्रु पोंछकर उसने श्रीकृष्ण से कहा, "हे, मधुसूदन, क्यों आए हो यहाँ ? साक्षात् पुरुषार्थ की ख्याति पाने वाले मेरे पति भीम और अर्जुन ! इनकी अवस्था देखो। धर्मबुद्धि युधिष्ठिर की द्यूत-लंपटता देखो। द्यूत में मेरे पति ने ऐश्वर्य, राज्य और स्वयं को गँवाया इसका मुझे दुःख नहीं है, किंतु अपनी पत्नी को दाँव पर लगाकर पुरुषार्थ को गँवाया, इसका मुझे अतीव दुःख है। और जिनसे अभय की अपेक्षा थी वही लोग वस्त्रहरण देखने के लिए उत्सुक हो गए हैं। उनमें से न किसी धर्मज्ञ को मेरे स्त्रीत्व की अनुभूति हुई, न किसी वीर को मेरी अनुकंपनीय स्थिति पर लज्जा आई। यह सबकुछ जब हो रहा था तब एक ही बात का संतोष था कि यह अप्रतिष्ठा देखने के लिए तुम यहाँ नहीं हो। यही एक संतोष था। किंतु क्या इतना भी मेरे भाग्य में नहीं लिखा है ? क्यों आए हो यहाँ ? मेरी अप्रतिष्ठा देखने ?"

"शांत हो जाओ द्रौपदी।" श्रीकृष्ण ने द्रौपदी के अश्रु पोंछे। "अप्रतिष्ठा देखने मैं यहाँ नहीं आया हूँ। इस द्यूत से मैं अवगत नहीं था। मैं आवर्त देश से दूर चला गया था। यदि मैं स्वदेश होता तो समय पर आकर यह द्यूत होने ही नहीं देता। हे कृष्णे, तुम भयग्रस्त मत बनो। वस्त्रहरण इतना सरल नहीं है। प्रत्येक मानव जीवन, विधाता के अनेक सुंदर वस्त्रों से विभूषित होता है। इस मानव जीवन की

लज्जा अनेक सूक्ष्म वस्त्रों से घिरी हुई है। वे वस्त्र महावस्त्र होते हैं। माता-पिता, बंधु-भगिनी, पति-पुत्र, गुरु-मित्र ऐसे अनेक के स्नेह से बुने हुए ये वस्त्र...इनसे ही जीवन की वास्तविक लज्जा की रक्षा होती है। तुम्हारे वीरबाहु पति कदाचित् तुम्हारी रक्षा करने के लिए असमर्थ हुए होंगे। इस सभा के महायोगियों का बल कम पड़ा होगा, किंतु उससे भयव्याकुल न बनो। अब मैं आया हूँ न ! कम-से-कम मुझ पर तो विश्वास करो।''

श्रीकृष्ण के उन बोलों से द्रौपदी का क्रोध शांत होने की अपेक्षा उलटे अधिक भड़क उठा। नकारदर्शक सिर हिलाकर उसने कहा, ''हे केशव, अब बहुत विलंब हो चुका है। जो नहीं होना चाहिए था वह कब का हो चुका है। मैं एकवस्त्रा, किंतु पुरुष कहलाने वालों को मेरी इस अवस्था का भी ध्यान नहीं रहा। साक्षात् पति ने मुझे इस अवस्था में राजसभा में आने का आग्रह किया। वह दुःशासन अंतःपुर में प्रवेश कर मेरे केशों को पकड़कर मुझे घसीटकर यहाँ ले आया। हे श्रीकृष्ण, मैं याज्ञसेनी द्रुपद-कन्या। मुझे खींचकर इस सभा में लाया जाता है और किसी को उस पर लज्जा भी नहीं आती।'' अपने मृदु, नीलवर्णीय घुँघराले केश बाएँ हाथ में लेकर श्रीकृष्ण को दिखाते हुए द्रौपदी ने आगे कहा, ''हे मधुसूदन, इन केशों की लज्जा अब तुम ही रखो। दुःशासन से खींचे गए इन केशों को तुम कभी भी मत भूलना। हे केशव, इस सभा में क्या नहीं हुआ ? भरी सभा में नेत्र संकेत हुए, खुली जंघा दिखाई गई, अपशब्द सुनने पड़े। इतना ही नहीं, बल्कि मेरे आँचल को छूने की भी धृष्टता की गई। इससे अधिक और अप्रतिष्ठा क्या हो सकती है ? अब तुम्हारी इस अभागी भगिनी के पास ऐसा कुछ भी नहीं बचा है जिससे वह स्वाभिमान से जी सके।''

द्रौपदी के बोलों से श्रीकृष्ण के नेत्र भर आए। थर-थर काँपने वाला अपना हाथ उन्होंने द्रौपदी के केशों पर घुमाया। उनका कंठ रुद्ध हो गया। उन्होंने कहा, ''कृष्णे, इस धरातल पर जो कुछ भी होता है वह केवल परमेश्वर की इच्छा से, आज्ञा से। दुष्टों का विनाशकाल भी आने वाला हो तो उसके लिए पापों के ढेर एकत्रित होने की आवश्यकता होती है। इन खुले केशों के लिए तुम कष्टी मत बनो। तुम्हारे आँचल को स्पर्श किया गया, इसलिए रंज न करो। अपशब्द सुनने पड़े इसके लिए खेद मत करो। इस सभा में जिन-जिन लोगों ने यह किया, देखा और सहन किया उन सभी की रणभूमि पर विदारक मृत्यु देखकर ही मैं अपना देह त्यागूँगा। सभी कौरव स्त्रियाँ ऐसे ही खुले केशों से और रिक्त माथों से शोक करती हुई तुम्हें देखने को मिलेंगी। ऐसा होने तक मेरे हृदय को शांति नहीं मिलेगी। अतः इस सभा को साक्षी रखकर मैं प्रतिज्ञाबद्ध होता हूँ।''

दुःशासन आवेश से आगे बढ़ा।

''हे श्रीकृष्ण, बिना आमंत्रण के यहाँ आना ही अशिष्टता है और ऊपर से ऐसी प्रतिज्ञा...''

श्रीकृष्ण की तीखी दृष्टि दुःशासन पर पड़ते ही दुःशासन के शब्द गले में अटक गए। घृणायुक्त स्वर में श्रीकृष्ण के नपे-तुले शब्द उठे, "सामर्थ्यशील पुरुष को दुर्बलों की सभा में प्रवेश करने के लिए आमंत्रण की आवश्यकता नहीं होती।"

श्रीकृष्ण ने अपना उत्तरीय सँभाला और वे सभा की ओर मुड़े। संपूर्ण सभा श्रीकृष्ण के आगमन से और उनके शब्दों से भयभीत हो गई थी। द्रौपदी को छोड़कर श्रीकृष्ण के चरण अर्धचंद्राकृति सभा की ओर बढ़ रहे थे। सभा को निहारते हुए श्रीकृष्ण आगे जा रहे थे। स्तब्ध बनी हुई सभा में केवल श्रीकृष्ण के चरणों की आहट सुनाई दे रही थी। श्रीकृष्ण के स्वर से ही वह सन्नाटा भंग हो गया, "हे कौरव श्रेष्ठो! इस सभा में बिना आमंत्रण के मेरे आने से आप विचलित न बनो। आपका यज्ञ और जिसके सामने पांडवों की मयसभा भी निष्प्रभ हुई ऐसा यह ऐश्वर्य संपन्न द्यूतगृह—तोरणस्फटिका देखने के लिए ही मैं यहाँ आया हूँ। सुवर्णासनों से युक्त आपकी इस रत्नजड़ित तोरणस्फटिका में खड़े होने पर मुझे साक्षात् गंधर्वनगरी का आभास हो रहा है। आपके आनंद में सहभागी होने के लिए ही मैं इतनी दूर तक आया हूँ।"

श्रीकृष्ण सभा स्थान के सामने आए थे। समूची सभा पर दृष्टि घुमाकर उन्होंने कहा, "सज्जनो ! यह सभा अलौकिक है। नेत्रहीन होकर भी जिनके ज्ञानचक्षुओं ने कभी विश्राम नहीं किया ऐसे कुरुश्रेष्ठ सम्राट् धृतराष्ट्र महाराज इस सभा में सिंहासनस्थ हुए हैं। अपने त्याग से पतिनिष्ठा का परमोच्च आदर्श निर्माण करने वाली माता गांधारी के सुपुत्र इस सभा में भूषण हैं। यह सभा द्रोणाचार्य, कृपाचार्य जैसे ज्ञानयोगियों से सिद्ध है। अपनी प्रतिज्ञा और वचनपूर्ति के लिए कुरु राज्य का अपना अधिकार छोड़ने वाले पितामह भीष्माचार्य का रिक्त आसन उनके त्याग का ही प्रतीक होता है। कृतहस्त, अतिदेवी की ख्याति पाने वाले द्यूत-निपुण शकुनि इस तोरण-स्फटिका के साक्षात् तोरण बन गए हैं। प्रतिकर्मा, दुःशासन जैसे कर्तव्य कठोर आज्ञापालक, कार्य सिद्धी की सामर्थ्य रहे हैं। जिसके पराक्रम की तुलना साक्षात् सूर्य के साथ की जाए ऐसे वीर दुर्योधन की यह सभा है। देवों का अभिमान भी उसके सामने कम हो जाए ऐसे अपने दातृत्व से त्रिखंड में कीर्ति संपादन करने वाले महारथी कर्ण जैसे अनेक क्षात्रों के तेज से यह सभा प्रकाशमान हो गई है। इस सभा में विदुर की उपस्थिति से साक्षात् विवेक प्रकट हुआ है। पंच नदियों के जल से भी जो पुण्य प्राप्त नहीं होता वह पुण्य इस सभा के दर्शन से मिले ऐसी यह भयहारिणी, पुण्यमय सभा है। इस सभा के दर्शन से मैं धन्य हो गया हूँ।

"पांडवों ने इंद्रप्रस्थ में राजसूय यज्ञ किया। अपने पराक्रम से पाए हुए दिग्विजय का वह समापन था। उस महायज्ञ में वीर दुर्योधन, महारथी कर्ण, शकुनि महाराज जैसे अनेक कौरव वीर उपस्थित थे। वह महायज्ञ, उसके उपलक्ष्य में दिए गए महादान, मनोरंजन के लिए बनाई गई मयसभा आदि को देखकर सभी तृप्त हो गए थे। किंतु आप अतृप्त ही रहे। यह लक्षण तुम्हारे बढ़ते हुए पराक्रम का, तुम्हारे

आगामी उत्कर्ष का ही है। तृप्त आत्माएँ कभी भी दिग्विजयी नहीं बन सकतीं।''

दुःशासन से रहा नहीं गया, ''सत्य ! सर्वथा सत्य।''

किंतु सभा में किसी ने उसका समर्थन नहीं किया। कुछ अनुचित कहने की अनुभूति उसे हुई। श्रीकृष्ण ने उसकी ओर देखा तक नहीं। वे कह रहे थे...

''पांडवों ने राजसूय यज्ञ का आयोजन करके स्वयं को अभिषेक भी करवा लिये होंगे। किंतु तुम तो जन्मजात सम्राट् पद भोग रहे हो। उसे सिद्ध करने के लिए सम्राट् धृतराष्ट्र को नया यज्ञ करने की क्या आवश्यकता थी ? तुम्हारा ऐश्वर्य और सत्ता स्वयंभू है। उसके उपरांत इस नेत्रदीपक सभा का कोई प्रयोजन नहीं था।

''आपने यज्ञ किया यह ठीक ही था। पुण्य का संचय बढ़ता है इसीलिए यज्ञ किया न ? आप सम्राट् हैं, सत्ताधीश हैं, इसे दोहराने के लिए ही यज्ञ किया न ? यज्ञ में दी जाने वाली आहुतियों से तथा उठने वाले मंत्रोच्चारों से यह पृथ्वी पवित्र हो जाए इसीलिए यह यज्ञ किया न ? फिर उस यज्ञ के होम कुंड, तृप्ति से शांत होने के पूर्व ही इस अबला को भरी सभा में निर्वस्त्र करने की धृष्टता आई कहाँ से ? इस भूमि को अपने ही हाथों भ्रष्ट करने का सर्वनाशी मोह तुम्हें हुआ कैसे ?''

दुर्योधन की झुकी हुई गरदन ऊपर उठी। नेत्र श्रीकृष्ण के नेत्रों से मिले, किंतु क्षण भर के लिए ही। उस दाह को वह सहन नहीं कर पाया। तुच्छता की दृष्टि से दुर्योधन की ओर देखते हुए श्रीकृष्ण ने कहा, ''प्रजापालन यह सम्राट् पद का प्रथम गुण। सम्राट् को प्रजा अपने बालकों के समान। तुम्हारे हृदय में पांडवों के प्रति वैरभाव होगा। किंतु क्या जिस क्षण वे द्यूत में हार गए, दास बन गए उसी समय वे तुम्हारे प्रजाजन नहीं हुए ? यह द्रौपदी केवल दासी ही नहीं, अपितु तुम्हारी प्रजा भी है यह किसी के ध्यान में भी नहीं आया ? जो सम्राट् प्रजा को नग्न करना चाहते हैं वे कैसे सम्राट् ?'' कृष्ण का स्वर फिर से धीमा पड़ गया। गृह में सभी पर दृष्टि रखकर उनके चरण उस अर्धचंद्राकृति राजसभा में घूम रहे थे। शब्दों की धार क्षण-क्षण बढ़ रही थी।

''वीरो ! मैंने सुना है कि पुण्य संचय के लिए जब यज्ञ का आयोजन किया जाता है तब यज्ञ का नाश करने के लिए दुष्ट राक्षस आकाश से उतरते हैं। उस यज्ञभूमि का नाश करते हैं। किंतु आज मुझे वह असत्य लग रहा है। यज्ञ में मंत्रोच्चार के साथ जो घी की धार छोड़ी जाती है, यज्ञकुंड में जो सुगंधित काष्ठ प्रज्वलित किए जाते हैं और वे समिधाएँ जब अग्निरूप लेती हैं तब उससे उठने वाले धुएँ के मेघों से ही अहंकार के राक्षस् उत्पन्न होते हैं। यहाँ बैठे हुए द्रोणाचार्य, कृपाचार्य का आपको यह समझाने का कर्तव्य था कि वासना की आसक्ति से, ऐश्वर्य के मद से और सत्ता के अहंकार से ही तुम्हारे ज्ञानयज्ञ का नाश हो चुका है। किंतु जिनके विवेक पर दास्य का आवरण चढ़ा हो उनकी जिह्वा को इस मंत्र का उच्चारण करने का धैर्य कहाँ से प्राप्त होगा ?

“यज्ञ करने से पहले यज्ञ का प्रयोजन तो ध्यान में लेते ? दिग्विजय के लिए निकले हुए वीरों के हृदय में निरंतर ईर्ष्या भड़कती रहती है। नई भूमि पदाक्रांत करते समय स्वामित्व की भावना बढ़ती जाती है। अंकित बने हुए नरेंद्रों के दर्शन से अहंकार उभर आता है। रणवाद्यों की आवाज से कान अभिभूत होते हैं। शत्रु के रुधिर से नहाई हुई भूमि देखकर यश के गर्व की अनुभूति होती है। ऐसा दिग्विजय करके वापस लौटने के पश्चात् ही ऐसे यज्ञ किए जाते हैं।

“ऐश्वर्य का अहंकार न हो, इसलिए याचकों को विपुल दान दिए जाते हैं। भजन-कीर्तनों के रूप में सुविचार फैलाए जाते हैं। यज्ञभूमि के प्रसन्न वातावरण में जिसके आशीर्वाद से यज्ञ प्राप्त हुआ उस परमेश्वर का स्मरण किया जाता है। उससे स्वामित्व की भावना लुप्त हो जाती है। अधिकारी व्यक्तियों द्वारा किए गए वाद एकाग्र चित्त से सुने जाते हैं। उसके कारण अज्ञान का अंधकार दूर हो जाता है। यज्ञ के लिए पाचारण किए गए तपस्वियों के दर्शन से जीवन शुद्ध बन जाता है। यज्ञ की तपश्चर्या के उत्तुंग शिखरों के दर्शन से अहंकार नष्ट होकर उसके स्थान पर सात्त्विक भाव जागृत होता है। यज्ञ के उपलक्ष्य में एकत्रित हुए सगे-संबंधी, इष्ट मित्रों के जनसमूह से सौहार्द की भावना निर्मित होकर आत्मनिवेदन से समूचा जीवन प्रकाशित हो उठता है, तभी यज्ञ का वास्तविक समापन होता है।

“यज्ञ करने वालों के हृदय में सत्त्व गुणों का होना आवश्यक है। न्याय, नीति, दातृत्व, विवेक और धर्म से संपन्न पुरुषों को ही यज्ञ करने का अधिकार है। तुम तो काम, क्रोध, मद, मत्सर, लोभ और अहंकार से लिप्त हो। तुम्हें दया, क्षमा, शांति का स्मरण कैसे होगा ? इन दुर्गुणों से तुम अंध बन गए हो। और इसीलिए एक रजस्वला को राजसभा में लाकर तुमने अपना संपूर्ण जीवन अपवित्र कर दिया है। राजसूय यज्ञ में जिस युधिष्ठिर पर भूलोक के नरेंद्रों ने राजच्छत्र डुलाए थे उसी युधिष्ठिर को हस्तलाघव के नीच मार्गों से द्यूत में हराकर साक्षात् धर्म की ख्याति पाने वाले युधिष्ठिर के शरीर से वस्त्र छीनकर तुमने अपनी क्षुद्रता का परिचय दिया है। कौन तुम्हें सम्राट् कहेगा ? मानवता को कलंकित करने वाली इस कृति से तुमने यह सिद्ध किया है कि तुम राज्याधिकार के भी योग्य नहीं हो।

“पांडवों द्वारा मनोरंजन के लिए बनाई गई मयसभा मनोरंजन के लिए ही थी। यज्ञ की थकावट दूर करने के लिए वह बनाई गई थी। वह मयसभा सचमुच ही अलौकिक थी। मनुष्य जिन कर्णों और चक्षुओं पर संपूर्ण विश्वास करता है वे मनुष्य से कितना विश्वासघात कर सकते हैं यही उस मयसभा से सिद्ध हो रहा था। किंतु तुम्हारी यह तोरणस्फटिका तो विश्वासघात का साक्षात् प्रतीक है। इस द्यूतगृह को नरक में भी स्थान नहीं मिलेगा। एक रजस्वला के दर्शन से रक्तलांछित हुई है यह तोरणस्फटिका, तोरणस्फटिका नहीं, अपितु साक्षात् रौरव नरक है। अपनी क्षुद्र, हीन, दुर्बल मनोवृत्ति का तोरण अपने ही हाथों उस यज्ञवेदी पर चढ़ाते समय तुम्हें लज्जा कैसे नहीं आई ?”

दुर्योधन ने क्रोध से श्रीकृष्ण की ओर देखा। उसकी दृष्टि से दृष्टि मिलाकर श्रीकृष्ण ने कहा, "मेरे कहने पर क्रोध आ रहा है ?" फिर आसनस्थ पांडवों की ओर निर्देश कर उन्होंने कहा, "धर्मबुद्धि युधिष्ठिर, पुरुषोत्तम पार्थ, और बलशाली भीम अपने पराक्रम को नियंत्रण में रख, अपमान सहन कर इस सभा में बैठे हैं, यह तुम्हारी विजय का फल नहीं है वह राजसूय यज्ञ में उनके द्वारा प्राप्त विवेक का चिह्न है। हे मूढ़ो तुम्हारे ध्यान में इतना भी कैसे नहीं आ रहा है कि अपने विवेक से वे तुम्हारे आह्वान का स्वीकार कर रहे हैं। पांडवों से ईर्ष्या करके आयोजित किया हुआ यह यज्ञ और कुटिल हेतु से आयोजित इस सभा से पुण्य का संचय होगा ही कैसे ?"

श्रीकृष्ण कुछ आगे बढ़े और विजय के उन्माद में शकुनि द्वारा फेंके गए पासों में से एक पासा उनके चरण के नीचे आ गया। श्रीकृष्ण ने एक क्षण उस पासे की ओर देखा और फिर उन्होंने चरणों के नीचे आए हुए गंदे कीड़े की तरह उस पासे को ठोकर मारकर उड़ा दिया।

"जुआ, क्षत्रियता की वृत्ति को आह्वान देने के लिए ही तुमने युधिष्ठिर को द्यूत का आमंत्रण दिया था न ? और उसने वह आह्वान स्वीकारा, वह भी उसी अहंकार के कारण। यह सत्य है कि द्यूत का आह्वान क्षत्रिय कभी अस्वीकार नहीं करता। जुआ यह तो क्षत्रियता का प्रमुख गुण है। किंतु उस जुए का अर्थ केवल पट के अभिभूत पासों का दाँव ही नहीं। क्षत्रियता के जुए के पासे आकाश के सूर्य-चंद्रों से बने हुए होते हैं। पृथ्वी सहित समस्त ग्रहों को फेरे देने का सामर्थ्य उनमें समाया हुआ होता है।

"वीर नरेंद्रों से व्याप्त स्वयंवर मंडप से राजपुत्री का हरण करने में वह जुआ व्यक्त होता है। दाँव जीत लिया तो राजपुत्री की प्राप्ति होती है। पासे यदि उलटे पड़े तो राजपुत्री कुढ़कर मर जाती है,ऐसा व्यावहारिक जुआ। क्षत्रिय को ऐसा जुआ खेलना चाहिए। रणभूमि के पट पर समक्ष आने वाले बलशाली शत्रु पर अपने आयुधों का विचार भी न करके जन्म-मृत्यु की कौड़ियों का दाँव देते जाने में क्षत्रिय का द्यूत रँगता है। जीत लिया तो पृथ्वी का राज्य मिलता है, पासे उलटे पड़े तो स्वर्ग के देवता अपने हाथों का झूला बनाकर लेने आते हैं। ऐसा जुआ क्षत्रिय को खेलना चाहिए। यह कैसा द्यूत और यह कैसी राजसभा ! !

"राजसभा तो वह होती है जहाँ जाने पर निर्वस्त्र व्यक्ति भी सवस्त्र होकर बाहर निकलता है। वह राजसभा, जहाँ पतिता को भी पवित्रता का स्पर्श हो जाता है। जहाँ अबला, सबला बन जाती है। ऐसी होती है राजसभा। यह कैसी राजसभा ? जहाँ न्याय अंधा है, दुर्बलों पर अन्याय होता है, पराक्रम असहाय बन जाता है, धर्म को ग्लानि आती है वह कैसी राजसभा ? जहाँ व्यभिचार होता है वहाँ पुण्य का अवतरण होगा ही कैसे ?

"आह्वान देकर यदि तुम रणभूमि में पांडवों पर विजय पाते तो वह तुम्हारे

पराक्रम को शोभा देता। किंतु तुम्हारा आयोजित किया द्यूत तो कपटनीति से परिपूर्ण है। सुना है कि शकुनि कृतहस्त अतिदेवी है। इसीलिए चाहे जैसे पासे फेंककर इन पांडवों को तुमने जीत लिया और द्रोपदी को ऐसी अवस्था में भरी राजसभा में लाकर मानवता की मर्यादा का उल्लंघन किया। उस शकुनि की क्षुद्र करामत से पाई हुई विजय को क्या तुम विजय समझते हो ? उसमें हर्ष मानते हो ? यह हर्ष निश्चित ही क्षत्रिय का नहीं।

"एक अबला, रजस्वला, एकवस्त्रा को यदि तुम अभय देते तो तुम्हारे चरित्र के लिए वह एक तेजस्वी भूषण बन जाता, किंतु तुमने एकवस्त्रा को निर्वस्त्र करने की हीन अभिलाषा की। नहीं, तुम सम्राट् नहीं...राजा बनने की तुम्हारी योग्यता नहीं। इतना ही नहीं, अपितु सामान्य मानव के रूप में जीने का भी तुम्हें अधिकार नहीं। तुम्हारे द्यूत ने और तुम्हारी राजसभा ने यही सिद्ध किया है। इस पाप का प्रक्षालन तुम कैसे करोगे यह परमेश्वर भी नहीं बता सकता।" कुछ विश्राम लेकर फिर अपनी उँगली ऊपर उठाकर श्रीकृष्ण ने कहा, "स्वयं की स्तुति करना मेरा स्वभाव नहीं। किंतु इस अंध सभा को अपना परिचय करा देना मैं अनिवार्य समझता हूँ। स्वयं को सम्राट् कहलाने वाले अन्यायी कंस का मर्दन जिसने किया वही मैं श्रीकृष्ण। बलशाली जरासंध का वध मैंने ही करवाया। राजसूय यज्ञ में आप सभी के सामने उन्मत्त शिशुपाल का शिरच्छेद मैंने ही किया। मैं यदि अपने सामर्थ्य का प्रदर्शन करना चाहूँ तो उसके लिए दुःशासन जैसे विवेकशून्य व्यक्ति का या चतुरंग सेना का आश्रय लेने की मुझे आवश्यकता नहीं। आज इस राजसभा में द्रौपदी खड़ी है, वह मेरी भगिनी है। कृपया यह मत भूलिए कि उसकी रक्षा करने के लिए ही मैं यहाँ खड़ा हूँ। और यदि आप आगे बढ़े तो उसके पश्चात् जो कुछ भी होगा उसका दोष आप मुझ पर मत लगाएँ।"

"हे अंध-पुत्र कौरवो ! मुझे आभास हो रहा है कि तुम्हारी सभा में आकर मैंने अपनी काया और वाचा भ्रष्ट की है। तुम्हारी अधोगति की चरम सीमा किस सीमा तक जाती है यह देखने के लिए मैं उत्सुक हूँ। सभा तुम्हारे पुण्यप्रद कार्य की प्रतीक्षा कर रही है और बंधुबल प्राप्ति से निर्भय बनी हुई मेरी भगिनी तुम्हारे निर्णय की प्रतीक्षा कर रही है।"

श्रीकृष्ण रुक गए। गहरा सन्नाटा छा गया। श्रीकृष्ण को आसन देने का भान भी किसी को नहीं रहा। आखिर सन्नाटे को भंग किया विदुर ने। अपने आसन से वे उठे। पश्चात्ताप के अश्रुओं से जिनके गाल भीग गए हैं ऐसे विदुर ने श्रीकृष्ण को अपना आसन दिया। श्रीकृष्ण ने मौन होकर आसन ग्रहण किया।

प्रकरण-23

श्रीकृष्ण के ओजपूर्ण भाषण से समस्त सभागृह अभिभूत हो गया। दुर्योधन और कर्ण में श्रीकृष्ण की ओर दृष्टि उठाकर देखने का भी साहस नहीं रहा। धृतराष्ट्र की अवस्था तो बहुत ही कठिन हो गई। भरी सभा में श्रीकृष्ण द्वारा किए गए कौरवों के उपहास और तेजोभंग से बचने का कोई उपाय उन्हें सूझ नहीं रहा था। श्रीकृष्ण द्वारा खड़े किए गए आगामी विनाश के भय से उनका हृदय व्याकुल हो उठा। राजसभा का उत्साह कब का समाप्त हो चुका था। सभी नरेंद्र वहाँ से बाहर जाने के लिए अधीर हो गए थे। सब एक-दूसरे की ओर ताक रहे थे।

"हे श्रीकृष्ण !" अपने उत्तरीय से स्वेद पोंछते हुए धृतराष्ट्र ने कहा, "तुम्हारा सत्य वचन श्रवण कर मैं कृतार्थ हो गया हूँ। पुत्र के आग्रह के कारण मैंने अपने हृदय के विरुद्ध इस द्यूत को सम्मति दी थी। मैंने सोचा कि यह एक सर्वोत्तम मनोरंजन होगा। उसके फलस्वरूप सगे-संबंधी मिलेंगे और इन बालकों का गुणदर्शन भी होगा। यदि मुझे यह ज्ञात होता कि इस द्यूत का परिणाम इतना भयंकर होगा तो मैं कदापि इसे सम्मति नहीं देता। हे श्रीकृष्ण, मुझे संतोष है कि तुमने समय पर आकर मुझे और मेरे पुत्रों को इस पाप से बचाया।" तत्पश्चात् धृतराष्ट्र ने द्रौपदी को पुकारा।

"द्रौपदी !"

द्रौपदी ने धृतराष्ट्र की ओर देखा, फिर श्रीकृष्ण की ओर देखा। श्रीकृष्ण के द्वारा सम्मति मिलते ही उसने कहा, "जो आज्ञा।"

"आज्ञा कैसी पुत्री ? वह अधिकार अब मैं खो चुका हूँ। हे पुत्रवधू, तुम मुझसे अप्रसन्न मत होना। इस सभा में जो कुछ भी हुआ उसका मुझे अतीव दुःख है। जन्मजात अंधत्व और वृद्धत्व के कारण मेरे इन उन्मत्त पुत्रों की सभा में मैं तुम्हारी रक्षा करने में असमर्थ रहा इसीलिए मुझ पर दोष मत लगाओ। तुम मुझे अपनी स्वयं की पुत्रवधू की तरह प्रिय हो। तुम पर हुए अन्याय का परिमार्जन करने के लिए मैं समर्थ हूँ। द्रौपदी, तुम्हें जो वर चाहिए माँग लो।"

द्रौपदी ने कृष्ण की ओर देखा। श्रीकृष्ण के मुख पर क्रोध का कुछ भी चिह्न शेष नहीं था। होंठों पर नित्य का स्मित हास्य विराजमान था। फिर द्रौपदी ने अपने पतियों की ओर देखा। उसके मुख पर फिर से क्रोध प्रकट हुआ।

"हे पूजनीय भरतश्रेष्ठ। आपके अभय से मैं निश्चिंत हो गई हूँ। देना ही हो, तो मुझे एक ही वर दो। धर्म का अनुसरण करने वाले मेरे सभी पति अदास हो जाएँ। मेरे पुत्र दास्य से मुक्त हो जाएँ।" समस्त सभा उस वर से चकित हो गई। धृतराष्ट्र ने कहा, "तथास्तु।" हे भद्रे तुमने योग्य ही वर माँगा है। मैं प्रसन्न हूँ और वर माँगो द्रौपदी। एक वर तुम्हारे लिए पर्याप्त नहीं है, अतः मैं तुम्हें दूसरा वर माँगने

के लिए कह रहा हूँ।''

''पाँचों पांडु-पुत्र अपने-अपने रथ और शस्त्रों के साथ कौरवों के दास्य से मुक्त हो जाएँ।''

''तथास्तु।'' किंतु हे याज्ञसेनी, वर माँगने में संकोच क्यों ? अपना राज्य, ऐश्वर्य सबकुछ माँग लो। मैं प्रसन्नता से सबकुछ तुम्हें दूँगा। उसके लिए मैं तुम्हें तीसरा वर देता हूँ। माँग लो।''

''महाराज, आपकी कृपादृष्टि ही मेरे लिए पर्याप्त है। मुझे और कुछ नहीं माँगना है। अतिलोभ धर्म के विनाश का कारण बनता है। मुझे तीसरा वर नहीं चाहिए।'' अपने पतियों की ओर दृष्टिक्षेप कर द्रौपदी ने कहा, ''मेरे इन पतियों में यदि कुछ पुरुषार्थ शेष हो तो अपने शस्त्रबल के आधार पर वे अपना खोया हुआ राज्य, ऐश्वर्य, धन-संपदा पुनः प्राप्त करेंगे। और ऐसा हो जाने पर उन्हें ऐश्वर्यसहित राज्य की, लक्ष्मीसहित गृहलक्ष्मी की महत्ता समझ में आएगी। आपने जो दिया है उससे मैं तृप्त हूँ।''

द्रौपदी के उन शब्दों से समस्त सभा दंग रह गई। दयनीय अवस्था में भी द्रौपदी का वह आवेश, उसकी निष्ठा देखकर कर्ण से रहा नहीं गया। उसने कहा, ''द्रौपदी तुम धन्य हो। तुम्हारा क्षात्रतेज अलौकिक है। तुम्हारे ही कारण आज पांडव बच गए। दास्य से मुक्त हो गए। हे पांचाली तुम इस विपत्सागर में नौकाहीन डूब रहे, इन पांडु-पुत्रों को बचाने वाली नौका बन गई हो। धन्य। सचमुच धन्य।''

धृतराष्ट्र की आज्ञा से पांडवों ने वस्त्र परिधान किए। धृतराष्ट्र ने कहा, ''हे युधिष्ठिर तुम निर्विघ्न वापस जाओ। अपने सभी धन और परिवार के साथ सुख से कार्यभार सँभालो। एक वृद्ध अंध के नाते मैं इतना ही कहना चाहूँगा कि जो कुछ भी हुआ उसकी कटुता हृदय में मत रखो। मेरे पुत्रों के प्रति हृदय में दुष्टता मत रखो। दुर्योधनादि भ्राताओं के प्रति तुम्हारा प्रेम अटूट रहे और तुम्हारा हृदय सर्वथा ऐसे ही स्थिर रहे।''

श्रीकृष्ण उठकर पांचाली के समीप गए। द्रौपदी को अपने दाहिने हाथ का आश्रय देकर वे उसे सभागृह के बाहर ले जाने लगे। श्रीकृष्ण के साथ द्रौपदी को जाते हुए देखकर दुर्योधन सतर्क हो गया। महाकष्ट से तैयार किया हुआ षड्यंत्र श्रीकृष्ण के आने से पूरा बिखर गया था। संताप से दुर्योधन खड़ा हुआ। उसी समय श्रीकृष्ण ने मुड़कर पीछे देखा। उनकी दाहक-दृष्टि देखकर दुर्योधन चुपचाप अपने आसन पर बैठ गया। उसकी दृष्टि जब फिर से सभागृह के द्वार पर गई तब वहाँ श्रीकृष्ण और द्रौपदी दोनों नहीं थे।

राजद्वार रिक्त था।

प्रकरण-24

सभागृह से कृष्ण और द्रौपदी के जाने के तुरंत बाद थके हुए धृतराष्ट्र संजय और सेवकों की सहायता से सभागृह के बाहर चले गए। सभागार में खुसुर-फुसुर चल ही रही थी। कृपाचार्य और द्रोणाचार्य चुपचाप उठकर चले गए। संताप से भीतर-ही-भीतर जल रहे दुर्योधन ने खड़े हुए शकुनि को संकेत किया और उनके साथ दुर्योधन भी शीघ्रता से चला गया। देखते-ही-देखते संपूर्ण सभागार रिक्त हो गया।

सभागृह में कर्ण शांतिपूर्वक अपने आसन पर बैठा था कि उसने कुछ आवाज सुनी। कर्ण ने देखा कि श्रीकृष्ण जिस आसन पर बैठे थे उस आसन पर विदुर अपना थका हुआ हाथ घुमा रहे थे। विदुर ने कर्ण की ओर देखा और फिर वे भी सभागार के बाहर चले गए। उस तोरणस्फटिका में केवल कर्ण रह गया था।

कर्ण उस रत्नजड़ित सभागृह को, उन सुवर्ण आसनों को और उस भव्य सिंहासन को देख रहा था। वह अपने आसन से उठ खड़ा हुआ। वह ऐश्वर्य-संपन्न सभागृह अब भयावह लग रहा था। एक विचित्र उजड़ी उदासीनता वहाँ छाई हुई थी।

'क्या यह ऐश्वर्य, ये रिक्त सुवर्णासन, यह सिंहासन और इसे धारण करने वाली यह भूमि ऐसी ही रिक्त रहेगी ? कभी-न-कभी यह होने वाला है। यह अटल है। फिर यह ईर्ष्या, यह द्वेष, यह अपमान किसलिए ? क्या इससे जन्म-मृत्यु के आह्वान से बचा जा सकता है ?'

उस विचार से कर्ण व्याकुल हो उठा। सभागृह से बाहर जाने के लिए राज आसनों की उस मालिका से वह सीढ़ियाँ उतरने लगा। सभा-स्थान के सामने की भूमि चित्रवर्ण उर्णवस्त्र से आच्छादित की हुई थी। उस महीन वस्त्र पर चरण रखते ही कर्ण की दृष्टि द्यूत-पट की ओर गई। विजय के उन्माद से शकुनि द्वारा तितर-बितर किया हुआ वह पट वहाँ वैसा ही पड़ा हुआ था। पासे बिखर गए थे। पैरों के समीप पड़े हुए पासों पर कर्ण का ध्यान गया। उसकी दृष्टि उन पासों पर कुरेदी हुई हस्तमुद्रा की ओर गई।

हस्तमुद्रा। जिन रिक्त हाथों द्वारा पासों से दाँव फेंके गए थे वे हाथ सबकुछ जीतने के बाद भी रिक्त ही रह गए थे। जिन हाथों से द्यूत का पट रचाया गया था उन्हीं हाथों द्वारा द्यूत जीतने के पश्चात् उस पट को तितर-बितर कर दिया गया था। अब द्यूत-पट एक साधारण लकड़ी की पट्टी बन गया था। हाथीदाँत की गोटियों के अलावा पासों का कुछ अर्थ नहीं रहा था।

'क्या इसके अतिरिक्त पासों को कुछ रूप नहीं होता ?

'मानवी बुद्धि से रचित द्यूत कितनी सहजता से तितर-बितर कर दिया गया था ?

'किस अभिलाषा से ?

'ऐन समय पर श्रीकृष्ण कैसे आ गए ?'

कर्ण की मुद्रा पर खिन्न स्मित छा गया।

जिसे माता ने त्याग दिया उसे विधाता का यह खेल कैसे समझ में आएगा। भूमि पर पड़े हुए पासे को उठाने के लिए कर्ण नीचे झुका। पासा उठाने के लिए बढ़ाया हुआ हाथ अचानक पीछे हट गया। घास में छिपी हुई गेंद को उठाते समय अचानक साँप का दर्शन हो जाए उस प्रकार कर्ण के मुख पर साक्षात् भय प्रकट हुआ था। अभिमंत्रित होकर उसकी दृष्टि उन पासों पर जड़ी हुई थी।

हाथीदाँत के उन पासों पर एक नीलवर्ण लंबा, घुँघराला केश डुल रहा था।

उस सूक्ष्म केश के दर्शन से कर्ण के हृदय में विद्युल्लता की तरह एक सूक्ष्म, किंतु अतितीव्र वेदना उठी।

'क्या अपमान व क्रोध में विवेक इतना नष्ट हो जाता है ? द्रौपदी को यदि निर्वस्त्र किया जाता तो क्या उसे देखने का साहस हमें था ? यज्ञ में समिधाओं पर घी की धार भी पर्याप्त ऊँचाई से छोड़नी होती है। यह अवधान यदि छूट जाए तो उस धार से प्रज्वलित होने वाली अग्निशिखाओं से हाथ जल जाता है। अपमान की अग्नि पर वासना की धार छोड़ते समय वह अवधान कहाँ चला गया था ? वह कैसे खो गया ?

'वासना ? नहीं ! वासना यत्किंचित् भी नहीं थी।

'फिर वह क्या था ?'

इस प्रश्न का उत्तर कर्ण नहीं दे सका। उस केश को स्पर्श करने की शक्ति उसमें नहीं बची थी। कष्ट से दृष्टि घुमाकर वह सभागृह के बाहर जाने लगा। वहाँ एक क्षण भी रुकने की इच्छा उसे नहीं थी।

कर्ण सभागृह के बाहर आया। सभागृह की विस्तृत सीढ़ियों से उतरने वाले विदुर की ओर उसकी दृष्टि स्थिर हो गई। सीढ़ियों के तले एक सुवर्ण रथ खड़ा था। उस रथ की ओर जा रहे श्रीकृष्ण को मिलने के लिए विदुर शीघ्रता से जा रहे थे। कर्ण जब आधी सीढ़ियाँ उतरा तब उसने सुना कि विदुर रथ के निकट पहुँचकर श्रीकृष्ण को पुकार रहे हैं।

श्रीकृष्ण रुक गए। उन्होंने मुड़कर देखा। निकट आ रहे विदुर के साथ-साथ सीढ़ियों पर खड़े कर्ण की ओर भी श्रीकृष्ण का ध्यान गया। निकट आ पहुँचे विदुर से श्रीकृष्ण ने कहा, "हे विदुर, कुछ कहने की आवश्यकता नहीं है। मैं किसी को दोष नहीं देता, किंतु जो हुआ वह ठीक नहीं हुआ। भविष्य में विनाश मुझे स्पष्ट दिखाई दे रहा है। इस भूमि पर क्षण भर भी रुकने की मुझे इच्छा नहीं है। मैं चलता हूँ।"

अपना दुशाला सँभालते हुए श्रीकृष्ण रथ पर आरूढ़ हो गए। रथ के सामने सज्ज अश्वदल दौड़ने लगा और श्रीकृष्ण के रथ को गति मिल गई। दूर जा रहे रथ की ध्वनि सुनते-सुनते विदुर पीछे मुड़े। उनकी दृष्टि एक क्षण सीढ़ियों पर खड़े कर्ण पर स्थिर हो गई, किंतु दूसरे ही क्षण वह नीचे झुक गई।

विदुर धीमी गति से सीढ़ियाँ चढ़ रहे थे। कर्ण से बचने के लिए वे शीघ्रता से सीढ़ियाँ चढ़ने लगे कि अचानक उस वृद्ध का पैर अपने ही वस्त्र में अटक गया और वे फिसल गए। विदुर की ओर देखकर ही सीढ़ियाँ उतर रहे कर्ण का ध्यान उसी ओर था। वह आगे दौड़ा। कर्ण के हाथों विदुर सँभल गए। कर्ण की बाँहों से अलग होते हुए विदुर ने कहा, "ठीक हूँ। मैं ठीक हूँ, कर्ण ! ! दासी-पुत्र का तोल सँभाला नहीं जाता। उसे सदैव ठोकरें ही खानी पड़ती हैं। क्योंकि... क्योंकि उसके परिधान किए हुए वस्त्र उसके नाप के नहीं होते।" उत्तर की अपेक्षा किए बिना विदुर सीढ़ियाँ चढ़ने लगे। कर्ण सीढ़ियाँ उतर रहा था। कर्ण के हृदय में एक ही विचार था...

'सूत-पुत्र का तोल भी कहाँ सँभाला जाता है ?' कर्ण प्रासाद के निकट आया। श्रीकृष्ण के गए उस मार्ग पर दूर-दराज तक धूलि के मेघ उठ रहे थे। रथ दृष्टिपथ में नहीं आ रहा था। दिख रहे थे केवल रथ-चक्रों के निशान। कर्ण का रथ समीप आया। कर्ण रथ पर आरूढ हुआ और सारथि ने रथ को गति दी।

श्रीकृष्ण के रथ-चक्रों के निशानों पर से ही कर्ण-रथ जा रहा था। द्यूतगृह से कर्ण स्वगृह लौटा। द्वार में ही द्रुम खड़ा था। द्रुम समीप आया। उसने पूछा, "भ्राताश्री क्या जो सुना, वह सत्य है ?"

कर्ण ने द्रुम की ओर देखा, "द्रुम, तुमने क्या सुना मुझे ज्ञात नहीं, किंतु अब मैं बहुत थक गया हूँ।"

कर्ण सीधा अपने शय्यागृह में चला गया। शय्यागृह रिक्त था। कर्ण कुछ देर तक मौन खड़ा रहा। वह रिक्तता उसे भयावह प्रतीत हो रही थी। वह सौध की तरफ गया। धूप की तपती किरणों में हस्तिनापुर जगमगा रहा था। प्रासाद तक गया हुआ राजमार्ग दृष्टिपथ में आ रहा था। दूर वनराजी में राजप्रासाद के छज्जे दिखाई दे रहे थे। राजमार्ग पर भीड़ अल्प थी। चरणों की आहट सुनकर कर्ण पीछे मुड़ा। महल में आते-आते वृषाली ने पूछा, "द्यूतसभा समाप्त हुई ?"

"हाँ।"

"श्रीकृष्ण आए थे ?"

"तुम्हें कैसे ज्ञात हुआ ?"

"कुछ समय पहले मैंने श्रीकृष्ण का रथ महल के सामने से गुजरते हुए देखा।"

"हं।"

कर्ण की उदासी देखकर वृषाली मौन हो गई। कुछ समय बाद उसने कहा, "भोजन तैयार है।"

"मुझे भूख नहीं है।" शय्या की ओर जाते हुए कर्ण ने कहा।

"एक बात पूछूँ ?"

"पूछो।"

"मैंने सुना कि आज द्रौपदी-वस्त्रहरण हुआ।"

"हुआ नहीं। सौभाग्यवश टल गया।"

"किसके सौभाग्यवश ?"

"उसके नहीं, हमारे सौभाग्यवश ! उसके भाग्य में तो सदैव श्रीकृष्ण का सौभाग्य है।"

"इसीलिए श्रीकृष्ण आए थे ?"

"हाँ, उचित समय पर श्रीकृष्ण आ गए और हम कलंक से बच गए।"

"कलंक ? कैसा कलंक ?"

"वसू, अनावृत्त स्त्री को देखने का अधिकार केवल दो का होता है। एक पति और दूसरा पुत्र। अन्यथा यह अधिकार किसी पुरुष को नहीं। क्रोध के आवेश में वह पाप होने जा रहा था। किंतु श्रीकृष्ण आए और वह पाप टल गया..."

"श्रीकृष्ण न आते और वह वस्त्रहरण होता तो..."

'तो ? तो सचमुच क्या होता ?' कर्ण का शरीर खड़े-खड़े काँप उठा। वृषाली की ओर देखकर निश्चयी स्वर में उसने कहा, "यदि ऐसा होता तो तुम विधवा हो जाती। मुझे आत्मघात के अतिरिक्त अन्य मार्ग नहीं रहता।" भय से वृषाली का हाथ होंठों पर गया। शय्या पर शरीर झोंककर कर्ण ने कहा, "जाओ वृषाली, जो भी सुरा उपलब्ध हो उसे ले जाओ, भरपूर।" वृषाली सुरा लाने गई। जब सुराही लेकर वह आई तब कर्ण सो गया था।

कर्ण की निद्रा अचानक खुल गई। शय्या के निकट वृषाली खड़ी थी। कर्ण का संपूर्ण शरीर स्वेद से गीला हो गया था। दम घुटने से उसकी चौड़ी छाती ऊपर-नीचे हो रही थी। हाथ से स्वेद पोंछते हुए उसने कहा, "कितना भयानक स्वप्न देखा मैंने !"

"स्वप्न ?"

"हाँ ! अच्छा हुआ कि मैं जाग गया। वसू, स्वप्न में मैंने देखा कि पांडव वनवास जा रहे थे।"

"सच ?"

"राजमार्ग लोगों से भरे हुए थे। एक काला-कलूटा चंडाल विकट हास्य करते हुए ढोल बजा-बजाकर आगे जा रहा था और उसके पीछे पाँचों पांडव और द्रौपदी सिर झुकाकर चल रहे थे।"

"आश्चर्य है। कहते हैं कि जो घटित हो रहा हो वह कभी स्वप्न में नहीं दिखाई देता।"

"घटित हो रहा हो का क्या अर्थ वृषाली ?"

"हाँ, इसी क्षण द्यूत में हारे हुए पांडव वनवास जा रहे हैं।"

"तुम्हें भ्रम तो नहीं हुआ ? पांडवों को इंद्रप्रस्थ जाते देखकर ही मैं यहाँ आया हूँ।"

"नहीं, यह भ्रम नहीं। पूर्णतः सत्य है। सुनो ऽ ऽ"

कर्ण ने छज्जे की ओर देखा। भीड़ का कोलाहल सुनाई दे रहा था।

''राजमार्ग पर प्रजाजनों की अत्यधिक भीड़ जमा हो गई है। पांडव इंद्रप्रस्थ जा रहे थे, किंतु आधे मार्ग से ही उन्हें वापस बुला लिया गया। द्यूत का आह्वान स्वीकार कर फिर से युधिष्ठिर वापस आ गए।''

''और फिर से अपना राज्य, ऐश्वर्य–सबकुछ खो दिया, यही न ?''

''नहीं ! इस बार एक ही पण लगाया गया था। बारह वर्ष वनवास और एक वर्ष अज्ञातवास। पांडव हार गए।''

''वह बताने की आवश्यकता नहीं। तभी युवराज शकुनि के साथ शीघ्रता से बाहर चले गए थे।''

''क्या कहा ?''

''कुछ नहीं।''

बाहर कोलाहल बढ़ रहा था। वृषाली को छज्जे की ओर बढ़ते हुए देखकर कर्ण ने कहा, ''नहीं वृषाली ! तुम उसे देखने मत जाओ। इंद्रधनुष जब निकलता है उस समय उसे देखने में आनंद आता है, उसे मिटते हुए देखने में नहीं।''

कर्ण ने उद्विग्नता से सुराही उठाई और सुरा से पात्र भर लिया।

प्रकरण-25

सुरा का पर्याप्त सेवन करने के पश्चात् भी कर्ण का हृदय स्थिर नहीं हो पा रहा था। अंधकार छा गया था। महल में दीपदान कब के प्रज्वलित किए जा चुके थे। कर्ण उठा, उसने अपना उत्तरीय उठाया। द्वार पर ही वृषाली से भेंट हुई। कर्ण के कंधे का उत्तरीय देखकर वृषाली ने पूछा, ''बाहर जा रहे हो ?''

''हाँ।''

''किंतु सुबह से आपने भोजन...''

''एक दिन भोजन नहीं किया तो क्या हुआ ? जहाँ बारह वर्षों का वनवास स्वीकृत करते हैं वहाँ एक दिन भोजन न करने से क्या अंतर पड़ेगा ? वृषाली, मेरा रथ लाने को कहो।''

वृषाली चली गई। सीढ़ियाँ उतरकर कर्ण नीचे बरामदे में आया। बरामदे में एक बैठक पर अधिरथ बैठे हुए थे। उनके समीप द्रुम भी बैठा था। मृत्युंजय और वृषकेतु खड़े थे। द्वार के समीप राधा माँ थी।

वृषकेतु बता रहा था, ''नगर सीमा तक सभी जन छोड़ने गए थे। सभी रो

रहे थे। और दादाजी, पांडव नहीं रो रहे थे। युधिष्ठिर महाराज ने सभी को समझाया और सभी से बिदा ली।''

अधिरथ ने लंबी साँस भरी। उन्होंने कहा, ''भाग्य ! और नहीं तो क्या ! जिन्होंने कुछ ही दिन पहले दिग्विजय करके राजसूय किया, वही पराक्रमी पांडव द्यूत में पराजित होकर वनवास जाते हैं, इस पर विश्वास ही नहीं होता।''

''पुरुष तो सह लेंगे। किंतु राजकुमारी !'' राधा माँ ने अश्रु पोंछे।

कर्ण ने खाँसकर अपने आने का संकेत दिया। सभी का ध्यान उस ओर गया। कर्ण आगे बढ़ा। अधिरथ ने पूछा, ''बाहर जा रहे हो ?''

''हाँ, प्रासाद में।''

''अवश्य जाओ। किंतु आते समय मेरा एक काम करना।''

''कैसा काम ?''

''आते समय वे पासे जरा ले आना। मुझे उनका दर्शन करना है।''

''तात !''

''राधेय, वे तो परमेश्वर से भी बड़े हैं। अब इस धरातल पर केवल वही पराक्रम शेष रह गया है।''

''तात !''

''नहीं कर्ण ! इस संबोधन से मुझे मत पुकारो। तुम मुझे नदी के प्रवाह में मिले। ईश्वरीय प्रसाद समझकर मैं तुम्हें अपने गृह ले आया। तुम्हारे चरणों से मेरा पुत्रहीन जीवन सफल होने का आभास हुआ। तुम्हारे आने के पश्चात् इस द्रुम का जन्म हुआ। तुम्हारे गुणों से कुल का उद्धार हुआ ऐसा हमें प्रतीत हुआ। किंतु वह सब मिथ्या था। कर्ण, तुम्हारे इस कृत्य से हम किसी को मुँह दिखाने के पात्र नहीं रहे।''

''मेरा कृत्य ? क्या किया मैंने ?''

''क्या किया ! आज संपूर्ण नगरी में यही चर्चा है। साहस है तो सुनो, सभी कह रहे हैं कि तुम्हारे ही विचार से वह द्यूत हुआ। तुमने ही वह द्यूत खेलने के लिए सभी को विवश किया।''

''असत्य, तात ! मैंने युद्ध की राय दी थी, उस द्यूत में मेरा कोई हाथ नहीं था।''

''किंतु लोग उसे मानने के लिए तैयार नहीं हैं।''

''उसके लिए मैं क्या कर सकता हूँ ?''

''और उनका कहना असत्य भी तो नहीं। तुमने आग्रह किया होता तो युवराज द्यूत नहीं खेलते।''

''युवराज इतने आज्ञाकारी कब से बन गए ?'' कर्ण ने हँसकर पूछा।

''राधेय, मैं जितना तुम्हें जानता हूँ उतना ही युवराज को भी। तुम्हारा विरोध सहन करने की शक्ति युवराज में नहीं है, यह मैं अच्छी तरह जानता हूँ। और वह सबकुछ तुमने खुले नेत्रों से देखा, होने दिया यही तुम्हारा पातक है। कर्ण, सारे संसार

की वंचना हम कर सकते हैं, किंतु अपने हृदय की...नहीं, वह कभी नहीं कर सकते। सुरा से भी नहीं..."

"मैं चलता हूँ।"

कर्ण शीघ्रता से सीढ़ियाँ उतर गया। महल के सामने रथ खड़ा था। रथ की मशालें हवा से फरफरा रही थीं। कर्ण के पीछे द्रुम दौड़ा। कर्ण रथ पर चढ़ ही रहा था कि द्रुम ने आकर कहा, "भैया, मैं भी आता हूँ।"

"नहीं।"

कर्ण ने लगाम हाथ में ली। सेवकों ने अश्वों की डोरियाँ छोड़ीं। चाबुक लेकर कर्ण ने हाथ ऊपर उठाया। उस आवाज से रथ दौड़ने लगा।

राजप्रासाद में जाने पर कर्ण को ज्ञात हुआ कि दुर्योधन तोरणस्फटिका में है। कर्ण ने रथ सीधा तोरणस्फटिका की ओर लिया। तोरणस्फटिका मशालों के प्रकाश में प्रकाशित हुई थी। कर्ण का रथ रुकते ही सेवकों ने रथ को सँभाला। कर्ण रथ से नीचे उतरा। उसने पूछा, "युवराज ?"

"भीतर हैं।"

"और कौन है ?"

"शकुनि महाराज।"

"और ?"

"कोई नहीं।"

उस परिस्थिति में भी कर्ण की मुद्रा पर स्मित छा गया। वह शीघ्रता से सीढ़ियाँ चढ़ने लगा। सभागृह के द्वार पर ही कर्ण रुक गया। संपूर्ण सभागृह दीपदानों के प्रकाश से प्रकाशित हो उठा था। सभा-स्थान के सामने स्फटिक भूमि पर लाल ऊनी बैठक बिछाई हुई थी। उस पर चंदन का चौकोर आसन द्यूत-पट के रूप में रखा हुआ था। उसकी दोनों ओर पुरुष की लंबाई जितने दीपदान प्रकाशमान थे।

शकुनि और दुर्योधन सुरा का आस्वाद लेते हुए द्यूत खेल रहे थे।

दुर्योधन ने पासे हिलाकर द्यूत-पट पर फेंके। वह चीख उठा, "मामाश्री, मैं जीत गया।"

"हाँ युवराज, मैं अपनी वैडूर्य रत्न की अँगूठी हार गया हूँ।" शकुनि ने कहा। हर्ष से दुर्योधन जोर से हँस पड़ा। उसने सुरा पात्र रिक्त किया। पीछे खड़ी दासी ने तत्काल पात्र पुनश्च भर दिया। अपने होंठों पर हाथ फिराकर दुर्योधन ने कहा, "समझ में नहीं आता कि वह मूर्ख युधिष्ठिर कैसे हार गया।"

"कुमार, द्यूत के लिए हाथ में गुण होना चाहिए। वह तुम्हारे हाथ में है। कुमार, उठाओ पासे। वे आज तुम्हें वश हैं।"

"मामाश्री, पण बोलिए।"

अपने गले के हार को स्पर्श करके शकुनि ने कहा, "मेरा यह अनमोल हार मैं पण में लगता हूँ। युवराज, आप इसके लिए क्या लगाएँगे ?"

“मैं।” भीतर प्रवेश करने वाले कर्ण ने कहा, “युवराज के गले का हार।”

दुर्योधन-शकुनि ने एक ही समय कर्ण की ओर देखा। दुर्योधन हडबड़ी से उठा। कर्ण की ओर जाते हुए उसने कहा, “आओ मित्र ! मैं आज प्रमुदित हूँ। वे पांडव बारह वर्ष वनवास और एक वर्ष अज्ञातवास के लिए चले गए। मामाश्री के कारण ही यह साध्य हो सका।”

“किंतु युवराज ! यह दूसरा द्यूत हुआ कैसे ? मुझे कैसे ज्ञात नहीं हुआ ?”

दुर्योधन मुसकराया। सुरा का अमल उस पर कुछ अधिक ही चढ़ गया था। उसने कहा, “वह गोपनीय है। मामाश्री ने ही बताया था कि तुम्हें इस संबंध में कुछ नहीं बताया जाए। तुम तो विरोध ही करते न !”

कर्ण ने सम्मतिदर्शक गरदन हिलाई।

“सही है। मामाश्री कभी भूल नहीं कर सकते। पांडवों के जाने के पश्चात् मामाजी और मैं पुनः तात से मिलने गए। तात ने पुनः सम्मति दी। हमने पांडवों को पुनश्च आह्वान दिया और उस मूर्ख युधिष्ठिर ने उसे स्वीकारा भी। तत्पश्चात् सब कारोबार झट से हो गया। मामाश्री ने एक ही पण लगाया और पांडव उसे हार गए। सदा के लिए...”

दुर्योधन ने कर्ण के कंधों पर हाथ रखा। द्यूत की ओर ध्यान जाते ही दुर्योधन ने कहा, “कर्ण, मैंने आज मामाश्री के साथ द्यूत खेला। मैं नहीं हारा। मामाश्री हार गए। मैंने उन्हें जीत लिया।”

“युवराज कभी हारते नहीं।” कर्ण ने कहा।

“विश्वास नहीं हो रहा है तो पूछो मामाश्री से...” दुर्योधन ने कहा।

“अंगराज, कुमार सत्य कह रहे हैं। आज पासे उन्हें वश हैं।”

“वाह ! प्रतीत होता है एक दिन में बहुत प्रगति हो गई है। युवराज, यदि आप ऐसे ही खेलते रहे तो बारह वर्ष में आपकी भी ख्याति कृतहस्त और अतिदेवी के रूप में सहज ही हो जाएगी।”

दुर्योधन मुसकराया। उसकी ओर ध्यान न देते हुए कर्ण ने कहा, “युवराज, अब एक ही त्रुटि रह गई है।”

“त्रुटि ?” दुर्योधन ने पूछा।

“अपने राज्य में अब मदिरालय खोलने चाहिए। द्यूतगृह तो है ही। उसके लिए पर्याप्त मदिरा निर्मित होनी चाहिए।”

दुर्योधन ने घूरकर कर्ण की ओर देखा। और कहा, “उपहास कर रहे हो ?”

“युवराज का उपहास मैं भला कैसे कर सकता हूँ ? अब भय का कोई कारण ही नहीं। बारह वर्ष में आप द्यूत में निष्णात हो जाएँगे। यदि पांडव वापस आ भी गए तो उन्हें कभी भी पुनश्च बारह वर्ष के लिए भेज दिया जा सकता है।” कर्ण ने दासी की ओर देखकर कहा, “दासी, इसके आगे युवराज का सुरा पात्र कभी भी रिक्त नहीं रहना चाहिए। भरो वह पात्र।”

दासी आगे बढ़ी। उसने पात्र भरकर युवराज के हाथ में दिया। संताप से पात्र फेंककर दुर्योधन चीख उठा, "मित्र, क्या संतोष का एक दिन भी भोग लेना मेरे भाग्य में नहीं है ?"

"कल से आपको कष्ट नहीं होंगे युवराज।"

"कल क्या होगा ?"

"मैं चंपानगरी जा रहा हूँ। वह आज्ञा लेने के लिए ही रात्रि के इस प्रहर मैं यहाँ आया था।"

कर्ण की भुजा दुर्योधन ने कसकर पकड़ी। मानो भुजा में उँगलियाँ जैसे गड़ गई थीं।

"नहीं मित्र, मुझे छोड़कर तुम कहीं नहीं जाओगे।"

"क्यों ? पांडवों के वापस आने का भय है तुम्हें ?"

"भय ?" दूर हटकर दुर्योधन ने कहा, "यह शब्द ही मुझे ज्ञात नहीं है।"

"अंगराज ! ऐसी अशुभ बातें नहीं करनी चाहिए। शरीर पर पहने हुए केवल एक मात्र वस्त्र में पांडव वनवास चले गए, वह तुमने देखा नहीं ?" शकुनि ने पूछा।

"और उनके पीछे-पीछे नगर की सीमा तक पूरा हस्तिनापुर अश्रु बहाते हुए जा रहा था, वह आपने देखा नहीं ?" कर्ण ने उलटकर पूछा।

"आज रोएँगे। कल हँसेंगे।"

"किस पर ?"

"क्या कहा ?" शकुनि ने पूछा।

"शकुनि महाराज, जुआ एक बार ही जीता जाता है। देखते-ही-देखते बारह वर्ष गुजर जाएँगे और पांडव जब लौटकर आएँगे तब ये रोने वाले लोग ही उन्हें हँसते-हँसते अपने कंधों पर बिठाकर ले आएँगे। क्योंकि तब तक आपके जुआगृहों और मदिरालयों से प्रजा त्रस्त हुई होगी।"

"अंगराज।" संताप से उठकर शकुनि ने कहा।

"मामाश्री, पांडवों को वनवास भेजने से संकट नहीं टलता। यदि आप उन्हें नहीं चाहते तो उनका वनवास समाप्त होने के पूर्व ही जनमानस में उनका जो सिंहासन है उसे उखाड़कर फेंक देना चाहिए।"

"हम वह भी करेंगे।" दुर्योधन ने कहा।

"किस के बल पर ? पासों के ? वह कला अभी तक शकुनि महाराज को भी पूरी तरह से अवगत नहीं है। युवराज, पासों के पट पर अपने स्वयं के रूप का विस्मरण मत होने दीजिए। भरे स्वयंवर से राजपुत्री का हरण करने की दृढ़ता जिसके पास है; मित्र के लिए अंगदेश का राज्य फेंक देने की उदारता जिसमें है; जिसके हाथ की गदा बलराम कृपा से अद्वितीय है; ऐसा कौरव राज्य का युवराज द्यूत-पट में मग्न होता है, इससे और दुर्भाग्य क्या हो सकता है ? शकुनि के हस्तलाघव से राज्य सँभाले नहीं जा सकते युवराज। रणभूमि का जुआ निश्चित ही द्यूत-पट पर

तय नहीं किया जाता।''

''बस करो अंगराज ! इसके आगे अपमान का एक शब्द भी मैं सहन नहीं कर सकता। जिसके कारण यह दिन देखने को मिला उसके प्रति यह कृतज्ञता ? युवराज, आपको चुनाव करना ही होगा। एक यह राधेय या मैं।''

दुर्योधन दोनों की ओर देख रहा था। उसे कुछ उत्तर नहीं सूझ रहा था।

कर्ण आगे बढ़ा, ''युवराज, मैं शकुनि महाराज से क्षमा चाहता हूँ।'' शकुनी उस वक्तव्य से हर्षित हुए।

कर्ण ने दुर्योधन से पूछा, ''युवराज आपका खड्ग कहाँ है ?''

''क्या रात्रि को द्यूतगृह में विश्राम करते समय कोई अपना खड्ग समीप रखता है ?'' दुर्योधन ने उत्तर दिया।

''युवराज, आपका मुकुट ?''

''मुकुट धारण करने के लिए यह क्या राजसभा है ?''

''कम-से-कम आपकी छाती पर कवच तो होना ही चाहिए था,'' कर्ण ने कहा।

दुर्योधन अपनी हँसी रोक न सका। हँसते-हँसते उसने कहा, ''मित्र, प्रतीत होता है तुमने सुरापान कुछ अधिक ही किया है। कवच रणभूमि में धारण करते हैं या द्यूतगृह में ?''

''वही कह रहा हूँ मैं युवराज ! आवश्यकतानुसार ही शस्त्र, अस्त्र, वस्त्र और भूषण धारण किए जाते हैं। रणभूमि में शस्त्र उपयोगी होता है, अतः शय्यागृह में कोई शस्त्र लेकर नहीं बैठता। वे शस्त्र शस्त्रागार में ही शोभा देते हैं। युवराज अब बहुत अवधि शेष नहीं है। देखते-ही-देखते बारह वर्ष बीत जाएँगे। उसके पहले शस्त्रशाला, गजशालाएँ पूर्ववत् होनी चाहिएँ। राज्य सुरक्षित बनना चाहिए।''

''विचार उचित है तुम्हारा मित्र।'' दुर्योधन ने शकुनि की ओर देखा, फिर पट पर रखे पासे उठाकर फेंक दिए और कहा, ''मित्र मैं तुम्हें वचन देता हूँ। भविष्य में मैं इन पासों को स्पर्श भी नहीं करूँगा। उनका आश्रय नहीं लूँगा।''

क्रोध से अपना उत्तरीय सँभालकर शकुनि ने कहा, ''युवराज मैं चलता हूँ। आज्ञा ?''

''ठहरिए मामाश्री ! मैं सदैव आपका ऋणी हूँ। जब कभी आवश्यकता होगी तो कौरवों का कोषागार आपके लिए खुला रहेगा। आपको कोई भी नहीं रोकेगा।''

शकुनि के पीछे कर्ण-दुर्योधन के साथ तोरणस्फटिका के बाहर आया। दुर्योधन को राजगृह छोड़कर कर्ण स्वगृह लौटा।

आधी रात हो चुकी थी। द्वार खुल गया। द्वार पर हाथ में मशाल लेकर अधिरथ खड़े थे। अधिरथ ने मशाल पूर्ववत् स्तंभ पर लगा दी और द्वार बंद किया।

''तात ! आप अभी तक सोए नहीं ?''

''तुम्हारी ही प्रतीक्षा कर रहा था।'' अधिरथ का स्वर कंपित था। ''वसुषेण, तुम रुष्ट तो नहीं हुए न ? तुम्हारे जन्म से लेकर आज तक मैंने तुम्हें कभी कटु

शब्द नहीं कहे, किंतु आज...'' अधिरथ ने कर्ण का नाम वसुषेण रखा था। उस नाम से पुकारने भर से कर्ण पुलकित हो गया। अधिरथ को आलिंगनबद्ध करके कर्ण ने कहा, ''नहीं तात ! कभी-कभार तो बालकों पर क्रोध करना ही चाहिए। उससे उन्हें आनंद ही मिलता है। अब आप विश्राम कीजिए। कल से आपको बहुत सारे काम करने हैं।''

''काम !''

''हाँ, अब रथशाला, शस्त्रशालाओं के कार्य को गति मिलने वाली है।'' अधिरथ की मुद्रा पर प्रकट हुआ हर्ष देखने के लिए कर्ण वहाँ नहीं रुका।

प्रकरण-26

कर्ण ने जो कहा था वह मिथ्या नहीं था। हस्तिनापुर में एक नए उत्साह का संचार हुआ था। रथशाला, शस्त्रशालाएँ आरंभ हो गईं। राज्य के बाहर बिखरे हुए कारीगरों को पुनश्च हस्तिनापुर बुलाया गया। रथशाला में सुदृढ़ रथों का निर्माण होने लगा...। शस्त्रशाला में खड्ग, तोमर, प्रास, नाराच, बाण आदि तैयार हो रहे थे। गजशाला, अश्वशाला में सुलक्षणी गजों और अश्वों का पालन-पोषण हो रहा था। आश्रमों में शस्त्रविद्या में निपुण वीर तैयार हो रहे थे। दुर्योधन और कर्ण के नेतृत्व में राज्य के अठारह कारखाने आठों प्रहर कार्य करने लगे।

वृषसेन, दुर्योधन-पुत्रों के साथ आश्रम जाता था। दुर्योधन के साथ कर्ण राज्य का कारोबार देख रहा था। पलट रहे वर्षों का भी भान उन्हें नहीं था।

दुर्योधन के महल में कर्ण और दुर्योधन बैठे थे। रात्रि का समय था। दुर्योधन ने कहा, ''मित्र सुवर्णकारों ने गजशाला के हौदे और अम्मारियाँ अच्छी बनाई हैं न ?''

''युवराज, आपके जैसा कला की प्रशंसा करने वाला स्वामी मिलने पर कलाकारों को अपने आप प्रोत्साहन मिलता है।''

''कर्ण ! रथशाला, शस्त्रशाला, आश्रम आदि देखकर अब मैं तंग आ चुका हूँ। रोज-रोज वही।''

''युवराज, अब ऋतु अच्छी है। अपने मनोरंजन के लिए हम मृगया के लिए जा सकते हैं। यह ऋतु वैसे भी मृगया की ही है।''

''अच्छी कल्पना है। सचमुच हम मृगया के लिए अवश्य जाएँगे। प्रतिदिन के जीवन में कुछ परिवर्तन तो अच्छा ही लगेगा।''

सेवक ने महल में प्रवेश किया और कहा, ''शकुनि महाराज पधार रहे हैं।''

कर्ण और दुर्योधन खड़े हो गए। दोनों ने शकुनि का स्वागत किया। शकुनि के विराजमान होते ही दुर्योधन ने पूछा, ''मामाश्री, आजकल आपका दर्शन दुर्लभ हो गया है।''

''दुर्योधन, अरे द्यूत के अतिरिक्त हमें कुछ आता नहीं और तुम द्यूत खेलते नहीं। फिर अपनी भेंट होगी भी कैसे ?''

कर्ण उठा, शकुनि के समीप जाकर उसने कहा, ''महाराज, इस कर्ण पर इतना क्रोध मत कीजिए। एक बार क्रोध में आकर मैंने कह दिया, किंतु आपके हृदय से अभी तक वह बात गई नहीं। बड़ों से क्षमा की अपेक्षा नहीं करनी तो किससे ?''

उठकर शकुनि ने कर्ण के कंधे पर हाथ रखा।

''नहीं अंगराज, मैंने यूँ ही कह दिया। मेरे हृदय में ऐसी कोई बात नहीं है। तुम दोनों निश्चयपूर्वक खड़े रहे इसीलिए तो अब हस्तिनापुर पुनश्च राजधानी प्रतीत होने लगी। सभी प्रजाजन तुम्हारी प्रशंसा करते हैं। पांडवों का स्मरण भी उन्हें नहीं होता।''

''बेचारे पांडव।'' दुर्योधन ने हँसकर कहा, ''जंगल में कहाँ-कहाँ घूम रहे होंगे कौन जाने !''

''कुमार ! वनवासी पांडव अपने ही राज्य के द्वैत वन में वनवास का काल व्यतीत कर रहे हैं।'' शकुनि ने कहा।

''द्वैत वन में ? किंतु मामाश्री, आपको यह किसने बताया।'' कर्ण ने पूछा।

''अंगराज, आज मैं धृतराष्ट्र महाराज के दर्शन के लिए गया था। वहाँ कथा सुनाने वाला एक ब्राह्मण आया था। उसी ने पांडवों का वृतांत्त सम्राट् को कथन किया। वनवास में पांडवों को हो रहे कष्टों के संबंध में सुनकर सम्राट् बहुत दुःखित हुए।''

''फिर तात ने उन्हें वापस तो नहीं बुलाया।'' दुर्योधन ने पूछा।

''नहीं, उलटा उन्होंने कहा कि पांडवों को उनकी संपत्ति का अल्पांश भी नहीं देंगे।''

''सच ?'' प्रमुदित होकर दुर्योधन ने पूछा।

''हाँ, किंतु पांडवों का समाचार सुनकर सम्राट् चिंता में पड़ गए हैं। पांडवों के हाथों कौरवों का विनाश होने का भय उन्हें लग रहा है।''

''तात का भय व्यर्थ है।'' दुर्योधन ने कहा। ''पांडव वनवास से लौटेंगे तब तक हस्तिनापुर का सामर्थ्य शत गुना अधिक बढ़ा हुआ होगा।''

''युवराज हम मृगया के लिए जा ही रहे हैं। तो अन्य किसी स्थान पर जाने की अपेक्षा यदि द्वैत वन ही जाएँ तो...?''

''द्वैत वन ?''

''हाँ, पांडव वहीं हैं। अपने संपूर्ण वैभव के साथ उस वन में मृगया के लिए

जाएँगे। वनवास भोग रहे, वल्कल पहने हुए, कंद-मूल खाकर जी रहे पांडवों को हमारा ऐश्वर्य देखकर निश्चित ही खेद होगा। शत्रु के हृदय की ईर्ष्या का अनुभव करने में भी कुछ और ही आनंद मिलता है।''

''सत्य है।'' दुर्योधन विचार में डूब गया। ''किंतु तात इसे सम्मति नहीं देंगे।''

शकुनि ने विश्वास दिलाया, ''कुमार उसकी चिंता मत कीजिए। अपना गोधन द्वैत वन में ही है। उसके लिए हमें सम्राट् से अनुमति अवश्य मिलेगी। यह काम आप मुझ पर सौंप दीजिए।''

दूसरे ही दिन कर्ण व दुर्योधन महाराज धृतराष्ट्र से मिलने गए। शकुनि पहले ही वहाँ पहुँच चुके थे। क्षेम-कुशल हो रहा था कि पूर्व संकेत के अनुसार संगम नामक बल्लव वहाँ आया और उसने धृतराष्ट्र को गोधन का वृत्त सुनाया। शकुनि ने कर्ण की ओर देखा। कर्ण आगे बढ़ा। उसने कहा, ''महाराज, एक विनती है।''

''बोलो राधेय।''

''अब मृगया की ऋतु है। युवराज भी राज्य कारोबार से थक गए हैं। आप यदि आज्ञा दें तो हम द्वैत वन चले जाएँगे। ग्वालों की बस्तियाँ, पशुओं की आयु, जाति, वर्ण आदि की गणना करेंगे। यह करना आवश्यक है। मृगया के साथ यह कार्य भी संपन्न होगा।''

''नहीं राधेय, मैं अनुमति नहीं दे सकता।''

''क्यों ?'' दुर्योधन ने पूछा।

''क्योंकि वहाँ पांडवों का वास्तव्य है।''

शकुनि ने कहा, ''महाराज उन पांडवों से हमें कुछ लेना-देना नहीं है। हम मृगया करेंगे। गोधन देखेंगे।''

धृतराष्ट्र विचार में पड़ गए यह देखकर वहाँ बैठे भीष्माचार्य से रहा नहीं गया। उन्होंने कहा, ''शकुनि, मृगया करनी ही हो, तो उसके लिए अन्य कई स्थान उपलब्ध हैं। जहाँ पांडव हैं वहाँ आप लोग जाएँ, यह मुझे उचित नहीं प्रतीत होता। यह जोखिम सम्राट् को नहीं उठानी चाहिए।''

''कैसी जोखिम ?'' दुर्योधन ने कहा, ''वे वनवासी ! वे हमारा क्या बिगाड़ सकते हैं ? और पांडवों की यदि चिंता है तो उसकी चिंता न कीजिए। निःशस्त्रों पर वार करने की हमारी रीत नहीं है। हम तो अपने परिवारों सहित जा रहे हैं। हम उन पांडवों की ओर देखेंगे तक नहीं। मृगया करके गोधन की गिनती करके वापस लौटेंगे।''

''यदि ऐसा ही है तो तुम जा सकते हो।'' धृतराष्ट्र ने अनुमति दी।

घोषयात्रा के लिए जाने का कार्यक्रम निश्चित हो गया। यात्रा की तैयारियाँ आरंभ हो गईं। दुर्योधन अपने संपूर्ण वैभव के साथ घोषयात्रा के लिए निकला। उसके साथ शकुनि, कर्ण आदि राजा थे। कौरव स्त्रियाँ भी साथ थीं। दल के साथ संपूर्ण परिवार सहित दुर्योधन द्वैत वन की ओर बढ़ रहा था।

गजों की चीत्कारों और रथों की गड़गड़ाहटों से वह संपूर्ण मार्ग निनादित हो उठा था।

प्रकरण-27

द्वैत वन में गए कौरवों के समाचार हस्तिनापुर में प्रतिदिन प्राप्त हो रहे थे। उन्हें श्रवण कर धृतराष्ट्र संतुष्ट हो रहे थे। शकुनि, कर्ण के साथ दुर्योधन गोधन का अवलोकन कर रहा था। पशुओं की गिनती की जा रही थी। घोषयात्रा पूरी करके दुर्योधन अपने परिवार सहित द्वैत वन की ओर वन-संचरण के लिए निकला था।

धृतराष्ट्र का संतोष अधिक समय तक नहीं टिक पाया। एक दिन जो समाचार राजप्रासाद में प्राप्त हुआ उससे धृतराष्ट्र, विदुर, भीष्म और द्रोणाचार्य के हृदय चिंताग्रस्त हो गए। वन में गंधर्वों ने कौरवों पर आक्रमण किया था। उसमें दुर्योधन के साथ-साथ कौरव-स्त्रियों को भी गंधर्व बंदी बनाकर ले गए थे। सौभाग्य से वहाँ निकट ही वास्तव्य करने वाले पांडवों को यह समाचार मिला और संकट में फँसे कौरवों की सहायता के लिए अर्जुन आगे बढ़ा। गंधर्वों द्वारा बंदी बनाए गए दुर्योधन और दुर्योधन परिवार को अर्जुन ने मुक्त किया। इस घटना से धृतराष्ट्र संतप्त हो गए थे। भीष्म, विदुर और द्रोण कौरव सभा में अर्जुन के विशाल हृदय का, उसकी वीरता का मुक्तकंठ से गुणगान कर रहे थे।

दुर्योधन के आगमन की ओर सभी का ध्यान लगा हुआ था। एक दिन संध्या के समय दुर्योधन घोषयात्रा से वापस लौट आया। उसे राजप्रासाद में छोड़कर कर्ण स्वगृह आया। कर्ण-निवास में कुछ अजीब-सा वातावरण था। कर्ण-पुत्र, अधिरथ, राधा माँ, कर्ण-बंधु—सभी कर्ण की दृष्टि से बचना चाहते थे।

रात्रि के समय महल में प्रवेश करते ही कर्ण की दृष्टि वहाँ खड़ी हुई वृषाली पर गई। उसे देखते ही कर्ण मुसकराया। उसने कहा, "आज वातावरण कुछ संतप्त प्रतीत हो रहा है।"

"नहीं, यत्किंचित् भी नहीं।" वृषाली ने कहा।

कर्ण जोर से हँस पड़ा। "आनंद है।"

"हँस क्या रहे हो ?" वृषाली ने क्रोध में कहा, "बाहर मुँह दिखाने के पात्र नहीं रहे हैं हम।"

"क्यों ? क्या हुआ ?"

"आपका पराक्रम सभी को ज्ञात हुआ है।"

"वसू, विजय और पराजय का एक बात में बड़ा सादृश्य है। दोनों की कथाएँ अतिरंजित होती हैं।"

"क्या घोषयात्रा में जो हुआ वह असत्य है ?"

"असत्य नहीं, अतिरंजित।" कर्ण वृषाली के समीप गया और उसका हाथ थामकर उसे पलँग की ओर ले गया। शय्या पर बैठकर कर्ण ने कहा, "वसू, हमने घोषयात्रा समाप्त की। मृगया करके संतोषपूर्वक हम द्वैत वन की ओर जा रहे थे। जलक्रीड़ा के लिए सरोवर में स्थान निश्चित करने के लिए सेवक आगे गए थे। दुर्भाग्य से उसी सरोवर में एक गंधर्व अपनी स्त्रियों सहित जलक्रीड़ा कर रहा था। उसने दूतों को वापस भेजा। द्वैत वन यह कुरु राज्य की भूमि। उस भूमि पर हुआ सेवकों का अपमान दुर्योधन को सहन नहीं हुआ। वह युद्ध के लिए तैयार हुआ। युवराज नहीं मान रहे हैं,यह ध्यान में आते ही मैंने सेना के साथ गंधर्व पर आक्रमण किया।"

"फिर ?"

"फिर क्या ! जो होना था वही हुआ। गंधर्व आकाश-युद्ध में प्रवीण। हमने जैसे ही वन में प्रवेश किया, आकाश से चारों ओर से शर-वर्षा होने लगी। तीर जंगल से आ रहे हैं या आकाश से, यही समझ में नहीं आ रहा था। शत्रु दिखाई नहीं दे रहा था। केवल हमारे ही सैनिक घायल हो रहे थे। पूरी गंधर्व सेना ने हमें उस वन में घेर लिया। मेरा रथ धीरे-धीरे दुर्बल बन रहा था। छत्र, धुरा, ध्वज, ईष्या-- सब टूट गए थे। अंततः रथ को त्यागकर विकर्ण के रथ के आश्रय से किसी तरह प्राण बचाने पड़े।"

"और युवराज ?"

"मैं और विकर्ण घायल अवस्था में बड़ी कठिनाई से सुरक्षित स्थान पर पहुँचे। कौरव सेना वन में बिखरी हुई थी। युद्ध की समाप्ति पर जब सभी एकत्रित होने लगे तब युवराज की कथा ज्ञात हुई। मेरी पराजय देखकर स्वयं युवराज चंद सेना के साथ गंधर्वों पर टूट पड़े थे और प्रबल गंधर्व युवराज को स्त्री, परिवार सहित बंदी बनाकर ले गए थे। वनवासी पांडवों को यह समाचार प्राप्त होते ही अर्जुन ने दुर्योधन को गंधर्वों से मुक्त किया और फिर युवराज, स्त्री, परिवार सहित सुरक्षित वापस लौट आए।"

"किंतु यहाँ तो सभी लोग आपको ही दोष दे रहे हैं।"

"मुझे ?"

"हाँ, उनका कहना है कि आपने युवराज को एकाकी छोड़कर रणभूमि से पलायन किया।"

"वसू, रणभूमि में जो लड़ते हैं वे उसकी बातें नहीं करते और जिन्होंने रणभूमि का दर्शन भी नहीं किया होता वे सदैव रणभूमि की कथा सुनाने में रस लेते हैं। इसलिए तो उन कथाओं में रंग भरता है। वसू, रणभूमि का रंग गुलाबी नहीं होता। गाढ़े रक्त जैसा गहरा लाल होता है। वहाँ विजय के साथ हास्य नहीं प्रकट होता। घायल वीरों की वेदनाओं से रणभूमि आक्रोश करती रहती है। विजयी वीरों को

विजय के पश्चात् भी उस भूमि पर मृत्यु की आहट ही सुनाई देती है।''

कर्ण उठा। उसके चक्षुओं के सामने रणभूमि ही दिखाई दे रही थी। मुखमंडल पर कुछ अलग ही भाव प्रकट हुआ था। वृषाली की ओर न देखकर ही कर्ण बोल रहा था, ''वसू, पौरुष का अहंकार मेरा स्थायी भाव है। वेदना सहन करना मेरा स्वभाव है। मृत्यु की वल्गना मैं सदैव करता था। किंतु उस रणभूमि पर एक क्षण ऐसा आया कि चारों ओर से धुआँधार वर्षा की तरह शर-वर्षा होने लगी। कुछ दिखाई नहीं दे रहा था। सुनने में आ रहा था केवल गंधर्वों का विजयी हास्य। उस घने जंगल में जब साक्षात् मृत्यु सामने खड़ी होने की अनुभूति हुई तब सारा अहंकार, बल कहाँ-से-कहाँ लुप्त हो गया। प्राण बचाने के लिए जो भी मार्ग समक्ष था उससे मैं भागने लगा। जिस रथ का आधार मैंने लिया वह रथ विकर्ण का है यह भी मुझे पर्याप्त समय बाद ज्ञात हुआ।''

कर्ण मुड़ा। वृषाली के नेत्रों में अश्रु थे। उसकी ओर उँगली उठाकर कर्ण ने कहा, ''वसू, यही वे अश्रु, जिन्होंने तुम्हारे पति को मृत्यु का भय सिखाया।''

वृषाली ने ऊपर देखा। उसकी दृष्टि से दृष्टि मिलाकर कर्ण ने कहा, ''वसू, जब शत्रु ने घेर लिया, चारों दिशाएँ शत्रु से व्याप्त हो गईं और अटल पराजय समक्ष दिखने लगी तब उस समय साक्षात् तुम्हारी मूर्ति सामने खड़ी हुई और तुम्हारे स्मरण से जीवन की पूरी आसक्ति उछलकर उभर आई। एक क्षण के लिए पुरुषत्व का अहंकार, अभिमान, अस्मिता—सभी का विस्मरण हो गया। जीवन की सारी आसक्ति तुम्हारे रूप में प्रकट हो गई। मेरे एकाकी जीवन का केवल एक स्नेहबंधन इतना प्रबल है तो जिनके जीवन में पर्याप्त स्नेह और ऐश्वर्य हो ऐसे वीरों का क्या होता होगा ? वसू, मृत्यु की उस रेखा पर खड़े होने से मुझे पहली बार यह प्रतीत हुआ कि मेरे जीवन में तुम्हारा स्थान कितना ऊँचा है।''

कर्ण के आलिंगन में बद्ध होकर रुँधे गले से वृषाली ने कहा, ''स्वामी, मैंने सबकुछ पा लिया...''

बाहर शुभ्र चाँदनी बरस रही थी...

प्रकरण-28

दूसरे ही दिन संध्या के समय विकर्ण, कर्ण के महल में आया। उसने कहा, ''अंगराज, आपको प्रासाद पर आने के लिए आमंत्रण भेजा है।''

''किसने ? युवराज ने ?''

''नहीं, सम्राट् ने।''

कर्ण के ध्यान में तुरंत सारी बात आ गई। उसने शांतिपूर्वक पूछा, ''वहाँ पितामह, विदुर, आचार्य तो होंगे ही।''

विकर्ण खिन्नता से हँस पड़ा। उसने कहा, ''अंगराज, आज उससे कुछ नहीं होगा। पितामह ने तो राजसभा भी आमंत्रित की है।''

''किसलिए ?''

''आपके पराक्रम की प्रशंसा करने के लिए। रणभूमि से युवराज को एकाकी छोड़कर आपने पलायन किया...''

''असत्य ! विकर्ण तब तुम भी तो मेरे साथ थे। जब हमने गंधर्वों पर आक्रमण किया तब युवराज पीछे ही थे।''

''सत्य है, किंतु राजसभा उसे मानने के लिए तैयार नहीं है। पितामह ने युवराज को कुछ कहने का अवसर ही नहीं दिया।''

''प्रतीत होता है, विषय बहुत गंभीर है।''

''आपने समय गँवाया तो और भी गंभीर हो सकता है—यदि कहा जाए कि आप विश्राम कर रहे हैं, आपका स्वास्थ्य ठीक नहीं है तो कदाचित्...''

''नहीं विकर्ण ! भ्रम बढ़ जाने के पहले ही उसे दूर करना अच्छा होता है। मैं आता हूँ। और कुछ...''

''वैसे विशेष कुछ नहीं। किंतु कहते हैं कि अंगदेश का राज्य आपसे वापस ले लिया जाएगा...''

''हं ! युवराज ने यदि कहा तो अवश्य मैं वह राज्य उनके चरणों में रख दूँगा। किंतु किसी ने छीन लेने की बात की तो नहीं चलेगा। मैंने स्व-पराक्रम से वह राज्य प्राप्त किया है। ठीक है। चलो, देखते हैं क्या होता है ?''

कर्ण भीतरी महल में गया। कुछ ही समय के पश्चात् राजप्रासाद जाने के लिए वह निकल पड़ा।

विकर्ण ने जो कहा था उसमें अतिशयोक्ति नहीं थी। राजसभागृह संपूर्ण भरा हुआ था। सभी का ध्यान कर्ण के आगमन पर लगा हुआ था। विकर्ण के पीछे-पीछे आने वाले कर्ण को देखकर सभागृह में स्तब्धता छा गई। कर्ण सिर ऊँचा करके सभागृह में चल रहा था। उसकी निर्भय दृष्टि सभी पर घूम रही थी। कर्ण ने सम्राट् को प्रणाम किया। भीष्म, द्रोण, विदुर—सभी के मुख पर कर्ण के प्रति अप्रीति स्पष्ट दिखाई दे रही थी। दुर्योधन धृतराष्ट्र के सम्मुख खड़ा था। सिर उठाकर कर्ण की ओर देखने का साहस भी उसमें नहीं बचा था। दुर्योधन के पार्श्व भाग में शकुनि, और दुःशासन नतमस्तक बैठे थे। कर्ण को देखते ही भीष्माचार्य ने कहा, ''सम्राट्, आपकी आज्ञानुसार अंगराज कर्ण उपस्थित हुआ है।''

थके हुए स्वर में धृतराष्ट्र ने कहा, ''पितामह, उसके व्यवहार से आज कुरु राज्य की गरदन नीचे झुक गई है। उस संबंध में मुझे कुछ नहीं कहना है। आप

ही मेरी ओर से भाग लीजिए।''

''उसमें मुझे भी आनंद नहीं है।'' भीष्म ने कहा, ''जो कुछ भी हुआ उसमें युवराज दुर्योधन का कुछ दोष मुझे तो नहीं दिखाई देता। सभी का कारण एक ही है।'' कर्ण की ओर उँगली उठाकर भीष्म गरज पड़े, ''यह सूत-पुत्र राधेय।''

कर्ण ने भीष्म की ओर देखा। कर्ण के होंठों पर स्मित की लहर देखकर भीष्म का संताप और भी बढ़ गया।

कर्ण ने गरदन हिलाई। भीष्म कह रहे थे, ''तुमने घोषयात्रा का विषय निकाला था तभी मैंने उसका विरोध किया था। किंतु सम्राट् से विनती करके तुमने उनकी सम्मति प्राप्त की। जो नहीं करना चाहिए था वह किया और स्वयं की यह दुर्गत बना ली। और इतना होकर भी तुममें से किसी को भी उस पर लज्जा नहीं आती, इसका मुझे आश्चर्य होता है।''

''हमसे ऐसा कौन सा कर्म हुआ कि जिस पर हमें लज्जा आए ? आपका संताप बढ़े ? क्या उसका कारण हम जान सकते हैं ?''

उस प्रश्न से भीष्म अवाक् हो गए।

''तुमसे कुछ चूक हुई ऐसा भी तुम्हें प्रतीत नहीं हो रहा न ? धन्य ? धन्य हो तुम ! कुरु राज्य के युवराज को परिवार सहित बंदी बना लिया जाता है इससे और लज्जास्पद बात क्या हो सकती है ? राधेय, जिन पांडवों से तुम इतना द्वेष करते हो, जिन्हें कपट से तुमने वनवास भेज दिया वही पांडव युवराज की सहायता के लिए दौड़कर आ जाएँ और अर्जुन द्वारा ही कुरु युवराज दुर्योधन की मुक्तता हो जाए...क्या यह तुम्हें लज्जास्पद नहीं ? उस श्रेष्ठ धनुर्धर अर्जुन की महानता की तो सीमा ही नहीं है और तुम...''

''पितामह ! पांडवों की इतनी प्रशंसा मत कीजिए। पांडव कौरवों के दास हैं। उन्होंने युवराज की मुक्तता की इसमें उनका कोई उपकार नहीं है। स्वामी की सेवा करना दास का धर्म ही है। वह भाग्य उन्हें प्राप्त हुआ यह उनका सौभाग्य।''

''राधेय ऽ ऽ'' भीष्म क्रोधित हुए। उन्हें शांत करके द्रोण ने कहा, ''पितामह, शांत हो जाइए। लज्जा, सज्जन धारण करते हैं। वह रीत इस अंगराज कर्ण में कहाँ से आएगी ? इसीलिए मैं उसे राजसभा में बुलाने के विरुद्ध था।''

''बहुत सुन लिया।'' कर्ण के नेत्र आरक्त बन गए थे। ''आचार्य, न हमने कोई अपराध किया है और न ही सम्राट् की आज्ञा का भंग। निर्धारित कार्यक्रम के अनुसार हमने अपनी घोषयात्रा पूरी की और मृगया के लिए द्वैत वन में प्रवेश किया। पांडवों को ढूँढ़ने हम वहाँ नहीं गए थे। उनका दर्शन भी हमें नहीं हुआ। युवराज द्वारा जल-विहार का आग्रह करने पर ही गंधर्वों का प्रकोप हुआ।''

''और फिर अंगराज महाधनुर्धर कर्ण युवराज को एकाकी छोड़कर प्राण के भय से वहाँ से भाग निकले, यही न ?'' द्रोणाचार्य ने व्यंग्य से कहा।

"हाँ यही। केवल उसमें कुछ भ्रांति पैदा हुई है। मैं और विकर्ण जब गंधर्वों के सम्मुख खड़े हुए तब युवराज हमारे साथ नहीं थे। आचार्य, मृत व्यक्ति शत्रु को जीत नहीं सकता। प्रबल गंधर्वों से युद्ध में पीछे हटना ही योग्य था।"

"और अंगराज ! आप जो नहीं कर सके वह उस श्रेष्ठ धनुर्धर अर्जुन ने कर दिखाया। गंधर्वों से युद्ध करके उसने कौरव युवराज को मुक्त किया, यह तो सत्य है ?" भीष्म ने पूछा।

"मुक्त किया यह सत्य है। किंतु युद्ध करके या याचना करके यह मुझे ज्ञात नहीं।"

"अंगराज !"

"पितामह ! पांडवों की इतनी प्रशंसा मत कीजिए। हम मृगया के लिए गए, उसी समय गंधर्व उसी सरोवर में कैसे उतरे, युवराज को उन्होंने कैसे बंदी बनाया और अर्जुन सहायता के लिए कैसे दौड़ पड़ा यह हमें ज्ञात नहीं। अर्जुन इतना पराक्रमी कब से बन गया ?"

"वह तुम नहीं समझ सकोगे। अंगराज कुल से हीन, हृदय से क्षुद्र और वाचा से आत्मश्लाघा करने वाले पुरुष को अर्जुन का सत्य रूप कैसे दिखाई देगा ?"

"मैं भी वही कह रहा हूँ पितामह। जिस गंधर्व ने युवराज को बंदी बनाया उसका नाम है चित्ररथ। क्या स्वर्ग के कुंड वीरान हो गए थे इसलिए वह पृथ्वी के इस सरोवर में अपने परिवार सहित उतरा था ? जब हमारे दल पर चित्ररथ ने आक्रमण किया तब अर्जुन, कौरवों की सहायता करने क्यों नहीं आया ? तब उसका बाहुबल कहाँ गया था ?"

"पांडवों के पराक्रम को दर्पण की आवश्यकता नहीं।" भीष्म ने हँसकर कहा, "राधेय, यह मत भूलो कि पांडवों ने स्व-पराक्रम से राजसूय यज्ञ किया है।"

"हाँ, एक ही रात्रि में राज्य का विभाजन हो सकता है पितामह। किंतु एक रात्रि में राज्य बलशाली नहीं बनता। श्रीकृष्ण के चतुरंग दल की सहायता से ही पांडवों का वह तथाकथित बाहुबल का पराक्रम सिद्ध हुआ है। कम-से-कम आपको तो उसका विस्मरण नहीं होना चाहिए। राजसूय यज्ञ में आपने ही श्रीकृष्ण को अग्रपूजा का सम्मान दिया था न ?"

भीष्म कुछ उत्तर नहीं दे सके।

विदुर ने पूछा, "किंतु अर्जुन ने युवराज को मुक्त किया, यह तो सत्य है ?"

"हाँ, चित्ररथ और अर्जुन का पुराना स्नेह है। हर्षभरित होकर दोनों ने एक-दूसरे को गले लगाया वह दृश्य आपने नहीं देखा होगा, परंतु युवराज ने अवश्य देखा है।"

"कर्ण, तुम कहना क्या चाहते हो ?" धृतराष्ट्र ने पूछा।

"क्षमस्व ! मैं बहुत कुछ कहना चाहता हूँ। किंतु उसे सुनेगा कौन ? महाराज, जो हुआ उसके पीछे निश्चित ही पांडवों का हाथ है। चित्ररथ के माध्यम से उन्होंने

ही यह षड्यंत्र रचाया होगा। वनवास में रहते हुए भी उनके हृदय में कितना तीव्र शत्रुभाव जाग्रत है इसकी यह घटना साक्षी है। द्वैत वन में हमारे जाने का समाचार उन्हें पहले ही मिल चुका होगा। वह दिव्य दृष्टि चाहे उनके पास न हो, किंतु वह दृष्टि उन्हें प्राप्त करा देने वाले कई व्यक्ति हमारी इस राजसभा में उपस्थित हैं। पांडवों के कृत्य के लिए क्रोधित होने की अपेक्षा उनका ही गुणगान करने वाले हमारे आयुवृद्ध, तपोवृद्ध उलटे हमारे ही माथे दोष लगाने के लिए राजसभा का आयोजन कर रहे हैं। और उसके लिए न किसी को खेद है, न रंज।''

कर्ण के उस वक्तव्य से संपूर्ण सभा का रूप ही परिवर्तित हो गया। दुर्योधन की मुद्रा गर्व से प्रमुदित हो उठी। धृतराष्ट्र ने पूछा, ''कर्ण, तुम्हारा कहना कदाचित् सत्य होगा भी। किंतु जो अपमान हुआ उसका शल्य तो हृदय में रहेगा ही।''

''जय-पराजय की निश्चिति किसी को नहीं होती। हमारी पराजय गंधर्वों से हुई है, पांडवों से नहीं। उसके लिए कोई भी ज्ञानी हमें दोष नहीं देगा। किसी महायज्ञ का आयोजन करके भी इस पराजय का परिमार्जन किया जा सकता है।''

''महायज्ञ ! किस बल पर ? तुम्हारी रथशाला, गजशाला, शस्त्रगृह आदि को सुसज्ज करने में ही कौरवों के कोषागार रिक्त हुए हैं, यह किसी को ज्ञात है ?''

विदुर ने पूछा, ''राधेय, कल्पना में विहार करके ऐश्वर्य को नष्ट करना सहज है, किंतु उन रिक्त कोषागारों को पुनश्च भरने का सामर्थ्य किसमें है ?''

''मुझमें है। मैं अकेला दिग्विजय करके कौरवों के रत्नगृह पुनश्च समृद्ध करूँगा।''

''कब ?'' भीष्म ने पूछा।

कर्ण ने अपनी दृष्टि पितामह की दृष्टि से मिलाई। उसने कहा, ''पितामह ! पराक्रम की लालसा से नहीं, किंतु मित्र का कलंक मिटाने के लिए मैं शीघ्र ही दिग्विजय के लिए निकलूँगा। पांडवों के राजसूय से भी भव्य यज्ञ का आयोजन कर दिखाऊँगा। एक ही विनती है। जब मैं दिग्विजय करके वापस लौटूँ तब ऐसी ही राजसभा मेरे स्वागत के लिए आयोजित कीजिए जैसी आज मेरी निभर्त्सना के लिए आयोजित की गई थी। इस राजसभा में मैं अब सम्मान प्राप्त करने के लिए ही प्रवेश करूँगा। मैं चलता हूँ।''

''कर्ण, तुम्हारी विजय हो।'' कहते हुए भरी राजसभा में दुर्योधन ने कर्ण को गले लगाया और उसकी बाँह थामकर वह सभागृह से निकल पड़ा।

प्रकरण-29

दिग्विजय के लिए हस्तिनापुर में कौरव दल एकत्रित हो रहा था। महामार्ग पर अश्वों के पथक टापों की आवाज करते हुए तेजी से दौड़ते हुए दिखने लगे। रथों की गड़गड़ाहट होने लगी। अम्मारियों से सजकर जाने वाले गजों के चरणों से धरती दबने लगी। शंख, नगाड़ों की आवाजों से वातावरण धुंद हो गया। चंपानगरी से कर्ण दल के साथ-साथ चक्रधर भी हस्तिनापुर आया। दिग्विजय की तैयारियाँ पूरी हो गई थीं।

मुहूर्त के दिन कर्ण ने धृतराष्ट्र-गांधारी का दर्शन लिया। ब्राह्मणों ने मंत्र पठन कर उसे आशीर्वाद दिया। दुर्योधन से बिदा लेकर कर्ण रथारूढ हो गया। कर्ण का सारथ्य चक्रधर कर रहा था। महामार्ग से दल गुजरते समय मार्ग की दोनों ओर खड़े नागरिक कर्ण का जयघोष कर रहे थे। कर्ण-रथ जब कर्ण के महल के समीप आया तब कर्ण ने रथ से उतरकर अधिरथ-राधा माँ का आशीर्वाद लिया। वृषाली ने कर्ण की आरती उतारी और कर्ण पुनश्च रथारूढ हो गया। हस्तिनापुर के बाहर कर्ण की प्रतीक्षा कर रहे सेना सागर ने कर्ण को देखते ही उसकी जय-जयकार की। उस विशाल दल के साथ कर्ण दिग्विजय के लिए निकल पड़ा।

सर्वप्रथम कर्ण ने द्रुपद को अपना लक्ष्य बनाया। घनघोर संग्राम हुआ और अंत में द्रुपद को पराजित कर कर्ण ने कर-भार के रूप में उससे सुवर्ण, रौप्य, रत्न आदि के ढेर प्राप्त किए। द्रुपद की पराजय होते ही उस विभाग के अन्य राजा अपने आप ही कर्ण की शरण में आए और उन्होंने भी कर-भार प्रस्तुत किया। हिमालय तक का प्रदेश पादाक्रांत करके कर्ण पूर्व की ओर मुड़ा। कर्ण दल विजय प्राप्त करके आगे बढ़ रहा था। अंग, बंग, कलिंग, शुंडिक, मगध आदि देश जीतकर वह दक्षिण में उतरा। दक्षिण के प्रबल रूक्मी ने कर्ण के साथ प्रखर युद्ध किया। किंतु अंत में कर्ण का पराक्रम देखकर युद्ध समाप्त करके उसने विशाल कर-भार देकर कर्ण के साथ स्नेह जोड़ा।

कर्ण-विजय की वार्त्ताएँ हस्तिनापुर में प्राप्त हो रही थीं। विजय-वार्त्ता प्राप्त होने पर विजय का आनंद प्रकट करने के लिए नगर के चारों तटों से विजय नगाड़ों की गंभीर नाद उठ रही थी। दुर्योधन कर्ण के स्वागत की तैयारी में लगा हुआ था।

अपराह्न की कड़ी धूप में हस्तिनापुर की नगर सीमा के बाहर दुर्योधन अपने रथ में खड़ा था। पार्श्व भाग में उसका रक्षक दल खड़ा था। दुर्योधन की दृष्टि सामने का मार्ग निहार रही थी। उसे अधिक समय तक प्रतीक्षा नहीं करनी पड़ी। अश्व पर एक सवार तेजी से दौड़ता हुआ आया। समीप आकर हर्षभरित मुद्रा में उसने दुर्योधन से कहा, "अंगराज कर्ण दृष्टिपथ में आ गए हैं।"

दुर्योधन ने हर्ष से अपने हाथ का रत्न कंकण उतारकर सवार पर फेंका। दुर्योधन का रथ अपने दल के साथ दौड़ने लगा। एक ऊँचे स्थान पर आकर रथ

रुक गया। दुर्योधन एकाग्रता से देख रहा था। उस विस्तीर्ण, समतल भूमि से कौरव सेना आगे बढ़ रही थी। अग्रभाग में एक गज पर कौरव ध्वज गर्व से लहरा रहा था। असंख्य रथों, सवारों, सैनिकों से वह भूमि व्याप्त हो गई थी। दुर्योधन ने रथ आगे लेने के लिए कहा। दुर्योधन के रथ को पहचानते ही सहस्र मुखों से युवराज दुर्योधन की जय-जयकार हुई। कर्ण का रथ दुर्योधन के सम्मुख आया। दोनों रथ समीप आकर रुक गए। कर्ण-दुर्योधन रथ से नीचे उतरे और हर्षभरित दुर्योधन ने कर्ण को गले लगाया। दोनों के नामों की जय-जयकार अंबर तक भिड़ गई।

दुर्योधन के साथ कर्ण ने हस्तिनापुर में प्रवेश किया। विजयी वीरों के स्वागत में कुछ भी त्रुटि नहीं रही थी। संपूर्ण हस्तिनापुर महामार्ग पर एकत्रित हुआ था। सुवर्ण अम्मारियों को वहन कर ले जाने वाले गज, सुवर्ण किरणों में चमकने वाले रथ, चित्र-विचित्र रंगों के वस्त्र परिधान किए हुए सवार और शिरस्त्राण-कवचधारी वीरों को उस महामार्ग से जाते हुए देखकर नागरिकों के हृदय हर्षभरित हो रहे थे। कौरव ध्वज के पीछे एक रथ में कर्ण, दुर्योधन के साथ खड़ा था। दुर्योधन संतोष से प्रजा का आनंद अवलोकन कर रहा था। कर-भार से सजे हुए गाड़े छः-छः बैलों से खींचे जा रहे थे। दुर्योधन-कर्ण पर सुगंधित पुष्प एवं चंदनचूर्ण अखंड बिखेरे जा रहे थे।

राजप्रासाद के द्वार में सुहागनों ने कर्ण की आरती उतारी। कर्ण ने दुर्योधन के साथ अंतःगृह जाकर धृतराष्ट्र और गांधारी का दर्शन किया और पुत्र की तरह धृतराष्ट्र का चरणस्पर्श किया। प्रेम से कर्ण को अपने समीप बिठाकर धृतराष्ट्र ने कहा, ''राधेय, तुम्हारे पराक्रम से आज हस्तिनापुर को पुनः प्रतिष्ठा प्राप्त हुई। आज इस अंधत्व का मुझे खेद हो रहा है। तुम्हारा यश और हस्तिनापुर में हुआ तुम्हारा गौरवशाली आगमन देखने के लिए तो कम-से-कम मुझे दृष्टि होनी चाहिए थी। राधेय, तुम्हारे स्वागत के लिए राजसभा प्रतीक्षा कर रही है। तुम ही मुझे वहाँ ले चलो।''

सम्राट् को अपने हाथ का आश्रय देकर कर्ण राजसभा की ओर जाने लगा। सम्राट् के साथ राजसभा में आने वाले कर्ण का सभी ने उत्थापन दिया। कर्ण ने अति नम्रतापूर्वक भीष्म, विदुर, द्रोण और कृपाचार्य को प्रणाम किया। प्रसन्न मुद्रा से भीष्म ने कहा, ''राधेय ! तुम्हारा पराक्रम विशाल है। तुम्हारे यश से कुरुकुल का गर्व वृद्धिगत हुआ है। तुम्हें मेरा आशीर्वाद है।''

दुर्योधन ने दासियों की ओर देखा। अनमोल रत्नालंकारों व महीन वस्त्रों से भरी सुवर्ण थालियाँ लेकर दासियाँ आगे बढ़ीं। दुर्योधन का कंठ रुद्ध हो गया था। उसकी अवस्था जानकर कर्ण ने स्मित वदन से हस्तस्पर्श कर उन थालियों को स्वीकार किया। फिर कर्ण ने कहा, ''हे नृपश्रेष्ठ, आज यह निष्कंटक धरा तुम्हारी है। स्वर्ग का पालन करने वाले इंद्र की तरह तुम इसका शासन करो।''

दुर्योधन से रहा नहीं गया। बड़े प्रेम से उसने कर्ण को गले लगाया और भरी सभा में उसने कहा, ''मित्र, तुम मेरे मित्र हो, सहायकर्ता हो। तुम्हारे ही कारण आज

का यह शुभ दिन मुझे देखने को मिला। तुम्हारा कल्याण हो। आज तुम्हारे ही कारण मैं सत्य अर्थ से समर्थ हो गया हूँ।''

राजसभा का सत्कार समारोह समाप्त होने के पश्चात् दुर्योधन कर्ण को छोड़ने कर्ण-गृह तक गया। कर्ण-गृह के द्वार में वृषाली ने कर्ण की आरती उतारी। कर्ण के साथ आए हुए कर्ण-पुत्रों का भी आरती उतारकर स्वागत किया। चक्रधर, द्रुम ने भी उन्हीं के साथ गृहप्रवेश किया। अपने पराक्रमी पुत्रों, पोतों के साथ युवराज को आते हुए देखकर अधिरथ-राधा माँ धन्य हो गए।

दीर्घ अवधि के पश्चात् उस गृह में प्रसन्नता छाई हुई थी।

प्रकरण-30

दिग्विजय से कर्ण के लौटने पर दुर्योधन ने राजसभा बुलाई। भीष्म, विदुर, द्रोण, कृप–सभी उस सभा में उपस्थित थे। समस्त कौरव भी आए हुए थे। राजपुरोहित को विशेष रूप से आमंत्रित किया गया था। राजसभा में सभी की उपस्थिति देखकर दुर्योधन ने अपना हेतु बताया। उसने धृतराष्ट्र से कहा, ''तात ! अंगराज कर्ण ने दिग्विजय करके अपने साम्राज्य की कीर्ति बढ़ाई है। जिस हेतु उसने यह दिग्विजय किया उस राजसूय यज्ञ का आयोजन करने के लिए मैं बहुत उत्सुक हूँ।''

धृतराष्ट्र ने संतोष से सम्मति दी। कर्ण ने कहा, ''युवराज, इस क्षण सभी भूपाल तुम्हें वश हैं। तुम द्विजश्रेष्ठों को सम्मानपूर्वक आमंत्रित करो और यज्ञ के सभी उपकरण एकत्रित करने की आज्ञा दो तथा वेद पारंगत ऋत्विजों को निमंत्रित कर उनके द्वारा यज्ञ का यथाशास्त्र उपक्रम करो।''

द्रोणाचार्य ने कहा, ''युवराज, मैं कुछ कहना चाहता हूँ।''

''जो आज्ञा !'' दुर्योधन ने कहा।

''सम्राट् धृतराष्ट्र महाराज के होते हुए, राजसूय यज्ञ करने का अधिकार तुम्हें नहीं है।''

''तात, अंध हैं और अंध को क्रतु का अधिकार नहीं। अतः उनका अस्तित्व मेरे अधिकार को प्रतिबंधित नहीं कर सकता।'' दुर्योधन ने कहा।

''राजपुरोहित उठे। उन्होंने कहा, ''युवराज, आपका कथन सत्य है, किंतु एक ही कुल में दो, दो राजसूय नहीं होते। जब तक आप युधिष्ठिर पर विजय प्राप्त नहीं करते तब तक आपको राजसूय का अधिकार नहीं। कुछ कारणवश, यदि कभी युधिष्ठिर की पराजय हुई तो ही आपको राजसूय का अधिकार प्राप्त होगा।''

"तो क्या ? युवराज यज्ञ ही नहीं कर सकते।" कर्ण ने पूछा।

"ऐसी बात नहीं। युवराज, आप राजसूय से स्पर्धा करने वाला वैष्णव यज्ञ कीजिए। उससे आपको विपुल कीर्ति प्राप्त होगी। आपको कर-भार देने वाले कई भूपाल हैं। वे आपको खान से निकाला हुआ सुवर्ण देंगे। उससे सोने का हल बनवाकर आप यज्ञभूमि को जोत लीजिए और राजसूय के समान ही श्रेष्ठ ऐसा यह सत्र निर्विघ्नता से पार कीजिए।"

राजपुरोहित द्वारा सुझाए गए यज्ञ के लिए सभी ने सम्मति दर्शाई और यज्ञ की तैयारी पर सभी विचार करने लगे।

यज्ञ की सामग्री लाने के लिए कुशल सेवकों को भेजा गया। पार्थिवों को और ब्राह्मणों को निमंत्रण देने के लिए चारों दिशाओं में शीघ्रगामी दूत निकल पड़े। हस्तिनापुर में सुवर्ण कारीगरों द्वारा सुवर्ण हल बनाया गया। उस हल से यज्ञभूमि जोती गई। निपुण शिल्पकारों से यज्ञस्थान का निर्माण कराया गया और एक शुभ मुहूर्त में दुर्योधन ने उस सुसंस्कृत, विपुल धनयुक्त यज्ञ की यथाशास्त्र यथाक्रम दीक्षा प्राप्त की। उस समारोह का अवलोकन कर विदुर, भीष्म, द्रोण, कृप, कर्ण—सभी संतुष्ट हुए। विदुर ने कहा, "युवराज, इस यज्ञ के समय सर्वत्र आनंद होना चाहिए। संतोष होना चाहिए।"

कर्ण की ओर देखकर दुर्योधन ने कहा, "मैं अपने मित्र के सहाय्य से संतुष्ट हूँ।"

"उससे मैं ज्ञात हूँ युवराज, किंतु आप के इस महायज्ञ के समय पांडव वनवास में निवास कर रहे हैं उनका वास्तव्य कहाँ है। इससे आप अवगत हैं। इस यज्ञ के लिए आप उन्हें निमंत्रण भेज दीजिए। उससे आप की ही महत्ता बढ़ेगी।"

एक क्षण दुर्योधन ने विचार किया और फिर सम्मति दर्शाई। दुःशासन ने दूत को आज्ञा दी, "हे दूत, सत्वर द्वैत वन जाकर पांडवों को और वन में निवास करने वाले ब्राह्मणों को यथान्याय यज्ञ का आमंत्रण दो।"

यज्ञ का दिन समीप आ रहा था। निमंत्रित ऋषि, राजा और विद्वान् हस्तिनापुर आ रहे थे। द्वैत वन गया हुआ दूत वापस आया। राजसभा में उसका प्रवेश होते ही दुर्योधन ने पूछा, "हे दूत, पांडव यज्ञ में आ रहे हैं न ?"

दूत ने कहा, "युवराज, मैंने पांडवों को आमंत्रण दिया। आपके द्वारा आयोजित इस श्रेष्ठ कर्तृव्य के संबंध में महाराज युधिष्ठिर ने संतोष प्रकट किया। किंतु तेरह वर्ष की प्रतीज्ञा का निर्वाह करने का बंधन होने के कारण उन्होंने आने में असमर्थता व्यक्त की है।"

दुर्योधन मन-ही-मन संतुष्ट हुआ, किंतु खेद से उसने कहा, "पांडव आते तो अच्छा होता।"

कर्ण दूत की ओर देख रहा था। दूत का अस्थिर भाव देखकर कर्ण ने पूछा, "पांडवों ने कुछ संदेश भेजा है ?"

"वैसे कुछ..." दूत हिचकिचाया।

"कहो दूत ! दूतकर्म में संकोच न करो। जो संदेश होगा उसे कह डालो।" कर्ण ने आज्ञा दी।

भीष्म, द्रोण और विदुर का ध्यान दूत की ओर लगा हुआ था। कर्ण की ओर देखकर दूत ने कहा, "अंगराज, महाराज युधिष्ठिर का मनोभाव ज्ञात होने के पश्चात् मैंने ही उनसे संदेश के बारे में पूछा। उसी समय भीम उठे और उन्होंने कहा कि मैं संदेश देता हूँ..."

"हे दूत, भीम ने क्या संदेश भेजा है ?" विदुर ने अधीर होकर पूछा।

"भीम ने कहा," दूत बताने लगा, "जाकर उस दुर्योधन से कहो कि जिस दिन प्रतिज्ञा के तेरह वर्ष पूरे हो जाएँगे तब रणयज्ञ में शस्त्रास्त्रों की प्रदीप्त अग्नि में दुर्योधन की आहुति देने नराधिपति धर्मराज सज्ज हो जाएँगे और तब कुंती-पुत्र वहाँ आएँगे। और जब अपने ही क्रोध से उद्दीपित सभी धृतराष्ट्र-पुत्रों का क्रोध अधिक प्रज्वलित करने के लिए धर्मात्मा युधिष्ठिर अपने क्रोधरूपी हवि का प्रक्षेप करेगा तब मैं भी वहाँ उपस्थित हो जाऊँगा।"

संदेश सुनकर पूरी सभा सन्न हो गई। विदुर अवाक् हो गए। भीष्म ने पूछा, "हे दूत, अन्य पांडवों ने कुछ कहा ?"

"नहीं, केवल भीम ही बोला।" दूत ने बताया।

"इसका अभिप्राय, सभी ने मूक सम्मति दर्शाई।" दुर्योधन ने क्रोध से कहा।

"युवराज, भीम मूलतः क्रोधिष्ट है। उसके वक्तव्य की ओर ध्यान न देकर क्षमा भाव जाग्रत कीजिए। यज्ञभूमि पर क्रोध, द्वेष, ईर्ष्या, और अपमान का स्थान नहीं होता।" भीष्म ने कहा।

कर्ण के मुखमंडल पर उद्वेगपूर्ण स्मित छा गया। उसने भीष्म से कहा, "पितामह, यह विचार यदि उचित है तो शिशुपाल का वध करने के पूर्व आपने श्रीकृष्ण को यह सलाह क्यों नहीं दी ? वह यज्ञभूमि जब सज्ज हो रही थी तब उस भूमि पर क्यों रक्त बहने दिया ? क्या, वहाँ नरबली की आवश्यकता थी ?"

भीष्म मौन रहे। भीम के उस संदेश से कर्ण का संताप बढ़ गया। वह खड़ा हुआ।

"खुले हृदय से आमंत्रण भेजा तो ऐसा संदेश ? वनवास में रहने वाले पांडव रणयज्ञ में सभी कौरवों की आहुति देने का संदेश भेजते हैं और हमारी राजसभा उसे शांतचित्त से श्रवण कर लेती है। मित्र दुर्योधन, इनमें से किसी को तुम्हारे राज्य की, तुम्हारी चिंता नहीं है, किंतु तुम उसकी चिंता मत करो। तुम आनंदपूर्वक यह यज्ञ करो। उसके पश्चात् जिस दिन तुम युधिष्ठिर को पराजित कर राजसूय यज्ञ करोगे तभी तुम्हारा यह कौरव साम्राज्य सुरक्षित हो जाएगा। उसके लिए मैं आज प्रतिज्ञाबद्ध हूँ। सुनो।"

क्षण भर के लिए कर्ण रुक गया। समूची राजसभा का ध्यान कर्ण की ओर स्थिर हो गया था। उच्च स्वर में कर्ण ने अपनी प्रतिज्ञा का उच्चारण किया।

“जब तक मैं अर्जुन का वध नहीं करता, तब तक मैं किसी से पादप्रक्षालन नहीं करवाऊँगा। सुरा और मांस वर्ज्य करूँगा और किसी भी याचक को इष्ट वस्तु देने का अपना व्रत अखंड जारी रखूँगा। आज इस व्रत का मैं नियम बना रहा हूँ।”

दुर्योधन ने अति स्नेहपूर्वक कर्ण का हाथ थाम लिया। उसके हाथ की पकड़ की अनुभूति कर्ण को हो रही थी।

प्रकरण-31

दुर्योधन का यज्ञ निर्विघ्न पूरा हो गया। यज्ञ में आए हुए सभी नृपों, महाभागों, ब्राह्मणों को धन और मूल्यवान वस्तु अर्पित करके यथाशास्त्र यथाक्रम उनका सम्मान किया गया। उन्हें बिदा करके दुर्योधन, कर्ण और शकुनि के साथ हस्तिनापुर लौटा।

संध्या के समय कर्ण अपने गृह में अधिरथ, राधा माँ, मृत्युंजय, वृषकेतु और वृषसेन के साथ वार्त्तालाप कर रहा था जब चक्रधर ने अधिरथ से कहा, “एक शुभ समाचार सुनाना चाहता हूँ।”

“कैसा शुभ समाचार ?” अधिरथ ने पूछा।

“अंगदेश का राज्य मुझे मिलने वाला है।”

“अंगदेश का राज्य ?” सभी ने एक साथ पूछा।

“हाँ”

“कौन देगा ?” कर्ण ने पूछा।

“तुम ही दोगे।”

सभी चक्रधर की ओर देख रहे थे। चक्रधर ने कहा, “अब कर्ण तो यहीं रहेगा। इतने वर्षों में न उसे राज्य का स्मरण हुआ, न चिंता। अतः वह राज्य मुझे नहीं तो किसे मिलेगा ?”

सभी हँस पड़े। कर्ण ने कहा, “वैसे भी, मेरे नाम से राज्य तो तुम ही चला रहे हो न ? मित्र, तुम अब क्या कहना चाहते हो, मैं समझ गया। अब मैं मुक्त हो गया हूँ। तुम जब कहोगे उसी दिन हम प्रस्थान करेंगे।”

“मैं यहीं रहूँगा।” वृषसेन ने कहा।

कर्ण ने वृषसेन की ओर देखा। वृषसेन अब बड़ा हो गया था। शस्त्र पारंगत बन गया था। राधा माँ ने कहा, “रहने दो उसे यहाँ।”

“मैं कहाँ विरोध कर रहा हूँ ?” राधा माँ के पीछे खड़ी वृषाली की ओर देखकर कर्ण ने पूछा, “तुम तो चल रही हो न ?”

और वहाँ हास्य की एक ही ध्वनि गूँज उठी।

कर्ण ने अपना विचार दुर्योधन को बताया तब दुर्योधन गंभीर हो गया। दुर्योधन ने कहा, "मित्र, तुम्हें अंगदेश जाना आवश्यक है यह मैं जानता हूँ, किंतु अधिक समय तक तुम वहाँ नहीं रुक सकोगे। पांडवों का वनवास समाप्त होते ही अज्ञातवास के वर्ष में उन्हें ढूँढ़ निकालना आवश्यक है।"

"युवराज, चिंता मत कीजिए। आपके बुलाने पर मैं तुरंत आ जाऊँगा।"

कर्ण ने अंगदेश के लिए प्रस्थान किया तब पर्याप्त अंतर तक दुर्योधन उसे छोड़ने के लिए गया था।

प्रकरण-32

कर्ण-दर्शन के लिए उत्सुक अंगवासियों ने कर्ण का अपूर्व स्वागत किया। प्रजा का हर्ष देखकर कर्ण को संतोष हुआ। उस प्रजा के कल्याण के लिए कर्ण ने अपने आपको समर्पित करने का निश्चय किया। समृद्ध गोशाला, तृप्त प्रजाजनों के साथ कर्ण वृषाली सहित अंगदेश का कारोबार करने लगा।

आधी रात में कर्ण अचानक जाग उठा। हजारों भ्रमरों के एक साथ गुंजरव करने जैसा नाद उसके कानों में गूँज उठा। कर्ण ने नेत्र खोले। पूरा महल सुवर्ण-प्रकाश में झिलमिला रहा था। कर्ण ने मुड़कर देखा, वृषाली शांत सो रही थी। वह सूर्य-प्रकाश, वह अखंड उठने वाला नाद सुनकर भी कर्ण को भय नहीं लगा। कर्ण ने धीरे से गरदन घुमाई। महल के मध्य में एक दीप्तिमान आकृति खड़ी थी। सुवर्ण तेज से युक्त। अनभिज्ञता से कर्ण उठ खड़ा हुआ। वह तेजबद्ध आकृति तो दिख रही थी, किंतु उसका रूप उस तेज में लुप्त हुआ था। किसी गहरे कुएँ से उठने वाली आवाज के समान धीर-गंभीर आवाज उठी, "कर्ण, मैं आ गया हूँ।"

"आप..."

"तुम जिसकी नित्योपासना करते हो, जिसके तेज से तुम्हारा हृदय सदैव परिपूर्ण रहता है वही मैं...सूर्य।"

अपने आराध्य देवता के दर्शन से कर्ण का हृदय हर्ष विभोर हो उठा। दौड़कर उन चरणों को छूने की अभिलाषा उसके हृदय में उत्पन्न हुई, किंतु उस तेज को स्पर्श करने का साहस वह न कर सका। नम्रतापूर्वक उसने हाथ जोड़े।

"कल्याण हो।" सूर्य ने आशीर्वाद दिया। उस प्रकाश ने कहा, "हे कर्ण, आज मैं किसी विशिष्ट हेतु से तुम्हारे समक्ष खड़ा हूँ।"

"जो आज्ञा।"

"कर्ण, शीघ्र ही पांडवों का वनवास समाप्त होने वाला है। अज्ञातवास का वर्ष समाप्त होते ही वे प्रकट हो जाएँगे। वर्षा ऋतु में क्षुधा से व्याकुल मृगेंद्र वर्षा ऋतु समाप्त होते ही जैसे मृगया के लिए बाहर निकलता है वैसे ही पांडव बाहर निकलेंगे; पृथ्वी पादाक्रांत करने की अभिलाषा हृदय में रखने वाले उन पांडवों की आगामी विजय के लिए साक्षात् इंद्रदेव तुम्हारे पास आएँगे।"

"देवेंद्र इंद्र ? और मेरे पास ?"

"हाँ, और वह भी एक याचक के रूप में।"

"परंतु इंद्रदेव को पांडवों के लिए कष्ट उठाने का कारण ?"

"क्योंकि जैसे तुम मेरे भक्त हो, वैसे ही अर्जुन इंद्र का भक्त है।"

"देवेंद्र मेरे पास याचना के लिए आ जाएँ इससे बढ़कर जीवन की और सार्थकता क्या हो सकती है ? यह तो मेरा सौभाग्य ही है। मैं यही समझूँगा कि इससे मेरी तपस्या का फल मुझे मिल गया। किंतु देव, इंद्रदेव चाहे मेरे पास याचक बनकर आएँ, किंतु उन्हें तृप्त करने का सामर्थ्य मुझमें कहाँ ? ऐसा कौन सा धन मेरे पास है कि उसके लिए इंद्रदेव स्वर्ग से भूतल पर उतर आएँगे ?"

"तुम्हारे कवच-कुंडल।"

"कवच-कुंडल ?"

"हाँ, उन्हें माँगने के लिए ही इंद्रदेव आने वाले हैं। उन्हें यह ज्ञात है कि जब तक तुम्हारे शरीर पर कवच-कुंडल हैं तब तक तुम्हारी पराजय नहीं हो सकती और कल यदि कौरव-पांडवों का युद्ध आरंभ हुआ तो फिर पांडवों को विजय कैसे प्राप्त होगी ? कर्ण, ये दो रत्नकुंडल अमृत से निर्मित हुए हैं। तुम्हें यदि जीवन प्रिय हो तो उन्हें अच्छी तरह जतन करो।"

कर्ण दुविधा में पड़ गया। वह कुछ बोल नहीं सका। कर्ण की अवस्था जानकर सूर्य ने कहा, "कर्ण, मुझे यह ज्ञात है कि तुम कभी भी, किसी भी याचक को विमुख नहीं जाने देते। याचक सदैव तुम्हारे दान से तृप्त होकर जाते हैं। मेरी निरंतर यात्रा में नदी तट पर होने वाले तुम्हारे पुरश्चरण और दान का अवलोकन करना यह एक सुखद अनुभव होता है। किंतु प्रत्येक बात की सीमा होती है। कुटिल हेतु से माँगा गया दान प्रदान करना कोई दातृत्व नहीं। उसे अविवेक कहा जा सकता है।"

"हे देव, मैं आपकी अमर्यादा कैसे कर सकता हूँ ? आप मेरे कल्याण की कामना कर रहे हैं इसी से मेरा जीवन कृतार्थ हुआ। इसी आस्था के कारण धृष्टता करना चाहूँगा।"

"कर्ण, संकोच मत करो। खुले हृदय से अपनी बात कहो।"

"जो आज्ञा, देव, आप अपने तेज से पृथ्वी को प्रकाशमान करते हैं। उस प्रकाश में जैसे पुण्यकर्म होते वैसे पापकर्म भी। किंतु पाप होते हैं इसलिए आपने अपने प्रकाश को कभी नियंत्रित किया है ? याचक को दान करना ही केवल मेरे

हाथ में है। उसका उपयोग कौन, और कैसे करता है यह सोचने का अधिकार मेरा नहीं। वह मेरा धर्म नहीं।''

''तुम्हारे वक्तव्य से मैं प्रसन्न हूँ कर्ण। एक क्षण के लिए तुम मेरा देवत्व भूल जाओ। किंतु एक बात ध्यान में रखो। मैं रहता हूँ अंबर में और कर्म होते हैं पृथ्वी पर। उन पाप-पुण्यों का स्पर्श मुझे नहीं होता। किंतु यदि कोई मेरा तेज माँगने आए तो वह मैं कदापि नहीं दूँगा। क्योंकि यदि ऐसा हुआ तो मैं सूर्य नहीं रहूँगा। मैं जैसे उस तेज से बद्ध हूँ वैसे ही तुम अपने जन्मजात कवच-कुंडलों से बद्ध हो। जब तक ये कवच-कुंडल तुम्हारी देह पर हैं तब तक उसी तरह शोभायमान होंगे जैसे आकाश में दो नक्षत्रों के मध्य चंद्रमा। यदि तुमने कवच-कुंडल दान में दिए तो केवल कीर्ति शेष रहेगी, जीवन नहीं रहेगा।''

''ऐसे जीवन की अपेक्षा, मैं कीर्तिरूप में मृत्यु स्वीकार करूँगा।''

''कीर्ति का यह अहंकार जीवित होने तक ही भोगा जा सकता है। हे निष्पाप कर्ण, मनुष्य जब तक जीवित है तब तक ही वह ऐश्वर्य, स्नेह और प्रेम का उपभोग ले सकता है। मृत्यु के पश्चात् कीर्ति रहती है, किंतु उसे भोगा नहीं जा सकता।''

''जीवन के निस्तेज भोग से मरणोत्तर प्राप्त होने वाली उदात्त कीर्ति को मैं अधिक अमूल्य समझता हूँ। मैं उसी जीवन को स्वीकार करूँगा। आप मेरे हित के लिए आए, मुझे सावधान किया, इसका विस्मरण मुझे कभी नहीं होगा। मैं एक सामान्य मानव। मेरे हित की चिंता से साक्षात् सूर्यदेव दौड़कर आते हैं, इससे अधिक और धन्यता क्या हो सकती है ? और मेरा यश, किसी मानव से छीन लिये जाने की अपेक्षा देवों से यदि लूट लिया जाए तो उससे अधिक सौभाग्य क्या हो सकता है ?''

''कर्ण, मुझसे रहा नहीं गया, अतः मैं यहाँ आया। हृदय में जो था वह कह दिया। अब उसको स्वीकार करना या अस्वीकार करना तुम्हारे हाथ में है।''

उन शब्दों से कर्ण व्यथित हुआ। तिलमिलाकर उसने कहा, ''क्षमा, देव क्षमा। आप रुष्ट मत हो जाइए। मैं आपका भक्त हूँ। मैं अपना सर्वस्व नित्य आपके चरणों पर न्योछावर करता हूँ। आपके प्रेम भाव का अनादर मैं कैसे करूँगा ? हे, परमेश्वर, आपका रूप अर्थात् साक्षात् तेज ! यदि मैं आपको प्रिय हूँ तो मेरे हृदय का भाव समझकर आप मुझे मेरे व्रत से परावृत्त न करें, इतनी ही प्रार्थना है।''

''ठीक है कर्ण। मैं तुम्हारे व्रत के आड़े नहीं आऊँगा। मेरा आग्रह नहीं। मैं तुम पर रुष्ट भी नहीं हूँ, अपितु तुम्हारे इस निर्णय से मेरा तुम्हारे प्रति प्रेम और भी बढ़ गया है। किंतु तुम्हारे हित के लिए मैं जो कह रहा हूँ वह अवश्य करो।''

''जो आज्ञा देव।''

''इंद्रदेव अवश्य आएँगे। और तुम उन्हें अपने कवच-कुंडल दान करोगे इसमें भी कोई संदेह नहीं। किंतु उस समय देवेंद्र से एक अमोघ शक्ति माँग लेना। समय आने पर तुम्हारी रक्षा के लिए वह काम आएगी।''

''हे भगवान् ! क्या इंद्रदेव से मैं शक्ति माँग लूँ ?'' कर्ण ने पूछा।

"अब विरोध मत करो। यह मेरी आज्ञा समझो।"

"जैसी आपकी आज्ञा ! दाता कर्ण के जीवन को यदि देवाज्ञा से ही याचना का कलंक लगना हो तो वह चंद्रमा पर लगे कलंक की तरह शोभायमान ही होगा। मुझे उस पर गर्व होगा।"

कर्ण नतमस्तक हो गया। मंद-मंद होकर नाद लुप्त हो गया। कर्ण ने देखा, सुवर्ण प्रकाश लुप्त हो गया था। भोर का धूसर प्रकाश गवाक्षों से भीतर आ रहा था। कर्ण की दृष्टि वृषाली की ओर गई। वृषाली शांत सोई हुई थी। जो हुआ वह भ्रम था, या दृष्टांत या स्वप्न, इसका विचार करते-करते कर्ण शय्या की ओर मुड़ गया।

प्रकरण-33

प्रातः से कर्ण का हृदय रात्रि के प्रसंग में ही उलझा हुआ था। और किसी बात में उसका ध्यान नहीं था। सूर्योपासना का समय समीप आते ही कर्ण ने रथ सज्ज करने की आज्ञा दी। कर्ण दर्पण में देख रहा था कि पीछे से आई वृषाली की ओर उसका ध्यान गया। वृषाली ने पूछा, "क्या देख रहे हो ?"

"रूप।"

"वृषाली हम अपने रूप को नित्य देखते हैं फिर भी अपने रूप से कभी तंग नहीं आते। वह रूप हमें और लुभावना लगता है। खोया हुआ रूप देखने की शक्ति कल रहेगी न ?"

"क्या खोएगा ?"

"क्या नहीं खोता। वृद्धत्व प्रतिदिन समीप आता रहता है। सूक्ष्म रूप से बल खोता रहता है। शरीर के साथ हृदय का बल कम होता जाता है। किंतु दर्पण में दिखता है वही मोहक रूप। इस मानवी रूप का यदि इतना मोह होता है तो रूप के देवता समझे जाने वाले इंद्रदेव का रूप कैसा होगा ?"

"आपका हृदय आज विचलित प्रतीत होता है ?"

"क्यों ?" कर्ण ने मुड़कर पूछा।

"सुबह से किसी बात में आपका ध्यान नहीं है और अब यह बात। सरक रहे हर पल में आपका ध्यान उलझा हुआ है। नित्य की सूर्य-पूजा में पर्याप्त अवधि है फिर भी आपने रथ सज्ज करने की आज्ञा भी दे दी। आज पूजा के लिए आपका हृदय जैसे अधीर हो उठा है।"

"सत्य है।" स्मित वदन से कर्ण ने कहा, "वसू इस पूजा जैसा भाग्यशाली

क्षण और नहीं होगा। देव-दर्शन का अवसर कौन जाने देगा ?''

''देव-दर्शन ?''

अपने आपको सँभालते हुए कर्ण ने कहा, ''हाँ, नदी के प्रवाह में खड़े होकर मैं सूर्य-स्तुति करता हूँ, तब सूर्य-किरणों का स्नान होता रहता है और ऐसा आभास होता है कि उस तेज से मैं ही अभिभूत हो गया हूँ। ज्ञात-अज्ञात का विस्मरण होकर चैतन्य रूप का साक्षात्कार ही परमेश्वर दर्शन नहीं तो और क्या है ? उस क्षण के लिए हृदय अधीर हो उठा तो उसमें क्या आश्चर्य ?''

वृषाली से बिदा लेकर कर्ण सूर्योपासना के लिए महल के बाहर निकला। प्रासाद के सामने रथ सज्ज था। कर्ण के रथारूढ होते ही सारथि ने रथ को गति दी।

सदैव की तरह रथ नदी के तट से दूर, घने वृक्षों की छाया में रुका। सारथि व रथ को वहीं छोड़कर कर्ण अकेला नदी की ओर जाने लगा।

तपती धूप में नदी के दोनों ओर रेत के चौड़े तट रिक्त थे। उन तटों के मध्य से बह रहा नीले रंग का जलप्रवाह नेत्रों को सुख दे रहा था। कहीं भी मनुष्य का अस्तित्व नहीं था। नदी की ओर जाते समय केवल कर्ण के चरणों की आहट सुनाई दे रही थी। कर्ण नदी के समीप गया। उसने अपना उत्तरीय नदी तट पर रखा और अपने पादत्राण उतारकर वह रेत पर चलने लगा। तप्त रेत का दाहक स्पर्श उसके तलवों को हो रहा था। नदी के जल में प्रवेश करते ही जलने वाले चरणों को शीतलता मिली। उस प्रवाह में कर्ण ऐसे ही चलता रहा। जल बढ़ रहा था। कर्ण ने नदी के प्रवाह में अपना शरीर झोंक दिया। कर्ण के हाथ तीव्र गति से प्रवाह में घूम रहे थे। कुछ समय तैरकर वह वापस लौटा। नदी के तट के समीप वह जल में खड़ा रहा। माथे पर आए हुए गीले केश पीछे घुमाकर तट की ओर से विमुख होकर वह खड़ा रहा। जल बिंदुओं से व्याप्त उसका मुखमंडल सुवर्ण किरणों से चमक रहा था। कर्ण ने सूर्य-वंदन किया और दोनों बाँहें उठाकर उसकी सूर्योपासना आरंभ हो गई। एकाग्र चित्त से वह सूर्य-चिंतन कर रहा था।

अपराह्न काल में कर्ण की सूर्य-पूजा समाप्त हुई। धूप से केश शुष्क बन गए थे। झुककर उसने नदी का जल हाथ में लिया। अंजलि उठाते समय उसके हृदय की अधीरता बढ़ रही थी। उसने पुकारा, ''कोई याचक है ?''

कोई उत्तर नहीं आया। उस सन्नाटे से उसका हृदय विचलित हो उठा। फिर से उसने पुकारा, ''कोई याचक है ?''

''है।'' पीछे से आवाज आई।

''हे याचक। तुम्हारा स्वागत है। तुम्हें क्या चाहिए ?''

''दान।''

''कैसा दान ? मेरे पौरुष और धर्म को सुरक्षित रख और कुछ भी माँग लो। तुम्हारा वांछित पूरा होगा। इस सूर्यदेव को साक्षी रख मैं तुम्हारा मनोवांछित पूरा करने के लिए बद्ध हूँ। इस दान से तुम्हारी मनोकामना पूरी हो।''

कर्ण ने अंजलि का जल नदी के प्रवाह में विसर्जित किया और इंद्र-दर्शन के लिए वह मुड़ा।

इंद्र को वंदन करने के लिए जोड़े जाने वाले हाथ रुक गए। नदी के तट पर एक ब्राह्मण, याचक के रूप में खड़ा था। उसकी कृश शरीरयष्टि, और उसने परिधान किए हुए जीर्ण वस्त्र उसकी दरिद्रता का परिचय दे रहे थे। उस रूप को देखकर कर्ण चकित हुआ। उसने आसपास देखा। और कोई भी वहाँ नहीं था।

''अंगराज की विजय हो।''

कर्ण ने उसे निहारकर देखा। अपने हाथ जोड़े और पूछा, ''हे विप्रवर, सुवर्णालंकारों से युक्त सुंदर युवतियाँ अथवा गोधन से समृद्ध गाँव, इनमें से मैं तुम्हें क्या दूँ ?''

विप्र मुसकराया।

''अंगराज, आपने दान दे दिया है। अब उस दान को निर्देश करना और आपके हाथों वह प्राप्त करना ही केवल शेष रहा है।''

''निर्भय होकर अपना मनोवांछित बताइए। वह अवश्य मिलेगा। कर्ण के दातृत्व के संबंध में शंका मत कीजिए।''

कर्ण की दृष्टि उस विप्र को निहार रही थी। कर्ण की शोधक दृष्टि से बचते हुए विप्र ने कहा, ''अंगराज, सभी दान आनंददायक नहीं होते, कुछ तो पर्याप्त क्लेशकारक भी होते हैं।''

''ऐसे दान से आप तो तृप्त होंगे न ? फिर आप मेरी यातनाओं की चिंता मत कीजिए। आपके लिए उन यातनाओं को मैं संतोषपूर्वक सह लूँगा।''

कर्ण के उस निर्भय रूप-दर्शन से विप्र को संकोच हो गया। दान का उच्चार करने का बल उसमें नहीं रहा। विप्र की उस अवस्था को देखकर कर्ण प्रमुदित हो गया। विप्र के बोल श्रवण करने के लिए वह अधीर हो उठा। इतने में उसके कानों में शब्द आए, ''अंगराज ! मुझे...मुझे आपके कवच-कुंडल चाहिए...''

''दिए।'' कर्ण ने मुक्ति की श्वास ली।

विप्र के मुख पर स्मित प्रकट हुआ, किंतु वह दीर्घ काल तक नहीं टिक पाया। कर्ण के मुख से हास्य लुप्त हो गया था। नेत्रों में अश्रु जमा हो गए थे। उन अश्रुओं को देखकर विप्र ने पूछा, ''महाराज, क्या दान का दुःख हो रहा है ?''

कर्ण ने अश्रु पोंछे। खिन्नता से हँसकर उसने कहा, ''कर्ण को दान का दुःख ! नहीं। किंतु आज याचना की क्षुद्रता की अनुभूति हुई। याचना जैसी दरिद्रता इस विश्व में दूसरी नहीं इसका प्रत्यंतर आज आया। अन्यथा ऐश्वर्य और अधिकार से संपन्न देवेंद्र को याचना करते समय दरिद्र ब्राह्मण का रूप क्यों लेना पड़ता ?''

विप्र लज्जित हो गया। उसने पूछा, ''तुमने मुझे पहचान लिया ?''

''आप मुझसे कवच-कुंडल माँगने आने वाले हैं यह मुझे पहले से ही ज्ञात था। आपके दर्शन के लिए मैं अधीर हो गया हूँ। उसके लिए मैं उत्सुक हूँ।''

"तुम्हें किसने बताया ?"

"जैसा अर्जुन आपका भक्त वैसे मैं सूर्य का।"

विप्र के वेष में आए इंद्र के मुखमंडल पर हास्य प्रकट हुआ।

कर्ण का ध्यान इंद्र के चरणों की ओर लगा हुआ था। उन काष्ठवत् चरणों का रूप बदल गया। विप्र द्वारा पहने हुए अंतरीय का रूपांतर पीतांबर में हो गया। कर्ण की दृष्टि ऊपर उठ रही थी। हिरण्यवर्णीय दीर्घबाहु इंद्रदेव का वह वज्रधारी रूप देखकर कर्ण तृप्त हो गया। कर्ण के ऊपर छाया पड़ी। शीतल हवा का झोंका निरंतर बहने लगा। कर्ण ने ऊपर देखा। अंबर में एक कृष्ण मेघ उन दोनों पर छाया देकर खड़ा था। अति आदरयुक्त भाव से कर्ण ने इंद्र को प्रणाम किया।

"कल्याणमस्तु। राधेय, कवच-कुंडल दे रहे हो न ?"

कर्ण ने अपने कवच की ओर देखा। वह अभी तक जल में ही खड़ा था। वह जल से बाहर आया। उत्तरीय तट पर था। रथ, सारथि, शस्त्र सभी दूर वृक्ष-राजी में थे। कर्ण की समस्या इंद्र के ध्यान में आई। इंद्रदेव ने अपना दाहिना हाथ आगे बढ़ाया। उस हथेली पर एक धारदार शस्त्र था। कर्ण ने उसे उठाया। उस शस्त्र की ओर कर्ण देख रहा था।

"कर्ण, अब क्या विचार कर रहे हो ?"

कर्ण ने इंद्रदेव की ओर देखा। उसने कहा, "हे देव, मैं एक सामान्य मानव। सूतकुल में पला हुआ। पूर्व-पुण्य का चिह्न दर्शाने वाला यही एक चिह्न कवच-कुंडल। यही मेरे जीवन का दैवी आभूषण। वह आज नष्ट होगा इसका मुझे दुःख नहीं। किंतु उसके साथ मेरा यह मानव रूप विरूप तो नहीं होगा न, इससे मैं चिंतित हूँ। आप साक्षात् रूप के देवता, जिसका मुझे सदैव गर्व है ऐसा मेरा यह रूप इस दान से विरूप न हो जाए यही मैं चाहता हूँ।"

"तथावस्तु, कर्ण, वैसा ही होगा। उसके लिए तुम निश्चिंत रहो।"

कर्ण ने वह शस्त्र उठाया। इंद्रदेव कर्ण के मुख की ओर देख रहे थे। किंतु अपने हाथों अपने कवच-कुंडल काटते समय उसके मनोविकारों के दर्पण में न तो दुःख की कोई छाया प्रकट हुई थी, न ही उसका संतोष ढल रहा था। कर्ण स्मितमुख ही था। कवच-कुंडलों को काटने के फलस्वरूप बहने वाले रुधिर के पीछे-पीछे शरीर पूर्ववत् बन रहा था। कवच-कुंडलों को काटकर उसने उन्हें अपने हाथों में लिया। इंद्रदेव के दोनों हाथ आगे बढ़े थे। पद्मदल की तरह शोभने वाली उन सुंदर हथेलियों पर कर्ण ने शस्त्रसहित कवच-कुंडल रखे और देखते-ही-देखते वे उन हथेलियों पर ही विलीन हो गए। कर्ण का ध्यान उन रिक्त हाथों पर लगा हुआ था। उसके नेत्रों से दो अश्रु निकल पड़े।

"दान का दुःख हो रहा है ?" इंद्रदेव ने पूछा। नकारार्थी गरदन हिलाकर एक निःश्वास छोड़कर कर्ण ने कहा, "नहीं, दुःख दान का नहीं। दुःख मेरे दुर्भाग्य का है।"

"कैसा दुर्भाग्य ?" इंद्रदेव ने चकित होकर पूछा।

"मेरे कवच-कुंडल आपकी हथेलियों पर ही विलीन हो गए यह उन कवच-कुंडलों का भाग्य ! मुझे उनसे ईर्ष्या हो गई। मानवी जीवन की सार्थकता भी और क्या होती है ? परमेश्वर रूप में विलीन होने की ही न ! आपने मेरे कवच-कुंडल माँगे, किंतु मुझे नहीं माँगा। आपके इन हाथों में विलीन होने में मुझे कितनी धन्यता होती। कवच-कुंडल यह जैसा परमेश्वरी वरदान, वैसे ही यह शरीर भी। अतः आत्मासहित इस देह का स्वीकार नहीं हुआ इसका दुःख है। हे देव, आपने मुझे ही क्यों नहीं माँगा ? मैं अपना सर्वस्व हर्षपूर्वक आपके चरणों में समर्पित करता। उसी में जीवन की कृतार्थता मान ली होती।"

अर्जुन की रक्षा के लिए कवच-कुंडलों का हरण करने आए हुए देवेंद्र कर्ण के शब्दों से, उसके निर्मल हृदय के दर्शन से पिघल गए। कर्ण का वह भावविभोर रूप देखकर इंद्रदेव से रहा न गया और उन्होंने बड़े प्रेम से कर्ण का आलिंगन किया। उस तेजोमय रूप में बद्ध कर्ण को शब्द सुनाई दिए, "राधेय देवों को भी सबकुछ सह लेना सहज साध्य नहीं। तुम्हारे निर्मल रूप को समा लेने की शक्ति मुझमें नहीं। हे कर्ण, तुम्हारा दातृत्व, तुम्हारा सद्भाव अलौकिक है। मैं तुमसे प्रसन्न हूँ। तुम्हें यदि कुछ चाहिए तो माँग लो।"

सूर्य को दिए वचन का स्मरण कर्ण को हुआ, किंतु याचना करने का साहस उसे नहीं हो रहा था।

"कुछ चाहिए ? माँग लो..."

कर्ण ने संकोच से कहा, "आपकी कृपादृष्टि से पर्जन्यवृष्टि होती है। शुष्क भूमि को जीवन मिलता है। वह धन-धान्य से संपन्न बनती है। आपकी कृपादृष्टि से क्या नहीं होता ? आप जब कवच-कुंडल माँगने आएँगे तो आपसे ऐसी कुछ शक्ति माँगने के लिए मैं वचनबद्ध था। आपके दर्शन से समस्त भाव नष्ट हो गए। मैं कुछ माँग न सका। अब वह अधिकार भी नहीं रहा। आपकी कृपा हो तो शत्रुनाशिनी अमोघ शक्ति मुझे दीजिए। बलवत्तर शत्रु से मेरी रक्षा हो, बलवान शत्रु का नाश मैं कर सकूँ, बस यदि देना ही हो तो इतना दीजिए।"

"तथास्तु, कर्ण तुम्हारी अभिलाषा पूर्ण होगी। आज मैं अपनी वासवी शक्ति तुम्हें दे रहा हूँ! किंतु इस शक्ति की सहायता से तुम केवल एक ही शत्रु का नाश कर सकोगे। इस शक्ति का एक बार उपयोग किए जाने के पश्चात् वह पूर्ववत् मेरे पास वापस आ जाएगी। इतना ही कहना चाहूँगा कि इस शक्ति का उपयोग स्वार्थ प्रेरित हेतु से न करना।"

कर्ण ने वासवी शक्ति को स्वीकार किया। इंद्रदेव को नम्र भाव से प्रणाम किया। आशीर्वाद के लिए ऊपर उठा हुआ देवेंद्र का हाथ देखकर कर्ण ने नेत्र बंद किए। जब नेत्र खोले तब वह दिव्य रूप अदृश्य हो गया था। अंबर में कृष्ण मेघ लुप्त हो गया था। सूर्य-किरणों का दाह प्रकट हो गया था। कर्ण ने उत्तरीय उठाया।

शरीर पर उसे ओढ़ते समय उसका हाथ छाती पर घूमा। काया वही थी। किंतु लुप्त हो गए तेज की अनुभूति हो रही थी।

कर्ण प्रासाद में आया। कर्ण के मुखमंडल पर विलसने वाला हर्ष वृषाली देख रही थी। भोजन के पश्चात् कर्ण अपने महल में गया। वृषाली कर्ण को निहार रही थी। क्यों कौन जाने, कर्ण का अति प्रसन्न भाव देखकर भी उसे संतोष नहीं हो रहा था। कर्ण के ध्यान में वह बात आई। वृषाली को अपने पास बिठाकर कर्ण ने पूछा, "क्या देख रही हो वसू ?"

"कुछ नहीं।"

"कहो न !"

"सूर्योपासना से आपके लौटने पर मैं देख रही हूँ, आप प्रसन्न तो लग रहे हैं, किंतु आपके..."

"रूप में कुछ न्यूनता का आभास हो रहा है, यही न ?"

वृषाली ने गरदन हिलाई।

"वृषाली क्या तुम्हें बताऊँ तो सत्य लगेगा ? आज साक्षात् देवेंद्र मेरे पास याचक बनकर आए थे।"

"देवेंद्र ?"

"हाँ।"

"क्या माँगा उन्होंने ?" वृषाली के मुख पर उत्सुकता थी।

"मेरे कवच-कुंडल ?"

वृषाली के भाव में परिवर्तन हुआ। मुख पर भय छा गया। कर्ण के रूप की न्यूनता तुरंत उसके ध्यान में आई। शरीर कांति से भी अधिक सुशोभित कवच-कुंडल वैसे ही दिख रहे थे, किंतु उनकी दीप्ति नष्ट हो गई थी।

"और आपने दिए ?"

"कर्ण ने किसी याचक को कभी विमुख नहीं भेजा है वृषाली, और वे तो देवेंद्र। उन्हें मैं कैसे ना कहता ?"

दुःख से वृषाली कर्ण से लिपट गई।

"आपने देवेंद्र का ऐसा क्या अपराध किया था कि उन्होंने आपके कवच-कुंडल माँग लिये ? किसलिए ?"

"वृषाली देवों को भी अपने अधिकार का, शक्ति का अहंकार होता है। जो शक्ति देवों को प्राप्त नहीं ऐसी शक्ति यदि मानव के पास हो तो वे उसे कैसे सहन करेंगे ? कदाचित् इसीलिए..."

"आपने इंद्रदेव से पूछा नहीं ?"

"मैं केवल दान देना जानता हूँ। याचक से मैंने कभी कारण पूछा नहीं।"

वृषाली के हाथ कर्ण की विशाल छाती पर घूमे थे। मानो वह खोया हुआ कवच ढूँढ़ रही थी। उसके नेत्रों में अश्रु उमड़े हुए। नाजुक स्पर्श कर कर्ण ने वृषाली

की ठोड़ी ऊपर उठाई और उसकी दृष्टि-से-दृष्टि मिलाकर उसके अश्रुपूर्ण नेत्रों का चुंबन लेकर कर्ण ने कहा, ''वसू, तुम रो रही हो ? मेरे कवच-कुंडल गए इसलिए ?'' कर्ण हँस पड़ा। ''वसू, मानव को अपने बाहुबल से अपना पराक्रम सिद्ध करना चाहिए। उसके लिए दैवी लाभ का आश्रय नहीं लेना चाहिए। कवच-कुंडल गए इसलिए वास्तव में तुम्हें आनंद होना चाहिए था।''

''आनंद ?'' वृषाली ने आश्चर्य से पूछा।

''हाँ, तुम्हें स्मरण है ? एक बार आधी रात में मेरी निद्रा खुल गई थी। मैंने देखा तो तुम भी जाग रही थीं। किसी भयानक स्वप्न ने तुम्हें जगा दिया था। भय से विह्वल तुम मेरे जाग जाने की प्रतीक्षा कर रही थीं। वह जानकर मैंने तुमसे पूछा था, इतना भय लग रहा था तो तुम मेरे समीप क्यों नहीं आईं ? तब तुमने क्या कहा था, स्मरण है ?''

''क्या कहा था ?'' वृषाली ने पूछा।

''तुमने कहा था कि 'रात्रि में कभी निद्रा खुलती है तो आपके समीप आने की अभिलाषा हृदय में उठती है, किंतु आपसे लिपट जाने का साहस नहीं होता। क्योंकि रात्रि के अँधेरे में आपके कवच-कुंडल कुछ अलग ही तेज से चमकते रहते हैं। उनका भय-सा लगता है'...वसू, इसके आगे अब यह दूरी नहीं रहेगी। कभी भी निस्संकोच तुम मेरे समीप आ सकोगी।''

वृषाली को आलिंगनबद्ध करते हुए कर्ण ने कहा, ''तुम ही क्या, अब शत्रु भी निर्भय होकर मुझे गले लगा सकेंगे।''

दुर्योधन का संदेश प्राप्त होते ही कर्ण हस्तिनापुर आया। दुर्योधन-महल में शकुनि और दुःशासन बैठे हुए थे। महल में प्रवेश करते ही दुर्योधन ने कर्ण का स्वागत किया। दुर्योधन ने पूछा, ''क्या तुम्हें त्वरित बुलाने का कारण ज्ञात हुआ ?''

''नहीं।''

''विराट के गृह में कीचक की हत्या होने का निश्चित समाचार प्राप्त हुआ है।''

''हत्या ?''

''हाँ नृशंस हत्या ! और वह भी गंधर्वों द्वारा। विराट की नृत्यशाला में सेनापति कीचक का छिन्न-विच्छिन्न देह मिल गया। रक्त, मांस और बिखरे हुए अवयवों से यह भूमि पोती गई थी। विराट के गृह सैरंध्री नामक एक रूप संपन्न दासी थी। उससे धृष्टता करने का प्रयास कीचक ने किया, अतः उसकी रक्षा करने वाले गंधर्वों ने कीचक को दंड दिया।''

कर्ण विचार में डूब गया। उसे मौन देखकर दुःशासन ने पूछा, ''अंगराज आप कुछ बोलते क्यों नहीं ?''

''मैं विचार कर रहा था। ऐसा अमानुष कृत्य गंधर्व कर ही नहीं सकते। यह

सामर्थ्य केवल एक ही व्यक्ति में है।''

''किसमें ?'' दुःशासन ने पूछा।

''भीम !'' कर्ण ने कहा। सब उसकी ओर देखते ही रहे।

''युवराज, अज्ञातवास में रहने वाले पांडवों को आप ढूँढ़ रहे हैं न ? तो फिर विराटगृह यह एक ढूँढ़ने जैसा स्थान है।''

''हम भी वही सोच रहे थे।'' दुर्योधन ने कहा

''क्या सोच रहे थे ?''

''पांडवों की चिंता करने का कोई प्रयोजन नहीं है। पांडवों की खोज में भेजे हुए दूत वापस लौटे हैं। पांडवों का कहीं भी पता नहीं है। वे निस्संशय मृत हुए होंगे।''

''युवराज, इतनी सहजता से पांडवों की मृत्यु नहीं होगी। अपने चतुर दूतों को पर्याप्त धन देकर चारों दिशाओं में पांडवों की खोज में भेज दो। अज्ञातवास में यदि पांडवों को हम ढूँढ़ नहीं पाए तो अज्ञातवास का वर्ष समाप्त होते ही वे प्रकट हो जाएँगे—युद्ध के लिए।''

''ठीक है। मैं आज्ञा देता हूँ।'' दुर्योधन ने सम्मति दी और फिर बताया, ''राधेय, राजधानी में त्रिगर्त देश का राजा सुशर्मा आया हुआ है। कीचक की हत्या होने के कारण विराट राजा निराश्रय और निरुत्साही हो गया है, अतः सुशर्मा ने विराट नगरी पर आक्रमण करने की राय दी है। राजसभा को भी वह मान्य है। भीष्म, द्रोण और विदुर ने भी इसे सम्मति प्रदान की है। विराट के आक्रमण से हमें विपुल धन, गोधन मिलेगा और उसके शरण आने से उसका बल भी हमें प्राप्त होगा।''

कर्ण ने सम्मति दर्शाई।

अधिक विलंब न करके कौरव, भीष्म-द्रोण के साथ विराट राज्य पर आक्रमण करने सेना सहित निकल पड़े। इस आक्रमण के लिए सेना के दो भाग किए गए थे। यह निश्चित किया गया था कि एक भाग अर्थात् सुशर्मा गोधन लूटने का काम करेगा और दूसरा भाग शेष गोधन को भगाकर ले जाएगा।

इस प्रकार सुशर्मा ने विराट के ग्वालों को भगाया और उस विभाग का विराट का गोधन लूटकर वह वापस लौटा। कौरवों की सेना द्वारा गोधन भगा ले जाने का समाचार मिलने पर विराट हतबल हो गया। अपनी अल्प सेना के साथ वह युद्ध के लिए तैयार हुआ। किंतु सुशर्मा ने उसे पराजित कर बंदी बनाया। सुशर्मा का कार्य पूरा होते ही कौरव सेना ने दूसरे आक्रमण की तैयारी आरंभ की। विराट-पुत्र उत्तर दुविधा में पड़ गया था। उसकी दयनीय स्थिति देखकर विराटगृह में आश्रय लेकर रहने वाले अज्ञातवासी पांडव प्रकट हो गए। घमासान युद्ध में पांडवों ने कौरवों को पराजित किया और विराट को मुक्त किया। उस युद्ध में अर्जुन ने कर्ण, भीष्म और द्रोण को पराजित किया।

पांडवों के प्रकट होने पर कर्ण ने दुर्योधन को पीछे हटने की राय दी। उसने कहा, "युवराज, पांडव प्रकट हो गए हैं। इस युद्ध में जय-पराजय का निर्णय करने की अपेक्षा आगामी युद्ध पर ध्यान केंद्रित करना उचित होगा।"

दुर्योधन ने उसकी राय मान ली और चिंताग्रस्त हृदय से कौरव हस्तिनापुर लौटे।

प्रकरण-34

पांडव प्रकट हुए और राजनीति के दाँव-पेंच निरंतर आरंभ हुए। संधि करने के लिए द्रुपद का पुरोहित कौरवों की सभा में उपस्थित हुआ। किंतु उसका हेतु साध्य नहीं हुआ। पांडवों द्वारा प्रस्तुत किया गया आधे राज्य का प्रस्ताव दुर्योधन-कर्ण ने स्वीकृत नहीं किया। पांडवों का क्रोध न बढ़े इसलिए धृतराष्ट्र ने संधि करने के लिए संजय को भेजा, किंतु वह हेतु भी सफल नहीं हुआ। युद्ध अटल है यह निश्चित होने के पश्चात् एक दिन समाचार प्राप्त हुआ कि संधि का प्रस्ताव लेकर श्रीकृष्ण हस्तिनापुर आ रहे हैं। मध्यस्थी के लिए श्रीकृष्ण आएँगे इस बात से भीष्म, द्रोण, विदुर प्रमुदित हो गए। कृष्ण भेंट से कुछ उपाय निकल आएगा और युद्ध टल जाएगा, ऐसी आशा धृतराष्ट्र के हृदय में उत्पन्न हो गई। उन्होंने आज्ञा दी कि श्रीकृष्ण के स्वागत में कोई त्रुटि न रहे। श्रीकृष्ण के स्वागत की तैयारी होने लगी।

श्रीकृष्ण के आगमन का दिन आया। हस्तिनापुर के महामार्ग रंगोलियों तथा चित्र-विचित्र तोरणों से सुशोभित किए गए थे। श्रीकृष्ण के स्वागतार्थ नगर सीमा के बाहर विशाल जनसमुदाय एकत्रित हो गया था। उनके अग्रभाग में भीष्म, द्रोण और विदुर अपने-अपने रथसहित खड़े थे। उसमें केवल दुर्योधन की कमी थी।

श्रीकृष्ण के रथ ने हस्तिनापुर के परिसर में प्रवेश किया। प्रजाजनों के मुख से कृष्ण का जयघोष उठा। भीष्म, द्रोण और विदुर ने श्रीकृष्ण का स्वागत किया। उस वैभवपूर्ण स्वागत का स्वीकार कर श्रीकृष्ण ने नगर में प्रवेश किया। सभी के साथ श्रीकृष्ण राजप्रासाद गए। प्रासाद के द्वार में दुर्योधन ने श्रीकृष्ण का स्वागत किया। धृतराष्ट्र से मिलकर बाहर आने के पश्चात् दुर्योधन ने अपना आतिथ्य स्वीकारने के लिए श्रीकृष्ण से प्रार्थना की। किंतु उसे स्वीकार न कर श्रीकृष्ण विदुर के गृह चले गए।

श्रीकृष्ण के जाते ही क्रोध से दुर्योधन ने कर्ण से कहा, "देखा मित्र, तात ने इतने भव्य रूप में श्रीकृष्ण का स्वागत किया, किंतु उन्होंने मेरी प्रार्थना स्वीकार नहीं की।"

कर्ण ने दुर्योधन को शांत किया। उसने कहा, ''युवराज, श्रीकृष्ण ने जो कुछ भी किया वह ठीक ही किया। वे दूत के रूप में आए हैं। और दूत-कार्य सफल होने के पूर्व दूत को आतिथ्य को स्वीकार नहीं करना चाहिए, यही इष्ट है। युवराज, इस बात पर विचार करने की अपेक्षा कल श्रीकृष्ण क्या कहने वाले हैं इस पर विचार कीजिए।''

''उसमें क्या विचार करना ? हमें यदि श्रीकृष्ण का प्रस्ताव मान्य हुआ तो ठीक, अन्यथा...''

''अन्यथा ?'' कर्ण ने पूछा।

''अन्यथा हम श्रीकृष्ण को बंदी बना लेंगे। इस बार इतनी सहजता से वे कौरव-सभा के बाहर नहीं जा सकेंगे।''

कर्ण की मुद्रा पर साक्षात् भय प्रकट हुआ था। किंतु कर्ण की ओर भी न देखकर दुर्योधन मुड़ा और राजप्रासाद की सीढ़ियाँ चढ़ने लगा।

प्रकरण-35

विदुर के प्रासाद में किसी उत्सव जैसा वातावरण था। प्रासाद के बाहर श्रीकृष्ण का सुलक्षणी रथ खड़ा था। श्रीकृष्ण के साथ आए हुए सात्यकि और अन्य जनों का आदरातिथ्य करने में विदुर-प्रासाद व्यस्त था। श्रीकृष्ण अपना पूजा-पाठ कर कौरव-सभा में जाने के लिए तैयार हुए थे। उसी समय युवराज दुर्योधन वहाँ उपस्थित हुआ। उसके साथ कर्ण, शकुनि भी थे। श्रीकृष्ण ने बड़े प्रेम से उन तीनों का स्वागत किया।

''दुर्योधन, तुम्हारे आतिथ्य का स्वीकार मैंने नहीं किया, अतः तुम अप्रसन्न तो नहीं हो न ?'' श्रीकृष्ण ने पूछा।

''अप्रसन्न होने का कोई कारण ही नहीं।'' विदुर की ओर देखकर दुर्योधन ने कहा।

''चाचाश्री के गृह का आतिथ्य मैं अपने ही गृह का आतिथ्य मानता हूँ। उसमें कोई त्रुटि तो नहीं रह गई न ?''

दुर्योधन की ओर कौतुक से देखकर श्रीकृष्ण ने कहा, ''दुर्योधन जहाँ प्रेम, विश्वास और स्नेह होता है वहाँ त्रुटि किस बात की ? अंगराज क्षेम तो है न ?''

''हाँ।''

''और अंगराज, वृषसेन कहाँ है ? मुझे उसका सदैव स्मरण होता है।''

“यह उसका भाग्य। वृषसेन यहीं है। सायंकाल में आपके दर्शन के लिए भेज दूँगा।” कर्ण ने बताया।

“महाराज !” दुर्योधन ने कहा, “भीष्मादि कौरव, तातसहित सभा में उपस्थित हो गए हैं। स्वर्ग के देव जैसे इंद्र की प्रतीक्षा करते हैं वैसे वे सभी आपकी प्रतीक्षा कर रहे हैं।”

अपना उत्तरीय सँभालते हुए श्रीकृष्ण उठे। उन्होंने विदुर से कहा, “सभा को प्रतीक्षारत रखना ठीक नहीं, विदुर, चलो हम चलते हैं।”

विदुर के साथ श्रीकृष्ण प्रासाद के द्वार तक आए। द्वार पर श्रीकृष्ण का शुभ्र रथ खड़ा था। विदुर के साथ श्रीकृष्ण रथ में बैठे। दुर्योधन, कर्ण आदि श्रीकृष्ण के पीछे-पीछे दूसरे रथ से निकले। उनके पीछे सात्यकि, कृतवर्मा व अन्य लोग रथ, गज, अश्व आदि वाहनों से उनका अनुसरण कर रहे थे।

कौरवों से परिवेष्टित श्रीकृष्ण का रथ यादव वीरों से अभिरक्षित था। प्रजाजनों के हर्ष का अवलोकन करते हुए तथा नगर शोभा निहारते हुए श्रीकृष्ण सभाद्वार पर आ पहुँचे। मंगल वाद्यों के निनाद से समस्त दिशाएँ निनादित हो उठीं। श्रीकृष्ण के आगमन की आकांक्षा करने वाली तेजस्वी राजाओं की वह सभा हर्ष से रोमांचित हो गई। सात्यकि और विदुर का हाथ थामकर श्रीकृष्ण ने सभा में प्रवेश किया। उनके आगे दुर्योधन और कर्ण चल रहे थे। श्रीकृष्ण के पीछे कृतवर्मा और वृष्णिवीर थे।

श्रीकृष्ण का आगमन ज्ञात होते ही सम्राट् धृतराष्ट्र उठ खड़े हुए। उसे देखकर सभी राजाओं ने श्रीकृष्ण को उत्थापन दिया। श्रीकृष्ण के लिए अष्टकोणी सुवर्ण सिंहासन रखा हुआ था। श्रीकृष्ण ने आसन ग्रहण किया। उनके समीप एक विशाल आसन पर कर्ण व दुर्योधन बैठे। समग्र सभा आसनस्थ हो गई। सभी का ध्यान श्रीकृष्ण की ओर लगा हुआ था। श्रीकृष्ण ने पीतांबर परिधान किया था। उनकी अंग-कांति कमल-पुष्प की तरह नीलवर्ण थी। राजसभा में संपूर्ण शांतता छा गई। श्रीकृष्ण खड़े हुए। धृतराष्ट्र की ओर देखकर बोलने लगे, “हे भारत ! आज मैं द्वारकाधीश के रूप में इस सभा में नहीं आया हूँ। पांडवों के दूत के रूप में मैं इस राजसभा में उपस्थित हुआ हूँ।

“पांडवों का अज्ञातवास समाप्त हुआ है और विराटगृह में वे प्रकट हो गए हैं। इससे पूर्व इस राजसभा में पांडवों के दूत के रूप में द्रुपद-पुरोहित आए थे। उसी प्रकार पांडवों के पास कौरवों के दूत के रूप में संजय दूत-कार्य निभाकर गए थे। किंतु उससे कुछ निष्पन्न नहीं हुआ, अतः मुझसे रहा नहीं गया और इसीलिए संभाव्य अनर्थ से बचने हेतु मैं यहाँ उपस्थित हो गया हूँ।”

दुर्योधन के मुख पर स्मित देखकर श्रीकृष्ण का स्वर कुछ ऊँचा हो गया।

“हे कौरव वीरो ! इस युद्ध में पांडवों की पराजय होगी, इस विचार से मैं भयग्रस्त नहीं हूँ, न ही पराजय से तुम्हें बचाने के लिए मेरा प्रयास है। कल यदि यह युद्ध हुआ तो पांडव तथा कौरव, दोनों का अपने-अपने बलसहित सर्वनाश मुझे

स्पष्ट दिखाई दे रहा है। वह विनाश टालने का मेरा उद्देश्य है। अतः हे भारत और सभा में उपस्थित वीरश्रेष्ठो, जो मैं कह रहा हूँ उसे गौर से श्रवण करो और मेरे विचारों की सत्यता समझने का प्रयास करो।

"किसी काल में यह कौरव राज्य पांडु ने अपनी चरित्र संपन्न-राजनीति से जतन किया। उसे बढ़ाया। उन्हीं पांडु-पुत्रों को वनवास मिले और केवल आप राज्य का उपभाग लें, यह उचित नहीं है। उनका हिस्सा उन्हें मिलकर उनका अधिकार उन्हें प्राप्त हो जाए यही योग्य है।"

"अधिकार।" दुर्योधन ने उठकर कहा, "कौन सा अधिकार ? एक ही बात का बारंबार उच्चार करने से वह बात सत्य नहीं हो सकती। राज्य कौरवों का है और कौरवश्रेष्ठ धृतराष्ट्र महाराज ही राज्य के उत्तराधिकारी हैं।"

"किंतु वे अंध..." श्रीकृष्ण ने कहा।

"अंध होने से राज्य का अधिकार नष्ट नहीं होता। यदि ऐसा होता तो महाराज पांडु ने जो राज्य सँभाला उसे अंध तात के सुपुर्द कर वे मृगया के निमित्त वनवास नहीं चले जाते। हे श्रीकृष्ण, मैं नम्रतापूर्वक कहना चाहूँगा कि गोकुल में जैसे नंद को चुना जाता है उस प्रकार से राज्य का उत्तराधिकारी नहीं चुना जाता। कौरव शत कौरव हैं, किंतु उससे साम्राज्य के शत टुकड़े नहीं होते। वह एक संघ ही रहता है।"

"ऐसा ही है तो कौरव साम्राज्य का यह दायित्व बनता है कि शत कौरवों के साथ-साथ उसी कुल में जन्मे पाँच पांडवों का भी भरण-पोषण हो।"

"पाँच पांडव।" दुर्योधन हँस पड़ा। "हे श्रीकृष्ण, इस राजसभा के कई श्रेष्ठियों को तुम्हारे सामर्थ्य का बड़ा कौतुक है। वे तुम्हें देवगुण संपन्न समझते हैं। कम-से-कम तुम तो असत्य का आश्रय मत लो। वे पाँच कौंतेय अवश्य होंगे, किंतु पांडव नहीं हैं। कम-से-कम इस सभा में उसका उच्चार करने के लिए मुझे विवश मत करो।"

श्रीकृष्ण ने क्रोध पर नियंत्रण पाया और अपनी दृष्टि दुर्योधन से हटाकर धृतराष्ट्र की ओर घुमाई।

"हे भारत ! मैं यहाँ वाद-विवाद करने नहीं आया हूँ। धर्माचरण करने वाले उन पांडवों से तुम्हारे पुत्र सदैव द्वेष करते हैं। विश्वास से आए हुए उन पांडवों को लाक्षागृह में जला देने का षड्यंत्र तुम्हारे ही पुत्रों ने रचाया था। तत्पश्चात् तुमने ही उन्हें खांडवप्रस्थ का राज्य प्रदान किया। उन्होंने अपने बाहुबल पर उसे वृद्धिगत किया, उसे कीर्ति रूप दिया। उन पांडवों का वर्धमान हो रहा वैभव तुम्हारे पुत्र सहन नहीं कर सके। अतः उन्होंने कपट द्यूत का अवलंब किया। गहर्य आचरण किया। इतना ही नहीं, अपितु पांडव-पत्नी पांचाली का भी अपमान किया। किंतु सत्यवचनी पांडवों ने वह भी सह लिया। प्रतिज्ञा के अनुसार उन्होंने बारह वर्ष वनवास और एक वर्ष का अज्ञातवास पूरा किया। धर्मबुद्धि पर उन्हें विश्वास है। हे राजा, उन्होंने

आपको अति नम्र भाव से प्रणाम करके कहा है कि हमें राज्य नहीं चाहिए। वैभव नहीं चाहिए। यदि हममें सामर्थ्य है तो खोया हुआ वैभव हम अवश्य प्राप्त करेंगे। आप हमें केवल पाँच गाँव दायभाग के रूप में दीजिए।

"हे धृतराष्ट्र ! उनके विनय और धर्मबुद्धि की जितनी प्रशंसा की जाए, कम है।"

"पांडव दायभाग माँग रहे हैं केवल पाँच गाँवों का। उसमें कौन सी है धर्मबुद्धि ? उसमें तो कपट नीति है। दाय अर्थात् उत्तराधिकारी। और उत्तराधिकारी अर्थात् अधिकार। हे श्रीकृष्ण, संधि करने के लिए आए हुए दूत को एकांगी विचार नहीं करना चाहिए। मैंने तुम्हारा स्वागत किया, किंतु तुम सदैव मेरी कठोर निंदा ही करते आए हो। चूँकि पांडवों की श्रद्धा तुम पर है, अतः तुम्हें हम सदैव दोषी ही प्रतीत होते हैं।

"हमने प्रकट सभा में द्यूत का आयोजन किया। उसमें पांडव हार गए यह क्या हमारा अपराध ? जब मैंने वैष्णव यज्ञ किया उस समय सबकुछ भूलकर मैंने पांडवों को उस यज्ञ का आमंत्रण भेजा था। तब भीम ने क्या संदेश भेजा तुम्हें ज्ञात है ? 'सभी कौरवों की आहुति जब रणयज्ञ में पड़ेगी तभी पांडव हस्तिनापुर आएँगे।' ऐसा संदेश था वह। विनयशील, धर्मनिष्ठ और वनवासी पांडवों की यही है नम्र भाषा ! हे श्रीकृष्ण, उग्र वचन या कर्मों से मैं भयग्रस्त नहीं होता। युद्ध की कल्पना वे ही कर रहे हैं तो फिर उनकी ही अभिलाषा पूरी होने दो।"

"क्या उसके परिणाम से तुम अवगत हो ?" श्रीकृष्ण ने पूछा।

"कैसा परिणाम ? अधिक-से-अधिक क्या होगा ? युद्ध में मुझे मृत्यु आएगी। इतना ही न ? क्षत्रिय के लिए इससे श्रेष्ठ मृत्यु और नहीं है। युद्ध में यदि अस्त्रों से मृत्यु आई तो हम स्वर्ग में जाएँगे। श्रेष्ठ वचन है कि किसी के सामने झुकने से तो मृत्यु को अपनाना अच्छा है। अपने पिताश्री से जो राज्यांश मुझे मिला है उसे मरते दम तक मैं किसी को वापस नहीं दूँगा। जब तक राजा धृतराष्ट्र प्राण धारण कर रहे हैं तब तक हम और पांडव, दोनों में से किसी एक पक्ष को क्षत्रिय धर्म का त्याग कर, सिद्ध किया हुआ भोजन भक्षण कर भिक्षु की तरह ही जीवित रहना होगा।

"हे श्रीकृष्ण ! इसके पहले मैंने पराधीन होने के फलस्वरूप अज्ञान से अदेय राज्य पांडवों को प्रदान किया, किंतु अब पुनः वह भूल मैं नहीं करूँगा। वह राज्य पुनश्च पांडवों को प्राप्त नहीं होगा। हे श्रीकृष्ण, उन पांडवों तक मेरा एक ही संदेश पहुँचा दो। कहो कि जब तक मैं जीवित हूँ पाँच गाँव ही क्या, बल्कि सुई के तीक्ष्ण अग्र पर रहे इतनी भूमि भी मैं पांडवों को देने के लिए तैयार नहीं हूँ।"

दुर्योधन के निर्णय से श्रीकृष्ण संतप्त हो गए। धृतराष्ट्र की ओर देखकर उन्होंने कहा, "हे सम्राट् ! तुमने अपने पुत्र का निर्णय श्रवण कर ही लिया। अब भविष्य में होने वाले विनाश से बचने का एक ही मार्ग तुम्हारे लिए शेष रहा है।"

"कौन सा मार्ग ?" धृतराष्ट्र ने पूछा।

दुर्योधन की ओर उँगली उठाकर श्रीकृष्ण ने स्पष्ट शब्दों में कहा, ''दुर्मती पुत्र दुर्योधन और उसके परामर्शदाता शकुनि, कर्ण और दुःशासन को बंदी बनाकर पांडवों के स्वाधीन करो।''

श्रीकृष्ण के वह बोल सुनकर दुर्योधन आश्चर्यचकित हो गया। दुःशासन त्वेष से उठा और गरज पड़ा, ''और युवराज ने यदि आपके साथ ऐसा ही किया तो ?''

श्रीकृष्ण के हास्य से संपूर्ण सभागृह निनादित हो उठा। उनका हास्य रुक गया। अपनी क्रोधपूर्ण, दृष्टि सभागृह पर डालकर उन्होंने कहा, ''हे दुःशासन, दुर्योधन को अवश्य ऐसा करने के लिए कहो। मूर्ख, ऐसे अवसर पर संधि के लिए शत्रु के शिविर में जाने वाले दूत कभी अकेले और बेसावध रहकर नहीं जाते। अपने संपूर्ण बल के साथ ही वे आते हैं।''

तुच्छता से दुःशासन की ओर देखकर उन्होंने फिर कहा, ''अबला के वस्त्र को स्पर्श करने जैसा सहज नहीं है वह।''

''कैसा बल ?'' दुर्योधन ने तुच्छता से पूछा।

''बल ? मेरा बल ! दुर्योधन, संधि के लिए यहाँ आते समय सीमा पर अपना चतुरंग दल खड़ा कर ही मैं यहाँ आया हूँ। इस क्षण हस्तिनापुर कृतवर्मा की सेना द्वारा घेरा हुआ है। इस राजसभा में सात्यकि, कृतवर्मा मेरे पक्ष में खड़े हैं। इतना ही नहीं, अपितु मेरे साथ आए हुए हजारों वृष्णिवीर अपने बाहुबल का प्रत्यंतर लेने के लिए उत्सुक हैं। मुझे बंदी बनाने का प्रयास अवश्य करो। जो युद्ध कल होने वाला है वह इसी क्षण आरंभ होगा और अपरिमित विनाश न होकर इसी क्षण समाप्त होगा।''

श्रीकृष्ण द्वारा किया गया अपनी शक्ति का विराट प्रदर्शन देखकर क्षण भर के लिए दुर्योधन भानरहित हो गया। अपमान की भावना से उसका क्रोध उछल पड़ा और क्या हो रहा है यह समझने से पहले ही वह सभागृह से बाहर चला गया। उसके पीछे-पीछे कर्ण, शकुनि और दुःशासन भी चल दिए।

सभा निःस्तब्ध थी, शांत थी। श्रीकृष्ण खड़े रहे। शांतिपूर्ण स्वर में उन्होंने कहा, ''हे भारत ! तुम्हारे पुत्र ने सभा-त्याग किया है। मैं उसे अपमान नहीं समझता। अब युद्ध अटल है। तुम्हारे पुत्र को यदि इस अविवेक से बचाया जा सके तो देखो। मैं आज के दिन विदुर के गृह में ठहरा हुआ हूँ। संधि हुई तो मुझे प्रसन्नता होगी। नहीं तो युद्ध निश्चित है ऐसा समझकर मैं वापस लौटूँगा।''

श्रीकृष्ण सभा से बाहर जा रहे थे। उनके पीछे-पीछे विदुर, कृतवर्मा और सात्यकि जा रहे थे। श्रीकृष्ण के जाने के पश्चात् सभागृह में एक ही खुसुर-फुसुर आरंभ हो गई।

प्रकरण-36

श्रीकृष्ण को स्वगृह पहुँचाकर विदुर वापस लौटे। धृतराष्ट्र-महल में भीष्म पधारे थे। राजमाता गांधारी देवी धृतराष्ट्र से कुछ ही अंतर पर खड़ी थीं। विदुर के आगमन का समाचार मिलते ही धृतराष्ट्र ने कहा, ''विदुर, दुर्योधन को समझाना चाहिए और वह भी सत्वर होना चाहिए। तुम ऐसे ही जाओ और युवराज को यहाँ ले आओ। श्रीकृष्ण के हृदय में तो कुछ विकल्प नहीं है न ?''

''श्रीकृष्ण का हृदय स्फटिक की तरह निर्मल है। उनके हृदय में कोई वैर भाव नहीं। किंतु जो हुआ उसका दुःख अवश्य उनके हृदय में है। हे बंधो, मुझे यह सबकुछ ठीक नहीं प्रतीत होता। युद्ध बोलने जितना सहज नहीं है। जिस ओर श्रीकृष्ण का नेतृत्व है, पाँच पांडवों जैसे पराक्रमी, धर्मनिष्ठ हैं, उसी ओर विजय है। तुम अपने पुत्र को रोक लो, यही मुझे उचित लगता है।''

''वह मैं भी समझता हूँ। हे विदुर सत्वर जाकर दुर्योधन को यहाँ ले आओ।''

विदुर चले गए। गांधारी ने एक निःश्वास छोड़कर कहा, ''पितामह, आपको ही उसे रोकना चाहिए था। वह आपका अधिकार है।''

''आयु का अधिकार सज्जन मानते हैं और इस सभा में बल का अधिकार जताने जितना बल अब मेरे पास नहीं है। अंध सम्राट् का युवराज के प्रीति अंधप्रेम युवराज के दोष नहीं देखता।''

''पितामह, आप मुझसे अप्रसन्न मत होइए। एक अंध की दृष्टि को जितनी अनुभूति होती है उतनी सीमा तक ही मैं कुछ कर सकता हूँ। वह मेरी मर्यादा है।''

उसी समय कर्ण के साथ दुर्योधन ने प्रवेश किया। दोनों के पीछे-पीछे विदुर भीतर आ रहे थे। उनके आगमन का समाचार मिलते ही धृतराष्ट्र ने कहा, ''बालक दुर्योधन, अपने क्रोध को नियंत्रित करो। विवेक जाग्रत करो और तुम्हारी माता जो कहना चाहती हैं उसे गौर से श्रवण करो।''

दुर्योधन के नेत्र आरक्त बन गए थे। कर्ण ने माता गांधारी की ओर देखा। उन्होंने नीला रेशमी वस्त्र पहना हुआ था। नेत्रों पर काली पट्टी बाँधी हुई थी। भव्य अतिगौर माथा, धारदार नासिका, पतले गुलाबी होंठ उस रूप का सौंदर्य बढ़ा रहे थे। उस लंबी आकृति का हाथ आगे बढ़ा। मंजुल घंटा नाद की तरह राजमाता बोलने लगीं, ''दुर्योधन, मैंने आज तक तुमसे कुछ नहीं माँगा। तुम्हारे पिता के तुम्हारे प्रति उत्कट प्रेम के कारण वे सदैव तुम्हें मुझसे अधिक प्रिय लगे हैं। पुत्र की तरह नहीं, अपितु युवराज की तरह तुम बड़े हुए, तुम्हें बड़ा किया गया। जिस राज्य के हित के लिए तुम्हें बड़ा किया गया वही राज्य आज तुम्हारे निर्णय से संकट में पड़ गया है।''

''तुम्हारी क्या आज्ञा है माता ?''

"वत्स ! भीष्म-विदुर की दृष्टि में श्रीकृष्ण व अर्जुन अजिंक्य हैं। तुमने यदि युद्ध खड़ा किया तो तुम्हारी पराजय निश्चित है। अतः भीष्म, द्रोण, विदुर और कृप का वचन तुम मान्य करो। यह तुम्हें ज्ञात है कि गृहकलह के भय से तुम्हारे पिता ने, भीष्म ने और विदुर ने उन्हें राज्यांश प्रदान किया। पांडु-पुत्रों का आधा राज्य उन्हें लौटा दो और आधे राज्य पर सुख से राज्य करो।"

दुर्योधन खिन्नता से हँस पड़ा। उसने एक बार भीष्म, द्रोण और विदुर की ओर देखा और फिर कहा, "माते, कम-से-कम तुमसे यह आज्ञा पाने की अपेक्षा मैंने नहीं की थी। एक अंध के साथ अपने विवाह का समाचार श्रवण कर जिस तेजस्विनी ने अपने नेत्रों पर पट्टी बाँधी, वही माता अब ऐसी कायरता का विचार अपने पुत्र को दे रही है ? हे राजमाता, हर व्यक्ति जीवन में अपने ज्ञानचक्षुओं पर एक ऐसी ही पट्टी बाँध लेता है।"

"और तुम्हारी पट्टी का नाम ?" विदुर ने पूछा।

"है ! मेरी पट्टी का भी नाम है। युवराज के रूप में जिन संस्कारों में मैं पला, उस पट्टी का नाम है राज्यनिष्ठा। माते, आज जो कुछ भी हुआ उसके लिए तुम मुझे दोष मत दो। इसके लिए पितामह को, विदुर को, आचार्य को दोष दो। क्योंकि गृहकलह के भय से उन्होंने स्वनिर्णय से उन पांडवों को खांडवप्रस्थ का राज्य प्रदान किया। एक संघ साम्राज्य की प्रतिष्ठा को ही वे नहीं समझ सके।"

"केवल उदात्त कल्पनाओं को लेकर वास्तव में जीना संभव नहीं होता युवराज।" विदुर ने कहा, "अभी भी समय है। भगवान् श्रीकृष्ण तुम्हारे संदेश की प्रतीक्षा कर रहे हैं। पांडव अब राज्य भी नहीं माँग रहे हैं। उन्हें अब केवल पाँच गाँव चाहिए।"

"याचक के रूप में नहीं विदुर चाचाश्री। वे माँग रहे हैं दाय के रूप में। कौरव साम्राज्य के उत्तराधिकारी के रूप में। एक बार वह गलती आपने की और तात के होते हुए भी राजसूय यज्ञ का आयोजन करने तक पांडवों की हिम्मत बढ़ी। आपके पास संयम होगा, किंतु मेरे पास अब पुनः वह सबकुछ देखने की शक्ति नहीं है।"

"दुर्योधन, क्या तुम जानते हो ? उस पांडु ने बड़ा पराक्रम करके मुझसे जो अश्वमेध यज्ञ करवाया था उसी का फल है यह राज्य।" धृतराष्ट्र ने कहा।

"तात, आपने सर्वथा सत्य कहा।" कर्ण की ओर देखकर दुर्योधन ने कहा, "चाचाश्री ने इतना पराक्रम किया फिर भीष्म पितामह और विदुर चाचाश्री ने उन्हें ही अश्वमेध का अधिकार क्यों नहीं दिया ? इस कर्ण ने दिग्विजय करके इस राज्य का कीर्तिमान बनाया फिर भी उसे यज्ञ करने का अधिकार क्यों नहीं ?"

"उन वीर पांडु-पुत्रों की तुलना इस राधेय से मत करो दुर्योधन," विदुर ने दुःख भरे स्वर में कहा।

"कौन पांडु-पुत्र ? विदुर चाचा, राज्य सभा में मैंने संयम का पालन किया। बहुत किया। वे यदि पांडु-पुत्र होते तो भी उन्हें राजपुत्र संबोधकर मैं उनका स्वागत

करता। वे पांडु-पुत्र भी नहीं हैं और एक पिता के भी नहीं हैं। अतः वे राज्य के उत्तराधिकारी बन ही नहीं सकते।''

''दुर्योधन ऽ ऽ,'' गांधारी चीख उठी।

''क्षमा माता ! चाचाश्री के अज्ञान के कारण ही मुझे यह स्पष्टीकरण देना पड़ा।''

''कैसा स्पष्टीकरण ? जो नीति की मर्यादा का पालन करना भी नहीं जानता वह क्या कहे ज्ञान-अज्ञान की बातें ?''

''चाचाश्री ऽ ऽ,'' दुर्योधन उछल पड़ा। ''मैंने जो कहा वह कटु अवश्य होगा, किंतु सत्य है। यह आपको भी मान्य करना होगा। स्पष्टोक्ति के लिए आपकी बड़ी ख्याति है। सत्य से व्याप्त स्पष्टोक्ति हृदय को कितनी चुभती है इसका प्रत्यंतर लेना है आपको ? इतना बल है आपके पास ?''

''बोलो, दुर्योधन बोलो, तुम्हें कौन रोक सकता है ?'' विदुर ने कहा।

कर्ण आगे बढ़ा। दुर्योधन के कंधे पर हाथ रखकर उसने कहा, ''युवराज, शांत हो जाइए।''

उस स्पर्श से शांत होने की अपेक्षा दुर्योधन और ही उछल पड़ा, ''राधेय, जो व्यक्ति स्वयं नीति के बंधनों का पालन नहीं कर सकते उन्हें वह नीति दूसरों को नहीं सिखानी चाहिए।''

''युवराज !'' विदुर चिल्लाए।

''आप मौन रहिए।'' दुर्योधन के शब्दों में कठोरता थी। ''चाचाश्री, पांडव वनवासी हो गए। अज्ञातवास में चले गए। इन तेरह वर्षों में माता कुंती का वास्तव्य आपके गृह क्यों ?''

विदुर की मुद्रा फीकी पड़ गई। उन्होंने कानों पर हाथ रखे। फिर भी दुर्योधन के शब्द सुनाई दिए ही।

''नीति सदैव सामाजिक नियमों का अनुसरण करती है। उन नियमों में यह अंतर्विष्ट नहीं।''

''हे दुर्योधन ! तुम और कितने लोगों को दुःख देने वाले हो ? अपने हठ के कारण यदि तुमने युद्ध खड़ा किया ही तो पांडव प्रेम के कारण सदैव उनके हित की कामना करने वाले ये भीष्म, द्रोण, कृप क्या तुम्हारी ओर से युद्ध कर पाएँगे ? ये तुम्हारे अन्न पर पले हैं, अतः अधिक-से-अधिक कौरवों के लिए अपना जीवन अवश्य अर्पण करेंगे, किंतु उस युधिष्ठिर की ओर क्रोध से देखने का साहस भी नहीं कर पाएँगे।''

''माता ! और इसलिए मैं पांडवों को आधा राज्य दूँ ? नहीं माता, यह मुझसे नहीं होगा।''

भीष्म ने हतोत्साह होकर कहा, ''युवराज ! युधिष्ठिर, अर्जुन, भीम, नकुल और सहदेव पांडवों के नाम से ही सभी को ज्ञात हैं। मिथ्या प्रतिष्ठा के कारण आप

कुलक्षय के लिए उत्तरदायी न बनें।''

''पितामह ! यह आप कह रहे हैं ? आश्चर्य है। पितामह क्या आप बताएँगे कि आपने किस उच्च हेतु कुरु राज्य का अपना अधिकार त्याग दिया ? पितामह, प्रतिष्ठा का आकार छोटा-बड़ा नहीं होता। केवल तेजस्वी होता है।''

भीष्म निरुत्तर हो गए। उन्होंने कहा, ''अरे ! कम-से-कम मेरी आयु का, मेरे अनुभव का तो विश्वास करो। मैं सत्य कह रहा हूँ, श्रीकृष्ण की पराजय नहीं होगी।''

''वह मैं भी जानता हूँ।'' दुर्योधन ने उत्तर दिया।

''फिर भी यह निर्णय लिया ?''

''हाँ ! कल यदि पांडवों ने युद्ध में विजय प्राप्त की तो लोग यही कहेंगे कि वह श्रीकृष्ण की विजय थी। मुझे तो आपके दैवी गुण संपन्न श्रीकृष्ण के साथ युद्ध करने में यश से भी अधिक हर्ष होगा।''

''किंतु पांडवों से स्पर्धा ?''

''पितामह ! तृण सदैव समान स्तर पर बढ़ता है। ताड़वृक्ष गगन से स्पर्धा करने के लिए एक-दूसरे से स्पर्धा करते रहते हैं, बढ़ते रहते हैं। जो पाँच पांडव कर सकते हैं, वह शत कौरव क्यों नहीं कर सकते ?''

गांधारी ने एक निःश्वास छोड़ी।

''राधेय ! क्या तुम्हारा भी यही विचार है ?''

''राजमाता ! युवराज जो कह रहे हैं, वह सत्य है। मेरा भी यही मत है।'' धृतराष्ट्र ने कहा, ''श्रीकृष्ण ने जो कहा वही सत्य है। अब सर्वनाशी युद्ध अटल है।''

''तात, आप चिंता मत कीजिए।'' दुर्योधन ने कहा, ''रणभूमि पर उन पांडवों ने यदि हमें परास्त किया भी तो सांत्वना के लिए वे अवश्य आपके पास आएँगे। अश्रु बहाएँगे। सम्राट् के रूप में आपको ही गौरवान्वित करेंगे।''

''कुछ मत बोलो दुर्योधन ! ऐसी सांत्वना का मैं धिक्कार करूँगा। दुर्भाग्यवश यदि ऐसा हुआ तो मैं वन का आश्रय लूँगा। उस जीवन से तो मैं वनवासी जीवन संतोष से अपना लूँगा।''

दुर्योधन ने तुच्छता से विदुर की ओर देखकर कहा, ''जाइए, श्रीकृष्ण के पास जाइए। जाकर उनसे कहिए कि युद्ध अटल है। यही मेरा अंतिम संदेश है।''

विदुर महल से चले गए। दुर्योधन ने धृतराष्ट्र को प्रणाम किया। गांधारी का चरण स्पर्श किया। कर्ण ने दुर्योधन का अनुसरण किया।

गांधारी ने कहा, ''राधेय, तुमने कभी यह सोचा है कि तुम्हारे अहंकार की संगत मेरे पुत्र को कौन सी अवस्था तक पहुँचा देगी ? कभी तो नेत्र बंद करके स्व-स्वरूप को पहचान लो।''

कर्ण हँस पड़ा। निर्धारपूर्वक उसने कहा, ''राजमाता ! इस कर्ण ने संपूर्ण जीवन में किसी का भी भय हृदय में नहीं रखा; केवल यही एक बात छोड़कर ! नेत्र खुले रखकर चाहे वह देखने का, सहन करने का बल इस कर्ण में है, किंतु नेत्र

बंद करके स्वयं को देखने का बल उसमें नहीं है। और आप वही करने को कह रही हैं। मैं चलता हूँ। आशीर्वाद दीजिए।''

कर्ण-दुर्योधन महल से चले गए। गांधारी नीचे बैठ गई। उसे सिसकी आई। धृतराष्ट्र ने कहा, ''दुर्योधन-माते ! मत रो ! मेरा थका हुआ हृदय तुम्हारे अश्रुओं से और ही विकल हो रहा है।''

गांधारी ने दीर्घ श्वास ली। अश्रुओं को रोककर उसने कहा, ''स्वामी, अब भी विलंब नहीं हुआ है। दुर्योधन जो चाहता है, उसे करने दो, हम पांडवों के पास चलते हैं।''

''नहीं गांधारी, यह संभव नहीं।'' निःश्वास छोड़कर धृतराष्ट्र ने कहा, ''भगवान् ने उसे त्याग दिया, किंतु मैं उसे नहीं त्याग सकता। पिता हूँ न उसका।''

दुर्योधन से बिदा लेकर कर्ण स्वगृह लौटा। अधिरथ ने पूछा, ''कर्ण, क्या श्रीकृष्ण की मध्यस्थता सफल हुई ?''

''केवल मध्यस्थता हुई।''

''क्या हुआ ? क्या निर्णय लिया गया ?''

''युद्ध, सर्वविनाशी युद्ध।''

अधिरथ की ओर देखने का भी साहस कर्ण को नहीं हुआ। वह अधोवदन हो गया और थके हुए शरीर से सीढ़ियाँ चढ़ने लगा।

प्रकरण-37

प्रातःकाल में कर्ण बाहर जाने की तैयारी में था कि वृषसेन वहाँ आ पहुँचा। उसने कर्ण को प्रणाम किया और पूछा, ''आप श्रीकृष्ण महाराज को छोड़ने जाएँगे न ?''

''हाँ।''

''आपकी आज्ञा हो तो मैं...''

''अवश्य चलो। मेरा रथ तैयार है ?''

''हाँ, नीचे चक्रधर आपकी प्रतीक्षा कर रहे हैं।''

''फिर वसू, ऐसा करो। तुम अश्व पर सीधे नगर सीमा पर चले जाओ। मैं विदुर के गृह जाकर द्वारकाधीश के साथ आऊँगा।''

''जो आज्ञा।'' वृषसेन ने गले से मोतियों का कंठा उतारा। मोती बड़े-बड़े और तेजस्वी थे। उनकी शुभ्रता पर भी एक नीली-सी चमक थी। हार कर्ण को दिखाकर वृषसेन ने कहा, ''यह कंठा कल श्रीकृष्ण महाराज ने मुझे दिया। आपकी

आज्ञा के अनुसार कल मैं वहाँ गया था।"

कर्ण वह हार निहार रहा था। वृषसेन बता रहा था, "अपने गले से उतारकर उन्होंने यह हार मेरे गले में डाल दिया और कहा, वसू, ये सच्चे मोती हैं। समुद्र के खारे जल में समुद्र तल में बढ़े हुए। ये मोती बहुत सख्त होते हैं। उनमें एक बार जो छेद किया जाता है वह कभी छोटा-बड़ा नहीं होता'।"

वृषसेन हँस पड़ा। कर्ण ने पूछा, "क्या हुआ ?"

"श्रीकृष्ण महाराज ने कहा, 'ये मोती तुम्हारे जैसे हैं... तेजस्वी।' और तात, वहाँ राजमाता कुंती भी थीं। मैं जब उन्हें प्रणाम करने गया तब उन्होंने मुझे अपने पास खींचकर मेरे मस्तक का अवघ्राण किया।"

"महान् लोग तो महान् ही होते हैं वसू। यह मोतियों का हार ऐसा-वैसा नहीं है। एक महान् व्यक्ति का आशीर्वाद है यह। उसे श्रद्धा से पहन रखो। चलो, चलते हैं।"

वृषसेन जब नगर सीमा के बाहर पहुँचा तो वह संपूर्ण क्षेत्र पहले ही नागरिकों से भरा हुआ था। सभी उत्सुकता से श्रीकृष्ण की प्रतीक्षा कर रहे थे। कुछ ही क्षणों में रणसिंघा की आवाज उठी। शंखनाद सुनाई दिया और नगर के खंदक के समीप के भव्य द्वार से अश्वों पर सवार दौड़ते हुए आए। खंदक की पट्टी पर टापों की आवाज उठी। उसके पीछे-पीछे एक-एक रथ नगर के बाहर आने लगा। भीष्म, विदुर, कृतवर्मा इनके रथों के पीछे कृष्ण-रथ था। उसके पीछे कर्ण का रथ आ रहा था। जनसमुदाय से श्रीकृष्ण का जयघोष उठा। रथ को रोककर श्रीकृष्ण ने सभी को दर्शन दिया। वृषसेन की ओर ध्यान जाते ही वृषसेन ने प्रणाम किया। श्रीकृष्ण ने उसे समीप बुलाया। वृषसेन के समीप आते ही श्रीकृष्ण ने बड़े प्रेम से उससे बिदा ली।

भीष्म, विदुर से बिदा लेकर श्रीकृष्ण रथारूढ हो रहे थे कि उन्होंने कर्ण को समीप बुलाया।

"अंगराज, कुछ अंतर तक मेरे साथ चलो तो अच्छा होगा।"

"जो आज्ञा।" कर्ण ने कहा।

श्रीकृष्ण ने सारथि दारुक की ओर अर्थपूर्ण दृष्टि डाली। दारुक रथ से उतर गया और सारथि का स्थान श्रीकृष्ण ने ग्रहण किया। पीछे की ओर संकेत करके श्रीकृष्ण ने कहा, "बैठो कर्ण।"

"क्या आप सारथ्य करेंगे ?"

"हाँ ! आज तुम्हारा सारथ्य करने की अभिलाषा हृदय में उत्पन्न हुई है। संकोच मत करो। चाहे तो इसे आज्ञा समझो।"

कर्ण रथ में बैठ गया। शंखनाद हुआ। श्रीकृष्ण-दल, रथ के आगे-पीछे दौड़ रहा था। रथ तेजी से दौड़ रहा था। सूर्य की किरणें अंबर में चढ़ रही थीं। धीरे-धीरे हस्तिनापुर दृष्टि से अदृश्य हो गया। कर्ण श्रीकृष्ण के सारथ्य का अवलोकन कर

रहा था। रथ को लगाए हुए घुँघरू एक सुर में बज रहे थे। रथ में जोड़े हुए शुभ्र अश्व एक ही चाल में दौड़ रहे थे। वृक्षहीन रिक्त बंजरभूमि से रथ दौड़ रहा था। चारों ओर दूर-दराज तक फैली हुई भूमि दृष्टिपथ में आ रही थी। अचानक श्रीकृष्ण ने पीछे मुड़कर देखा। पीछे से आ रहे दल की गति मंद हुई। स्मितवदन से श्रीकृष्ण ने सामने देखा। रथ के साथ दौड़ रहे सात्यकि ने अपने अश्व को आगे निकाला। क्षण ही में सात्यकि सहित पूरा दल तेजी से आगे निकल गया। कुछ ही समय में कर्ण और श्रीकृष्ण का रथ एकाकी पड़ गया। रथ की गति पर्याप्त मंद हो गई थी। श्रीकृष्ण ने अश्वों की वल्गाएँ रथ के सुवर्णदंड में अटकाईं और तिरछी बैठक लेकर उन्होंने कर्ण से पूछा, "अंगराज, युद्ध निश्चित हुआ, आप को अवगत है न ?"

"हाँ, आपकी मध्यस्थता असफल हुई उसका खेद है मुझे, किंतु युद्ध निश्चित हुआ उसका आनंद भी है।"

"वह मैं जानता हूँ कर्ण। अब भेंट होगी रणभूमि पर ही, शत्रु के रूप में। उसके पहले तुमसे मिलने, बातें करने की अभिलाषा हृदय में उत्पन्न हुई, इसीलिए मैंने तुम्हें यहाँ तक आने का आग्रह किया।"

"कृपा आपकी।"

"कर्ण, क्या युद्ध में कौरव विजयी होंगे ?"

"जय-पराजय दैवाधीन।"

"कर्ण, मुझे सत्य उत्तर चाहिए।"

"हे माधव, सब ज्ञात होते हुए भी मेरे मुख से उसका उत्तर निकलवाने का क्या प्रयोजन ?"

"और फिर भी तुम लोगों ने युद्ध स्वीकार किया ?"

"क्षमा ! पराजय के भय से मैंने सत्य की ओर से कभी मुँह नहीं फेरा है।"

"कभी-कभी सत्य भी बड़ा विदारक होता है। उसकी ओर देखा नहीं जा सकता।"

"आपकी कृपा से इतना बल है मेरे पास।"

श्रीकृष्ण मुसकराए। कर्ण की ओर दृष्टि डालकर उन्होंने पूछा, "कर्ण, तुम कौन हो जानते हो ?"

"मैं ! सूत-पुत्र।"

"नहीं।"

"अधिरथ-पुत्र कर्ण के रूप में मेरी ख्याति है।"

"वह असत्य है।"

"जन्मतः चाहे मेरी माता ने मुझे त्याग दिया हो, फिर भी मेरे कवच-कुंडल मेरे कुल के साक्षी हैं।"

"कौन सा कुल ?"

"हे माधव ! जिस शंका से मेरा संपूर्ण जीवन ग्रस्त रहा वही शंका आप मुझसे क्यों पूछ रहे हैं ? मेरा संपूर्ण जीवन मैं कौन हूँ ? कहाँ से आया हूँ। मुझे क्यों त्याग दिया गया ? इन्हीं प्रश्नों से व्याप्त हुआ है। मेरे ज्ञान से, तपस्या से उसका उत्तर मुझे नहीं मिला। और अब उसे बताने वाला कोई होगा ऐसा मुझे प्रतीत नहीं होता।"

"बताने वाला मिलेगा, किंतु श्रवण करने का बल नहीं होगा।"

"हे श्रीकृष्ण, क्या आप मेरे जन्म-रहस्य से अवगत हैं ?"

श्रीकृष्ण ने हाँकारार्थी सिर हिलाया। कर्ण का संपूर्ण शरीर रोमांचित हो गया। रथ धीरे-धीरे चल रहा था। रथ को लगी घुँघरुओं की माला मंजुल नाद कर रही थी।

कर्ण अधीर हो गया था।

"कहो मधुसूदन ! मैं कौन हूँ ? किस अपराध के कारण मेरी माता ने मुझे त्याग दिया ?"

"कर्ण, मैं जो कह रहा हूँ उसे शांत चित्त से श्रवण करो—तुम कौंतेय हो।"

"मैं ? और कौंतेय ? महाराज, परिहास की भी सीमा होती है।" कर्ण ने हँसकर कहा।

"कर्ण, मैं परिहास नहीं कर रहा हूँ।" निश्चयी स्वर में श्रीकृष्ण ने कहा, "तुम कौंतेय हो। माता कुंती को कौमार्यावस्था में सूर्य से मिला वरदान हो तुम। हे कर्ण, कन्या को कानीन और सहोढ ऐसे दो प्रकार के पुत्र होते हैं। कौमार्यावस्था में हुआ पुत्र कानीन होता है। विवाह के पश्चात् के पुत्र सहोढ माने जाते हैं। शास्त्रों के अनुसार कानीन पुत्र भी उसी पुरुष के माने जाते हैं जिससे उस कन्या का विवाह होता है। अतः तुम भी पांडव ही हो। सूत-पुत्र या अधिरथ-पुत्र नहीं।"

कर्ण ने देखा। भूमि तेजी से पीछे दौड़ रही थी। रथ को आघात लग रहे थे। रथ के चक्रों के मध्य से दिखने वाली भूमि खंडित लग रही थी। कर्ण के माथे पर स्वेद बिंदु जमा हो गए थे। संपूर्ण शरीर थर-थर काँप रहा था।

"मैं राधेय नहीं...सूत-पुत्र नहीं...वसुषेण नहीं...मैं कर्ण...कौंतेय...पांडु-पुत्र..."

"सावध हो जाओ कर्ण !" श्रीकृष्ण के शब्द सुनाई दिए। कर्ण ने उनकी ओर देखा, "कर्ण, तुम केवल कौंतेय नहीं हो। तुम ज्येष्ठ और श्रेष्ठ पांडव हो। धर्मशास्त्र के अनुसार पांडवों के राज्य के राजा तुम ही बनोगे।"

"और...?"

"कर्ण, तुम्हारा भाग्य बहुत महान् है। तुम्हारे पितृपक्ष में पार्थ है और मातृपक्ष में वृष्णी। तुम्हारा स्थान कौरवों के पास नहीं है।"

"मेरा स्थान ?" कर्ण सावध हो रहा था।

"हाँ ! तुम्हारा स्थान पांडवों की ओर है। सम्मान का। ऐश्वर्य का। हे श्रेष्ठ कौंतेय, तुम मेरे साथ पांडवों के पास चलो। धर्मनिष्ठ, वीरबाहु ऐसे तुम्हारे पाँचों भ्राता अतीव हर्ष से तुम्हारा चरणस्पर्श करेंगे। सभी पांडु-पुत्र और उनके सहायक राजा तुम्हारे आगे नतमस्तक होंगे। द्रौपदी तुम्हें छठे पति के रूप में स्वीकार करेगी।

इतना ही नहीं, अपितु मैं भी यादव कुल के प्रमुख के रूप में तुम्हारा अनुसरण करूँगा। दाशाई सहित दाशार्ण तुम्हारे अनुयायी होंगे।''

''इसीलिए आप मुझे यहाँ तक ले आए ?''

''हाँ, युद्ध अटल है यह अवगत होने के पश्चात् इस सत्य के पीछे छिपी हुई भयानकता की अनुभूति मुझे हुई। कर्ण, तुम केवल योद्धा नहीं हो, अपितु वेद विद्या पारंगत भी हो। प्राचीन सिद्धांतों से तुम अवगत हो। सूक्ष्य धर्मशास्त्र पर तुम्हारी निष्ठा है। कल रणभूमि में तुम खड़े हो गए तो तुम्हें अपने ही भ्राताओं के वध के लिए खड़ा होना पड़ेगा। कदाचित् तुम्हारे हाथों किसी पांडव का वध हुआ तो ज्येष्ठ द्वारा कनिष्ठ भ्राता की हत्या पुत्रहत्या की तरह महापाप होगी। तुम्हारे हाथों से कुलक्षय न हो इसीलिए मुझे तुम्हारा जन्म-रहस्य बताना पड़ा। हे कर्ण, तुम्हारे जैसे चरित्र संपन्न, दातृत्वशील पुरुष को...''

''दातृत्व ! और मेरा ? नहीं केशव, कम-से-कम आप तो उसका गौरव मत करो। हे मधुसूदन ! कंस, जरासंध जैसे सम्राटों का दमन आपने किया है। आपके ही पराक्रम से, आज्ञा से, अन्यायी राजाओं का संहार हुआ है। किंतु उस राज्य-संपदा, और अधिकार को स्वीकार न कर सहजता से आपने वे राज्य दूसरों के हाथों सौंप दिए। यह कितना बड़ा दातृत्व ! स्वार्थ हेतु किया गया दातृत्व इसके आगे कुछ भी नहीं।''

''स्वार्थ ?''

''हाँ स्वार्थ, हे श्रीकृष्ण, जैसे मेरा जन्म-रहस्य आपने मुझे बताया वैसे ही अपना स्वभाव-रहस्य मुझे आपको बताने दो। जिसका जीवन सूतकुल के कारण कलंकित हुआ है व जिसका पराक्रम, पुरुषार्थ इसी कारणवश सदैव बंदिस्त रह चुका है, वह और क्या कर सकता है ? जीवन की वह रिक्तता भरने के लिए ही चरित्र को बनाए रखना मेरे लिए आवश्यक हो गया। तपस्या द्वारा मैंने ब्रह्मास्त्र की अभिलाषा की। कीर्ति के लिए मुझे दातृत्व का आश्रय ढूँढ़ना पड़ा।''

''कर्ण, किंतु उसी के कारण तुम्हारा संपूर्ण जीवन प्रकाशमान हो गया। सत्य-असत्य का विचार कर ही तुम निर्णय लो।''

कर्ण खिन्नता से मुसकराया। उसने कहा, ''हे, श्रीकृष्ण, जो अवगत है उसी सत्य को मैं मानता हूँ। जो अवगत नहीं है उसे असत्य समझता हूँ और उसमें मर्यादा है स्वयं की अनुभूति की। कई बार असत्य कहने का निश्चय किया भी तो भविष्य के सत्य का ही उच्चारण हो जाता है। भगवान् परशुराम मुझे स्वीकार करें, अतः मैंने उनसे असत्य कहा कि मैं भृजुकुलोत्पन्न ब्राह्मण हूँ। मुझे उस समय भृगुकुल का ही स्मरण क्यों हुआ ? पृथ्वीतल पर प्रथम अग्नि निर्माण करने वाला वह भृगु ! तब असत्य वचन कहते समय मेरे ध्यान में भी यह नहीं आया कि आज मेरे ही हाथों यह रणकुंड प्रज्वलित होने वाला है।''

''यह रणकुंड प्रज्वलित होगा या नहीं यह तुम्हारे ही हाथ में है।''

“मेरे हाथ में ?”

“हाँ, तुम यदि पांडवों का पक्ष लोगे तो युद्ध के लिए खड़े होने का साहस दुर्योधन नहीं कर सकेगा।”

“नहीं केशव, वह साहस मैं नहीं कर सकता।”

“कर्ण, मेरी बात सुनो ! अभी भी समय है।”

“नहीं केशव ! वह समय कब का बीत चुका है। शस्त्र-स्पर्धा के समय जब मेरा अपमान हुआ, कृपाचार्य ने मेरा कुल पूछा तब कुंती माता को वह बताना चाहिए था। वह समय योग्य था। भरे स्वयंवर में जब द्रौपदी ने सूत-पुत्र कहकर मेरा उपहास किया तब आपको यह बताना चाहिए था। वह समय योग्य था...”

“अभी भी समय है।”

“ऐसा आप सोचते हैं। पांडवों के हित का विचार करते समय आप दुर्योधन की उपेक्षा कर रहे हैं।”

“मैं उसका विचार क्यों करूँ ?”

“ठीक है। किंतु मैं ऐसा व्यवहार कैसे कर सकता हूँ ? शिशुकाल से मुझे स्नेह मिला, केवल उसी का। उसमें कभी अंतर नहीं पड़ा। शस्त्र-स्पर्धा के समय माता जो न कर सकी वह उसने किया। मेरी लज्जा रक्षणार्थ उसने अंगदेश की प्रतिष्ठा मेरे पीछे खड़ी कर दी। द्रौपदी स्वयंवर में वह मेरे पक्ष में खड़ा रहा। महाराज, घोष यात्रा से मैं गंधर्वों से पराजित हुआ, विराट नगरी में अर्जुन ने मुझे परास्त किया, यह अवगत होने के उपरांत भी उसकी मेरे प्रति निष्ठा या प्रेम यत्किंचित् भी कम नहीं हुआ। जय-पराजय में जिसकी निष्ठा अचल रही ऐसा वह मेरा मित्र। कल के रणयज्ञ की रचना उसने मेरी ही दिग्विजय के आधार पर की है। ऐसे अपने मित्र को, सुहृद को मैं कैसे भूल सकता हूँ ? किस मोह के लिए ?”

“कल्पित मोह में फँसकर सत्य को न भूलो कर्ण।” श्रीकृष्ण ने कहा।

“वही सत्य मैं निहार रहा हूँ। मैं कौंतेय हो सकता हूँ, परंतु मैं पला हूँ राधा माँ की छाँव में और अधिरथ के प्रेम में। उस सूतकुल के संस्कार लेकर ही मैं बड़ा हो गया हूँ। सूत-कन्याओं ने मेरी गृहस्थी सँभाली है, बढ़ाई है। क्षत्रिय के संस्कार मुझे कभी भी प्राप्त नहीं हुए। अब जीवन के अंतिम पर्व में जब उसकी अनुभूति हो रही है तब मैं यह चाहूँगा कि कम-से-कम एक क्षत्रिय संस्कार का तो पालन मैं कर सकूँ।”

“कौन सा संस्कार ?”

“कहते हैं, क्षत्रिय कभी मित्र से विमुख नहीं होता। इस संस्कार का पालन करते-करते ही मेरा जीवन समाप्त होने दो।”

कर्ण के उस तेजस्वी दर्शन से श्रीकृष्ण अभिभूत हो गए।

कर्ण ने कहा, “हे, श्रीकृष्ण आपसे एक प्रार्थना है।”

“कहो।”

"कृपा करके इस रहस्य को रहस्य ही रहने दो। युधिष्ठिर को इससे अवगत मत कराओ। वह मेरा धर्मनिष्ठ, भावनाशील जुआरी भ्राता धर्मराज। उसे यदि हमारे संबंध का पता चल गया तो मेरे लिए वह अपने सभी भ्राताओं के साथ अपना सर्वस्व पण में लगा देगा और मुझे उस कृतहस्त, अतिदेवी भाग्य के अधीन सौंपकर स्वयं हर्ष से वनवासी हो जाएगा।"

कर्ण का स्वर रुद्ध हो गया था। श्रीकृष्ण की स्थिति भी भिन्न नहीं थी। कष्टपूर्वक श्रीकृष्ण ने कहा, "कर्ण, तुम्हारी इच्छा को मैं आज्ञा मानूँगा। तुम्हारे इस उदात्त रूप-दर्शन से तुम्हें वह अधिकार प्राप्त हो गया है।"

अचानक कर्ण ने कहा, "रथ को रोको ! मेरा विवेक और विचार जब तक मेरे स्वाधीन हैं तब तक ही मुझे रथ से उतरने दो।"

श्रीकृष्ण ने रथ रोक लिया। कर्ण रथ के नीचे उतरा। श्रीकृष्ण रथ को लेकर समीप आए।

"कर्ण, कम-से-कम वृक्ष की छाया देखकर ही रथ को रोकते।"

"छाया ?" कर्ण ने सूर्य की प्रखर किरणों की ओर देखकर कहा, "महाराज, छाया प्राप्त होना भी भाग्य में होना चाहिए। वह अर्जुन इंद्रभक्त है न ? उसे जीवन में आपकी कृपा की छाया मिली। मैं सूर्यभक्त ! तेज में झुलसना, सदैव दाह में एकाकी खड़े रहना, यही मेरा जीवन है। उसमें छाया आएगी भी कहाँ से ?"

"कर्ण, तुम्हारा यह मोहक रूप मैं कभी भी नहीं भुला पाऊँगा। अब भेंट होगी रणभूमि में। तुम्हें कुछ चाहिए ?"

कर्ण ने लंबी साँस भरी। उसके शब्द उठे, "युद्धभूमि पर अर्जुन का सारथ्य करते हुए जब आप मेरे समक्ष खड़े होंगे तब धनुष की प्रत्यंचा खींचने का बल मुझमें रहे..."

"और...?"

"जीवन निष्कलंक रहे...मृत्यु वीरोचित आए।"

श्रीकृष्ण की दृष्टि से बचकर कर्ण ने कहा, "आप्त स्वकीयों का वध मेरे हाथों न हो..." कुछ क्षण रुककर फिर कर्ण ने कहा, "और एक अभिलाषा थी..."

श्रीकृष्ण के गालों पर अश्रु उतर आए थे। उन्हें पोंछकर श्रीकृष्ण ने पूछा, "कौन सी अभिलाषा ?"

"आपकी बाँसुरी पुनः श्रवण करने की अभिलाषा ! किंतु वह अब संभव नहीं।"

"नहीं कर्ण ! मैं तुम्हें अवश्य बाँसुरी सुनाऊँगा। उसमें कृतार्थता समाविष्ट हुई होगी।"

टापों की आवाज से दोनों सतर्क हो गए। कृष्ण दल पहुँच रहा था। श्रीकृष्ण ने आवेग से कर्ण को गले लगाया। दारुक ने सारथि का स्थान ग्रहण किया। रथ में चढ़ते-चढ़ते श्रीकृष्ण ने दारुक से कहा, "रथ को गति दो ! जितनी तेजी से चला

सको उतनी गति दो।" रथ दौड़ने लगा। कृष्ण-रथ दल के साथ दृष्टि से अदृश्य हो गया। दल के साथ आया हुआ कर्ण-रथ केवल वहाँ खड़ा था।

उधर चक्रधर कर्ण की प्रतीक्षा कर रहा था।

प्रकरण-38

कड़ी धूप में कर्ण का रथ हस्तिनापुर की ओर जा रहा था। चारों ओर की खुली विशाल भूमि सूर्य-दाह में झुलस रही थी। चक्रधर सारथ्य कर रहा था। कर्ण अपने ही विचारों में मग्न था। चक्रधर की पुकार से वह भान में आ गया।

"अंगराज !"

"क्या है चक्रधर ?"

"उधर देखिए।"

कर्ण ने देखा तो एक रथ दौड़कर आ रहा था। सूर्य की किरणों में वह सुवर्ण रथ चमक रहा था। कर्ण ने रथ को निहारा और फिर कहा, "युवराज का रथ है न ?"

चक्रधर ने चाबुक उठाया। रथ को गति मिली। दोनों रथ एक-दूसरे के समीप आ पहुँचे। कर्ण रथ से उतरा। कर्ण के समीप आ रहे दुर्योधन का मुख उदास था। उसे देखकर कर्ण के मुख पर स्मित हास्य छा गया। समीप आ रहे दुर्योधन से उसने कहा, "युवराज ! इतनी चिंता करने का कुछ कारण नहीं था। श्रीकृष्ण मुझे हरण करके नहीं ले जाते।"

दुर्योधन का गला भर आया था। कर्ण की भुजा पकड़कर उसने कहा, "मानव द्वारा हरण किए गए लोगों को वापस लाया जा सकता है, किंतु मृत्यु द्वारा हरण किए गए व्यक्ति को कैसे वापस लाया जाए ?"

"मृत्यु ? मित्र ऽ ऽ"

दुर्योधन के नेत्र अश्रुओं से भर आए। साँस अवरुद्ध हो गई। पूरा बल इकट्ठा करके उसने कहा, "तुम्हारे तात का...अधिरथ का देहांत हो गया है।"

"असंभव ! प्रातःकाल में ही मैंने उन्हें देखा था..." कर्ण ने कहा।

"मित्र ! उनकी मृत्यु एक दुर्घटना में हो गई।"

"दुर्घटना ?"

"हाँ ! तुम यहाँ आए और अधिरथ रथशाला में गए। वहाँ एक नया रथ सज्ज हो गया था। उसकी परीक्षा लेने..."

कर्ण के शरीर पर रोंगटे खड़े हो.गए। उसने कहा, ''नहीं युवराज आगे कुछ मत कहिए, मुझे सबकुछ ज्ञात है।'' कर्ण के नेत्रों के सामने वह पूरा दृश्य खड़ा हो गया था। वह बोलने लगा—''तात रथारूढ हो गए। रथ की खूँटियाँ निकाल लेने की आज्ञा उन्होंने दी। चाबुक उठाया और रथ दौड़ने लगा। तेज गति से रथ दौड़ रहा था...समतोल दौड़ रहा था। किंतु अचानक रथ का एक चक्र रास्ते के एक गट्ठे में फँस गया...रथ ऊपर उठ गया और रथ-चक्र रथ के ढाँचे से अलग हो गया। रथ लुढ़क गया और तात उसके नीचे आ गए। दौड़ रहे अश्वों से रथ वैसे ही आगे घसीटता रहा। तब तक तात की प्राणज्योत बुझ गई थी...यही कहने वाले हो न युवराज ?''

''हाँ।'' चकित हुए दुर्योधन ने कहा, ''किंतु मित्र, तुमने यह कैसे जाना ? किसने बताया तुम्हें ?''

''हं ! तात की रथ परीक्षा करने की पद्धति मुझे अवगत न हो यह कैसे हो सकता है ? समतोल रथ सिद्ध करने की कला तो तात को संपूर्ण अवगत थी। किंतु उनके ध्यान में यह कभी भी नहीं आया कि केवल उतना ही ज्ञान रथ-परीक्षा के लिए पर्याप्त नहीं है। चाहे सुसज्ज, समतोल रथ बलवान अश्वों से खिंचा क्यों न जाए, किंतु रथ-चक्र दैवगति से ही घूमता रहता है, यह विचार उनके मन में कभी आया ही नहीं। जीवनरथ का भी ऐसा ही है। विद्या, व्यासंग और अनुभव से जीवनरथ ऐसे ही सिद्ध होता है। कभी-कभार अभिमान के कारण संयम की डोरी छोड़कर रथ परीक्षा करने की अभिलाषा उत्पन्न होती है और तब सामान्य मोह भी जीवन पर मात करने के लिए समर्थ हो जाता है।''

कर्ण का हृदय उस आघात से सँभल गया था। उसने पूछा, ''तात कहाँ हैं ?''

''उन्हें गंगा पर ले जाया गया है। सभी तुम्हारी ही प्रतीक्षा कर रहे हैं। चलो।''

दुर्योधन का आश्रय लेकर कर्ण रथ में बैठ गया। उसका पूरा बल जैसे नष्ट हो गया था। अधिरथ की यादें उभर आ रही थीं। बड़े कष्ट से रोके हुए अश्रु गालों से झरने लगे थे। पीठ पर रखे हुए दुर्योधन के हाथ से वे अश्रु रुकने की अपेक्षा और ही बहने लगे थे।

यथोचित क्रियाकर्म करके सभी वापस आए। गृह वही था, लोग वही थे, किंतु एक जीव के जाने से उस वास्तु पर निष्प्रभता छाई हुई थी। अश्रु बहाने वाले द्रुम को कर्ण सँभालकर भीतर ले गया।

यथासंभव हृदय कठोर कर कर्ण ने भीतर प्रवेश किया। भीतर शुभ्र आच्छादन फैलाया हुआ था। एक कोने में घुटनों में गरदन छिपाकर राधा माँ बैठी थीं। कर्ण के आते ही वृषाली व अन्य स्त्रियाँ खड़ी हो गईं। उनके मूक रुदन की अनुभूति कर्ण को हो रही थी। शुभ्र आंतरिय धारण किया हुआ कर्ण सीधा माँ के समीप जाकर खड़ा हुआ। राधा माँ ने घुटनों से गरदन ऊपर उठाई। उसकी दृष्टि कर्ण पर स्थिर हो गई।

माता के उस दर्शन से कर्ण के हृदय को आत्यंतिक पीड़ा हुई। उसके रूप में कितना अंतर पड़ा था ? माथे का सिंदूर नष्ट होने से कैसी अवस्था हो जाती है। नेत्रों के वलय उजड़े हुए, उदास लग रहे थे। माँ के उस दर्शन से कर्ण के चरणों का बल ही नष्ट हो गया। वह धीरे से नीचे बैठा और मौन रहकर उसने राधा माँ को अपनी बाँहों में समेट लिया।

प्रकरण-39

कुरुक्षेत्र को युद्धभूमि के रूप में निश्चित किया गया। पांडव और कौरव अपने-अपने दल एकत्रित करने लगे। कौरव सेना के राजा अपनी सेना के साथ हस्तिनापुर की ओर प्रस्थान करने लगे। कौरव और पांडव, दोनों की ओर से कुरुक्षेत्र पर शिविर बनाए जा रहे थे। कुरुक्षेत्र के सभी पुराने प्रासाद सुख-सुविधाओं से सज्ज हो गए थे। कुरुक्षेत्र पर जाने के लिए निकली हुई पांडवों की प्रबल चतुरंग सेना का पड़ाव हस्तिनापुर की नदी के उस पार विश्राम कर रहा था। उस सेना की भव्यता देखकर कर्ण और दुर्योधन भी संपूर्ण विश्वास के साथ तैयारी कर रहे थे। कर्ण-पुत्र मृत्युंजय, वृषकेतु, वृषसेन और कर्ण-बंधु द्रुम एवं द्रोण पहले ही अपने-अपने दल के साथ कुरुक्षेत्र चले गए थे।

रात्रि के समय दासी के साथ बाहर जा रहीं राधा माँ को देखकर कर्ण को आश्चर्य हुआ। अधिरथ की मृत्यु के पश्चात् वे अपने कक्ष से कभी बाहर निकली ही नहीं थीं। कर्ण ने पूछा, ''बाहर जा रही हो माँ ?''

''हाँ, नदी की पूजा करनी है।''

''मैं चलूँ ?''

''नहीं, कुछ व्रत ऐसे होते हैं जो एकांत में ही पूरे किए जाते हैं।''

कर्ण की ओर भी न देखकर राधा माँ चल पड़ीं। दासी के साथ वे नदी के तट पर आईं। रात्रि का अंधकार छाया हुआ था। चाँदनी जगमगा रही थी। नदी के तट पर एक नौका खड़ी थी। नौका के पलीते का प्रतिबिंब नदी के जल में थर्रा रहा था। राधा माँ की दृष्टि नदी के उस पार गई। पांडवों के शिविरों की अलावें, पलीते दृष्टिपथ में आ रहे थे। राधा माँ ने पूछा, ''यही है न वह नौका ?''

''जी।''

''चलो।''

दोनों नौका के समीप गईं। नौका में दोनों के चढ़ते ही नौका धीरे-धीरे उस

पार जाने लगी। श्रीकृष्ण के शिविर में श्रीकृष्ण अकेले खड़े थे। चंदन की सुगंध सर्वत्र फैली हुई थी। आगामी युद्ध के विचार से श्रीकृष्ण उद्विग्न अवस्था में शिविर में टहल रहे थे कि उसी समय सेवक भीतर आया। श्रीकृष्ण ने उसकी ओर देखा। सेवक ने कहा, ''महाराज एक वृद्धा आपके दर्शन की इच्छुक है।''

''इस समय ?''

''जी, कहती है, आपसे मिलना बहुत आवश्यक है।''

''भेज दो उसे अंदर।'' कृष्ण ने अनुमति दी।

आधी रात कौन आया होगा ? श्रीकृष्ण सोच में पड़ गए। विदुर के गृह से कुंती कल ही शिविर में दाखिल हो गई थी। इस समय उसके आने का संभव ही नहीं था। श्रीकृष्ण सोच रहे थे इतने में राधा माँ ने शिविर में प्रवेश किया।

राधा माँ ने श्रीकृष्ण को इतने समीप से कभी नहीं देखा था। अति नम्र भाव से उन्होंने श्रीकृष्ण को प्रणाम किया। हाथ जोड़कर श्रीकृष्ण ने कहा, ''माता को आशीर्वाद देना चाहिए। प्रणाम नहीं करना चाहिए।''

''श्रीकृष्ण महाराज, आप राजा हैं इसलिए नहीं, बल्कि गुणों में भी आप श्रेष्ठ हैं। आपको प्रणाम करना मेरा धर्म ही है।''

''माता, आप कौन हैं ? आपका परिचय...''

''सामान्यों का क्या परिचय हो सकता है महाराज ? मैं एक माता हूँ। बस, यही मेरा परिचय है। वैसे स्त्री को जीवन में पति का आश्रय होता है। किंतु दुर्भाग्य से मैंने उसे हाल ही में गँवाया है। शिशु अवस्था में ही मेरा विवाह हुआ। शिशु काल समाप्त हुआ। युवा काल आया। वह भी धीरे-धीरे बीतने लगा। किंतु मेरी गोद नहीं भरी। पुत्र प्राप्ति के लिए मैंने पूजा-अर्चा, उपवास आदि सभी उपाय किए; तीर्थयात्रा की। किंतु किसी का फल नहीं मिला। एक दिन भोर ही में जब हम पति-पत्नी गंगा स्नान के लिए गए थे तो नदी में बह रहा एक संदूक मैंने देखा। संदूक की सुरक्षा के लिए उसे दूर्वा-कंकणादिरूप नाड़ा-धागा बाँधा हुआ था। कुमकुम तिलक भी लगाया हुआ था। उत्सुकता से मैंने वह संदूक पकड़ लिया। मेरे पति उसे नदी तट पर लाए। मैंने वह संदूक जब खोला तब उसमें एक नवजात शिशु था। हमारे जैसे पुत्रहीनों को तो वह परमेश्वरी वरदान ही प्रतीत हुआ।''

''आगे क्या हुआ ?'' श्रीकृष्ण ने पूछा।

''सचमुच वह पुत्र एक वरदान ही था। उसके आने से हमारा जीवन सुखमय बन गया। जीवन में दुःख रहा ही नहीं। उस पुत्र के हमारे गृह आने के पश्चात् मुझे भी संतान की प्राप्ति हुई। वह पुत्र बड़ा गुण संपन्न था। विद्या, व्यासंग में उसने बड़ी कीर्ति प्राप्त की। ज्ञानी, वीर, योद्धा और दाता के रूप में त्रिखंड में उसकी कीर्ति फैल गई।''

''दाता ?'' श्रीकृष्ण सतर्क हो गए। ''माता, आप किसके संबंध में बोल रही हैं ? कौन हैं आप ?''

"मैं राधा, महारथी, दाता कर्ण की माता।"

"आपको क्या चाहिए माता ?" श्रीकृष्ण ने पूछा।

राधा हँस पड़ी। उसने कहा, "महाराज, जिस माता के माथे पर सुहाग का सिंदूर नहीं रहा, जिसका पुत्र कल रणभूमि पर जाने वाला है, वह माता और क्या माँगेगी ? मुझे मेरा पुत्र चाहिए। सुरक्षित।"

"और उसके लिए आप मेरे पास आईं ?"

"नहीं तो कहाँ जाती ?" राधा माँ ने पूछा, "हे श्रीकृष्ण, अपने पुत्र के मुख से मैंने कई बार आपके अलौकिक गुणों की, स्नेहशील स्वभाव की और आपके हृदय में बसने वाले देव गुण संपन्न भाव की प्रशंसा सुनी है। कर्ण सदैव कहता है, 'पांडवों की शक्ति एक ही है, श्रीकृष्ण।' मैं जानती हूँ कि आपकी कृपा यदि हो तो ही मेरा पुत्र सुरक्षित रहेगा।"

"नहीं माता, वह अब मेरे हाथों में नहीं रहा।"

"फिर किसके हाथों में है ?"

"नियति के।"

राधा माँ के मुख पर स्मित देखकर श्रीकृष्ण को आश्चर्य हुआ। उन्होंने पूछा, "असत्य लग रहा है ?"

"नहीं।"

"फिर आप मुसकराई क्यों ?"

"महाराज, मेरा पुत्र कर्ण एक सामान्य मानव, सूतकुल में पला हुआ। किंतु उसका दातृत्व इतना बड़ा कि आज तक उससे कोई भी याचक विमुख नहीं गया। पांडवों की विजय के लिए साक्षात् इंद्रदेव उसके पास कवच-कुंडल माँगने आए। अपने वचन को कलंक न लगे इसलिए आने वाली पराजय स्वीकार करके, उसने वे भी प्रसन्नता से इंद्रदेव को दे दिए। यह है एक सामान्य मानव की कथा। आप तो दैवी गुण संपन्न ! और आप नियति का विश्वास दे रहे हैं ?"

श्रीकृष्ण को कुछ सूझा नहीं। उनका प्रसन्न हास्य लुप्त हुआ। मुद्रा व्यथित बन गई। उन्होंने कहा, "माता, आपका भाव मैं समझ सकता हूँ। कर्ण पर मेरा भी लोभ है, किंतु..."

"नहीं महाराज, आप हमारे लिए व्यथित न हों। मैं भी दाता कर्ण की माता हूँ। कर्ण सदैव कहता है कि जिस दान को देने में दुःख होता है वह कितना भी श्रेष्ठ क्यों न हो, याचक को उसे नहीं स्वीकारना चाहिए। आप हमारे लिए कष्टी न बनें। हमारे भाग्य में जो भी लिखा होगा उसे हम आनंद से सह लेंगे।"

'माते ! संताप के आवेश में..."

"नहीं महाराज ! यह संताप नहीं। यह हमारा अधिकार भी नहीं। मैं चलती हूँ।"

राधा माँ का सारा बल नष्ट हो गया था। थके हुए चरणों से और श्रांत हृदय

से वे नौका में बैठ गईं। फैला हुआ पांडवों का शिविर बैठे-बैठे दिखाई दे रहा था। अनगिनत अलावें पृथ्वीतल पर अवतरित अग्निकुंडों के समान प्रतीत हो रही थीं।

किनारा छूट गया था। नाव झोंके खा रही थी...

प्रकरण-40

प्रातःकाल में ही कर्ण रथशाला की ओर चला गया। रथशाला के सामने कर्ण का रथ सज्ज किया जा रहा था। हवा में ठंड बढ़ी थी। दूर-दराज में नदी का तट दृश्यमान था। भोर का कुहरा धरती पर उतर रहा था। कर्ण अपना सुवर्ण रथ निहार रहा था। सेवक रथ को सज्ज कर रहे थे। कर्ण ने पूछा, "रथ की परीक्षा ले ली गई ?"

"जी। कल ही ले ली।"

"तात की परीक्षा की पद्धति बहुत ही भिन्न थी।"

"उसे तो वे ही जानते थे।" सेवक ने कहा, "किंतु आश्चर्य है कि वह दुर्घटना हुई कैसे ?"

कर्ण मौन रहा। सेवक अपने सहायकों के साथ रथशाला में चला गया। कर्ण रथ के समीप अकेला खड़ा था। रथ के मेघवर्णी अश्व हिनहिनाते हुए एक ही जगह पर पैर नचा रहे थे।

पीछे से सुनाई दी चरणों की आहट से कर्ण सावध बन गया। उसने मुड़कर देखा। राधा माँ खड़ी थीं।

"माता तुम ? और साथ में कोई नहीं ?"

"किसी को साथ लाने की क्या आवश्यकता है कर्ण ? पूजा हो गई थी। तुम्हारी पूछताछ की तो पता चला कि तुम रथशाला की ओर गए हो।"

"तुम चलकर आईं ? इतनी दूर ?"

राधा माँ प्रसन्नता से मुसकराईं।

"कितनी चिंता करते हो मेरी ? अरी, अंगराज कर्ण की माता बनने से पहले मैं सूतकुल की ही कन्या थी।"

गर्व से अपने रथ की ओर देखकर कर्ण ने कहा, "देखो माता, रथ कैसा सज्ज हुआ है।"

"रथ सुंदर हुआ है इसमें कोई आश्चर्य नहीं। सारथ्य और रथ-परीक्षा ये दोनों हमारे कुल के गुण ही हैं।"

राधा माँ रथशाला की ओर जा रही थीं। कर्ण उनके पीछे-पीछे जाने लगा। रथशाला के भव्य प्रवेश द्वार से राधा माँ ने भीतर प्रवेश किया। सामने बड़े चौक में खड़े रथ को देखकर राधा माँ ने कहा, "वे रथशाला के प्रमुख थे, फिर भी मैं कभी यहाँ नहीं आई।"

राधा माँ का ध्यान शुभ्र चौखट पर रखे हुए चंदनी आसन की ओर गया। उनकी मुद्रा पर एक व्यथा प्रकट हुई। आसन की ओर निर्देश कर उन्होंने पूछा,

"वह आसन..."

"तात का था। जब कभी कुछ महत्त्वपूर्ण कार्य नहीं होता था तब वे उस पर बैठते थे। वहाँ से संपूर्ण रथशाला दृष्टिपथ में आती है। अब तो वह आसन रिक्त है। भविष्य में उस पर बैठने की योग्यता किसी को प्राप्त होगी, ऐसा प्रतीत नहीं होता। तात का रथ परीक्षा का अधिकार बहुत बड़ा था।"

एक निःश्वास छोड़कर राधा माँ उस आसन के समीप गईं। आसन पर कोमल स्पर्श से हाथ घुमाकर उन्होंने कहा, "लोग चले जाते हैं। पीछे रहता है उनका आसन। वह वैसा ही रिक्त रह जाता है। रहना भी चाहिए। उसी में जीवन की सार्थकता है। कर्ण, मनुष्य को इतना कीर्तिवंत होना चाहिए कि उसके पश्चात् उसका आसन कई वर्षों तक रिक्त ही रहे। उसे व्याप्त करने का साहस किसी में न हो।"

राधा माँ धीरे-धीरे चलकर रथशाला के बाहर आईं। सज्ज किए हुए उस रथ की ओर वह देख रही थीं। अचानक वह मुड़ीं। उसके नेत्र अश्रुओं से भर आए थे। उनके समीप जाकर कर्ण ने कहा, "माता ! तुम्हारे नेत्रों में अश्रु ?"

अश्रु पोंछकर स्मित करके उन्होंने कहा, "किसने कहा कि केवल दुःख के प्रसंग में ही अश्रु आते हैं ? हर्ष के प्रसंग में भी वे आते हैं।"

"कैसा हर्ष ?"

"अपना यह रथ देखो न। कल युवराज के साथ सुवर्ण रथ में तुम जाओगे। भीष्म, द्रोण, कृप इनकी मालिका में रणभूमि पर खड़े रहोगे। सूतकुल में पले व्यक्ति के लिए इसके अतिरिक्त गर्व की और क्या बात हो सकती है ? कर्ण, जरा झुको तो।"

कर्ण झुक गया। राधा माँ के हाथ ऊपर उठ गए। थर-थर काँप रही उँगलियाँ कर्ण के गालों पर घूम रही थीं। कर्ण राधा माँ की कृति से चकित हो गया था। अभिभूत हो गया था।

"माता ! ऐसा क्यों कर रही हो ?"

"तुम्हारा रूप नेत्रों में समा ले रही हूँ। कर्ण, मैं तुमसे बिदा लेने आई हूँ।"

"बिदा ? कैसी बिदा ?" कर्ण व्याकुल हो गया।

"पुत्र, दुःख के पश्चात् सुख के दिन आते हैं तो प्रसन्नता होती है। किंतु सुख के पश्चात् यदि दुःख आता है तो उसे सहन करना कठिन होता है।

तुम्हारे कारण आनंद, संतोष पूरी तरह मिला। कल तुम रणभूमि पर जाओगे। रणभूमि का भवितव्य कौन बता सकता है ? कदाचित् वापस लौटोगे या नहीं भी। रणभूमि पर विजयी होकर तुम लौटे तो तुम्हारा स्वागत करने में हर्ष ही होगा। किंतु नहीं लौटे तो...वह दुःख सहन करने की शक्ति अब नहीं रही। वह त्राण भी अब नहीं..."

कर्ण के नेत्रों में अश्रु देखकर राधा माँ ने उसे गले लगाया।

"तुम वीर हो। ज्ञानी हो। त्याग की महत्ता तुम जानते हो। अब मेरे जीवन का कोई अर्थ नहीं। समूचे कर्तव्य समाप्त हो चुके हैं। आने वाले अकल्पित दुःख में फँसने की अपेक्षा जहाँ तुम कभी-न-कभी जाने वाले हो वहाँ तुम्हारे स्वागत के लिए पहले ही चले जाने की इच्छा है। तुम्हारे तात को भी अकेलेपन की अनुभूति नहीं होगी।"

"क्या विचार है तुम्हारा ? क्या सोच रही हो माता ?"

"अरे, ऐसे डरो मत। नदी की जिन लहरों ने तुम्हें मुझे सौंप दिया था वे ही लहरें मुझे चिरशांति प्राप्त करा देंगी। नदी को हम माता मानते हैं न। वह अवश्य मुझे अपने में समा लेगी। मैं चलती हूँ। वसू को सँभालना।"

कर्ण अचानक घुटनों पर बैठ गया। उसने राधा माँ के चरणों पर मस्तक रखा। उसके चरण अश्रुओं से गीले करके उसने कहा, "माता, आशीर्वाद दो।"

"मैं क्या आशीर्वाद दूँ ? मेरी प्रत्येक साँस तुम्हारे लिए दिया हुआ आशीर्वाद ही था कर्ण।"

"विजय की आकांक्षा मेरे हृदय में नहीं है और पराजय का भय तो यत्किंचित् भी नहीं। माता, मुझे एक ही आशीर्वाद देकर जाओ। जिस सहजता से तुम मृत्यु के समीप जा रही हो वही बल मुझे भी मिले। मृत्यु का भय मुझे भी न लगे।"

कर्ण उठा। उसके नेत्रों के अश्रु राधा माँ ने अपने हाथों से पोंछे। उनके होंठों पर स्मित था। तत्पश्चात् चुपचाप, पीछे मुड़कर भी न देखकर वे कुहरे में से नदी की ओर जाने लगीं। क्षण-क्षण दूर जा रही राधा माँ को देखकर कर्ण को ऐसा प्रतीत हो रहा था कि दौड़कर जाकर उन्हें रोके। किंतु ऐसा करने का सामर्थ्य कर्ण में शेष नहीं रहा था। देखते-ही-देखते राधा माँ कुहरे में खो गईं।

कर्ण के कानों पर रथ की गड़गड़ाहट आई। तेजी से दुर्योधन का रथ रथशाला की ओर आ रहा था। कर्ण के समीप आकर रथ रुक गया। दुर्योधन हर्ष से उतरा। कर्ण ने उसे प्रणाम किया। कर्ण के समीप आते ही दुर्योधन का हास्य लुप्त हुआ। कर्ण के नेत्रों में अश्रु थे। उसकी दुःखित मुद्रा देखकर दुर्योधन ने चिंता से पूछा, "मित्र ! तुम्हारे नेत्रों में अश्रु ? बात क्या है ?"

कर्ण मुसकराया। अश्रु न पोंछते हुए उसने कहा, "युवराज, अश्रु केवल दुःख के प्रसंग में ही नहीं आते। हर्ष के प्रसंग में भी आते हैं।"

"हर्ष ?"

"इससे और हर्ष का क्षण क्या हो सकता है ? सूतकुल में पला हुआ मैं। मुझे तुम्हारी मित्रता मिली। अंगदेश का आधिपत्य प्राप्त हुआ। सामान्य का भाग्य इससे अधिक क्या होता है ?"

"मित्र, हर्ष का समाचार सुनाने ही मैं तुम्हारे गृह गया था। वहाँ पता चला कि तुम यहाँ हो, अतः दौड़कर यहाँ आया।"

"कैसा समाचार।"

"शल्यराज अपने विपुल दल के साथ पांडवों की सहायता के लिए जा रहे थे। उन्हें मैंने अपनी ओर कर लिया है।"

"किंतु वे पांडवों के आप्त..."

"फिर भी वे युद्ध करेंगे अपनी ही ओर से। नगर की उत्तर दिशा में कौरव दल एकत्रित हो रहा है। आज वह युद्धभूमि की ओर प्रस्थान करेगा। उस दल को बिदाई देने के लिए हमें वहाँ पहुँचना है।"

"युवराज ! रथारूढ हो जाइए। अब युद्ध के अतिरिक्त और बचा ही क्या है ?"

दुर्योधन के पीछे-पीछे कर्ण भी अपने रथ में आरूढ हो गया। उसने रथ की डोरियाँ हाथ में लीं और फिर दोनों रथ तेजी से दौड़ने लगे।

प्रकरण-41

नदी के विशाल प्रवाह पर अपराह्न की सूर्य-किरणें चमक रही थीं। सूर्य-दाह की चिंता न करते हुए कर्ण पूर्व दिशा में मुख करके गंगा के प्रवाह में खड़े रहकर अपनी सूर्योपासना कर रहा था। आदित्य के तेज में एकरूप हुए कर्ण के मुख से वेद निकल रहे थे। उसके विशाल बाहु फैले हुए थे। गरदन झुकने से उसका विशाल केशसंभार गरदन पर फैला हुआ था। अपराह्न में पूजा समाप्त करके कर्ण ने सूर्य-वंदन किया। गंगा से अंजलि भरी और उसे उठाते हुए उसने पुकारा, "कोई याचक है ?"

कुछ क्षण ऐसे ही बीत गए। कुछ उत्तर नहीं मिला, अतः कर्ण ने अंजलि मस्तक पर लगाकर फिर चमकते गंगाजल में रिक्त कर दी और शांतिपूर्वक वह मुड़ा। नदी के तट पर रखे अपने पादत्राण उसने पहने और अपना उत्तरीय लेने के लिए जाने लगा कि अचानक उसके पैर रुक गए। नदी तट पर रेत में जिस स्थान पर उसका उत्तरीय रखा हुआ था, वहाँ एक श्वेत वस्त्रधारी व्यक्ति कर्ण का नीलवर्णीय उत्तरीय हाथ में लिये उसी की छाया अपने मस्तक पर किए खड़ा था। उसका श्वेत

वस्त्र हवा से लहरा रहा था। दोनों हाथों से मस्तक पर पकड़े हुए उत्तरीय के कारण उस व्यक्ति का मुख दृश्यमान नहीं था। ऐसा आभास हो रहा था कि विशाल मरुस्थल रूपी दीपदान के मध्य एक सुवर्ण ज्योति खड़ी हो।

धीरे-धीरे कर्ण उस ओर जाने लगा। उसके प्रत्येक चरण से रेत पर आवाज उठ रही थी। नदी तट पर खड़े उस व्यक्ति का रेखाटन तो हो गया था, किंतु मुख ? वह स्थान रिक्त ही था। कड़ी धूप में मस्तक पर पकड़े हुए उत्तरीय के कारण वह रूप दृश्यमान नहीं हो रहा था। कर्ण के हृदय में विचार आया...

'क्या मृत्यु का दर्शन ही ऐसा भी होगा ? रूपहीन, श्वेत वस्त्रधारी, शांत, स्थिर...'

कुछ समीप जाने के पश्चात् कर्ण के ध्यान में आया कि उस व्यक्ति का मस्तक आँचल से अवगुंठित है। यह ध्यान में आते ही कि वह एक स्त्री है, कर्ण की उन्नत दृष्टि नीचे झुक गई। उत्तरीय लेने का विचार त्यागकर वह उस स्त्री के समीप से आगे जाने लगा। उसी समय उसके कानों में शब्द पड़े, "जरा रुको कर्ण।"

"कौन ?" कहकर कर्ण ने गरदन ऊपर उठाई।

उस स्त्री ने अब मस्तक पर पकड़ा हुआ उत्तरीय नीचे कर दिया था। उस स्त्री को पहचानते ही कर्ण का शरीर जैसे सिकुड़ गया।

अर्जुन की माता कुंती ! शत्रुपक्ष की माता ! और वह भी एकाकी ! यहाँ ? अभिभूत होकर कर्ण कुंती का सात्त्विक रूप अपने नेत्रों में समा रहा था। उस रूप से वह कई बार अभिभूत हो गया था। किंतु उसे इतने समीप से वह पहली बार ही देख रहा था। कुंती के मुख पर क्षीण हास्य प्रकट हुआ। उसी ने ही प्रथम उस शांतता को भंग किया।

"परिचय है ?"

कर्ण को उसकी आवाज में कंपन की अनुभूति हुई। होश में आकर हाथ जोड़कर उसने कहा, "आपका परिचय किसे नहीं है ! पांडवों की माता। वीर अर्जुन की माता। राजमाता कुंती देवी, राधेय सूत-पुत्र आपको प्रणाम करता है।"

उस नतमस्तक कर्ण को देखकर कुंती व्यथित हो गई।

"कर्ण, क्या तुम्हें मेरा इतना ही परिचय है ?"

कर्ण ने कुंती की ओर देखा। उसने पूछा, "हे राजमाता ! क्या वीरपत्नी, वीरमाता इतनी ख्याति आपके लिए पर्याप्त नहीं है ? अब रणभूमि की परछाईं में क्यों यह दर्शन ? किस हेतु आप इस अपराह्न के समय, एकाकी यहाँ आई हैं ?"

कुंती के मुख का स्मित लुप्त हो गया। निश्चयपूर्वक उसने कहा, "कर्ण, तुम्हारी ख्याति मुझे यहाँ तक ले आई है। तुम्हारे दातृत्व का जोड़ नहीं, ऐसी तुम्हारी ख्याति है। वह सत्य है या असत्य यह परखने के लिए मैं यहाँ आई हूँ।"

"मैं कुछ समझा नहीं।"

"उसमें न समझने जैसी क्या बात है ? आज मैं राजमाता के रूप में तुम्हारे

समक्ष नहीं खड़ी हूँ। एक सामान्य याचक के रूप में खड़ी हूँ।''

कुंती के शब्दों से आश्चर्यचकित हुए कर्ण ने अपने आपको सँभालते हुए पूछा, ''याचक ! और आप ? राजमाता, आप परिहास तो नहीं कर रही हैं ! अपूर्णता को पूर्ण रूप देने के लिए याचना की आवश्यकता होती है। किंतु जो जीवन मूलरूप से ही समृद्ध है उसे याचना की क्या आवश्यकता ? शक्तिशाली भीम, धनुर्धर अर्जुन और धर्मबुद्धि युधिष्ठिर जैसी आपकी पुत्रसंपदा है। श्रीकृष्ण जैसे महापुरुष का समर्थन आपको प्राप्त है, फिर भी पांडवों की राजमाता सूत-पुत्र से क्या माँगने आई हैं ? साक्षात् अग्नि को प्रसन्न करके उसकी कृपा से गांडीव धनुष हस्तगत करने वाले अर्जुन की माता सूत-पुत्र कर्ण के पास याचक बनकर आती हैं इस पर कौन विश्वास करेगा ? आप राजमाता हैं। राजमाता के रूप में यह कृति उचित नहीं। इस अभागी कर्ण के निष्कलंक दातृत्व का ऐसा क्रूर उपहास आप न कीजिए।''

''कर्ण ! उपहास मैं नहीं कर रही हूँ। तुम कर रहे हो। मैं कौन हूँ क्या यह तुम्हें ज्ञात नहीं ?''

सिसकी रोककर कर्ण ने कहा, ''राजमाता, कुंतीदेवी...अर्जुन-जननी...''

''बहुत हो गया।'' कुंती ने थककर कहा, ''कर्ण, अज्ञान का यह असत्य आवरण कितने समय तक ओढ़े रहोगे ? तुम्हें सबकुछ ज्ञात है। मैं जानती हूँ कि श्रीकृष्ण ने तुम्हें सबकुछ बता दिया है। क्या मेरे-तुम्हारे नाते से तुम अवगत नहीं हो ?''

उसके व्याकुल बोलों से कर्ण का हृदय घायल हो गया। वह खिन्नता से मुसकराया।

''नाता ! जो नाता स्वयं माता सहन न कर सकी उसका उच्चार करने से क्या लाभ ?''

''कर्ण, मैंने कहा न कि मैं याचक के रूप में खड़ी हूँ।''

''राजमाता, आप क्या चाहती हैं ? मेरा पौरुष और धर्म छोड़कर कुछ भी माँगिए। मैं प्रसन्नता से उसे आपके चरणों में समर्पित करूँगा।''

''सच ?'' कुंती ने सशंकता से पूछा।

निश्चयी स्वर में कर्ण ने कहा, ''आज तक किसी भी याचक ने कर्ण के पास आते समय हृदय में कोई आशंका नहीं रखी। पांडवों की विजय के लिए साक्षात् देवेंद्र मेरे पास कवच-कुंडलों की याचना करने आए थे, वह मेरे दातृत्व के विश्वास से ही। उन्हें भी जो चाहिए था, प्राप्त हुआ।''

''तुम्हारे शत्रु तुम्हारी पराजय के इच्छुक होंगे। उन्होंने तुमसे कवच-कुंडल माँग लिये होंगे, किंतु मुझे तुम्हारी पराजय के लिए तुम्हारा दान नहीं चाहिए। तुम्हारे यश की अभिलाषा से ही मैं याचक बनकर आई हूँ। मुझे तुम्हारा यश देखना है। उसके लिए मैं अतृप्त हूँ।''

''जो चाहिए, माँग लीजिए। दाता कर्ण ने याचक से कभी भी कारण नहीं

पूछा है। यह सूर्य-दाह आप सहन नहीं कर सकेंगी। अधिक समय तक धूप में खड़ा रहना आपके लिए उचित भी नहीं।"

"जिस दाह में मेरा संपूर्ण जीवन झुलसता रहा उसके सम्मुख सूर्य-दाह का भय मुझे नहीं है। तुम मेरी चिंता मत करो।"

"मेरा कहना मानिए।" कर्ण का ध्यान नदी तट से कुछ अंतर पर, एकाकी खड़े कदंब वृक्ष की ओर गया। उस ओर उँगली उठाकर उसने कहा, "कृपा करके आप उस छाया में चलिए। वहाँ हम शांति से बातें कर सकेंगे।"

कुंती की सम्मति की प्रतीक्षा न करके कर्ण कदंब की छाया की ओर जाने लगा। उसके पीछे-पीछे कुंती जा रही थी। दोनों वृक्ष की छाया में पहुँचे। कुंती ने अपने हाथ का उत्तरीय कर्ण के हाथ में दिया। विचारों में डूबे हुए कर्ण ने कुंती की ओर देखा और पूछा, "माता, क्या चाहती हैं आप ?"

निश्चयी स्वर में कुंती ने कहा, "मैं तुम्हें चाहती हूँ कर्ण ! मैं तुम्हें ले जाने के लिए आई हूँ।"

"मुझे ले जाने के लिए ? कहाँ ?"

कर्ण ने नदी तट पर निहारा। नदी के प्रवाह में एक नौका खड़ी थी। एकाकी। वह उसे देख रहा था कि कुंती के शब्द कानों में पड़े, "एक माता अपने पुत्र को और कहाँ ले जाएगी ? हृदय के अतिरिक्त और दूसरा स्थान है ही कहाँ ?"

"महादेवी ! मैंने सुना है कि प्रेम सहवास से उत्पन्न होता है। अब मुझे ले जाकर क्या वह प्रेम उत्पन्न होगा ?"

उन शब्दों से कुंती का हृदय घायल हुआ। अपनी गर्वयुक्त दृष्टि घुमाकर उसने कहा, "कर्ण यह तुमसे किसने कहा ? युधिष्ठिर, भीम और अर्जुन मेरे पुत्र हैं और नकुल, सहदेव माद्री के। उन दोनों से पूछो। वे यही कहेंगे कि उन तीनों को जो मातृप्रेम मुझसे मिला वही मातृप्रेम उन दोनों को भी मिला।"

"क्षमा कीजिए। मैं सापत्न भ्राताओं की बात नहीं कर रहा हूँ। प्रेम की बात कर रहा हूँ।"

"रक्त का नाता इतना दुर्बल नहीं होता।"

"नाता ?" कर्ण हँस पड़ा। "कहने से नाता थोड़े ही जुड़ जाता है। नाता भी सहवास से ही बढ़ता है। तुम्हारी कोख में यदि मैं पलता, तुम्हारे स्तन से स्त्रवने वाली दुग्धधारा पर यदि मेरा पोषण होता, तो ही 'माता' शब्द का सत्य अर्थ मैं जान लेता। नदी में बह रहे जल को किनारे की आस कैसे समझ में आएगी ? और वह हठ यदि किनारे ने किया भी तो किनारे में ही दरारें पड़ जाती हैं। किंतु प्रवाह नहीं रुकता। इतनी प्रौढ़ आयु में नाता जोड़कर माँ के गले लग जाने का बल कैसे प्राप्त होगा ?"

"कर्ण, मातृत्व कभी भी पराधीन नहीं होता।"

"नहीं होता। मातृत्व का अपमान मैं कैसे कर सकता हूँ ? नदी के प्रवाह में

बह रहे किसी बालक को देखकर यदि पुत्रहीन राधा के स्तनों में प्रेम से दूध भर आ सकता है तो जन्मदात्री माता का उपहास मैं कैसे कर सकता हूँ ? मुझे देखकर आपके हृदय में प्रेम उमड़कर आया भी हो।'' कर्ण ने कुछ क्षण विश्राम लेकर कुंती को निहारते हुए कहा, ''किंतु मुझे...तुम...आप...अर्जुन की...मेरे शत्रु की माता ही प्रतीत होती हैं।''

''कर्ण ऽऽ !'' कुंती चीख उठी।

''हे राजमाता ! आपने मेरे प्रति जो प्रेम प्रकट किया है उसके लिए मैं सदैव आपका ऋणी रहूँगा। मर्यादित ज्ञात ज्ञान, मानव के लिए वरदान होता है। किंतु अमर्यादा से अवतरित ज्ञान मानव को विनाश की ओर ही ले जाता है।''

''अमर्यादा...कर्ण, मातृप्रेम की कोई मर्यादा नहीं होती। वह केवल अपनों को ही जानता है। कर्ण, तुम...तुम मेरे हो। तुम पर और किसी का भी अधिकार नहीं है। अपने प्रथम बालक के प्रति माता की क्या भावना होती है वह केवल माता ही...''

''नहीं, उस कंलकित मातृत्व का उच्चार कम-से-कम आप तो न कीजिए।''

''कर्ण, मातृत्व कभी कलंकित नहीं होता।''

''यह आप कह रही हैं ?'' कर्ण का संयम नष्ट हो रहा था। ''उस दिन का स्मरण कीजिए जिस दिन हाल ही में जन्मे नवजात शिशु को आपने नदी के विशाल प्रवाह में छोड़ दिया था। जिसे अपनी छोटी-छोटी मुट्ठियाँ खोलने का भी बल प्राप्त नहीं हुआ था, उसको लहरों के आधार पर छोड़ दिया। रूप का परिचय भी जिसे नहीं हुआ था, उसे नक्षत्रों की माला से खेलने का सुख दे दिया। उस जीव ने ऐसा कौन सा अक्षम्य अपराध किया था ? उस जीव को लहरों के अधीन करते समय यह प्रेम कहाँ चला गया था ? मातृप्रेम से युक्त यह हृदय तब क्यों कठोर बन गया था ? जल की चार बूँदें भी उस जीवन को समाप्त करने के लिए पर्याप्त थीं, क्या इसकी अनुभूति आपको नहीं हुई ?'' कर्ण ने लंबी साँस भरी। ''भाग्य से यदि ऐसा होता तो कितना अच्छा हो जाता ? इस कर्ण के जीवन की यह रिक्तता तो समाप्त हो जाती। माते ! किस अपराध के कारण मैं यह दंड भोग रहा हूँ ?''

नेत्रों में भर आए अश्रु रोककर कुंती ने कहा, ''अपराध तुम्हारा नहीं, मेरा है कर्ण ! अन्यथा तुम्हारे ये कठोर वचन सुनने का बल मुझमें नहीं होता। कर्ण, तुम पुरुष हो। तुम्हारा तर्क तुम्हारे पिंड के अनुरूप ही है। किंतु मेरी मर्यादा भिन्न है। मैं एक स्त्री हूँ। मेरे अपने कुछ बंधन थे जिनका अनुपालन मुझे करना पड़ा।''

कर्ण के होंठों पर एक कटु हास्य प्रकट हुआ। ''कैसे बंधन...पाप का समर्थन क्यों कर रही हैं आप ? उलटे बंधनों का अनुपालन नहीं किया इसीलिए...?''

''हाँ कर्ण ! मर्यादा !'' कर्ण पर दृष्टि स्थिर करके कुंती बोल रही थी, ''स्त्री के बंधन ही मेरे कर्म के लिए कारण हुए हैं। उसे तुम नहीं समझ सकोगे। स्त्री सदैव परनिष्ठा पर जीवन बिताती है। तुम पुरुषों की तरह वह स्वतंत्र नहीं होती।

विवाह तक पितृगृह से जुड़ी उसकी निष्ठा विवाह के पश्चात् पतिगृह से जुड़ जाती है। उसका स्वतंत्र अस्तित्व होता ही कहाँ है ?"

"किस निष्ठा के भय से आपने मेरा त्याग किया ? क्या वह बता सकेंगी आप ?" कर्ण ने आग्रहपूर्वक पूछा।

कुंती ने शांतिपूर्वक कहा, "अवश्य बताऊँगी।" नदी के उस पार दृष्टि लगाकर अभिभूत होकर कुंती बता रही थीं, "अवश्य बताऊँगी। कई वर्ष पहले एक दिन मेरे पिता कुंतिभोज के द्वार पर कठोर तपस्वी दुर्वासा का आगमन हुआ। उन्हें एक कड़ा अनुष्ठान करना था जिसमें तपस्या द्वारा पंचमहाभूतों के तेज का साक्षात्कार धरती पर कराना था। उसमें उन्हें कोई व्यत्यय नहीं चाहिए था, अतः उसके लिए ऐसा कोई सेवक चाहिए था जो ऋषिवर का हृदय सदैव प्रसन्न रख सके। दुर्वासा मुनि के क्रोधी स्वभाव से सभी अवगत थे। उनकी सेवा करने का साहस कौन कर सकता था ? मेरे पिता के समक्ष धर्मसंकट खड़ा हो गया। यदि ऋषिवर का कोप हो गया तो उनके एक शाप से मेरे पिता का संपूर्ण जीवन भस्म हो जाएगा इससे मैं भी अवगत थी। मैं अपने पिता को अतिप्रिया पुत्री थी।

"मुझे दुर्वासा की सेवा के लिए चुना गया। महान् महर्षि को रिझाने हेतु निष्पाप बालिका को चुना गया। कर्ण, क्या बताऊँ कि उस चिड़चिड़े, कोपिष्ट तपस्वी को सुख देने के लिए मुझे कितने कष्ट उठाने पड़े ? दुर्वासा मुनि का अनुष्ठान पूरा हो गया। उन्होंने अंतरिक्ष के देवताओं को अपने अधीन कर लिया। मेरी सेवा से वे प्रसन्न हुए और अपने अनुष्ठान के फल की प्रचीति देखने के लिए उन्होंने मुझे ही चुन लिया। अवगत किए हुए दैवी मंत्र मुझे देकर वह तपस्वी जैसे आया था वैसे चला भी गया।"

कुंती ने कुछ विश्राम लिया।

"किंतु जिज्ञासा मानव को कहाँ चुप बैठने देती है ? मोह से बचने की मेरी आयु भी नहीं थी। एक दिन जिज्ञासा प्रबल हो गई। एकांत में अनभिज्ञता में मुझसे वह मंत्रोच्चार हो गया और एक तेजस्वी पुरुष मेरे स्वीकार के लिए मेरे समक्ष प्रस्तुत हुआ।"

लज्जा से कुंती ने अपने दोनों हाथों से अपना मुख ढक लिया। उसके कानों पर कर्ण के अधीर शब्द टकराए।

"रुको नहीं माते ! मुझे सबकुछ बता दो।"

नतमस्तक हुई कुंती पुनः बोलने लगी। "उस प्रकाश ने मेरी प्रार्थना को नहीं माना। उसके तेज में मैं कब बद्ध हो गई, मुझे समझ ही नहीं। फिर तुम मेरे उदर में पलने लगे। दिन-रात मुझे चैन नहीं था। कुमारी माता ! पितृकुल को कितना कलंक लग जाता। मैं विश्वासु सखी के साथ आश्रम में रहने लगी। ऋषि की सेवा में रमी हुई कन्या का एक हठ समझकर मेरे पिता ने उसे सहन किया। फिर तुम्हारा जन्म हुआ। आधी रात अश्व नदी की लहरों पर मैंने तुम्हें छोड़ा, वह प्रेम नष्ट हुआ

था इसलिए नहीं। पितृगृह की निष्ठा से ही वह बल प्राप्त हुआ था। कुमारी माता बनने का दुर्भाग्य क्या होता है ? वह तुम नहीं समझोगे। तुम चलने लग गए होगे, तोतले बोल बोलते होगे और वह देखने का सुख कोई और ही भाग्यवती भोग रही होगी, इस कल्पना का दुःख केवल कुमारी माता ही जान सकती है।"

कुंती के उन बोलों से कर्ण का कठोर हृदय कोमल बन गया। "ठीक है माते ! मैं तुम्हें दोष नहीं देता। दोष होगा ही तो वह मेरे भाग्य का होगा। नहीं तो मेरे भाग्य में यह अकेलापन क्यों आता ? वह अनुभूति बड़ी भयानक होती है।"

"उसका अनुभव मैंने भी किया है कर्ण। मैं कुंतिभोज की कन्या नहीं हूँ। शूर राजा की कन्या हूँ। मेरे पिता ने अपनी बुआ के अपत्यहीन पुत्र कुंतिभोज को मुझे दे दिया। मातृ-पितृ छाया से मैं भी ऐसी ही वंचित रही हूँ। निष्ठा के अतिरिक्त मेरे जीवन में कुछ भी नहीं है। वही मुझे जीने का बल देती है।"

कर्ण हँस पड़ा।

"माते ! तुम्हें कम-से-कम निष्ठा का बल तो प्राप्त है। किंतु मेरे माथे क्या लिखा है ? बहते जाना। आने वाले प्रवाह के साथ बहते जाना। बस ! तुमने जिस क्षण इस पुत्र को नदी के प्रवाह में छोड़ दिया तब से मैं बह ही रहा हूँ। नियति की लहरों पर बहने के अतिरिक्त यह अनाथ पुत्र और कर भी क्या सकता है ?"

उसके व्याकुल शब्दों से कुंती का पूरा बल नष्ट हो गया। आगे बढ़कर उसने एकदम कर्ण को आलिंगनबद्ध किया।

"नहीं, कर्ण नहीं ! कम-से-कम माता के समक्ष अपने अनाथ होने का उच्चार न करो। मुझे वह सहन नहीं होता।"

पीठ पर घुमाए जा रहे कुंती के हाथों के स्पर्श की अनुभूति कर्ण को हो रही थी। कितना विश्वास था उन हाथों में। कितना प्रेम था। भीम और अर्जुन का बल किसमें है यह उसी क्षण कर्ण के ध्यान में आया।

नतमस्तक कर्ण के गालों को अश्रुओं से भीगे हुए गालों का स्पर्श हुआ। उष्ण साँसों की अनुभूति हुई। गुलाब की पंखुड़ियों का नरम स्पर्श हो, उस प्रकार कंपित होंठों के स्पर्श की अनुभूति गालों को हुई। उस दिव्य आलिंगन में कर्ण के हृदय को असीम सुख प्राप्त हुआ। तटस्थ भुजाओं ने पराजय स्वीकार की और उसी क्षण कर्ण ने कुंती को अपनी बाँहों में समेट लिया। कुंती के मस्तक पर कर्ण के अश्रु झर रहे थे। किंतु कुछ ही क्षणों में वह सतर्क हो गया और कुंती की बाँहों से अलग हो गया। अपराह्न के उस प्रहर पत्तों से झरने वाली तिरछी सूर्य किरणों में कर्ण के गालों पर चमकने वाले अश्रु कुंती ने अपनी कोमल उँगलियों से पोंछ दिए। हँसने का प्रयास करते हुए कर्ण ने कहा, "माता, आज मैं हार गया। आज तक तुम्हारे इस पुत्र ने सबकुछ सह लिया। दुःख सहा, अपमान झेले, किंतु किसी भी प्रसंग में हृदय से झरने वाले अश्रु नेत्रों से बाहर नहीं निकले थे। तुम्हारा भाग्य बड़ा कि तुम्हें पहली ही भेंट में अपने पुत्र के अश्रु देखने को मिले। तुम्हें अपने पुत्र के इस पृथ्वीतल

पर पड़े पहले लड़खड़ाते चरण नहीं देखने को मिले होंगे, तोतले कोमल बोल नहीं सुनने को मिले होंगे। किंतु स्वपराक्रम से अंगराज का पद प्राप्त करने वाले, दातृत्व से साक्षात् देवेंद्र को भी याचक बनाने वाले और कुरुक्षेत्र की कल की रणभूमि का नेतृत्व करने वाले पुत्र के अश्रु देखने को मिले यह क्या कोई सामान्य बात है ? माते ! मेरे उजड़े, एकाकी जीवन में तुम्हारा यह आलिंगन मुझे सैकड़ों मृत्यु का सामना करने का सामर्थ्य देगा।''

कुंती ने हड़बड़ी से कर्ण के होंठों पर हाथ रखा।

''अशुभ नहीं बोलना कर्ण ! इसके आगे मृत्यु का विचार भी न करो। माता पुत्र को मिलती है जीवन देने के लिए।''

स्वप्न से जागृति आ जाए इस प्रकार अचानक कर्ण में परिवर्तन हो गया। सावध होकर उसने पूछा, ''जीवन ? कैसा जीवन ?''

''अपने हक का। सम्मान का। कर्ण, मैं तुम्हें ले जाने के लिए आई हूँ।''

''कहाँ ?''

''उस पार ! जहाँ पांडवों के शिविर खड़े हैं वहाँ। तुम्हारे पराक्रमी भ्राता जहाँ हैं वहाँ। जिस कुल से तुम नाते से, रक्त से जुड़े हुए हो वहाँ...''

''क्यों ?'' कर्ण ने पूछा।

''क्यों ? माता पुत्र को क्यों ले जाती है ? वह उसका होता है इसीलिए। कर्ण, तुम मेरे हो इसलिए !''

''माता ! क्या सचमुच ही तुम मुझे चाहती हो ?''

''कर्ण, तुम आशंका कर रहे हो ? अपनी जन्मदात्री माता के हेतु के प्रति तुम्हें आशंका है ? मैं तुम्हारे लिए कुछ भी करने को तैयार हूँ। मैंने कहा तो मेरे पुत्र अवश्य तुम्हें स्वीकार करेंगे। प्रेम से, आदर से करेंगे। इतना ही नहीं, अपितु तुम ज्येष्ठ पांडव के रूप में रहोगे और...''

''बोलो ! रुक क्यों गईं ?'' कर्ण ने शांतिपूर्ण स्वर में कहा। ''द्रौपदी छठे पति के रूप में मुझे स्वीकार करेगी...यही न ? यह सबकुछ मैंने श्री कृष्ण से श्रवण किया है। पुनः उसे दोहराने की कोई आवश्यकता नहीं थी। मुझे उससे कुछ लेना-देना नहीं है। तुम मुझे चाहती हो न ?''

''हाँ।''

''तो फिर उसके लिए एक ही मार्ग है।''

''कहो कर्ण !'' आनंद से अधीर होकर कुंती ने कहा, ''मैं तुम्हारे लिए कुछ भी मान्य करूँगी।''

भरी धूप में जैसे ठंडी हवा का झोंका कर्ण के शरीर को स्पर्श कर गया। संपूर्ण शरीर कंपित हुआ।

''माते, पांडवों को तुमने बड़ा किया, उन्हें संस्कार दिए। उन्हें पर्याप्त मातृ-सुख मिला। उस सुख से वंचित रहा केवल मैं। तुम मेरे साथ चलो न ! मेरे

जो भी कुछ दिन शेष हैं वे तो कम-से-कम मातृ-सुख से परिपूर्ण होंगे।''

''कहाँ ?'' कुंती ने आश्चर्य से पूछा।

''मेरे साथ ! इस पार...जहाँ मैं हूँ वहाँ। वहाँ कदाचित् राजमाता के रूप में तुम्हारा गौरव नहीं होगा, किंतु कर्ण की माता के रूप में कौरव-श्रेष्ठ दुर्योधन तुम्हारे आगे नतमस्तक होगा यह मैं गर्व से कह सकता हूँ।''

कर्ण ऐसा कुछ कहेगा यह कुंती ने स्वप्न में भी नहीं सोचा था। कर्ण के बोलों से वह चकित हो गई थी। उसे उत्तर नहीं सूझ रहा था। कुंती की उस मुग्धता से कर्ण खिन्न हो गया।

''देखा माते ! तुम मुझे नहीं चाहतीं। तुम्हें चाहिए तुम्हारे पुत्र। जो तुम्हारे प्रेम में, सहवास में पले हैं। तुम्हें चिंता है उनकी। मुझसे उनके जीवन को भय है ऐसा तुम्हें प्रतीत होता है और इसलिए तुमने आज यहाँ आने का साहस किया है।''

''कर्ण ऽ ऽ''

''मैं तुम्हें दोष नहीं देता। तुम्हारे हेतु की भी मुझे आशंका नहीं है। किंतु मेरे साथ तुम्हारे आने से भी तुम्हारा यह हेतु साध्य नहीं होगा।

''पांडु-पुत्र सूर्य-पुत्र का स्वीकार करेंगे भी कैसे ? मातृरक्त से जाति का परिचय नहीं दिया जाता। पांडव अपना राजमुकुट सूर्य-पुत्र पर अभिषिक्त करने के लिए कदापि तैयार नहीं होंगे। पांडवों के गृह यदि मैं गया भी तो समझो कि वह हिरनों के समूह में शेर का बलपूर्वक प्रवेश होगा। पांडवों के यहाँ इस कर्ण का स्थान नहीं। मुझे कोई नहीं चाहता। वैसे देखा जाए तो मुझे कहीं भी स्थान नहीं है। नदी के प्रवाह पर छोड़े हुए तुम्हारे इस पुत्र की यात्रा ऐसी ही चलती रहेगी। मैंने सुना है कि एक-ना-एक दिन सभी प्रवाह उस अथाह सागर में मिलते हैं। कभी-न-कभी वह सागर मुझे भी अपने आप में समा लेगा। मेरी यह निराधार यात्रा कहीं मध्य में ही खंडित न हो जाए, सीधी सागर तक पहुँच जाए, इतना ही आशीर्वाद दो मुझे।''

थकी हुई कुंती ने कष्टपूर्वक कहा, ''कर्ण, कितनी आशा लेकर मैं आई थी...''

कर्ण के मुख पर पुनः स्मित प्रकट हुआ। उसकी छाती फूल आई। निश्चयपूर्वक उसने कहा, ''मैं तुम्हें निराश नहीं करूँगा माता। जिस कर्ण ने शत्रु को भी कभी रिक्तहस्त वापस नहीं जाने दिया, वह कर्ण अपनी जन्मदात्री को कैसे निराश कर सकता है ? माते, तुम चिंता न करो। तुम्हारा इच्छित सफल होगा। मैं मातृऋण से बद्ध हूँ, किंतु मित्रऋण में भी मेरा संपूर्ण जीवन अटका हुआ है। मैं तुम्हारे पुत्रों से युद्ध अवश्य करूँगा। वस्तुतः तुम्हारे सभी पुत्र वधाई हैं। मैं उनका संहार कर सकता हूँ। किंतु अर्जुन यही पांडवों की सच्ची शक्ति है, अतः मैं केवल उसी के साथ युद्ध करूँगा। हे यशस्विनी, हममें से किसी की भी मृत्यु हुई तो भी तुम्हारे पाँच पुत्र शेष रहेंगे। इसके अतिरिक्त और कोई वचन मैं तुम्हें नहीं दे सकता। वह अपेक्षा ही तुम न करो।''

कुंती के नेत्रों से अश्रु बह रहे थे। रुँधे हुए गले से उसने कहा, ''तुमने मुझे सबकुछ दिया, किंतु माता होकर भी मैं तुम्हें कुछ नहीं दे सकी।''

''तुम्हारा आशीर्वाद क्या कम मूल्यवान है ? माता, तुम अपने इस पुत्र को आशीर्वाद दो। किसी भी आकांक्षा से, यश की आशा से, कीर्ति के लोभ से मैं धर्म से विचलित न हो जाऊँ, इतना ही आशीर्वाद दो तुम मुझे।''

कुंती ने प्रेम से अपना दाहिना हाथ कर्ण के खुले कंधे पर रखा और कहा, ''कर्ण, तुम्हारे पास आते समय तुम्हारा जो चित्र मेरे हृदय में उभरा हुआ था उसमें यत्किंचित् भी अंतर नहीं पड़ा। इसीलिए कुछ आश्चर्य-सा हो रहा है। भूल से भी जिसका धर्म भाव नहीं ढलता ऐसे मेरे इस पुत्र के हाथों वह निंद्य कर्म हुआ होगा इस पर विश्वास नहीं होता।''

''कैसा निंद्य कर्म ? क्या कह रही हो माते ?''

''फिर कभी भेंट होगी या नहीं यह मैं नहीं कह सकती। अतः चाहती हूँ कि आज ही हृदय का शल्य तुम्हारे समक्ष प्रकट करूँ। कर्ण, पूछूँ तो सत्य बताओगे ?''

''माते ! इस कर्ण ने एक बार असत्य का आश्रय लिया था। गुरुदेव परशुराम से ब्रह्मास्त्र प्राप्त करने के लिए।''

''कर्ण, मैंने सुना है कि जब द्रौपदी को राजसभा में दासी के रूप में लाया गया था तब तुमने ही उसके वस्त्रहरण की आज्ञा दी थी। मुझे यह सत्य नहीं प्रतीत होता। मेरी कोख से जन्मा पुत्र इस अधर्म को प्रवृत्त होगा, इस पर मुझे विश्वास नहीं होता। वह शल्य मेरे हृदय को सदैव चुभता आया है। कहो, कर्ण कहो कि वह असत्य था। इन शब्दों को श्रवण करने के लिए मैं अधीर हूँ।''

एक क्षण कर्ण त्रस्त हो गया। उस घटना के स्मरण से उसकी सारी भावनाएँ उभर आईं।

''वह सत्य है। मैंने वह आज्ञा दी थी, यह सत्य है।''

कर्ण का यह उत्तर सुनकर कुंती को गहरा आघात पहुँचा। थके हुए स्वर में उसने कहा, ''दोष तुम्हारा नहीं, संगति का है।''

''यह आपकी भ्रांत धारणा है माते। दोष संगति का नहीं है। मेरी संगत निर्दोष है। दोष है तो मेरे पुरुषार्थ का है।''

''हं ! इसमें कौन सा पुरुषार्थ ? रजस्वला, अबला असहायता से राजसभा में आती है, उसे निर्वस्त्र करने की आज्ञा दी जाती है, इसमें कौन सा पुरुषार्थ ?''

''माते ! क्षमस्व ! किंतु तुम उसे इस जन्म में नहीं समझ पाओगी। उसके लिए पुरुष का ही जन्म लेना होगा। उस रूप के साथ अभिमान को भी जताना पड़ता है।''

''अभिमान ? दुर्बलों पर सत्ता जताने वाला ?''

कर्ण हँस पड़ा।

''कौन दुर्बल ? द्रौपदी ? हं ! माते, वह तुम्हारी पुत्रवधू होते हुए भी तुम

कभी उसके अभिमान, तेज, अस्मिता को नहीं समझ सकीं। द्रौपदी और दुर्बल ? असंभव...'' आकाश में जगमगा रहे सूर्य की ओर उँगली-निर्देश कर कर्ण ने कहा, ''यह तो ऐसा कहना होगा कि इस सूर्य का प्रकाश कोमल है। उन्हीं कोमल हाथों से किए हुए घाव कितने प्रखर होते हैं यह तो एक कर्ण ही जाने।''

''कैसा घाव ? क्या कह रहे हो तुम ?''

''माते, तुम नहीं जानतीं। द्रौपदी स्वयंवर के लिए खड़ी थी। स्वयंवर में मत्स्य-वेध का आह्वान समक्ष था। वह आह्वान मैंने स्वीकारा। मैंने विश्वासपूर्वक धनुष को प्रत्यंचा लगाई और उसी समय तुम्हारी इस विनयशील, लज्जायुक्त, स्वयंवर के लिए अधीर अबला ने उस राजसभा में क्या कहा, तुम्हें ज्ञात है ? आज भी उसके वे शब्द तप्त रस की तरह मेरे कानों में उबल रहे हैं। उसने कहा... ।''

कर्ण का मुख अस्ताचल को जा रहे सूर्य के समान लालोलाल हो गया था। दीर्घ श्वास लेकर उसने आगे कहा, ''उसने कहा, 'कौए को राजहंसनी की ओर नहीं देखना चाहिए। सूत-पुत्र को राजकुमारी की अपेक्षा नहीं करनी चाहिए'।

''क्रोध पर नियंत्रण पाकर मैं वापस तो लौटा, किंतु उस समय पूरे शरीर में जो अंगार फैला हुआ था वह मैं तुम्हें कैसे बताऊँ ?''

कुंती कुछ कहने वाली थी कि उसे रोककर क्रोधित कर्ण ने आगे कहा, ''ठहरो, यह यहीं पर समाप्त नहीं हुआ। राजसूय यज्ञ में हम आमंत्रित थे। भोजन की पंक्ति में हम बैठे थे और द्रौपदी उस पंक्ति में परोस रही थी। परोसते समय वह मेरे सामने आई और मेरी दृष्टि ऊपर उठी। दुर्भाग्य से उसी समय द्रौपदी का आँचल ढल गया। मेरी दृष्टि में किंचित् भी वासना नहीं थी। किंतु वह उद्दाम रूपगर्विता इस अवसर को छोड़ती कैसे ? भरी पंक्ति में वह गरज पड़ी, 'याचक को दाता की ओर नहीं देखना चाहिए'।''

अपनी विशाल छाती पर मुक्का मारकर कर्ण ने आगे कहा, ''माते, इस कर्ण को, जिसका दातृत्व और शील सभी को ज्ञात है, उस कर्ण को वह बता रही थी.. .याचक को दाता की ओर नहीं देखना चाहिए। क्यों उसने मेरा ऐसा अपमान किया ? मैंने उसका क्या अपराध किया था ? यही न कि मैं सूतकुल में पला था ?

''उसी द्रौपदी को जब दासी बनाकर राजसभा में लाया गया तब मैं उसकी सुंदरता को नहीं देख रहा था। उसकी असहाय्य स्थिति को भी नहीं देख रहा था। हृदय में था केवल उसका अमर्याद अभिमान। वहाँ वासना का संपूर्ण अभाव था। स्मर रहे थे केवल उसके कठोर शब्द। सारा अभिमान उछलकर उभर आया और मैंने वह आज्ञा दी। सामान्य स्त्री से राजहंसनी कितनी अलग होती है वही मुझे देखना था...''

अपने पुत्र का अलग रूप देखने में मंत्रमुग्ध हुई माता पर दृष्टि गड़ाकर कर्ण ने कहा, ''माते, यदि मैं तुम्हारे और अपने नाते से अवगत नहीं होता और मेरे अभिमान पर आघात करने का अपराध यदि तुमने किया होता और दुर्भाग्यवश तुम्हें

राजसभा में आना पड़ता तब भी पुरुषार्थ के अभिमान से मैं वही आज्ञा देता। वहाँ तुम्हारी आयु का, स्त्रीत्व का विचार मैं यत्किंचित् भी नहीं करता।

"द्रौपदी के प्रति मेरे हृदय में यदि प्रबल वासना होती तो जब उसे राजसभा में लाया गया उसी समय मैं दुर्योधन से कहता तो क्या मेरी अनेक दासियों की तरह वह भी मेरी एक दासी नहीं बन जाती ? वासना की मर्यादा नहीं होती। वह केवल अपना उद्दिष्ट जानती है। श्रीकृष्ण के अनुरोध को स्वीकार कर मैं उसका छठा पति भी बन सकता था। मेरी कृति के लिए तुम मुझे दोष मत लगाओ। दोष लगाना ही हो तो अपने धर्मबुद्धि युधिष्ठिर पर लगाओ। उसे यह समझाओ कि अंध धर्म भाव स्वरूप को भी वंचित करता है। नहीं तो एकवस्त्रा, रजस्वला द्रौपदी को उस अवस्था में राजसभा में लाने का आग्रह वह नहीं करता।"

कुंती ने कर्ण की ओर देखा। उसका गर्वयुक्त आवेश देखकर उसे कौतुक हुआ। चाँदनी जैसा नाजुक हास्य उसके होंठों पर प्रकट हुआ। उसे देखकर कर्ण सावध हो गया। कुंती ने हँसकर कहा, "कर्ण, मैं तुम्हें दोष नहीं देती। किंतु यह अवश्य कहना चाहूँगी कि तुमने द्रौपदी को नहीं जाना। उसका व्यवहार ऐसा क्यों होता है यह तुम नहीं समझ सकोगे क्योंकि तुम एक पुरुष हो। स्त्री मत्सर कैसा व्यक्त होता है यह तुम भी कैसे जानोगे ? संयम और ईर्ष्या साथ-साथ कैसे रह सकते हैं ? सूर्य और चंद्र एक ही समय अंबर में नहीं रह सकते। यदि रहे भी तो किसी एक को तेजोहीन बनना पड़ता है। मैं चलती हूँ कर्ण, पर्याप्त समय हो गया है।"

कर्ण ने आसपास देखा। चारों ओर धूप का रूखापन फैला हुआ था।

"माते ! ऐसी कड़ी धूप में आप अकेली मत जाइए। वस्तुतः पुत्र यह माता का छत्र। किंतु तुम्हें छाया देने का बल अब मेरे पास नहीं बचा है। तुम्हें दिए हुए वचन में ही मैं अपना संपूर्ण सामर्थ्य हार चुका हूँ। माते, सूर्य-दाह कम करने के लिए कृष्ण मेघ की छाया उपयोग में आती है। जन्मदात्री धरती का तृषार्त भाव देखकर जब मेघ अपना सर्वस्व उसे समर्पित करता है तब उस कृति से अपनी मलीनता नष्ट कर वह शुभ्र धवल बनता है। किंतु पुण्य संचय से विशुद्ध बने उस रूप में सूर्य-किरणों को रोकने की शक्ति नहीं होती। मेरा जीवन अब ऐसा ही बन चुका है। मेरे जिस उत्तरीय का आश्रय तुमने लिया है, उसी को लेकर तुम स्वगृह जाओ। मेरी स्मृति में उसे जतन करो। यदि कभी मेरी आवश्यकता पड़ी तो वही उत्तरीय सेवक के साथ मेरे पास भेज दो। मुझे अपने वचन का, तुम्हारा स्मरण आएगा। तुम जहाँ कहीं भी होगी, मैं वहाँ तुम्हें मिलने आऊँगा।"

कर्ण ने अपना उत्तरीय पुनः कुंती के हाथ में दिया। अचानक झुककर उसने माता के चरण पकड़े। मातृ-वंदन करके कर्ण उठ रहा था कि कुंती ने उसे पुनः आलिंगनबद्ध किया। उसे सिसकी आई। अपना आवेग रोककर कर्ण ने कहा, "माते, चिंता न करो। तुम्हारा हृदय व्यथित हो ऐसा कोई आचरण मैं नहीं करूँगा। मेरे जिस वचन का स्वीकार तुम आज कर रही हो उसमें तुम्हें आनंद नहीं है यह मैं जानता

हूँ। मेरे लिए केवल इतना करो। जब कभी तुम्हारे इस पुत्र की यात्रा समाप्त होगी, उसके सागर से मिलने का समाचार तुम्हें प्राप्त होगा तब उसके लिए मात्र दो अश्रु बहाओ। समाधान के...मुक्ति के। कारण...''

कर्ण को बोलना कठिन हो रहा था। कष्टपूर्वक उसने कहा, ''कारण...उस समय इस दुर्भागी कर्ण के लिए बहुत कम लोग अश्रु बहाएँगे। वृषाली...दुर्योधन, इनके नेत्रों में मेरी मृत्यु से अश्रु अवश्य आएँगे, किंतु उन्हें भी स्वार्थ का स्पर्श होगा, परंतु तुम्हारे विशुद्ध अश्रु मुझे स्वर्ग के मार्ग पर चलने का बल प्राप्त करा देंगे।''

कुंती कुछ बोल नहीं पाई। दिए हुए उत्तरीय से अपनी सिसकियों को रोकते हुए वह मुड़कर चल पड़ी।

प्रकरण-42

कुंती कर्ण से दूर जा रही थी। कर्ण द्वारा दिया गया नीला उत्तरीय उसने अपने दाहिने हाथ में पकड़ा था। उसका दूर जा रहा श्वेत वस्त्रधारी रूप कर्ण स्थिर दृष्टि से देख रहा था। प्रखर धूप का उसे भान नहीं था। स्मर रहा था केवल कुंती माता का रूप।

शिशुकाल में जब पांडु-पुत्रों के साथ कर्ण राजमहल जाता था तब कई बार कुंती ने उसे गले लगाया था, दुलारा था। उसकी दृष्टि में प्रकट होने वाले अपरिचित प्रेम ने कर्ण को मोहित किया था। पांडवों के राजसूय यज्ञ के प्रसंग में दुर्योधन के साथ जब कर्ण कुंती के सामने गया था तब उसने दुर्योधन के मस्तक का अवघ्राण किया था। उस समय कर्ण की ओर केवल देखकर आशीर्वाद देते समय उस माता को कितने कष्ट हुए होंगे। द्रौपदी को जीतकर पांडव जब स्वगृह गए तब कर्ण के अपमान का समाचार सुनकर उसे कितना दुःख हुआ होगा। शस्त्र-स्पर्धा के समय कर्ण का अपमान देखकर जिसे मूर्च्छा आई थी, उस माता ने वैर भाव से हो रही कर्ण-निंदा कैसे सही होगी ?

इस विचार से कर्ण व्यथित हो गया। अनभिज्ञता से उसका बायाँ हाथ अपने गालों पर स्थिर हो गया। कुंती ने जब कर्ण को आलिंगनबद्ध किया था तब उसके होंठों का स्पर्श उन्हीं गालों को हुआ था। कर्ण ने देखा कुंती नदी के तट पर पहुँच गई थी।

'आज ही उस माता का दर्शन क्यों हो गया ? जो रहस्य कुंती ने आज तक

छिपाए रखा था, उसे प्रकट करने का क्या यही उचित समय था ? कुंती ने मर्यादा पालन में बहुत कुछ सह लिया। वह संयम आज ही क्यों टूट गया ? क्या पुत्र प्रेम के लिए ही उसने यह मर्यादा तोड़ी ?'

कर्ण के मुख पर कुछ अलग ही भाव छा गया था।

'पुत्र प्रेम के लिए ही। किंतु कर्ण, तुम्हारा उसमें समावेश नहीं। तुम मात्र एक निमित्त। पुत्र-रक्षा के लिए खड़ा किया गया कर्ण का नाता किसी ने नहीं माना। जाना केवल उसका दातृत्व।'

उस विचार से कर्ण की मुद्रा खिन्न हो गई। कुंती ने नौका का आश्रय लिया था। नौका ने किनारा छोड़ा था...

पुत्रहीन राधा को प्रवाहपतित कर्ण मिला और उसका मातृत्व जाग्रत हुआ। अधिरथ-राधा माँ की श्रद्धा थी कि कर्ण के पैर-फेर से ही उन्हें पुत्र प्राप्ति हुई। आज माता कुंती ने अपना परिचय दिया और माता ने उसी अधिकार से अपनी पुत्र संपदा सुरक्षित रखी। दोनों के गृह सच्चे अर्थ में संपन्न हुए। और कर्ण ! माता का दर्शन होने के उपरांत भी वह अनाथ ही रहा। क्या मृत्यु के अतिरिक्त कर्ण को कोई भी अपना नहीं कहेगा ?

मैं कौन हूँ ? यह प्रश्न कर्ण को सदैव त्रस्त करता रहा। इसी खोज में जीवन की प्रतिष्ठा, कर्ण का ध्येय, कर्ण की आकांक्षा उलझती रही और जिस क्षण उलझन दूर हो गई वही जीवन की समाप्ति का क्षण बन गया। क्या आत्मशोध की परिणति यही होती है ?

श्रीकृष्ण ने जन्म-रहस्य बताया उस समय इस विफलता की अनुभूति कर्ण को नहीं हुई थी। शत्रु को मात करने की ईर्ष्या भले ही खो गई, किंतु कर्ण में जतन किया हुआ पौरुष, चैतन्य, निर्भयता और स्वाभिमान वैसा ही रहा था। श्रीकृष्ण द्वारा भेंट दिया जाने वाला राज्य, मान-सम्मान, स्त्री और ज्ञात हुआ क्षत्रियत्व इन सभी को कर्ण ने सहजता से ठुकराया था। किंतु कुंती के दर्शन से वह बल नष्ट होने लगा था। आत्मसमर्पण का सामर्थ्य देने वाला ऐसा मातृ-दर्शन अब तक किसी को हुआ होगा क्या ?

माता के दर्शन से कर्ण के तेजस्वी जीवन की पूर्तता हो गई। उसके पौरुष को, चैतन्य को, निर्भयता को अब एक ही आह्वान शेष रहा था—मृत्यु ! उसके लिए जो भी पराजय, मानहानि होगी स्वीकारनी होगी। उससे श्रीकृष्ण को संतोष होगा। पांडव सुरक्षित रहेंगे। कुंती माता का जीवन सार्थक होगा। रणभूमि पर हुई मृत्यु देखकर दुर्योधन को मित्र प्रेम की प्रचीति आएगी। उस कृतार्थ मृत्यु को पाने के अतिरिक्त कर्ण के हाथों में अब कुछ नहीं बचा है। कर्ण किसी का नहीं है। किसी का नहीं था। वह एकाकी है। सूर्य-पुत्र के प्राक्तन में और हो भी क्या सकता है ?

कर्ण अपने विचारों से सावध हो गया। उसने आसपास देखा। सूर्य-दाह की

अनुभूति चारों ओर से हो रही थी। नदी के प्रवाह में दूर-दराज में एक नौका उस पार पहुँच रही थी। कर्ण इस पार से उस नौका को निहार रहा था।

वैसे भी जीवन इस नौका की तरह ही होता है। जीवन प्रवाह में किसी समय एक नौका छोड़ दी जाती है। ऋणानुबंध के दो दुर्बल चप्पुओं को हाथ में दे दिया जाता है। अहंकार का पाल खड़ा होता ही है। किंतु इनकी सहायता से थोड़े ही उस पार जाना होता है ? अनुकूल भाग्य की हवा मिली तो ही उस पार जाना संभव होता है। नहीं तो प्रवाहपतित होकर, आने वाली लहरों पर डोलने के अतिरिक्त और कुछ शेष नहीं रहता।

लौटकर कर्ण रथ की ओर जाने लगा। सूर्य-दाह में उसका संपूर्ण शरीर कब का शुष्क बन गया था। नदी तट से चलते समय उष्ण साँसों की अनुभूति उसे हो रही थी। तप्त किनारे से आने वाले हवा के झोंकों से जी घबरा रहा था। कर्ण, रथ के समीप पहुँचा। वृक्ष-छाया में प्रवेश करते ही उसे छाया की शीतलता की अनुभूति हुई। कर्ण ने रथ की डोरियाँ हाथ में लीं। वह शीतलता भी उसे असह्य होने लगी। कर्ण ने रथ को गति दी। रथ तेजी से कर्ण-प्रासाद की ओर जाने लगा।

प्रासाद में कर्ण का आगमन होते ही वृषाली सम्मुख आई। उसने कर्ण से पूछा, "आज बहुत विलंब हो गया ?"

"हाँ !" कर्ण ने पूछा, "क्या बात है आज कोई नजर नहीं आ रहा। मृत्युंजय वृषसेन कहाँ हैं ?"

"वे शस्त्रागार में गए हैं। अपने शस्त्र बनवा रहे हैं। आजकल उसके अतिरिक्त उन्हें कुछ सूझता ही नहीं। जैसेकि वे ही गहने हैं उनके।"

"सच है वसू, शस्त्र ही पुरुषों के सच्चे भूषण होते हैं।"

"किंतु आज आपको इतना विलंब क्यों हुआ ?"

कर्ण की मुद्रा प्रसन्न थी। कुंती का दर्शन नेत्रों के सामने दिख रहा था।

"आज परमेश्वर का दर्शन हुआ।"

"सच ?"

"हाँ।"

"फिर परमेश्वर ने क्या दिया आपको ?"

"दिया कुछ नहीं। उलटे जो शेष था उसे भी ले गया।"

"फिर वह ईश्वर कैसा ?" वृषाली ने कहा, "ईश्वर देता है, लेता नहीं।"

"ऐसा नहीं है वृषाली, ईश्वर से केवल लेकर ही मानव का जीवन समृद्ध नहीं होता है। यह धारणा ही भ्रांत है। सामान्यों के जीवन में थोड़ी सी भी ईश्वर कृपा हो जाए तो उससे उनका जीवन समृद्ध बन जाता है। यह सत्य है, फिर भी इस धरातल पर ऐसे भी कुछ महाभाग जन्म लेते हैं जिनके पास परमेश्वर कुछ माँगने के लिए आता है। उसी से उनका जीवन सफल हो जाता है। प्रकाशमान हो जाता है। आज जीवन सफल हो जाने के आनंद का अनुभव मैं कर रहा हूँ। सारा

बोझ उतर गया। हृदय पर कोई दबाव नहीं रहा। वसू आज मैं तृप्त हूँ। कृतार्थ हूँ।''

वृषाली कुछ समझ नहीं पा रही थी। कर्ण की मुद्रा पर प्रकट हुआ तृप्तता का भाव वह अतृप्तता से निहार रही थी। कर्ण का इतना समाधानी रूप उसने पहले कभी नहीं देखा था।

किंतु कर्ण की दृष्टि के समक्ष खड़ा था कुरुक्षेत्र। मृत्यु को आह्वान देने वाला। उस रणक्षेत्र की चिंता अब कर्ण को नहीं रही थी। निर्भयता से वह उस कुरुक्षेत्र को देख रहा था।

प्रकरण-43

हिरण्वती के तट पर स्थित कुरुक्षेत्र एक पवित्र क्षेत्र था। किसी समय कौरवों के मूल पुरुष कुरु ने वहाँ तप किया था। इंद्रदेव से उसने वर माँग लिया था कि जितनी भूमि पर वह हल चलाएगा उतनी भूमि धर्मक्षेत्र मानी जाए। उसी क्षेत्र पर अब कौरव-पांडवों के दल रण-संग्राम के लिए एकत्रित हो रहे थे। किसी समय जिस क्षेत्र पर सूर्य-ग्रहण के समय कौरव, पांडव, यादव, गोपाल एकत्रित हुआ करते थे, वे आज एक-दूसरे को ग्रासने के बलवत्तर हेतु से अपने संपूर्ण बल के साथ कुरुक्षेत्र पर एकत्रित हुए थे। मंदिरों के घंटों के नाद से और मंत्रोच्चारों से जो भूमि सदैव अभिभूत होती थी वही भूमि आज शंखनादों से, गजों के चीत्कारों से, रथों की गड़गड़ाहटों से और अश्वों की हिनहिनाहटों से व्याप्त हो गई थी। जिस भूमि पर अखंड यज्ञ का आयोजन होता था उसी भूमि पर रात्रि के अंधकार में ज्वालाओं से भड़कती हुई अलावें दृष्टि में आ रही थीं। हिरण्वती के उस पार पांडवों का चतुरंग दल विश्राम कर रहा था और इस पार कौरवों की सेना विश्राम कर रही थी। सर्व संहारक मुहूर्त समीप आ रहा था।

कौरवों के सभी सेना-प्रमुखों की सभा आयोजित की गई थी। कौरव सेना का आधिपत्य किसे सौंपा जाए, इस संबंध में चर्चा हो रही थी। भीष्म आयु में सबसे बड़े थे, अतः सेनापति पद उन्हें सौंपना ही इष्ट था। सभा में भीष्म अत्युच्च स्थान पर बैठे थे।

दुर्योधन खड़ा हो गया। भीष्माचार्य के सम्मुख जाकर हाथ जोड़कर उसने कहा, ''पितामह, पांडवों की सेना युद्ध के लिए सज्ज हो गई है। आप ज्येष्ठ और श्रेष्ठ हैं। आप मेरी सेना का आधिपत्य स्वीकार करें। युद्ध में हमें विजयश्री प्राप्त करा दें।''

समस्त सभा ने इस पर अपना हर्ष प्रकट किया। उसे देखकर भीष्म ने कहा, "दुर्योधन, मेरे लिए पांडव और कौरव, दोनों समान हैं। तुम प्रार्थना कर रहे हो, अतः मैं सेनापति पद को स्वीकार अवश्य करूँगा, किंतु उसके लिए मेरी दो शर्तें हैं।"

"कौन सी शर्तें ? मैं उन्हें प्रसन्नता से मान्य करूँगा।" दुर्योधन ने कहा।

"मैं प्रतिदिन दशसहस्र योद्धाओं का वध करूँगा।"

दुर्योधन हर्ष से भीष्माचार्य की ओर देख रहा था।

"किंतु पांडवों का वध मैं नहीं करूँगा।"

भीष्म के बोलों से संपूर्ण सभागृह में शांति छा गई। दुर्योधन ने अपने आपको सँभालते हुए कहा, "पितामह, आपका नेतृत्व ही हमारे लिए अमूल्य है। आपने नेतृत्व का स्वीकार किया इसी में हम धन्य हुए।"

सभा स्थिर हो गई। कौरव पक्ष के अतिरथी, महारथियों की गणना आरंभ हो गई। भीष्म ने सभी श्रेष्ठ वीरों की प्रशंसा की। किंतु कर्ण का नामोल्लेख भी नहीं किया। दुर्योधन ने पूछा, "पितामह, महारथी कर्ण के संबंध में आपने कुछ नहीं कहा।"

पितामह ने उपहास से कहा, "क्यों इस वीरसभा में उस राधेय का नाम ले रहे हो ? वह राधेय रथी भी नहीं है तो महारथी कैसे हो सकता है ?"

"पितामह।" क्रोध से कर्ण उठ खड़ा हुआ।

उसकी ओर उँगली उठाकर पितामह ने कहा, "वह अर्धरथी है।"

समस्त सभा जैसे सिकुड़ गई। कर्ण की मुद्रा लालोलाल हो गई। अधिरथ-राधा माँ के वियोग से हुए घाव से भी यह घाव बड़ा था। अपनी समूची भावनाओं को संयमित कर कर्ण ने कहा, "पितामह, किस आधार पर आप मुझे अर्धरथी कह रहे हैं ?"

"भरी सभा को वह कारण ज्ञात कराना चाहते हो तो मैं सुनाने के लिए ना नहीं करूँगा।"

"पितामह !" दुर्योधन ने कहा, "कर्ण का कोई भी अपराध नहीं है, फिर भी उस पर ऐसा दूषण ?"

"नहीं कुमार ! मैं वृथा दोष नहीं लगाता। कर्ण तुम्हारा प्रिय सखा है यह मुझे ज्ञात है। उसी के प्रोत्साहन से यह युद्ध खड़ा हुआ है यह भी मुझे ज्ञात है। कर्ण में तापस का तेज है। किंतु वह मत्सरयुक्त है और यही उसका लांच्छन है। स्वभाव से वह बड़ा अभिमानी है और तुम्हारी मित्रता के कारण वह और ही अभिमानी हो गया है। और इसी कारण से वह अर्धरथी बन गया है। युद्ध में अर्जुन का सामना वह नहीं कर पाएगा।"

"पितामह ! मैंने आपका कोई भी अपराध नहीं किया है, फिर भी आप मेरा द्वेष करते हैं। अपने वाग्बाणों से मुझ पर प्रहार करते रहते हैं। आप अतिरथी भीष्म ! जिन कौरवों के आश्रय में आप रहते हैं, उन्हीं के अहित की कामना करते हैं। राज्य

का त्याग करने के पश्चात् भी सत्ता की लालसा सदैव आपके द्वारा प्रकट होती है। पांडवों के विरुद्ध खड़े किए गए युद्ध में सेनापति पद का स्वीकार करके भी आप पांडवों को सुरक्षित रखने की अभिलाषा रखते हैं। कहते हैं कि शिखंडी के विरुद्ध शस्त्र का प्रयोग नहीं करेंगे। पांडवों के हित की कामना कर कौरव वीरों में रथी, महारथी, अतिरथी ऐसा भेद करते रहते हैं। फिर भी आप अतिरथी नहीं हैं। महाराज, दीर्घायु और सफेद केशों के कारण क्षत्रियों को महारथी नहीं माना जाता। जिनका बल अधिक होता है उन्हीं को श्रेष्ठ समझा जाता है।''

कर्ण के रुकते ही द्रोणाचार्य क्रोध से खड़े हो गए। उन्होंने भीष्म से कहा, ''हे गांगेय। इस निंदक का भाष्य मत सुनो। मेरा विचार भी तुम्हारे जैसा ही है। यह कर्ण प्रत्येक युद्ध में घमंड दिखाता है। और प्रत्येक रणभूमि से पलायन करता है। वह प्रमादी है। अर्धरथी है। युवराज दुर्योधन की मित्रता यही केवल उसका गुण है।''

''मित्रता ?'' कर्ण उछल पड़ा, ''आचार्य ! मित्रता क्या होती है यह आप क्या जानें ? प्रत्येक पूजा के साथ बदलने वाले मंत्रों की तरह मित्रता अस्थिर नहीं होती। कम-से-कम आप तो मित्रता का उच्चार न कीजिए। आपकी और द्रुपद की मित्रता से सभी परिचित हैं। एक को राजैश्वर्य का अभिमान तो दूसरे को ज्ञान का अहंकार। खड्ग आवरण में रखा जाता है, फिर भी उसका उपयोग करते समय आवरण को हटाना ही पड़ता है। उस खड्ग का और आवरण का साहचर्य होता है, इसलिए उसे मित्रता नहीं कहते। मित्रता का अर्थ आपने कभी समझा ही नहीं। द्रुपद के प्रति आपको स्नेह होता तो मित्र की चूक क्षम्य हो जाती। किंतु वहाँ प्रकट हुआ अपमान और मिथ्या अहंकार ! और उसी अहंकार के कारण अपने तेज और तपश्चर्या को अधीन करके मित्र की पराजय के लिए शिष्य के माध्यम से गुरु-दक्षिणा के रूप में की गई अपेक्षा, यह मित्रता नहीं आचार्य। यह तो मित्रता का साक्षात् उपहास है।''

''राधेय ऽऽऽ।''

''रुकिए, मुझे और भी कुछ कहना है। युवराज की प्रतिष्ठा के लिए मैंने जरासंध से युद्ध कर जब विजय प्राप्त की तब सहायता करने आप वहाँ उपस्थित नहीं थे। युवराज के लिए मैंने दिग्विजय की तब भी आप मेरे पारिपत्य की ही प्रतीक्षा कर रहे थे। गंधर्वों ने मेरी पराजय अवश्य की होगी, किंतु विराट के प्रसंग में तो आप थे न पितामह ? तब उत्तर देश की गुड़ियों को पहनाने के लिए लेकर गए आपके वस्त्र किस शौर्य के प्रतीक थे ? यही अगर अतिरथी-महारथी का वर्णन है तो उस मालिका में मेरा नाम नहीं हो तो ही अच्छा। मुझे उसी में धन्यता होगी।''

भीष्म खड़े हो गए थे। उन्होंने दुर्योधन से कहा, ''युवराज, कल युद्ध आरंभ होने वाला है, अतः मुझे यहाँ कलह नहीं बढ़ाना है। किंतु मैंने एक निर्णय लिया

है। जब तक मैं जीवित हूँ तब तक यह कर्ण मेरी सेना में नहीं होगा। या तो वह युद्ध करेगा या मैं। वह सदैव मुझसे स्पर्धा ही करता रहता है।''

''ठीक है, वैसा ही होगा। युवराज ! आप चिंता मत कीजिए। यदि भीष्माचार्य ने अपने नेतृत्व में विजय प्राप्त की तो तुम्हारी विजय देखकर मेरे नेत्र तृप्त होंगे। यदि ऐसा नहीं हुआ तो उनके हाथों जो नहीं हुआ उससे मैं साध्य कर दिखाऊँगा। भीष्माचार्य जीवित हैं, तब तक मैं युद्ध नहीं करूँगा। उनकी मृत्यु होने पर ही मैं अर्जुन से युद्ध करूँगा।''

कर्ण उठा और शीघ्रता से राजसभा के बाहर चला गया।

प्रकरण-44

प्रातःकाल के पर्याप्त समय पहले कर्ण-प्रासाद जागृत हो गया था। रणभूमि पर जाने के लिए मृत्युंजय, वृषकेतु, वृषसेन, और द्रुम तैयार हो रहे थे। प्रासाद के सामने रथ खड़े थे। चारों ने कर्ण-महल में प्रवेश किया। वृषाली ने चारों की आरती उतारी। उन्हें देखकर कर्ण ने पूछा, ''पाँचवाँ कहाँ है ?''

''यहीं पर है।'' कहते हुए चक्रधर ने प्रवेश किया।

वृषाली ने चक्रधर की भी आरती उतारी। हँसते-हँसते उसने पूछा, ''भाभीश्री, रणभूमि से आपके लिए क्या लाऊँ ?''

''आप सभी सुरक्षित वापस आ जाओ। मुझे और कुछ नहीं चाहिए।'' सभी ने कर्ण को प्रणाम किया और वे युद्धभूमि की ओर चल पड़े। वृषाली ने आरती नीचे रखी और वह रोने लगी। कर्ण ने उसे गले लगाया और कहा, ''वसू रणभूमि पर जाते समय रोते नहीं। चलो।''

वृषाली के साथ कर्ण प्रासाद के छज्जे पर आया। रणभूमि की ओर जा रहे रथों के पलीते दृष्टिपथ में आ रहे थे। ठंडी हवा चल रही थी। वृषाली और कर्ण पर्याप्त समय एक सौध पर खड़े रहे। धीरे-धीरे प्रातःकाल होने लगा। आकाश के नक्षत्र मंद होने लगे। अनगिनत पक्षियों की विभिन्न चहचहाटों से वातावरण गूँज उठा। दूर-दराज पर कहीं नगाड़े की गंभीर ध्वनि उठी। वह दलों को सज्ज रहने की सूचना थी। वृषाली के भयभीत नेत्र उस ओर मुड़े। दृष्टिपथ में कुछ नहीं आ रहा था। कुरुक्षेत्र के सात वनों में से केवल सूर्यवन का भाग दृष्टिगोचर हो रहा था। उस वन में, वन के परे कहीं पर रणभूमि सिद्ध हो रही थी। सूर्य-बिंब प्रकट हुआ था। दीर्घ शंखनाद उठा। कर्ण ने हाथ जोड़े। सूर्य-वंदन करके उसने कहा, ''वसू,

युद्ध आरंभ हो गया।''

दोनों धीमे चरणों से प्रासाद में आए।

कौरव-पांडवों का तुमुल युद्ध चल रहा था। दिन-पर-दिन बीत रहे थे। भीष्म के सेनापति पद के अधीन नौ दिन हो गए थे, फिर भी युद्ध का कुछ निश्चित निर्णय बताना कठिन था। इन नौ दिनों में मृत्युजंय और वृषकेतु, दोनों रणभूमि पर खो गए थे। मौन बैठकर युद्ध के समाचार सुनते हुए पुत्र वियोग का दुःख सहन करना कर्ण के लिए असह्य हो गया था।

नौवें दिन संध्या के समय युवराज दुर्योधन कर्ण से मिलने आया। युद्ध के थके युवराज का कर्ण ने स्वागत किया। दुर्योधन ने कहा, ''कर्ण, तुम्हारे निश्चय से तुम्हें परावृत्त करने के लिए मैं आया हूँ।''

''कारण ?''

''कारण ? मित्र, नौ दिन से युद्ध चल रहा है, किंतु उसका फल क्या ? मेरी सेना की आहुति पड़ रही है।''

''क्यों, भीष्म प्रतिज्ञा के अनुसार प्रतिदिन दशसहस्र शत्रु तो नष्ट हो रहे हैं न ?''

''परंतु उस प्रतिज्ञा के अनुसार पांडव भी तो सुरक्षित हैं।''

''युवराज !'' कर्ण ने मुसकराकर कहा, ''उस दशसहस्र हत्या की गणना करने के लिए पितामह को एक अच्छा सहायक दो। नहीं तो गिनने में कहीं चूक हो गई तो पितामह को प्रतिज्ञा भंग का पाप लगने का दुःख होगा।''

''मित्र, रणभूमि के दर्शन से मेरा हृदय त्रस्त हो गया है और तुम्हें परिहास सूझता है ?''

''युवराज, आपकी चिंता मैं समझ सकता हूँ लेकिन विवश हूँ। पितामह महान् योद्धा हैं, किंतु उन्हें सच्चे हृदय से युद्ध करना चाहिए।''

''कर्ण, इन नौ दिनों में पितामह ने केवल श्वेत का वध किया है। और कोई भी उल्लेखनीय पराक्रम नहीं हुआ।''

''श्रीकृष्ण को हाथ में शस्त्र लेना पड़ा, यह क्या कम पराक्रम है ?''

''श्रीकृष्ण उसका उपयोग करते तो मुझे संतोष होता।'' दुर्योधन ने उद्विग्न होकर कहा।

''युवराज, ऐसे निराश मत होइए। जिन पितामह ने गुरुदेव परशुराम को युद्ध का आह्वान किया, उनके पराक्रम के संबंध में आशंका नहीं उठानी चाहिए। सच्चे हृदय से यदि वे युद्ध के लिए खड़े हो जाएँ तो उनके पराक्रम की कोई तुलना ही नहीं होगी।''

दुर्योधन ने दीर्घ श्वास ली।

''किंतु यह होगा कैसे ?''

''यदि करना ही हो तो अवश्य होगा।''

दुर्योधन ने आशा से कर्ण की ओर देखा। कर्ण ने कहा, "युवराज उठिए। ऐसे ही उठकर पितामह के पास जाइए। उनसे कहिए कि यदि आप पराक्रम नहीं कर सकते तो सेना के विनाश का कारण न बनिए। शस्त्र-संन्यास लीजिए और युद्ध से निवृत्त हो जाइए।"

"और यदि उन्होंने ऐसा किया तो ?"

कर्ण संतोष से मुसकराया।

"नहीं युवराज ! पितामह कभी भी शस्त्र-संन्यास नहीं लेंगे। वे क्षत्रिय हैं और क्षत्रिय के लिए शस्त्र-संन्यास जैसा और कोई दुःख नहीं। तुम्हारे इस आग्रह से ही उनका सारा अहंकार जाग्रत हो जाएगा और वे युद्ध के लिए खड़े हो जाएँगे। युवराज, यदि ऐसा हुआ तो रणभूमि में उनके जैसा अलौकिक योद्धा और नहीं होगा। मेरा यह तर्क यत्किंचित् भी भ्रांत नहीं होगा।"

दुर्योधन आशा से उठा और हर्षपूर्वक उसने कर्ण से बिदा ली। रात्रि के समय अपने शय्यागृह की ओर जाते समय युवराज के आगमन का समाचार कर्ण को मिला। कर्ण को देखते ही दुर्योधन ने हर्ष से कहा, "कर्ण, तुम्हारा उपाय सही निकला। शस्त्र-संन्यास का आग्रह श्रवण करते ही पितामह का रूप नाग के फन की तरह प्रखर हो उठा और उन्होंने घोर प्रतिज्ञा की।"

"सच ? कैसी प्रतिज्ञा ?"

"उन्होंने कहा, हे दुर्योधन, मेरा वचन श्रवण करो। कल सूर्यास्त के पूर्व ही मैं पृथ्वी निष्पांडव करूँगा।"

कर्ण ने आवेग से दुर्योधन को आलिंगनबद्ध किया। उसने कहा, "फिर तो युवराज, कल विजय आप ही की है।"

प्रमुदित दुर्योधन बता रहा था, "पितामह ने प्रतिज्ञा की और फिर मैंने उनसे पूछा..."

"क्या पूछा युवराज ?" भययुक्त स्वर में कर्ण ने पूछा।

"मैंने पूछा...यदि ऐसा नहीं हुआ तो ? तब पितामह ने क्रोध से मेरी ओर देखा और कहा...ऐसा नहीं हुआ तो यह भीष्म नहीं रहेगा।"

कर्ण के चरण मानो भूमि में गड़ गए। उसने कहा, "क्यों पूछा आपने ? भावना के आवेग में कितनी घोर प्रतिज्ञा वे कर बैठे थे। आपकी आशंका से उन्होंने मुक्ति पा ली। जाइए युवराज, विश्राम कीजिए। कल पितामह का पराक्रम मैं देख नहीं सकूँगा, इसका दुःख होता है।"

दुर्योधन के चले जाने के तुरंत पश्चात् कर्ण अपने शय्यागृह की ओर जाने के लिए मुड़ा। उसका हृदय थक गया था। हृदय में संतोष था, किंतु वह संतोष उसे उद्विग्न कर रहा था...

प्रकरण-45

महल में कर्ण उद्विग्न होकर टहल रहा था। वृषाली मौन खड़ी अपने पति का वह रूप देख रही थी। बाहर अपराह्न की प्रखर धूप थी जिसके प्रकाश से पूरा महल और ही प्रकाशमान हो गया था। अचानक कर्ण रुक गया। एक दीर्घ निःश्वास उसके मुख से बाहर निकली। उसका ध्यान वृषाली की ओर गया।

"क्या देख रही हो वसू ?"

"आपको देख रही हूँ।" वृषाली ने कहा।

"वसू, आज युद्ध का दसवाँ दिन ! वहाँ घनघोर युद्ध हो रहा है और मैं यहाँ केवल युद्ध के समाचार सुन रहा हूँ। प्रतीत हो रहा है कि मैं वह प्रतिज्ञा नहीं करता तो अच्छा होता।"

"उसमें आपका क्या दोष ? पितामह आपका अपमान नहीं करते तो..."

"अपमान क्या प्रथम ही हुआ था ? वह तो सदैव होता था। किंतु उसका बवंडर बनाकर मैंने प्रतिज्ञा की और रणभूमि से प्राण बचाए। किंतु प्रयासों के उपरांत जीवन के रण से नहीं बचा जा सकता। वही मेरे भाग्य में लिखा है। आज नहीं तो कल।"

"रणभूमि से प्राण बचाए !" आश्चर्य से वृषाली ने पूछा।

कर्ण एकदम सावध हो गया। झूठ-मूठ हँसकर उसने कहा, "वसू, अपनी सेना, अपने पुत्र और मेरे भ्राता रणभूमि पर लड़ रहे हैं और मैं यहाँ विश्राम कर रहा हूँ। यह एक प्रकार से प्राण बचाना ही नहीं है क्या ? आज युद्ध का दसवाँ दिन। आज वह कुरुपुंगव अलौकिक पराक्रम करेगा। कौन जाने, आज युद्ध समाप्त भी होगा...और..."

कहते-कहते कर्ण रुक गया। उसकी मुद्रा चिंतातुर बन गई। अपने उत्तरीय को सँभालते हुए वह सौध की ओर दौड़ पड़ा। उसके पीछे-पीछे वृषाली भी गई। उसे कारण पूछने की आवश्यकता नहीं पड़ी। युद्धभूमि की ओर से शंखनाद, रणभेरी की आवाजें उठ रही थीं। कर्ण ने सूर्य की ओर देखा। मस्तक पर सूर्य ढल गया था।

"वसू ! किस विजय का नाद है यह ? किसने विजय प्राप्त की ? किसकी मृत्यु से कौन बचा ? किसकी पराजय से किसका यश बढ़ा ?" कर्ण युद्धभूमि की ओर देख रहा था। उसी समय कर्ण-निवास की दिशा में एक रथ तीव्र गति से आते हुए देखा गया। द्रुम, चक्रधर और वृषसेन युद्ध पर गए थे। अशुभ की कल्पना से कर्ण सौध से वापस मुड़ा। दौड़कर वह प्रासाद के द्वार पर गया, तब तक रथ द्वार पर पहुँच गया था। उस रथ से द्रुम, चक्रधर और वृषसेन उतर रहे थे। तीनों को सकुशल देखकर कर्ण का हृदय शांत हो गया।

सबसे आगे आए चक्रधर से कर्ण ने पूछा, ''आज पितामह ने पराक्रम की पराकष्ठा की होगी न ?''

''हाँ, आज के उनके पराक्रम की तो तुलना ही नहीं की जा सकती। आज का सूर्यास्त पांडव देखते ही नहीं।''

''चक्रधर।''

''पांडवों ने शिखंडी को पितामह के सामने प्रस्तुत किया। अतः पितामह ने शस्त्र नीचे रखा और शिखंडी के पीछे से अर्जुन ने...''

''पितामह का वध किया ?''

''नहीं, पितामह समरभूमि में गिर पड़े, किंतु वे स्वेच्छामरणी हैं। वर्तमान में दक्षिणायन चल रहा है, अतः उत्तरायण तक जीवधारण करने का उनका निग्रह है।''

''क्या पितामह को शिविर में लाया गया है ?''

''नहीं, रणभूमि में वे जहाँ गिर पड़े, वहीं पर विश्राम कर रहे हैं। शरीर में घुसे तीर निकालने के लिए भी उन्होंनें आक्षेप लिया। दुर्योधन महाराज ने उन्हें सुख शय्या दी, उसे भी उन्होंने अस्वीकृत किया।''

''क्या वे खुली भूमि पर पड़े हुए हैं ?''

''उन्होंने कुरुक्षेत्र पर उगने वाले शरघास की शय्या बिछाने के लिए कहा। उस पर ही वे विश्राम कर रहे हैं। पितामह के पतन से अपनी समस्त सेना धैर्य गँवा बैठी है।''

''युद्ध समाप्त हुआ ?''

''नहीं, द्रोणाचार्य सेना पर नियंत्रण पाने का प्रयास कर रहे हैं। पांडवों की ओर से विजय के डंके बजाए जा रहे हैं।''

''विजय ? उनके पितामह का पतन हुआ इसे वे अपनी विजय मानते हैं ? विजय तो है ही, किंतु क्या उस विजय के साथ-साथ पितामह का अलौकिक पराक्रम उनके ध्यान में नहीं आया ? पितामह का पतन हुआ इस पर मुझे अभी भी विश्वास नहीं हो रहा है।''

भीष्म-पतन के समाचार से कर्ण के नेत्रों के सामने उनकी मूर्ति खड़ी हुई। उनके प्रति जो क्रोध था वह नष्ट हो गया। स्मरण हुआ उस तेजस्वी जीवन का, उनके त्याग और अजोड़ पराक्रम का। कुरुवंश का सबसे श्रेष्ठ और ज्येष्ठ पुरुष। समस्त लोगों का पालन करने वाला। अपने अधिकार से नीति, कर्तव्य और कर्तृत्व का पाठ सभी को सिखाने वाला। अपनी शांत-दांत वृत्ति से असीम त्याग का भार सहन करने वाला गांगेय ढह गया। कहाँ मृत्यु के भय से सदैव दूर भागने के प्रयास में जीवन व्यय करने वाले लोग और कहाँ द्वार पर आई मृत्यु को प्रतीक्षा में रखकर शरशय्या पर विश्राम करने वाले भीष्म ?''

रथ की आवाज से कर्ण की तल्लीनता भंग हो गई। रणवेश धारण किया हुआ अश्वत्थामा प्रासाद की सीढ़ियाँ चढ़ रहा था। नेत्रों में आने वाले अश्रुओं को बड़े

कष्ट से रोककर अश्वत्थामा ने कहा, ''कर्ण, पितामह ने...''

अश्वत्थामा के कंधे पर हाथ रखकर कर्ण ने कहा, ''मुझे सबकुछ ज्ञात हुआ है।''

''अंगराज पितामह का पतन होते ही संपूर्ण सेना में हाहाकार मच गया। सेना को नियंत्रण में रखने में तात और युवराज व्यस्त हैं। हमारे वीरों को अब तुम्हारे दर्शन की अभिलाषा है। वे तुम्हारे नाम का जप कर रहे हैं। तुम्हें ले जाने के लिए ही युवराज ने मुझे भेजा है।''

''हाँ मित्र ! युद्धभूमि की आतुरता मैं समझ सकता हूँ। उसकी सहनशक्ति की भी मर्यादा होती है। चक्रधर, मेरा रथ सिद्ध करो।''

एक ही क्षण में कर्ण की मुद्रा में परिवर्तन हो गया था। प्रासाद में जाते-जाते वह आज्ञा दे रहा था।

''चक्रधर अब अविध नहीं है। मेरा रत्नजड़ित और सूर्यतुल्य शिरस्त्राण, सुवर्ण का उज्ज्वल कवच ले आओ और उसे मेरे शरीर पर चढ़ाओ। रथ में मेरे सोलह तूणीर तैयार रखो। रथ को मेरे सभी शस्त्रों से सुसज्ज करो। उसमें शुभ्र और शीघ्रगामी अश्व जोड़ो और शत्रु को भयभीत कर देने वाली मेरी सुवर्ण शृंखला एवं कमल चिह्नांकित जयध्वज रथ पर लहराने दो। कौरवों के रक्षणार्थ और पांडवों के नाशार्थ इस घोर युद्ध में अपने प्राण समर्पित करने के लिए मैं आज युद्धभूमि में प्रवेश करने वाला हूँ। मित्र, अब अवधि बहुत अल्प है।''

कुछ ही समय में कर्ण रणभूमि पर जाने के लिए तैयार हो गया। उसकी छाती पर रत्नजड़ित सुवर्ण कवच था। मस्तक पर शिरस्त्राण चमक रहा था और दाहिने कंधे पर दिव्य धनुष शोभा दे रहा था।

वृषाली आरती का थाल ले आई। तिलक लगाकर उसने कर्ण की आरती उतारी। आरती का थाल नीचे रखकर वृषाली ने दुशाला हाथ में लिया। स्मित वदन से कर्ण ने अपने हाथ ऊपर उठाए। कर्ण की कटि पर दुशाला बाँधकर वृषाली ने कहा, ''मैं प्रतीक्षा करूँगी।''

''अवश्य करो। अपने पराक्रम की महत्ता बताने के लिए मैं स्वयं ही तुम्हारे पास आऊँगा। वृषाली मेरा शंख।''

पूजागृह में रखा हुआ सुवर्णालंकृत शंख लाकर वृषाली ने कर्ण के हाथ में दिया। उस शंख को असीम आदरभाव से मस्तक पर लगाकर कर्ण ने उसे दाहिने हाथ में लिया।

कर्ण जब प्रासाद के बाहर निकला तब रथ सिद्ध हो गया था। वृषाली सीढ़ियों पर खड़ी थी। कर्ण के होंठों पर स्मित छा गया। रथ में आरूढ होकर उसने सारथि को आज्ञा दी।

''रथ को युवराज दुर्योधन के शिविर में ले चलो।''

रथ चलने लगा। पीछे-पीछे अश्वत्थामा और चक्रधर के रथ थे। रथ तेजी से

जा रहा था। आकाश में लहराता हुआ कर्ण-ध्वजयुक्त रथ देखकर कौरव सेना भीष्म पराजय का दुःख भूलकर कर्ण का जय-जयकार करने लगी। दुर्योधन कर्ण के सम्मुख आया। कर्ण का स्वागत कर वह कर्ण को सम्मानपूर्वक शिविर में ले गया। वहाँ कौरव वीर एकत्रित हो गए थे। युद्धभूमि पर युद्ध चल ही रहा था। दुर्योधन ने कष्टपूर्वक कहा, "मित्र, पितामह..."

"उनका जीवन सार्थक हो गया। किंतु उनके द्वारा आरंभ किया हुआ यह युद्ध..."

"आगे भी चलता रहेगा..." दुर्योधन ने निश्चयपूर्वक कहा, "मित्र, सभी चाहते हैं कि पितामह के पश्चात् अब तुम ही सेनापति पद का स्वीकार करो।"

"नहीं युवराज ! ऐसा हुआ तो वह एक बहुत बड़ी भूल होगी। अब दायित्व बड़ा है। भीष्म पतन के पश्चात् रण भार उठाकर जो इस क्षण युद्ध कर रहे हैं वे द्रोणाचार्य ही इस पद के लिए योग्य हैं। गुरुवर्य द्रोण के होते हुए यदि तुमने और किसी को सेनापति बनाया तो ये कीर्तिवंत योद्धा उसे सहन नहीं करेंगे।"

"किंतु तुम..."

"मित्र, मेरी चिंता मत करो। गुरुवर्य द्रोणाचार्य के आधिपत्य के अधीन रहने में मुझे प्रसन्नता ही होगी। तुम निश्चिंत रहो। तुम्हारे लिए मैं पराक्रम की पराकाष्ठा करूँगा।"

दुर्योधन और कर्ण सभी वीरों के साथ, सेना के मध्यभाग में विराजित द्रोणाचार्य के समीप गए और सेनापति पद का स्वीकार करने के लिए उन्होंने उनसे प्रार्थना की। द्रोणाचार्य की सम्मति प्राप्त होते ही दुर्योधन ने यथाशास्त्र द्रोणाचार्य के सेनापतित्व का अभिषेक किया।

वाद्यों के प्रचंड घोष से और शंखनाद से नूतन सेनापति की घोषणा रणभूमि पर की गई। नए आवेश के साथ कौरव सेना पांडवों से भिड़ गई। सूर्यास्त तक युद्ध चलता रहा। सूर्यास्त होते ही श्रम और घावों से थके हुए योद्धा अपने-अपने शिविरों में लौटे।

कर्ण दुर्योधन के शिविर में आया। दुर्योधन से बिदा लेते समय कर्ण ने कहा, "युवराज एक भूल हो गई है। उसका परिमार्जन मुझे करना ही होगा।"

"कैसी भूल ?"

"रणभूमि पर जाने से पहले पितामह का आशीर्वाद लेना आवश्यक था। उतनी अवधि ही नहीं मिली। किंतु अब मैं वहीं जाऊँगा।"

"मैं आऊँ ?"

"नहीं, मैं अकेला ही चला जाऊँगा।"

सूर्यास्त होकर पर्याप्त अवधि बीत चुकी थी। चंद्र-प्रकाश में सारा वातावरण गूढ़ लग रहा था। कर्ण अकेला ही रथारुढ हो गया। रथ की डोरियाँ उसने हाथ में लीं। रथ चलने लगा। रथ पर लगे पलीते पूर्व दिशा की ठंडी हवा से फरफरा

रहे थे। रथ रणभूमि की ओर जा रहा था। गजों की चीत्कार, अश्वों की हिनहिनाहट, रथ-चक्र की भेदक आवाज, शंखनाद, रणवाद्य घोष, आर्त चीखें आदि के कोलाहल से निनादित रणभूमि अब शांत लग रही थी। समरभूमि पर गिरे हुए वीरों के शवों को पार करके रथ बड़े कष्टपूर्वक आगे जा रहा था। युद्धभूमि की दक्षिण दिशा में पलीतों की एक संपूर्ण माला जल रही थी। उसी दिशा में कर्ण जा रहा था। वह स्थान समीप आते ही कर्ण ने रथ को रोक लिया। सेवक आगे बढ़े। कुछ अंतर पर खड़े दूसरे रथ की ओर देखकर कर्ण ने पूछा, "समीप कोई है ?"

"द्वारकाधीश श्रीकृष्ण महाराज..." सेवक ने नम्रतापूर्वक कहा।

"और ?"

"कोई नहीं। सभी आकर चले गए।"

कर्ण ने अपना किरीट उतारकर रथ में लिया और वह धीमी गति से भीष्माचार्य के समीप गया। भीष्म शरशय्या पर लेटे हुए थे। उनके समीप श्रीकृष्ण अधोवदन बैठे थे। वहाँ पर प्रज्वलित मशाल का प्रकाश भीष्म की आधी मुद्रा पर पड़ा हुआ था।

उनके नेत्र बंद थे। अपने रणवेश के साथ समरभूमि पर विश्राम ले रहे उस योद्धा को देखकर कर्ण के नेत्र भर आए। उस महापुरुष की छाती पर शुभ्र दाढ़ी झूल रही थी। घायल होने के बावजूद उस मुद्रा का तेज लुप्त नहीं हुआ था। घावों की व्यथा कहीं नजर नहीं आ रही थी। अपनी श्वेत कांति के कारण नवोदित चंद्रमा के समान लग रहे भीष्म शांत सो रहे हैं, ऐसा प्रतीत हो रहा था। कर्ण भीष्म के चरणों के समीप बैठा और उनके दोनों चरण अपने हाथों में लेकर उस पर मस्तक रखकर अश्रु बहाने लगा। जिन भीष्म ने उसे अर्धरथी कहा था, सदैव उसका तेजोभंग किया था, उन्हीं भीष्म को देखकर अश्रु क्यों रोके नहीं जा रहे हैं, कर्ण की समझ में नहीं आ रहा था। उसी समय भीष्म के शब्द उठे, "कौन है ? मेरे चरण छूकर कौन अश्रु बहा रहा है ?"

"हे कुरुश्रेष्ठ ! अंगराज कर्ण आपके दर्शन के लिए आया है।"

श्रीकृष्ण ने उठते हुए कहा, "मैं चलता हूँ। आज्ञा ?"

भीष्म ने सम्मति दी। कर्ण की ओर देखकर श्रीकृष्ण जाने के लिए उठे। कर्ण त्वरित उठा और उसने पुकारा, "केशव ऽ ऽ"

श्रीकृष्ण रुककर मुड़े। वे कर्ण की ओर देख रहे थे। श्रीकृष्ण के रूप को निहारते हुए कर्ण आगे बढ़ा। उसके अश्रु गालों पर वैसे ही बह रहे थे। भरे हुए नेत्रों को पोंछने का भी भान कर्ण को नहीं रहा। श्रीकृष्ण के मुख पर मंदस्मित प्रकट हुआ। उनका दाहिना हाथ ऊपर उठा और उस हाथ से कर्ण के अश्रु कोमलता से पोंछ दिए गए। श्रीकृष्ण की कृति से कर्ण और भी भावनावश हो गया और उसी क्षण वह श्रीकृष्ण के आलिंगन में बद्ध हो गया। एक क्षण श्रीकृष्ण के हाथ कर्ण की पीठ पर स्थिर हो गए और दूसरे ही क्षण श्रीकृष्ण आलिंगन से मुक्त हो गए।

उनका दाहिना हाथ कर्ण के कंधे पर स्थिर हो गया। नेत्र कर्ण पर जड़े हुए थे। कर्ण को आभास हुआ कि उन नेत्रों में एक अतीव दुःख समाया हुआ है। उस दृष्टि से कर्ण परिचित था। द्रौपदी-वस्त्रहरण के प्रसंग में द्वार पर खड़े श्रीकृष्ण का दर्शन हुआ था तब भी यही भाव उनके नेत्रों में प्रकट हुआ था। कुछ क्षण ऐसे ही बीत गए और फिर श्रीकृष्ण मुड़कर अपने रथ की ओर जाने लगे। मंद गति से दूर जा रहे रथ की ओर कर्ण देख रहा था कि कानों पर शब्द टकराए, "कर्ण !"

कर्ण भीष्म के समीप गया। अपने अश्रु रोककर उसने कहा, "हे महाबाहो, आप सदैव जिसका द्वेष करते रहे वह सूत-पुत्र कर्ण, आपसे क्षमा माँगने आया है।"

"क्षमा ? क्षमा किसलिए ?"

'आपके दर्शन के लिए मुझे पहले ही आना चाहिए था, किंतु समय ही नहीं मिला। आपके दर्शन के लिए आने में मुझे बहुत विलंब हुआ है।"

"नहीं कर्ण ! जो उचित था वही तुमने किया। वीर रणनीति से बद्ध होता है। तुम्हारे पूर्व ही अश्वत्थामा आया था। उसने पूरा वृत्तांत मुझे सुनाया। आचार्य द्रोणाचार्य को तुमने सेनापति पद दिया, यह योग्य ही किया। मुझे इस समाचार से संतोष हुआ। हे महारथी कर्ण ! समीप आओ।" भीष्म ने आज्ञा दी।

उस संबोधन से कर्ण गद्गद हो गया। वह भीष्म के समीप गया। भीष्म उसकी ओर देख रहे थे। उनके मुख पर प्रसन्नता प्रकट हुई थी।

"मैं तुम्हारी ही प्रतीक्षा कर रहा था। तुम आए यह बहुत अच्छा हुआ। तुम्हारा स्वभाव अभिमानी और अहंकारी है। मैं बारंबार तुम्हारा अपमान करता रहा, अतः तुम आओगे या नहीं इसकी मुझे आशंका थी। तुम नहीं आते तो मैं भी तुम्हें नहीं बुलाता। क्योंकि उससे मेरे अहंकार को आघात पहुँचता। किंतु हृदय में पश्चात्ताप की भावना अवश्य रह जाती।"

एक क्षण के लिए भीष्म रुक गए। अपने शुष्क होंठों पर जिह्वा घुमाकर उन्होंने कहा, "मैंने तुम्हारी बहुत अवहेलना की। तुम्हारी उपेक्षा की। तुम्हारे हृदय में मेरे बारे में कटुता उत्पन्न होना स्वाभाविक ही था।"

"नहीं...मेरे हृदय में ऐसा कुछ भी नहीं है। वह आपका अधिकार था।"

भीष्म ने संतोषपूर्वक कहा, "कर्ण, तुम्हारा हृदय स्वच्छ है, यह मैं जानता हूँ। नहीं तो शरशय्या की अवस्था में मुझे देखकर तुम्हारे नेत्रों में अश्रु नहीं आते। तुम अहंकारी अवश्य हो, किंतु कपटी नहीं हो, यह भी मैं जानता हूँ। जब भी कभी मैं तुम्हारा अपमान करता था तब प्रकट होने वाला तुम्हारा क्रोध देखकर मुझे संतोष होता था। तुम्हारे रूप का कौतुक लगता था।"

भीष्म के उन बोलों से कर्ण चकित हो गया था। उसका आश्चर्य भाव निहारते हुए भीष्म ने कहा, "मैं सदैव तुम्हें अहंकारी, अभिमानी कहकर दूषण देता रहा, किंतु उन दूषणों में कुछ अर्थ नहीं था। केवल कवच और शिरस्त्राण धारण से वीर नहीं बनता। उसके लिए अभेद्य हृदय की आवश्यकता होती है। गर्व, अहंकार, ईर्ष्या यही

वीरों के सच्चे कवच हैं। वीरों में प्रकट होने वाले ये गुण शत्रु को सदैव दुर्गुण ही प्रतीत होते हैं। वत्स, मैं भी क्षत्रिय ही हूँ। मेरे जैसा अद्वितीय योद्धा इस पृथ्वीतल पर नहीं, ऐसा अहंकार मुझे भी है। इस अहंकार को उत्तेजित करने का सामर्थ्य केवल तुम में ही था। तुम्हारे रूप में था। उससे मेरा मत्सर भड़क उठता था। यह तुम्हारे ध्यान में आना चाहिए था। मेरा किया हुआ तुम्हारा अपमान वास्तव में तुम्हारा सच्चा सम्मान ही था।''

''पितामह, मैं एक सूत-पुत्र...''

''कर्ण, आसपास कोई है ?''

उस प्रश्न से कर्ण सिटपिटा गया। उसने आसपास देखा। सभी रक्षक दूर बैठे थे। कर्ण ने कहा, ''कोई नहीं है।''

''कर्ण तुम सूत-पुत्र नहीं हो। राधेय नहीं हो। तुम कौंतेय हो।''

कर्ण के सर्वांग पर रोमांच खड़े हो गए। कंपित स्वर में कष्टपूर्वक उसने कहा, ''किंतु आपको यह कैसे ज्ञात हुआ ?''

''क्या तुम्हें यह ज्ञात था ?''

''ज्ञात हो गया, किंतु बहुत विलंब से। श्रीकृष्ण ने प्रथम मुझे यह बताया, किंतु आपको...''

भीष्म ने दीर्घ निःश्वास छोड़ी और कहा, ''अंगराज, जो रहस्य विदुर-श्रीकृष्ण से नहीं छिप सका, वह मुझसे कहे बिना कैसे रह सकता था ? कर्ण, तुम्हें, तुम्हारे रूप का परिचय मिल गया है। हे वीरश्रेष्ठ ! ज्ञान के अनेक मार्ग होते हैं, किंतु अज्ञान का कोई मार्ग नहीं होता। यह असत्य आवरण ओढ़े रहना कठिन है। तुम उस मोह में न फँसो।''

''मैं क्या करूँ ?'' कर्ण ने रूक्ष स्वर में पूछा।

''क्या करो ? पांडवों से मित्रता जोड़ो। वे तुम्हारे भ्राता हैं। तुम केवल कुंती पुत्र ही नहीं, अपितु ज्येष्ठ कौंतेय हो। तुम्हें स्वीकारने में पांडवों को धन्यता होगी। एक संयमी माता को सुख मिलेगा। श्रीकृष्ण को अत्यानंद होगा। कर्ण मेरे साथ ही इस शत्रुता की समाप्ति हो जाए और सभी राजा निरामय होकर स्वगृह लौट जाएँ।''

''और धृतराष्ट्र-पुत्र दुर्योधन ? उसके लिए कौन सा मार्ग होगा ?'' कर्ण का स्वर रुक्ष हो गया था।

''अं।''

''पितामह, जिसने मेरे विश्वास पर यह युद्ध खड़ा किया है उस दुर्योधन की स्थिति क्या होगी ? पांडवों से मेरे मिल जाने का समाचार सुनते ही मेरे उस मित्र की छाती फट जाएगी। मेरे जीवन में मुझे एक ही प्रेम, एक ही धन मिला। वह है मित्र प्रेम। मैं उस प्रेम में दरार नहीं पड़ने दूँगा। उसके सामने मुझे मेरा जीवन तृणवत् लगता है।''

भीष्म ने पल-भर के लिए विश्राम लिया और फिर कहा, ''धन्य हो कर्ण !

तुम्हारी मित्रनिष्ठा देखकर मैं सचमुच धन्य हो गया हूँ। मैं तुमसे आग्रह नहीं करता। इतनी सहजता से निष्ठा की सुलझन मैं भी नहीं कर सका। अंधे प्रेम से हम दर्शनीय प्रेम की ओर ही अधिक आकर्षित हो गए। पांडु के प्रति प्रेम हृदय से कभी हटा नहीं। आगे पांडु-पुत्र आ गए। पितृच्छत्र खोए हुए उन बालकों के प्रति हमें अनुकंपा लगी। जिसका आश्रय लिया वही दुर्लक्षित रह गया। पांडु-पुत्रों की रक्षा के लिए अधिक सावधानी बरती गई और उसी से अनभिज्ञता से द्वेष-भाव निर्मित हो गया। कर्तव्य निर्णय में हम सदैव अंधी निष्ठा से बद्ध रहे। किंतु यह केवल कर्तव्य के लिए ही। इसमें भक्ति कौन सी और निष्ठा कौन सी इसका निर्णय हम नहीं कर सके। मैं दुर्योधन का कुछ भी प्रिय नहीं कर सका। कम-से-कम तुम्हारी निष्ठा से तो उसे सुख मिलने दो। जन्म-रहस्य ज्ञात होने के उपरांत तुम जिस निर्भयता से मित्र प्रेम के प्रति एकनिष्ठ रहे वह तुम्हारी निष्ठा सफल हो।''

''नहीं पितामह, वह निष्ठा अब मेरे पास नहीं रही। मेरी जन्मकथा मुझे ज्ञात नहीं होती तो ही अच्छा होता। श्रीकृष्ण ने मुझे सर्वप्रथम मेरा जन्म-रहस्य बताया। वह भी श्रीकृष्ण की मध्यस्थता असफल होने के पश्चात्। तत्पश्चात् मैं आजीवन जिसकी खोज करता रहा उस माता का दर्शन भी हुआ तो युद्ध की देहलीज पर ! वास्तव में मेरे कवच-कुंडल उसी समय खो गए। दोनों ने पांडवों को मुझसे सुरक्षित बना दिया। अब मिथ्या उत्साह देने के लिए आत्मश्लाघा के अतिरिक्त मेरे पास और कुछ शेष नहीं रहा है। गुरुदेव का शाप सत्य हो जाए। क्योंकि ब्रह्मास्त्र का स्मरण यदि हुआ भी तो उसे मैं अपने भ्राताओं पर कैसे छोड़ सकता हूँ ? मैं सभी से बड़ा हूँ न ?'' अपने अश्रु पोंछते हुए कर्ण ने कहा, ''मेरी मित्रता में कब की दरार पड़ चुकी है। अब दुर्योधन की दृष्टि से दृष्टि मिलाने का बल मुझमें नहीं रहा है। उसके आलिंगन से मेरा दम घुटने लगता है। मेरे हाथ में अब कुछ भी यश शेष नहीं रहा पितामह !''

''शांत हो जाओ कर्ण ! दोष तुम्हारा नहीं, नियति का है। होनी को कोई टाल नहीं सकता। तुम निर्भय होकर रणभूमि पर जाओ। तुम अतिरथी हो। सूर्य-पुत्र हो। तुम रणभूमि पर शत्रु के लिए दुःसह हो, यह मैं जानता हूँ। भगवान् परशुराम को प्रसन्न कर लेना कोई सहज बात नहीं। तुम्हारी ब्राह्मण भक्ति, तुम्हारी अद्वितीय वीरता, दान में प्रकट होने वाली पराकाष्ठा की उदारता से मैं अवगत हूँ। इस विश्व में तुम्हारी योग्यता का एक भी पुरुष विद्यमान नहीं है। तुम देवतुल्य हो। कर्ण, शरसंधान, हस्तलाघव और आत्मबल इन सभी में तुम अर्जुन और श्रीकृष्ण के समतुल्य हो इसमें मुझे कोई संदेह नहीं।''

कर्ण की मुद्रा पर प्रकट हुआ स्मित देखकर भीष्म ने कहा, ''कर्ण, मैं मिथ्या प्रशंसा नहीं करता। कुरुराजा को वधू की प्राप्ति करा देने हेतु तुम काशीराजा की नगरी में सभी नृपों के विरुद्ध अकेले खड़े रहे। अपने पराक्रम से तुमने दुर्योधन को भानुमति की प्राप्ति करा दी। वह पराक्रम क्या सामान्य था ? उस पराक्रम का रूप

क्या होता है उसका अनुभव मैंने एक बार किया है। महापराक्रमी जरासंध को परास्त करके ही तुम मालिनी नगरी के अधिपति बने न ? अंगराज के रूप में तुम्हारा आचरण सदैव आदर्श था। ज्ञान से, चरित्र से, दातृत्व से आदर्श राजा के रूप में तुम्हारी ख्याति सदैव वृद्धिगत हो रही थी, यह मैंने अवलोकन किया है। सुसंस्कारों का पालन तुम्हारे जितना और किसी ने भी नहीं किया।''

''बस पितामह ! और कुछ सुनने का सामर्थ्य मुझमें नहीं है। अब उस ख्याति का कुछ अर्थ ही नहीं रहा। कौंतेय, सूर्य-पुत्र होते हुए भी सदैव कुलहीन समझकर मेरी उपेक्षा की गई। कुल के कारण मेरी प्रतिष्ठा जब दाँव पर लगी थी तब मेरी माता को और मेरे कुल से अवगत कौरव श्रेष्ठों को मेरे कुल का उच्चार करने का साहस नहीं हुआ। उलटे उन्होंने ही मेरे सूतकुल का उच्चार करके मुझ पर घाव लगाए। मैंने सदैव चरित्र की रक्षा की। किंतु मेरे अहंकार पर आघात हो जाने के कारण क्रोध के आवेग में मैंने द्रौपदी-वस्त्रहरण की आज्ञा दी और उसी एक कृति से मेरा चरित्रसंपन्न जीवन पूरा कलंकित हो गया। जिस दातृत्व से मेरी कीर्ति बढ़ी, वही दातृत्व मेरे कवच-कुंडल खो जाने का कारण बन गया। मेरी गुरुभक्ति। गुरु की निद्रा भंग न हो, अतः मैंने क्लेश सहे, किंतु उसके स्थान पर मुझे क्या मिला ? भयानक शाप। संपूर्ण जीवन मैं सुसंस्कारों का पालन करता रहा। कहते हैं कि इससे जीवन समृद्ध होता है। किंतु वे संस्कार भी मेरे किसी काम न आए। उन्हीं संस्कारों के कारण कुंती और श्रीकृष्ण जो चाहते थे, मैंने उन्हें दे दिया और अपनी पराजय निश्चित की। जीदन में केवल एक ही अमूल्य स्नेह मिला था, उसका भी अब कुछ अर्थ नहीं रहा। जीवन की सफलता देखना मेरे भाग्य में नहीं।''

मंदस्मित करके भीष्म ने कहा, ''तुम्हारे जितनी सफलता जीवन में किसने पाई है ? हे कर्ण सफलता का अर्थ तुम क्या समझते हो ? द्रुपद, विराट, शल्य इन नरेंद्रों ने ऐश्वर्य, सत्ता आदि का उपभोग अवश्य लिया, किंतु क्या उनके नाम अमर होने वाले हैं ? मैंने आजीवन ब्रह्मचर्य का पालन किया, समस्त मनोविकारों से अखंड जूझता रहा, राजत्याग किया और अंत में शरशय्या पर मृत्यु की प्रतीक्षा करता हुआ इस रणभूमि पर पड़ा हूँ वह किसलिए ?

''हे कर्ण, इस विश्व में जो मानव ऐश्वर्य-संपन्न जीवन बिताते हैं, भोगते हैं उनका स्मरण नहीं किया जाता। पूर्वसंचित का व्यय करने के लिए ही ऐसे जीव पृथ्वी तल पर आते हैं। उनकी इति कर्तव्यता उनकी मृत्यु के साथ समाप्त हो जाती है। किंतु कुछ जीव अक्षय संचय के लिए ही जन्म लेते हैं। अपने त्याग से, सहनशीलता से वे दूसरों का जीवन अधिक संपन्न करते हैं। वे ही कीर्तिरूप बनते हैं। उनके स्मरण से ही पीछे रहे हुए लोगों को जीने का बल मिलता है। वही जीवन का सच्चा यश है। जीवन की श्रेष्ठता भोग में नहीं, त्याग में है, सहन करने में है। ध्रुव को अटल पद अवश्य प्राप्त हुआ, किंतु वह अंतरिक्ष में। मृत्युलोक में वह स्थान प्राप्त करना इतना सहज् नहीं। वह असाध्य तुमने साध्य किया है। तुम्हारे जैसी

जीवन की सफलता प्राप्त करना बहुत ही कठिन बात है।''

''पितामह ! क्षमा ! मैंने अपने जीवन में स्वयं से ही प्रतारणा की होगी उसका मुझे दुःख नहीं, किंतु उसके लिए मैं अपने एकनिष्ठ मित्र से...''

कर्ण रुक गया। भीष्म ने कहा, ''कुछ बताने की आवश्यकता नहीं है कर्ण, मैं जानता हूँ। वह शल्य मैंने भोगा है, भोग रहा हूँ। किंचित् अलग अर्थ में। बस इतना ही अंतर। हे ज्येष्ठ और श्रेष्ठ कौंतेय, मैं तुम पर प्रसन्न हूँ। तुम्हें जो चाहिए, वर माँगो।''

''वर ?'' कर्ण ने एक क्षण विचार किया। एक ही क्षण में वह हर्षविभोर हो उठा। अधीरता से उसने कहा, ''पितामह ! यदि वर देना ही हो तो यही वर दीजिए कि मृत्यु का कभी भी सामना कर सकने वाला और प्रसंगवशात् मृत्यु को भी प्रतीक्षा में रखने वाला आपका बल मुझे प्राप्त हो। यही एक वर मुझे दीजिए। क्योंकि मेरे एकमेव मित्र को देने के लिए अब अपने प्राणों के अतिरिक्त मेरे पास कुछ भी नहीं रहा है। रणवेदी पर आत्मसमर्पण करना ही अब केवल शेष रहा है। वह बल मुझे मिले।''

भीष्म ने अपना थर-थर काँपने वाला हाथ ऊपर उठाया। कर्ण ने उसे अपने हाथों से थाम लिया। उनकी लंबी उँगलियाँ कर्ण के हाथ में विश्राम कर रही थीं।

भीष्म ने कहा, ''कर्ण मैं यदि शरशय्या पर नहीं होता तो तुम्हें गले लगाकर तुम्हारी प्रशंसा करता। हे वीर, तुम्हारा कल्याण हो। हे ज्येष्ठ कौंतेय, तुम्हारा इच्छित तुम्हें प्राप्त हो। मृत्यु के आगमन की सूचना तुम्हें सहज ही प्राप्त होगी। सुहास्य वदन से उसके सम्मुख जाने का बल तुम्हें प्राप्त होगा। सूर्य-पुत्र, तुम्हारी मृत्यु तुम्हारी कीर्ति का कारण बनेगी। मेरा आशीर्वाद है कि तुम्हारा तेज अखंड रहे। जाओ। निर्भय होकर जाओ। तुम्हारा कल्याण हो।''

कर्ण ने कोमल हाथों से भीष्म का हाथ उनकी छाती पर रखा। उन पर दृष्टि रखते हुए वह वैसा ही चार चरण पीछे चला गया। भीष्म ने नेत्र बंद किए थे। भीष्म के चरणों को स्पर्श कर कर्ण वापस मुड़ा। कर्ण रथ की ओर जा रहा था। उसका हृदय तृप्त था।

प्रकरण-46

कर्ण-रथ ने रणभूमि पार कर ली। अचानक कर्ण ने रथ की डोरियाँ खींचीं। रथ रुक गया। रथ पर खड़ा होकर कर्ण देख रहा था। सर्वत्र शांतता छाई हुई थी। निरभ्र

आकाश में प्रशांत चंद्रमा चाँदनी के साथ यात्रा कर रहा था। कार्तिक माह की शुभ्र धवल चाँदनी धरती को नहला रही थी। निशा का रूप गंभीर और भव्य बना हुआ था। पूर्व दिशा से चलने वाली ठंडी हवा सुखदायक लग रही थी। नाजुक चरणों से निशा आगे बढ़ रही थी। भीष्म भेंट से एकाकी बने कर्ण के हृदय को उस वातावरण में गूढ़ता की अनुभूति हो रही थी। कर्ण को स्वगृह जाने की इच्छा नहीं हो रही थी। उसने रथ को गति दी। कौरव शिविर को पार कर उसका रथ नदी की ओर जाने लगा। नदी के तट पर रथ रुकते ही कर्ण रथ से उतरा। रेत के विशाल तटों के मध्य से बहने वाला हिरण्वती का प्रवाह चाँदनी में चमक रहा था। नदी के उस पार धूसर अंधकार में पांडवों का शिविर फैला हुआ था। उस शिविर में जल रही अनगिनत अलावें, मशालें रत्नों के छिड़काव की तरह प्रतीत हो रही थीं। कर्ण नदी के प्रवाह की ओर मुड़ा। उसके चरणों के साथ रेत में 'करकर' नाद उठ रही थी। तट के मध्यभाग में जाकर कर्ण खड़ा रहा। उसका ध्यान हिरण्वती के चंदेरी पट्टे की ओर आकर्षित हुआ।

'... क्यों मुझे नदी का इतना आकर्षण है ? इससे पूर्व कई बार नदी तट पर खड़े होते समय मैं उस जीवनदात्री से पूछता था...हे जननी किसके हाथों मैं तुम्हारे प्रवाह में छोड़ा गया था ? क्या उस जीव ने तुम्हें कुछ भी नहीं बताया ? वे सुकुमार कोमल हाथ जब तुम्हारे प्रवाह में भीगे होंगे तब निकले हुए अश्रु बिंदुओं से क्या तुम्हारे हृदय में कोई भी भाव उत्पन्न नहीं हुए ?'

'आज इन प्रश्नों के उत्तर मिलने के उपरांत भी तुम्हारे दर्शन का आकर्षण यत्किंचित् भी कम नहीं हुआ है। जिसे कल रणभूमि का रूप-दर्शन लेना है, रणयज्ञ में आहुति चढ़ानी है, प्रतिशोध की भावना से आकर्ण खींची हुई प्रत्यंचा से निकले हुए तीरों की आवाज से कान तृप्त करने हैं, क्षमा, दया, शांति इन्हें अवसर न देते हुए ईर्ष्या, अहंकार, घात और आघात का आश्रय ढूँढ़ना है, ऐसे समय रणभूमि का चिंतन करने की अपेक्षा मैं इस नदी तट की ओर क्यों आया हूँ ? इतना आकर्षण क्यों ?...'

उस विचार से कर्ण मुसकराया।

'प्रवाहपतित को यात्रा करनी हो तो प्रवाह की संगत वह कैसे त्याग सकता है ? संपूर्ण जीवन तो इसी नदी तट से ही बँधा था। जीवन की यात्रा इसी प्रवाह से आरंभ हुई। जीवन के महादान इसी तट पर दिए और स्वीकार किए और अब अंतिम दान भी यहीं पर दिया जाएगा।'

इस विचार से कर्ण के शरीर पर रोंगटे खड़े हुए। उसने अपना उत्तरीय शरीर पर लपेट लिया।

'मृत्यु का भय मेरे हृदय में नहीं है। अब जीवित रहने जैसा कुछ रहा ही नहीं फिर मृत्यु का भय क्यों ? सुना है कि सभी प्रवाह एक दिन उसी मृत्युरूपी सागर में जा मिलते हैं। यह प्रवाह भी जब उसी रूप में विलीन होगा तब क्या इसका स्वतंत्र

अस्तित्व शेष रहेगा ? भाग्य में स्वर्ग हो या रौरव, किंतु वह किस रूप में भोगने को मिलता है ?

'हं ! भोग की आसक्ति अर्थात् जीवन और भोग का त्याग अर्थात् मृत्यु। इस मृत्यु के मार्ग पर चलते समय भोग का स्मरण क्यों होता है ? जिन्होंने जीवन-मृत्यु की परिधियाँ सहजता से लाँघ दी हैं उन पितामह से ही यह प्रश्न पूछना चाहिए था। मृत्यु की शरण जाना सबसे सहज है, किंतु द्वार पर आई मृत्यु को प्रतीक्षा में रख उस पर दृष्टि लगाकर बैठना कितना कठिन होगा ?

'मृत्यु से तो वृद्धावस्था और भी कठिन। मृत्यु के साथ सबकुछ समाप्त हो जाता है। किंतु वृद्ध होना अर्थात् रोज कुछ-ना-कुछ खो देना। अपनी मृत्यु रोज स्वयं ही देखते रहना। अपना क्षय स्वयं सहन करना। यह सबकुछ अवगत होते हुए भी इच्छामरणी भीष्म जीवन की आसक्ति से मुक्त क्यों नहीं हो सके ? किस अभिलाषा से ? क्या पितृनिष्ठा के कारण अपनाए हुए उग्र ब्रह्मचर्य और राज-त्याग का फल भोगने के लिए ? क्या परोक्ष सत्ता चलाने के लिए ही ये सभी प्रयास थे ? उसका विचार मैं क्यों करूँ ? वह मेरा अधिकार भी नहीं। द्वार पर मृत्यु प्रतीक्षा कर रही है, इस समय इसका विचार करने का समय मेरे पास भी कहाँ है ?

'मृत्यु ! सभी कष्टों का अंत कर देने वाली, जीवन की सभी गतिविधियों को विश्राम देने वाली मृत्यु, कितनी कल्याणकारी लगनी चाहिए। किंतु हृदय में मृत्यु का विचार आते ही मुझे उस गंदे कीड़े के स्पर्श की अनुभूति हो रही है, अपने कठोर डंक से जंघा को खोखला कर देने वाला वह कीड़ा।'

उस विचार से कर्ण का संपूर्ण शरीर जैसे सिकुड़ गया। शरीर में कँपकँपी छुटी। अपना उत्तरीय झटककर उसने त्वरा से उसे शरीर पर लपेट लिया। उस कृति से नदी तट पर विश्राम कर रही एक टिटिहरी भयभीत होकर उड़ गई। अपनी कर्कश आवाज की दीर्घ ध्वनि करते हुए वह कर्ण के मस्तक के ऊपर से चली गई।

कर्ण ने अपने विचार झटक दिए। वह रथ की ओर जाने के लिए मुड़ा। उसी समय उसके चरण भूमि में गड़ गए। उसकी मुद्रा पर आश्चर्य छा गया। धीरे से वह मुड़ा। उसे आभास नहीं था। नदी के उस पार से बाँसुरी के मधुर स्वर सुनाई दे रहे थे।

'इस आधी रात में कौन बाँसुरी बजा रहा होगा ? इतनी सुरीली ! कल रण-संग्राम आरंभ होगा। उस रणभूमि पर प्रवेश करने से पहले बाँसुरी के स्वर सुनाई दे रहे हैं ? क्या वचनपूर्ति के लिए श्रीकृष्ण तो बाँसुरी नहीं बजा रहे हैं ? या हृदय की व्यथा से बचने के लिए उन्होंने बाँसुरी का आश्रय लिया है ?'

कर्ण को शरशय्या पर पड़े भीष्म के समीप अधोवदन बैठे श्रीकृष्ण के रूप का स्मरण हुआ। कर्ण ने जब प्रथम गरदन ऊपर उठाई थी उस समय श्रीकृष्ण की मुद्रा पर प्रकट हुई व्यथा अब दृश्यरूप होकर कर्ण के नेत्रों के सामने खड़ी हुई।

'पितामह भीष्म ! एक आयुवृद्ध, तपोवृद्ध तापस। कुरुकुल के ज्येष्ठ। इन्हीं

भीष्म ने पांडवों के राजसूय यज्ञ के प्रसंग में कौरवों का रोष ओढ़कर भी श्रीकृष्ण को अग्रपूजा का मान दिया था। उन्हें ईश्वर का अंश माना था। हे श्रीकृष्ण, उन्हीं भीष्म के सम्मुख शिखंडी को खड़ा करके अर्जुन के हाथों भीष्म-पतन करवाते समय तुम्हारे हृदय को कितने क्लेश हुए होंगे ?'

कर्ण ने नदी के उस पार को निहारने का प्रयास किया, किंतु चाँदनी के धूसर पटल के अतिरिक्त और कुछ भी नहीं दिखाई दिया। हवा में बाँसुरी का नाद अखंड लहरा रहा था। कर्ण वहीं बैठ गया।

बाएँ हाथ पर सिर रखकर वह बाँसुरी सुनने लगा। कितनी मधुर आवाज ! सभी चिंताओं का हरण करने का सामर्थ्य है इस बाँसुरी में। सूर्य की प्रथम किरणों के साथ शांत सरोवर में जैसे कमल पुष्प खिल जाता है और उसमें से गुंजार करता हुआ तृप्त भ्रमर बाहर निकल आता है, उसी प्रकार वे सुर निकल रहे थे। कितना बड़ा सामर्थ्य है इस बाँसुरी में।

'कहते हैं, उस बाँसुरी में कुछ नहीं होता। वह केवल एक शुष्क बाँस की नलिका। छिद्रांकित। महत्त्व है उस सावधानी का। उस नलिका में भरी जाने वाली फूँक का। नाजुक उँगलियों से छिद्रों को सँभालने का। इसी से हृदय के सुर निकलते हैं।'

श्रीकृष्ण ने ही यह बताया था।

'फूँक ! निर्जीवता को सजीव कर देने वाली, सुर भर देने वाली फूँक ! जीवन में सभी को ऐसी फूँक की प्राप्ति थोड़े ही होती है ?

'अग्नि को प्रज्वलित करने के लिए भी फूँक भरनी होती है और वही फूँक दीपदान की ज्योति को भी शांत करा देती है।

'वैसे देखा जाए तो मानवी देह यह भी विधाता द्वारा बनाई हुई एक बाँसुरी ही तो है। विधाता की एक फूँक से सजीव बना हुआ यह देह। माता की साँस से पला हुआ। उसकी उँगलियों द्वारा दुलारा हुआ।

'शिशु अवस्था के निरंकुश सुरों को भी कभी-न-कभी प्रौढ़त्व का स्थिर सुर मिल ही जाता है। इसी बाँसुरी से युवावस्था में भरी फूँक से उन्मादक सुरों का स्मरण होता है। और वृद्धावस्था के विफल श्वासों से यही बाँसुरी अस्थिर सुरों की स्वामिनी बन जाती है। वह सुर कब, कैसे टूटेगा इसका भय सदैव हृदय में रहता है और एक दिन काल की एक साहसी फूँक से सभी सुर नष्ट हो जाते हैं। सदैव के लिए। शेष रहता है देहरूपी शुष्क काष्ठ। वह भी मूलरूप में विलीन हो जाता है। रहता है केवल स्मरण। सुरीली बाँसुरी का स्मरण। बिछड़े हुए सुरों का स्वप्न।

'क्या फूँक भरने वाले का विचार कभी भी हृदय में नहीं आता ?' कर्ण ने ऊपर देखा। अंबर में चंद्रमा, एक विरल शुभ्र मेघ के पीछे से गुजर रहा था। देखते-ही-देखते मेघ का वस्त्र दूर हो गया और चंद्रमा अपने मूल तेज से प्रकाशने लगा।

'...काल की अनुभूति कैसे नहीं होती ? वह तो सदैव होती है, कम-से-कम

मुझे तो अवश्य हुई। इस विश्व में प्रवेश करते ही नदी के प्रवाह पर हुई पहली यात्रा उसी की संगत से तो हुई। शस्त्र-स्पर्धा के समय युवा हृदय में इसी का स्वप्न बसा हुआ था। द्रौपदी स्वयंवर के समय इसी मृत्यु ने मुझे लज्जित किया। जरासंध के साथ हुए द्वंद्व में इसी काल की छाया मुझे घेरे हुए थी। सूर्य के आशीर्वाद से उस रूप को सँभाल सका। इंद्र की कृपा से उस रुद्र रूप को दुलारता रहा। और जन्मदात्री की भेंट से उस मृत्यु का साक्षात् दर्शन हुआ। मृत्यु का यह रूप मेरे जितना किसने देखा है ? फिर इस परिचित मृत्यु का भय क्यों लगता है ?

'मृत्यु अर्थात् सर्वनाश नहीं। मृत्यु अर्थात् रूपांतर। ग्रीष्म काल में सूर्य की किरणों से हिमालय के हिमखंड पिघलते हैं। इसका अर्थ यह तो नहीं कि वह हिम नष्ट हो जाता है। गंगा की बाढ़। वह कौन सा रूप है ? वही गंगा, जब सागर से मिलती है तो क्या वह नष्ट हो जाती है ? क्या वह सागर रूप ही उसका नया रूप नहीं है ? इस रूपांतर का भय लगता है इसलिए उस मृत्यु का भी भय।'

इस विचार से कर्ण की गरदन ऊँची हो गई। एक अलग ही आत्मविश्वास उसके हृदय में प्रकट हो गया।

'रूपांतर का भय। परिचित से अपरिचित में परिवर्तित होने में इतना भय लगता है ? हर क्षण रूपांतर में गुजरने वाले मानव को अंतिम रूपांतर का इतना भय क्यों लगता है ? आश्चर्य है। यह पता नहीं चलता कि जीवन में शिशु अवस्था कब समाप्त हुई, युवावस्था का पर्दापण कब हुआ और वृद्धावस्था का स्पर्श किस क्षण हुआ ? इन रूपांतरों का भय नहीं लगता तो फिर इसी रूपांतर का भय क्यों ?

'अतृप्तता ! यही कारण होगा !

'मेरे जीवन ने मुझे पर्याप्त संपन्नता दी। जन्मदात्री ने मुझे प्रवाह पर छोड़ दिया तो क्या हुआ ? जल प्रवाह ने माता की वत्सलता से ही मुझे सँभाल लिया न ? क्या तात और राधा माँ के प्रेम में कुछ कमी थी ? उनकी छत्रच्छाया में पलते हुए ही दुर्योधन जैसा मित्र मिला। उसके प्रेम के कारण राज्याधिकार का उपभोग ले सका। पराक्रम के लिए अवसर मिला। वृषाली जैसी जीवनसंगिनी मिली। गुणवान पुत्रों का पिता बनकर संतोष मिला। संपन्न जीवन और क्या होता है ?

'क्या ऐहिक ऐश्वर्य, व्यावहारिक समाधान और वासना-तृप्ति का अर्थ ही सफलता है ? इसका उपभोग तो प्राणी भी लेते हैं। मानवी जीवन की सफलता ऐहिक तृप्ति में नहीं। उस तृप्ति के अतिरिक्त एक और तृप्ति होती है। वह मैंने संपादित की है। मेरी मृत्यु के साथ वह तृप्ति लुप्त नहीं होगी। परमेश्वर द्वारा प्रदत्त सुरों की इस देह रूपी बाँसुरी से जैसे तीव्र स्वर निकले वैसे ही अनगिनत कोमल स्वरों की भी बौछार हुई। चरित्र का पालन कर सका। पर्याप्त स्नेह संपादन कर सका। मित्र को ही नहीं, अपितु शत्रु को भी तृप्त होते हुए देखा। शत्रु भाव किया वह भी परमेश्वर के रूप से। जीवन का यश इससे अलग क्या होता है ?'

इस विचार से कर्ण प्रसन्न हुआ। वह एकदम सावध हो गया। उसने नदी

के उस पार देखा। बाँसुरी का स्वर रुक गया था। सर्वत्र नीरव शांतता फैली हुई थी। कर्ण की मुद्रा पर स्मित छा गया।

'बाँसुरी का स्वर रुक गया था। अब फिर से फूँक मारने तक उस बाँसुरी का स्वरूप केवल एक छिद्रांकित, खोखला काष्ठ ही है। कभी-न-कभी उसी जागृत निःश्वास से उसमें अंतिम फूँक भर दी जाएगी। इस देह की बाँसुरी का सुर नष्ट हो जाएगा। पीछे रहेगा केवल स्मरण। किसी एकाकी जीवन का। उसके सफल दातृत्व का। अत्यधिक सहनशीलता का। बस। इतना रहा तो भी बहुत हुआ...

'जीवित रहने के लिए जो पात्र हैं, उन्हें जीवित रहने दो। मेरी मृत्यु से उनका जीवन संपन्न हो जाए। उनकी सभी आशा-आकांक्षाएँ सफल हों। इसी से मेरी मृत्यु को कुछ अर्थ प्राप्त होगा।'

कर्ण विचारों से होश में आया। शांत हृदय से वह खड़ा रहा। सर्वत्र शांतता थी। पांडव शिविर की ओर देखकर उसने हाथ जोड़े।

कर्ण अपने रथ के समीप आया। रथ की दोनों मशालें शांत हो गई थीं। कर्ण रथारुढ हो गया। उसने पीछे मुड़कर देखा। कोहरा गहरा होने लगा था।

कोहरे के परदे से पीछे उस पार का नदी तट आच्छादित हो गया था।

प्रकरण-47

थके हुए श्रीकृष्ण अपने शिविर की ओर जा रहे थे। बढ़ते हुए चंद्रमा के साथ आकाश में निशा बढ़ रही थी। फैलने वाले कोहरे के फलस्वरूप शीतलता छाई हुई थी। अलावों की उष्णता में खड़े सेवकों की ओर श्रीकृष्ण का ध्यान गया। श्रीकृष्ण के समीप आते ही सेवकों ने उन्हें प्रणाम किया। श्रीकृष्ण ने शिविर का परदा हटाकर भीतर प्रवेश किया। द्वार पर ही उनके चरण रुक गए। शिविर में धूप की सुगंध फैली हुई थी। दीपदान के प्रकाश से शिविर प्रकाशमान हुआ था। श्रीकृष्ण का ध्यान वहाँ आसन पर बैठे विदुर की ओर गया। आधी रात में विदुर को वहाँ देखकर श्रीकृष्ण को आश्चर्य हुआ। श्रीकृष्ण की प्रतीक्षा कर रहे विदुर आसन पर बैठे-बैठे ऊँघ रहे थे। उस आयुवृद्ध सात्त्विक पुरुष के दर्शन से श्रीकृष्ण के उद्विग्न हृदय को कुछ शांति मिली। विदुर की निद्राभंग न हो इसलिए श्रीकृष्ण धीरे से भीतर जाने लगे कि उनकी बाँसुरी का स्पर्श दीपदान को हुआ। विदुर ने नेत्र खोले। श्रीकृष्ण को देखते ही वे हड़बड़ी में आसन से उठे।

"बैठो विदुर, संकोच न करो।"

आसनस्थ होने वाले विदुर के मुख से एक दीर्घ श्वास बाहर निकली। श्रीकृष्ण की ओर देखने वाले विदुर का ध्यान श्रीकृष्ण के हाथ की बाँसुरी की ओर गया। शांत न रहकर विदुर ने पूछा, "श्रीकृष्ण एक बात पूछूँ ?"

"इस आधी रात को बाँसुरी लेकर मैं कहाँ गया था, यहीं न ?"

विदुर ने अनुमतिदर्शक गरदन हिलाई।

"मित्र ! खोई हुई मनशांति प्राप्त करने के लिए मेरे पास यही एक आधार है। थके हुए हृदय को शांति प्राप्त कराने हेतु मैं नदी तट पर एकांत ढूँढ़ने गया था। शांति तो दूर ही रही, अपितु हृदय और ही अशांत बन गया। मेरी यह अवस्था है तो उसकी अवस्था क्या हुई होगी ?"

"किसकी ?" विदुर ने पूछा।

श्रीकृष्ण की मुद्रा पर एक अलग ही भाव प्रकट हुआ। उन्होंने कहा, "आज मेरी बाँसुरी सुनने के लिए एक ऐसा ही थका हुआ श्रोता मुझे मिल गया था।"

"कौन था वह ?"

"वह मैं क्या जानूँ ? मैं इस पार बाँसुरी बजा रहा था और वह उस पार से उसे सुन रहा था। दोनों के मध्य से हिरण्वती का प्रवाह बह रहा था। हमारे मध्य का अंतर कोहरे से धीरे-धीरे आच्छादित हो रहा था।"

विदुर को आभास हुआ कि श्रीकृष्ण के नेत्र अश्रुओं से भर आए हैं। स्वयं को सँभालते हुए श्रीकृष्ण ने पूछा, "किंतु इस आधी रात को तुम किसलिए आए हो ?"

विदुर आसन से उठे। श्रीकृष्ण के प्रश्न से उनके शरीर पर रोंगटे खड़े हुए। अग्निकुंड के समीप जाकर वे अपनी शुष्क उँगलियाँ हिलाते हुए खड़े हुए। पीछे से श्रीकृष्ण उन्हें देख रहे थे। विदुर के शब्द निकले, "हे श्रीकृष्ण, पितामह का पतन हो गया। शरशय्या पर पड़े उस वृद्ध तपस्वी का दर्शन लेने के पश्चात् हृदय जैसे भड़क उठा। वैसे मैं केवल एक दासी-पुत्र। मान, अपमान, अवहेलना सहन करते-करते मेरा जीवन बीता। धृतराष्ट्र का स्नेह और आश्रय अवश्य मिला, किंतु सत्य अर्थ में मैं भीष्म के स्नेह के कारण ही जीवित रहा। उनके कारण ही मेरी ज्ञानोपासना को कुछ अर्थ प्राप्त हुआ। हे श्रीकृष्ण, मैं तुम्हारे जितना ज्ञानी तो नहीं, किंतु चारों पुरुषार्थ का ज्ञानी एक ही क्षत्रिय मुझे ज्ञात है। वह अधिकार केवल भीष्म का है। उन्हें शरशय्या पर देखकर मैं होशोहवास खो बैठा हूँ। जीवन में पहली बार मुझे अनाथ होने की अनुभूति हो रही है। सूझ-बूझ खो गई है। अतः इस आधी रात को मैं तुम्हारे पास..."

बोलते-बोलते विदुर रुक गए। उनके कंधे पर श्रीकृष्ण का हाथ स्थिर हो गया था। उस स्पर्श से विदुर को स्नेह की अनुभूति हुई। विदुर मुड़ गए। झुर्रियाँ पड़े हुए विदुर के गाल अश्रुओं से गीले हो गए थे। विदुर का वह विकल रूप देखकर गद्गद हो गए। पूरा बल इकट्ठा करके विदुर ने पूछा, "हे श्रीकृष्ण, किसलिए यह युद्ध ? इससे क्या प्राप्त होगा ?"

"सर्वनाश।" श्रीकृष्ण ने शांतिपूर्वक कहा।

"किसलिए ?"

"पुरुषार्थ के अहंकार और सत्ता की लालसा के लिए।"

"हे श्रीकृष्ण, क्या तुम्हें इसमें आनंद है ?" विदुर ने आश्चर्य से पूछा।

"दुःख और सुख की मर्यादा लाँघकर मैंने यह निर्णय लिया है।" श्रीकृष्ण खिन्नता से मुसकराए। "विदुर यह तो केवल आरंभ है। इसके पश्चात् मुझे बहुत कुछ देखना है, सहना है। जिन्होंने पांडवों को शस्त्रविद्या सिखाई, उन्हीं द्रोणाचार्य की पांडवों के हाथों होने वाली मृत्यु मुझे देखनी पड़ेगी। जिसके दातृत्व से पांडव निर्भय हो गए हैं, उस कर्ण की उसके भ्राताओं द्वारा होने वाली मृत्यु मुझे देखनी होगी। उसके लिए पांडवों का बल अपर्याप्य है। वह सबकुछ मुझे ही करना पड़ेगा। जैसे शिखंडी को आगे बढ़ाकर भीष्म का वध साध्य हुआ वैसे ही अन्य मार्गों से पांडवों की विजय प्राप्त करानी पड़ेगी और वह भी मेरे द्वारा ही होगा। विदुर, तुम युद्धभूमि से दूर हो। जो होता है वह तुम्हारे परोक्ष। किंतु मुझे यह सबकुछ देखना ही पड़ेगा। वह बल प्राप्त करने का प्रयास मैं कर रहा हूँ।"

श्रीकृष्ण की दृष्टि से बचते हुए विदुर ने कहा, "यह बल प्राप्त करने की अपेक्षा इसे रोकते क्यों नहीं ?"

"क्या ?"

"यह सर्वनाशी युद्ध।"

"क्या उसमें मुझे आनंद है ? हे विदुर, प्रत्यंचा से तीर छूटने से पूर्व उसका विचार करना होता है। छूटा हुआ तीर रोका नहीं जा सकता। क्या तुम्हें उपाय सूझता है ?"

"एक ही उपाय है।" विदुर ने कहा।

"कौन सा ?" श्रीकृष्ण ने आशा से पूछा।

"यदि कर्ण को उसका जन्म-रहस्य बात दिया जाए तो..."

"कर्ण को उसका जन्म-रहस्य ज्ञात हो चुका है।"

श्रीकृष्ण के बोलों से विदुर चकित हो गए। उन्होंने पूछा, "किसने बताया ?"

"मैंने...भीष्म ने, इतना ही नहीं, अपितु उसकी माता ने भी..."

"और उसने उसे मान्य नहीं किया ?" विदुर का शरीर ढीला पड़ गया था।

"नहीं विदुर, रक्त का नाता उसने हर्षपूर्वक मान्य किया। किंतु उसी के साथ अपना कर्तव्य उसने दुर्लक्षित नहीं किया है।"

"कौन सा कर्तव्य ?"

"उसके जीवन में अब एक ही कर्तव्य शेष रहा है मित्र प्रेम। उसका पालन वह बड़ी निष्ठा से कर रहा है।"

"क्या अधर्म से जुड़ी हुई मित्रता को निष्ठा माना जा सकता है ?"

"धर्म और अधर्म ! उसकी मर्यादा बताएगा कौन ? विदुर, सूक्ष्म रूप से कहना हो तो धर्म स्वार्थ-प्रेरित ही होता है। जब उस स्वार्थ में दरार पड़ जाती है

तब वह कारण अधर्म लगता है।''

''श्रीकृष्ण क्या यह तुम कह रहे हो ?''

''इसमें क्या आश्चर्य ? विदुर तुम ज्ञानी हो। तत्त्वज्ञानी हो। नित्य नया ज्ञान प्राप्त करने में ही तुम्हारे जीवन का आनंद समाया हुआ है। वही तुम्हारी रुचि है। सत्ताविहीन भलाई और स्वार्थ निरपेक्ष तत्त्वज्ञान ही तुम्हारा बल है। क्या स्पष्टता से मैं तुम से कुछ पूछूँ ?''

''पूछो न !''

''यदि कौरवों का पक्ष अधर्म का था तो फिर तुम, पितामह, द्रोणाचार्य, कृपाचार्य–तुम सभी, कौरवों का पक्ष क्यों लेते रहे ?''

''कौरवेश्वर को त्यागकर हम कहाँ जाते ? उसके बिना हमें कोई चारा ही नहीं था।''

''क्या यह उत्तर सत्य है ?'' श्रीकृष्ण की मुद्रा पर हास्य प्रकट हुआ। विदुर ने दृष्टि घुमाई।

''अपनी ही वंचना तुम नहीं कर सकते विदुर। तुम यदि चाहते तो स्वयं की मुक्तता अवश्य करा सकते थे।''

''मुक्तता ?''

''हाँ !'' विदुर की दृष्टि से दृष्टि मिलाते हुए श्रीकृष्ण ने कहा, ''भीष्म तो पितामह थे। उनका अधिकार बहुत बड़ा था। उन्हें अपने ही कुल का संहार देखने के लिए किसी ने विवश तो नहीं किया था। युद्ध अटल है यह देखकर यदि वे वानप्रस्थाश्रम जाने का प्रस्ताव रखते तो उन्हें कौन रोक सकता था ? मैंने पांडवों का पक्ष लिया है, क्या यह ज्ञात होने के पश्चात् दुर्योधन से प्रेम करने वाले मेरे ज्येष्ठ भ्राता बलराम भैया इस युद्ध से परावृत्त नहीं हुए ? क्या मैं उन्हें विवश कर सका ? तुम सभी के पास तो आयु का, ज्ञान का, मान का अधिकार था, किंतु तुम उसका आश्रय नहीं ले सके क्योंकि...''

''कहो श्रीकृष्ण ! मैं उसी कल्पना से चिंतित हूँ। मुझे वह कारण सुनना है।''

श्रीकृष्ण ने विदुर पर दृष्टि स्थिर कर स्पष्टता से कहा, ''क्योंकि कौरवों के प्रति निष्ठा तुम्हें अपना धर्म लग रहा था। हृदय में पांडवों के प्रति होने वाला प्रेम भी उस निष्ठा के आगे कम पड़ गया। कौरव-निष्ठा को त्यागना तुम्हारे लिए संभव नहीं था। तुम्हारे ज्ञान को वह एक भयानक शाप था।''

श्रीकृष्ण के बोलों से विदुर की मुद्रा पीली पड़ गई। उनके होंठ थर-थर काँपने लगे। निश्चयी स्वर में उन्होंने कहा, ''हे श्रीकृष्ण ! यही बात मैं भी कह सकता हूँ। यदि यही सत्य है तो तुम क्यों पांडवों का पक्ष लेते रहे ?''

''मैं भी उसका उत्तर ढूँढ़ रहा हूँ विदुर। निष्ठा स्नेह से बँधी होती है, केवल कर्तव्य से नहीं। पांडवों का प्रथम दर्शन मुझे द्रौपदी-स्वयंवर के प्रसंग में हुआ। कुंती मेरे पिता की भगिनी। पांडव मेरी बुआ के पुत्र। केवल इसी नाते से हम समीप आए

ऐसा नहीं। पांडवों के गुणों से मैं उनकी ओर आकर्षित हो गया। द्रौपदी का विवाह पांडवों से हुआ उस समय उनकी ओर से वहाँ कोई भी नहीं था। वह कमी मैंने पूरी कर दी। पांडवों को मैंने अनगिनत संपत्ति भेंट में दी। उनके सहवास से हमारे मध्य अभेद्य स्नेह निर्माण हो गया। उन्हें किसी का आधार नहीं था। उनके लिए मैं आगे बढ़ा। मैंने वन में उनका राज्य बसाया। खांडवप्रस्थ का रूपांतर करवाया। अपनी सेना के बल पर उन्हें दिग्विजयी बनाया। कृतार्थ होने का आभास मुझे हुआ। किंतु वह आभास ही रहा। उस समय मेरे ध्यान में यह नहीं आया कि मानवी जीवन यही एक बड़ा जुआ है। एक सामान्य द्यूत में पांडव सबकुछ हार गए। उन वनवासी पांडवों को मैं नहीं त्याग सका। निष्ठा एक बार ही बाँधी जाती है। उसके लिए कुछ कारण की भी आवश्यकता नहीं होती। तुम लोग ही क्या अपितु जिस यादव कुल का रक्षण मैंने किया उसमें से कुछ गिने-चुने अनुयायियों को छोड़कर पूरा यादव कुल आज कौरवों के पक्ष में ही खड़ा है। जो तुम्हारी निष्ठा की व्यथा है, वही मेरी निष्ठा की भी कथा है।"

"हे श्रीकृष्ण, यह तुम कह रहे हो ?" विदुर ने आश्चर्य से पूछा, "युद्ध के प्रारंभ के दिन स्वजनों को देखकर हिम्मत हारने वाले अर्जुन को तुम्हीं ने उपदेश दिया था न ? जिसके धर्मज्ञान से अर्जुन को खोया हुआ बल प्राप्त हुआ, उस वक्ता के मुख से ऐसे वचन शोभा नहीं देते।"

श्रीकृष्ण शुष्कता से हँस पड़े।

"मित्र ! धर्म, पांडित्य ये बातें दूसरों को कहने के लिए सहज होती हैं, किंतु स्वयं उसका आचरण करना बड़ा क्लेशकारक होता है। कर्मफल की अपेक्षा न रखकर युद्ध करने की राय मैंने अर्जुन को दी तब भी मेरे हृदय में इस फल की अपेक्षा तो थी ही कि अर्जुन युद्ध के लिए प्रवृत्त हो जाए। मेरे उपदेश के कारण अर्जुन युद्ध के लिए तो प्रवृत्त हो गया, किंतु मैंने जो कहा था उसका आचरण कितनी सीमा तक होगा, इससे मैं शंकित हूँ। प्रतिशोध की भावना से उत्तेजित भीम नित्य नई प्रतिज्ञा कर रहा है। अहंकार के कारण अर्जुन स्वयं को श्रेष्ठ धनुर्धर समझता है। युधिष्ठिर जीवन का यश किस क्षण द्यूत-पट पर फेंक देगा इसका कोई विश्वास नहीं। विश्वास केवल एक ही बात का है।"

"किस बात का ?"

"पांडवों की मेरे प्रति होने वाली निष्ठा का। उनकी यह अटल निष्ठा है कि किसी भी प्रकार से मैं उन्हें इच्छित फल प्राप्त करा ही दूँगा। और उस निष्ठा के कारण ही मुझे सबकुछ सहन करना होगा। यह युद्ध अब अटल है। इस युद्ध से कीर्ति हो या अपकीर्ति, किंतु उसका श्रेय हम दोनों को ही मिलेगा।"

"कौन दोनों ?"

"एक मैं और दूसरा कर्ण ! दैव भी कितना विचित्र है। मैंने उपदेश किया था अर्जुन को और अनभिज्ञता में उसका आचरण हो रहा है कर्ण के द्वारा। सुख

और दुःख; लाभ और हानि; जय और पराजय; दोनों को समान समझकर युद्ध करने वाला कर्ण के अतिरिक्त दूसरा वीर है ही कौन ? कल रणभूमि में वह सूर्य-पुत्र जब अवतरित होगा तब उसका तेज सभी को प्रसन्न कर देगा। कौन सा स्वार्थ अब उसके पास शेष रहा है ? अपने जीवन को भी उसने सुरक्षित नहीं रखा। निर्विकार बुद्धि से स्नेह के लिए सर्वस्व समर्पित करने वाला कर्ण सचमुच धन्य है। पांडव मुझे देवगुण-संपन्न समझते हैं, अतः अपने यश के लिए अर्जुन ने मेरा आश्रय ढूँढ़ा। देवत्व का आधार लेकर विजय संपादित करने की इच्छा करने वाला और मित्र प्रेम के लिए खुले रूप से मुझसे शत्रुता मोल लेने वाला, इसमें श्रेष्ठ कौन, इसका निर्णय करना कठिन है। मुझ पर अर्जुन की श्रद्धा अवश्य है, किंतु ऐसा निर्व्याज प्रेम केवल कर्ण ही कर सकता है। कल रणभूमि पर होने वाली उसकी मृत्यु मेरी आज्ञा से ही होने वाली है, यह कल्पना ही मुझे असह्य हो रही है।''

विदुर के रूप में परिवर्तन हो गया। निश्चयी स्वर में उन्होंने कहा, ''हे श्रीकृष्ण, उसकी चिंता मत करो। कल यह युद्ध रुकेगा। रोकना ही पड़ेगा। उसके लिए मैंने उपाय ढूँढ़ा है।''

''कौन सा उपाय ?'' श्रीकृष्ण ने अधीरता से पूछा।

''कर्ण कौन है यह कल पांडवों को ज्ञात होगा।''

''विदुर ऽ ऽ !'' श्रीकृष्ण ने पुकारा।

''सात्त्विक वृत्ति के पांडव अपने भ्राता का वध कदापि नहीं कर सकेंगे।'' श्रीकृष्ण की मुद्रा भयग्रस्त बन गई। विदुर का हाथ थामकर उन्होंने कहा, ''नहीं विदुर, तुम ऐसा नहीं कर सकते।''

''क्यों ?''

''क्यों ?'' श्रीकृष्ण ने कुंड में प्रज्वलित अग्नि की ओर देखा। उसकी ओर उँगली निर्देश कर उन्होंने कहा, ''वे फूले हुए अंगारे देख रहे हो ? उन पर यदि अब जल डाल दिया जाए तो वे बुझ तो जाएँगे, किंतु पुनः जल नहीं पाएँगे। उनका जीवन तेजोहीन बन जाएगा। संपूर्ण जलकर ही उन्हें शांत होना चाहिए। उसी से जीवन का दाह शांत करने वाला भस्म निर्मित होता है।''

''भस्म।''

''हे विदुर, अब वह अवसर नहीं बचा है। पांडवों को यदि कर्ण का नाता अवगत हो गया तो उसी क्षण वे शस्त्र-संन्यास लेंगे इसमें मुझे यत्किंचित् भी संदेह नहीं। किंतु उससे पांडवों को कर्ण नहीं मिलेगा। उसका दुर्योधन के प्रति स्नेह वैसे ही अटूट रहेगा और पांडवों द्वारा स्वीकार की गई पराजय कर्ण के हाथों दुर्योधन को सौंप दी जाएगी। पांडवों की निष्ठा का, पितामह के स्वेच्छा से स्वीकार किए हुए पतन का कोई अर्थ ही नहीं रहेगा। यह साहस तुम मत करो। तुम्हारे जितना मेरा भी दुःख तीव्र है। अब यह युद्ध अधिक काल तक नहीं चलेगा। जब यह युद्ध समाप्त होगा तब अपने दुःख का भी शमन होगा।''

"युद्ध से ?"

"युद्ध से नहीं। जय-पराजय का अर्थ जिन्होंने पहले ही खो दिया है, किंतु फिर भी अपने कर्तव्य पर जो अंत तक दृढ़ रहे वे भीष्म ही अपना दुःख समझ सकेंगे। हमारा सांत्वन करने का सामर्थ्य केवल उन्हीं में है। सहन करने के अतिरिक्त अब हमारे हाथों में कुछ नहीं रहा है।"

श्रीकृष्ण के वचन सुनकर विदुर विचार में डूब गए। फिर विचार से होश में आकर उन्होंने कहा, "हे श्रीकृष्ण, निशा पर्याप्त हो चुकी है। कल तुम्हें पुनः सारथ्य भी करना है। मैं चलता हूँ।"

"कैसे आए हो ?"

"नौका लाया हूँ।"

"चलो ! मैं तुम्हें छोड़ आता हूँ।"

विदुर के साथ श्रीकृष्ण शिविर के बाहर आए। बाहर की ठंड की अनुभूति एक साथ दोनों को हुई। विदुर के शरीर पर केवल एक उत्तरीय था। उसे लपेटकर विदुर नदी की ओर जाने लगे। पीछे-पीछे श्रीकृष्ण चल रहे थे। दोनों नदी तट पर आए। नदी के प्रवाह में एक हंसाकृति नौका खड़ी थी। आसपास का संपूर्ण वातावरण कोहरे से गूढ़ बना हुआ था। विदुर मुड़े। कष्ट से उन्होंने कहा, "केशव, मैं चलता हूँ।"

श्रीकृष्ण ने शरीर पर ओढ़ा हुआ अपना पशमी वस्त्र उतारकर विदुर के कंधे पर लपेटा और कहा, "मित्र, तुम्हारे जाने से पहले मुझे तुम्हारा आशीर्वाद चाहिए।"

"मेरा आशीर्वाद !" विदुर ने पूछा।

"हाँ, विदुर ! कौरव-सभा में सदैव दासी-पुत्र कहकर तुम्हारी अवहेलना होती रही। तुम्हारा पांडित्य, तुम्हारी राजनीति सदैव दुर्लक्षित रही। फिर भी तुमने कभी सत्य का आश्रय नहीं छोड़ा। तुम्हारे तत्त्वज्ञान का, कथन का कुछ भी उपयोग नहीं हो रहा है यह जानते हुए भी तुम कभी रुके नहीं। हर क्षण पराजय सहन करके भी उपदेश करते रहने का तुम्हारा बल अलौकिक है। आज तक तुमसे किसी ने आशीर्वाद की अभिलाषा नहीं की होगी, किंतु आज मैं वह माँग रहा हूँ।"

"कल पांडवों की विजय के लिए द्रोणाचार्य, कृपाचार्य और कर्ण जैसे वीरों की पराजय मुझे करवानी है। कल मेरी ही आज्ञा से सद्भाव की पराजय होगी उसे सहने का बल मुझे चाहिए। और यह आशीर्वाद देने का सामर्थ्य केवल तुम्हारा ही है।"

श्रीकृष्ण ने अपना मस्तक झुकाया। ओस बिंदुओं से भीगे हुए कृष्ण के कुंतलों पर विदुर का हाथ स्थिर हुआ। विदुर कुछ बोल नहीं सके। उनका कंठ रुद्ध हो गया था। अचानक वे मुड़े और नौका की ओर चल पड़े। श्रीकृष्ण ने गरदन उठाई। विदुर नौका में बैठे थे। नौका मंद गति से जा रही थी। धीरे-धीरे नौका दृष्टि से अदृश्य हो गई। उस शांत वातावरण में केवल नौका के चप्पुओं की 'चुबक ऽ ऽ सल' आवाज सुनाई दे रही थी। वह नाद बंद होने तक श्रीकृष्ण वहीं खड़े थे।

प्रकरण-48

प्रातःकाल ही में अपने रथ में कर्ण कौरव-शिविर पर उपस्थित हुआ। दुर्योधन ने कर्ण का स्वागत किया। दोनों द्रोणाचार्य के पास गए। युद्ध के लिए सज्ज उस वृद्धयुवा ने दुर्योधन-कर्ण का स्वागत किया और कहा, "कर्ण, युधिष्ठिर को जीवित रूप में बंदी बनाने के लिए आज मैं दुर्योधन से वचनबद्ध हो गया हूँ। आज के युद्ध का अंकन मैंने इस प्रकार किया है। युद्ध आरंभ होते ही मेरी योजना के अनुसार संशप्तकों द्वारा अर्जुन को आह्वान किया जाएगा। जब अर्जुन उस युद्ध में व्यस्त होगा तो उसी समय दूसरे स्थान पर मैंने चक्रव्यूह की रचना की है। तुम श्रेष्ठ वीर उस व्यूह के मध्यभाग में होंगे। अर्जुन के युद्ध में व्यस्त होने के फलस्वरूप चक्रव्यूह का भेद करने के लिए युधिष्ठिर ही आ जाएगा उसे हम सहजता से बंदी बना लेंगे। मैं यह निश्चित रूप से कह सकता हूँ कि आज मेरे द्वारा रचाए हुए इस चक्रव्यूह का भेद करने का सामर्थ्य अर्जुन के अतिरिक्त किसी भी पांडव वीर में नहीं है।"

द्रोणाचार्य के उस वचन से प्रोत्साहित होकर दुर्योधन सभी वीरों के साथ रणभूमि पर चला गया। द्रोणाचार्य द्वारा रचाया हुआ चक्रव्यूह सचमुच ही अलौकिक था। व्यूह में चक्र की आराओं के स्थान पर श्रेष्ठ राजकुमारों की योजना की गई थी। दुर्योधन के साथ कर्ण उसके मध्यभाग तक पहुँच गया। वहाँ दुःशासन और कृपाचार्य ने उनका स्वागत किया।

सूर्योदय होते ही रणभूमि से शंखनाद उठा। युद्ध आरंभ हो गया। आचार्य की योजना के अनुसार संशप्तकों ने अर्जुन को युद्ध में व्यस्त बनाया। चक्रव्यूह भेदने के लिए कौन आएगा इसकी उत्सुकता से प्रतीक्षा करने वालों ने देखा कि पांडव-सेना व्यूह पर आक्रमण करने आ रही है। तुमुल युद्ध आरंभ हुआ। कर्ण युद्ध का अवलोकन कर रहा था। चक्रव्यूह की एक-एक कड़ी टूट रही थी। उसी समय पांडव रथ ने मध्यभाग के चक्र में प्रवेश किया। भीम-दर्शन की अपेक्षा से कर्ण ने रथ की ओर देखा। किंतु भीम उस रथ पर नहीं था। कर्ण के आश्चर्य की सीमा ही नहीं रही। रथ पर कच्ची आयु का अर्जुन-पुत्र अभिमन्यु खड़ा था। सुवर्ण कवच धारण किया हुआ वह बालक शर-वर्षा की अल्प भी चिंता न करके त्वेषपूर्वक अपनी प्रत्यंचा खींच रहा था। छूटे हुए तीर अपना लक्ष्य अचूक प्राप्त कर रहे थे। अपने पराक्रम से अभिमन्यु 'अर्जुन-पुत्र' नाम सार्थक कर रहा था। द्रोणाचार्य, कर्ण के साथ वह युद्ध कौतुक से देख रहे थे। अभिमन्यु का पराक्रम बढ़ता जा रहा था। उसने शल्यराज को घायल किया। उसके भ्राता का वध किया। दुःशासन को मूर्च्छा आ गई। कौरव वीरों की यह दुर्दशा देखकर कर्ण आगे बढ़ा। अभिमन्यु की मुद्रा का तेज और रणभूमि पर भी मुद्रा पर विलसने वाला स्मित देखकर कर्ण को उस बाल योद्धा का बड़ा कौतुक लग रहा था। कर्ण की प्रत्यंचा को प्रतिशोध की धार नहीं

चढ़ रही थी। प्रत्यंचा आकर्ण खींचते समय सामने का लक्ष्य चित्त हरण कर रहा था। अचानक एक तीर सनसनाते हुए आया और उसने कर्ण के धनुष को छेद दिया। साथ-ही-साथ कर्ण-रथ का ध्वज भी नीचे गिर पड़ा। चकित हुआ कर्ण पीछे मुड़ा। उसने दूसरा धनुष उठाया। उसी समय कर्ण का भ्राता अभिमन्यु के सम्मुख गया। कर्ण ने तूणीर से तीर निकालकर प्रत्यंचा को लगाया। उसी समय अभिमन्यु के तीर ने कर्ण के भ्राता के कंठ को वेध दिया था। भ्राता का वध देखकर कर्ण की मुद्रा पर विलसने वाला कौतुक लुप्त हो गया। उसने आकर्ण प्रत्यंचा खींचकर तीर छोड़ा और अभिमन्यु का धनुष टूटकर गिर पड़ा। अभिमन्यु के हाथ में गदा थी। दुःशासन-पुत्र गदा लेकर अभिमन्यु के सम्मुख गया। दोनों ने गदा-युद्ध आरंभ किया। अंत में दोनों वीर एक-दूसरे पर प्रहार कर मूर्च्छित हो गए। प्रथम दौःशासनी सावध हो गया। उसने अपनी गदा उठाई और सावध हो रहे अभिमन्यु के मस्तक पर प्रहार किया। इसे देखने का बल कर्ण में शेष नहीं रहा था। कौरवों द्वारा जय-शंख का नाद हो रहा था और कर्ण अपनी सेना से मार्ग निकालकर शिविर की ओर जा रहा था। अभिमन्यु की मृत्यु से युद्ध का और एक दिन समाप्त हो गया था।

दूसरे दिन कौरव श्रेष्ठों की मुद्राएँ चिंताग्रस्त हो गईं। सूर्यास्त के पहले जयद्रथ - वध करने की प्रतिज्ञा अर्जुन ने की थी।

दुर्योधन से यह समाचार श्रवण कर कर्ण चकित हो गया। कर्ण ने पूछा, ''जयद्रथ-वध की प्रतिज्ञा ? क्यों ?''

''अभिमन्यु-वध के प्रतिशोध के लिए।'' दुर्योधन ने बताया। उस स्थिति में भी कर्ण को हँसी आ ही गई। ''बहुत अच्छा, अभिमन्यु-वध के समय जयद्रथ वहाँ था भी नहीं, फिर भी उसके वध की प्रतिज्ञा ?''

''कुछ भी हो, किंतु हमें जयद्रथ को बचाना होगा। वह भयभीत हो गया है।'' सभी ने जयद्रथ को संरक्षण दिया। सभी कौरव वीर अकेले जयद्रथ की रक्षा कर रहे थे। अर्जुन ने पराक्रम की पराकाष्ठा की फिर भी कौरव रक्षित जयद्रथ का दर्शन उसे नहीं हो सका। पूरे दिन तुमुल युद्ध चलता रहा। सूर्य पश्चिम की ओर ढल रहा था। कार्तिक माह में कभी भी न छाने वाले काले मेघ क्षितिज पर छाने लगे। देखते-ही-देखते सूर्य उन मेघों के पीछे चला गया। समय-काल का ध्यान किसी को नहीं हुआ। रणभूमि पर सायं छाया फैल गई। कौरव वीर सावधानी से युद्ध कर रहे थे कि किसी ने शंखनाद किया। उसे सूर्यास्त होने की सूचना समझकर उतावला जयद्रथ हर्ष से रक्षक कड़े से बाहर निकला और उसी समय अर्जुन का रथ उसके सम्मुख आया। मेघों के पीछे से निकली हुई सूरज की हलदी जैसी सुनहरी किरणें आकाश में चमकने लगीं। उन सूर्य किरणों की ओर देखने वाले जयद्रथ को सावध होने का अवसर ही नहीं मिला। अर्जुन के तीर ने अपना लक्ष्य प्राप्त किया था। कौरवों के सभी श्रम व्यर्थ हो गए।

जयद्रथ-वध देखकर दुर्योधन ने क्रोधित होकर कहा, ''जयद्रथ का पतन हुआ।

कोई चिंता नहीं। दुर्घटना के रूप में आरंभ हुआ यह युद्ध अब रुकेगा नहीं। दिन-रात, समय-काल, जीवन-मृत्यु का विचार भी न करके अब यह युद्ध निरंतर जारी रखो।''

और फिर सूर्यास्त होने के उपरांत भी राजाज्ञा से युद्ध चलता ही रहा। दिन भर के युद्ध से थकी हुई सेना उस रात पुनः एक-दूसरे से भीड़ गई। जलते हुए अनगिनत पलीतों से वह रणभूमि प्रकाशमान हो गई। उस प्रकाश में वीरों के शस्त्र चमकने लगे। बढ़ती निशा के साथ युद्ध भी बढ़ रहा था। कर्ण आवेग से शत्रु से लड़ रहा था कि अचानक कौरव सेना में भगदड़ मच गई। सर्वत्र हाहाकार मच गया। कर्ण उस दिशा में देख रहा था कि दुर्योधन कर्ण को ढूँढ़ते हुए वहाँ पहुँच गया। उसने कर्ण से कहा, ''मित्र ! घात हो गया। पांडव वीर घटोत्कच रण में उतर गया है। उसने अलायुध का वध किया। कौरव सेना का पारिपत्य करके वह आगे बढ़ रहा है।''

''क्या मैं उसके सम्मुख जाऊँ ?'' कर्ण ने पूछा।

''हाँ, जाओ। तुम्हारे अतिरिक्त और कोई भी इस संकट का निवारण नहीं कर सकता। मैंने सुना है कि तुम्हारे पास एक शक्ति है। उसी शक्ति से तुम घटोत्कच का वध करो।''

कर्ण ने शांति से पूछा, ''मित्र, तुम्हें घटोत्कच चाहिए कि अर्जुन ?''

''क्या ?''

''मित्र, मेरे पास वासवी शक्ति है, यह सत्य है। वह अमोघ भी है, किंतु उसका उपयोग मैं केवल एक ही बार कर सकता हूँ। उसे मैंने अर्जुन के लिए बचाकर रखा है।''

''कर्ण, अर्जुन को बाद में निपटाएँगे। अब इस घटोत्कच को यदि नियंत्रण में नहीं किया गया तो सूर्योदय के पहले ही कौरव पराभूत हो जाएँगे। मुझे घटोत्कच चाहिए''

''ठीक है। वैसा ही होगा।''

कर्ण का रथ मुड़ गया। पलायन करने वाली सेना के मध्य से मार्ग निकालकर वह घटोत्कच के समीप जा पहुँचा। कर्ण ने वासवी शक्ति का स्मरण कर एक दिव्य तीर धनुष से जोड़ा। तीर झनझनाते हुए निकला। पर्वत की खड़ी चट्टान भयंकर आवाज करते हुए आसपास वातावरण भेदकर गिर पड़ती है उस प्रकार घटोत्कच कौरव वीरों पर गिर पड़ा। कर्ण की विजय से उत्साहित हुई कौरव सेना कर्ण का जयघोष करने लगी। पांडव सेना में हाहाकार मच गया। उन दोनों को दुर्लक्षित कर कर्ण शिविर की ओर जा रहा था।

कर्ण के हृदय से आखिरी बोझ उतर गया था।

प्रकरण-49

पाँचवें दिन का क्लेशकारक रण-संग्राम समाप्त कर कर्ण अपने प्रासाद पर लौटा। उसके पीछे-पीछे चक्रधर और वृषसेन भी आए। प्रासाद पर आते ही कर्ण अपने शय्यागृह में गया। रणवेष उतारकर वह नित्यवस्त्र परिधान कर रहा था, इतने में वृषाली ने भीतर प्रवेश किया। कर्ण ने वृषाली की ओर देखा। कर्ण के समीप जाकर वृषाली ने पूछा, "सुना है कि आज द्रोण-वध हो गया। वृषसेन बता रहा था।"

"हाँ।"

"सुना है कि धृष्टद्युम्न ने कपट से वह कृत्य किया।"

"कपट से ! कहो तो कपट, नहीं तो सबकुछ धर्मनिष्ठ।"

"क्या वह कपट नहीं था ?"

कर्ण की मुद्रा पर खिन्न स्मित छा गया। वृषाली का हाथ थामकर उसे थपथपाते हुए कर्ण ने कहा, "वसू ! द्रोणाचार्य ने महान् पराक्रम किया। युद्ध के आरंभ में ही उन्होंने विराट और द्रुपद का वध किया। कई वर्षों से हृदय में बसा हुआ द्रुपद का वैर सिद्ध हो गया। पिता के वध से धृष्टद्युम्न खैर के अंगारों की तरह भड़क उठा। वह रणभूमि पर द्रोणाचार्य को ढूँढ़ रहा था और उसी समय अश्वत्थामा के पतन का समाचार फैल गया।

"क्या अश्वत्थामा का पतन हुआ ?"

"वह तो मृत्युंजय है। उसे कौन मार सकता है ? भीम ने अश्वत्थामा नाम के गज की हत्या की और स्वयं जाकर वह समाचार द्रोण को सुनाया। इतना ही बताया कि अश्वत्थामा की हत्या हुई। द्रोण ने सत्यवक्ता युधिष्ठिर से पूछा। और सत्यवक्ता युधिष्ठिर ने असत्य का आश्रय लेकर वह समाचार सत्य होने का विश्वास दिलाया। पुत्रशोक से संतप्त द्रोणाचार्य ने शस्त्र त्याग किया और उसी अवसर की प्रतीक्षा करने वाला धृष्टद्युम्न तेजी से आगे बढ़ा। द्रोणाचार्य के रथ पर चढ़कर उसने उन निःशस्त्र, आयुवृद्ध द्रोणाचार्य के शुभ्र केशों को पकड़कर खड्ग से उनका शिरच्छेद किया।"

"क्या यह अधर्म नहीं ?"

"माना तो है। वसू, क्या द्रोणाचार्य को यह ज्ञात नहीं था कि अपना पुत्र अश्वत्थामा मृत्युंजय है ? उसके लिए साक्ष्य की क्या आवश्यकता थी ? क्या शिखंडी को सम्मुख आया देख तब भीष्म लौट नहीं सकते थे ? वे क्यों नहीं लौटे ?"

"किंतु क्यों ?"

"क्यों ?" कर्ण मुसकराया। "मृत्यु के लिए अधीन बन गए जीव मारने के लिए जीवित रहने की अभिलाषा नहीं करते। वे केवल कीर्तिरूप मृत्यु की खोज करते रहते हैं।"

"फिर अब ?"

"यह युद्ध अंत तक ऐसा ही चलता रहेगा। संपूर्ण विनाश होने तक यह नहीं रुकेगा। वसू, जय के लिए युद्ध खेला जाता है तब भी उसका एक ही कारण होता है...अहंकार ! पराजय से अहंकार का शमन नहीं होता, उसकी धार और तीव्र हो जाती है।"

"फिर कल का सेनापति..."

"यह तुम्हारे सामने खड़ा है। अश्वत्थामा और दुर्योधन ने मुझे ही सेनापति बनाने का निश्चय किया है। वसू, तुम्हारा यह पति कल कुरु का सेनापति बनेगा और उसके आधिपत्य में कल घोर रण-संग्राम आरंभ होगा।"

"आप विजयी होंगे इसमें मुझे यत्किंचित् भी संदेह नहीं।"

"मुझे भी नहीं।" क्षण भर के लिए कर्ण गंभीर बन गया। दूसरे ही क्षण गंभीरता से उसने कहा, "वृषाली, जो यश भीष्म और द्रोणाचार्य प्राप्त कर सके वह यश मैं भी सहजता से प्राप्त कर सकूँगा।

"चलो, कल की रणभूमि की चिंता आज नहीं करनी चाहिए। आज वृषसेन ने बहुत बड़ा पराक्रम किया है। वह उसी के मुख से सुनेंगे। चक्रधर और वृषसेन के साथ बातें करेंगे। आज के भोजन में चिंता की बाधा नहीं पड़नी चाहिए।"

भोजन के पश्चात्, सभी से बिदा लेकर कर्ण शय्यागृह में आया तब वहाँ कोई नहीं था। पुरुष की लंबाई जितने सुवर्ण दीपदानों के प्रकाश से पूरा शय्यागृह प्रकाशित हो रहा था। प्रशस्त चंदनी पलँग पर शुभ्र-धवल शय्या बिछाई हुई थी। धूप की सुगंध अभी तक महल में फैली हुई थी। पलँग से समीप हाथीदंत की तिपाई पर सुवर्ण थाली में दो गेदेदार बीड़े रखे हुए थे।

शयनगृह प्रकाशमान होने के उपरांत भी कर्ण का हृदय अंधकार से ही भरा हुआ था। महल के प्रकाश की अपेक्षा बाहर का अंधकार और निस्तब्ध शांतता ही उसे अपनी लग रही थी। जीवन के नए रूप के लिए अब सिद्ध होना था।

'नया रूप ? कौन सा नया रूप ?'

'सूत-पुत्र राधेय का अंगराज कर्ण बना। उस कर्ण का कौंतेय हो गया। वही कौंतेय कल कुरु सेनापति बनेगा। एक जीव के कितने स्थित्यंतर।

'सेनापति ! !

'इस सेनापति को कौन सा आधिपत्य करना पड़ेगा ? स्वयं को सुरक्षित रख जो जीवित रहना चाहते हैं उन्हें मृत्यु की गहरी खाई में ढकेल देने का। यह यदि साध्य हुआ तो विजय सेनापति की, नहीं साध्य हुआ तो वह दोष सेना का या कम पड़ गई दल की निष्ठा का !

'निष्ठा रखने के लिए भी बल की आवश्यकता होती है। कल भीम सामने आएगा। बल पर विश्वास रखने वाला वह योद्धा। मुझे देखते ही उसकी बाँहों में स्फुरण का संचार होने लगेगा। रण के लिए अधीर होकर, रथ पर खड़े उस वीर

का आवेश नजर लगने जैसा ही होगा। उसके सम्मुख जाने वाला मैं। रक्त के नाते से परिचित ! मेरी निष्ठा का स्वरूप उस समय क्या होगा ?

'श्रीकृष्ण ने अब तक अर्जुन को मुझसे दूर रखा है तो क्या हुआ ? कदाचित् कल वह अर्जुन भी मेरे सम्मुख आ जाएगा। उसके रथ का सारथ्य श्रीकृष्ण कर रहे होंगे। शुष्क काष्ठ को भी अपनी फूँक से धुंद कर देने वाले श्रीकृष्ण की मुद्रा पर मुझे देखकर स्मित प्रकट होगा। उस स्मित का प्रत्युत्तर देने के लिए मुझे तूणीर से तीर चुनना पड़ेगा। क्या मेरी निष्ठा को वह बल प्राप्त होगा ?

'किसलिए यह युद्ध ? इसमें किसकी विजय होगी ?

'जय-पराजय !

'हर्ष-खेद ! !

'जीवन-मृत्यु ! ! !

'अंतर कितना लघु ! कितना छोटा !

'जीवन ! गर्भ से बाहर आते समय ही अहंकार का आक्रोश करने वाला यह जीव, बढ़ती आयु के साथ आत्मश्लाघा, आत्मरूप, दातृत्व, पुरुषार्थ ऐसी काल्पनिक भावनाओं का लेप अपने ही हाथों से अपने शरीर पर करने वाला यह जीव !

'और मृत्यु से होने वाला उसका अंत !

'इसकी अनुभूति यदि इस जीव को होती तो उसकी हलचल कब की रुक जाती।'

कानों पर पड़ी आहट से कर्ण की विचारधारा खंडित हो गई। उसने पीछे मुड़कर देखा। वृषाली महल में प्रवेश कर रही थी। उसके हाथ में अनंत के शुभ्र फूलों से भरी हुई थाली थी। उन फूलों की सुगंध संपूर्ण महल में फैल रही थी। तिपाई पर रखी हुई बीड़ों की थाली उठाकर वृषाली ने फूलों की थाली वहाँ रखी। बीड़ों की थाली कर्ण के सम्मुख रखकर वृषाली ने पूछा, "बीड़ा नहीं लिया ?"

"तुम्हारी ही प्रतीक्षा कर रहा था।"

कर्ण ने बीड़ा उठाया। अपना बीड़ा लेकर वृषाली ने थाली नीचे रखी। बीड़ों का आस्वाद लेते हुए वृषाली का हाथ थामकर कर्ण सौध पर गया। सर्वत्र चाँदनी फैली हुई थी। शीतल हवा चल रही थी। दूर-दराज में पलीतों के बिंदुओं से अंकित रणभूमि पर कौरवों का शिविर दृश्यमान था। उस ओर उँगली निर्देश कर कर्ण ने कहा, "देखा ? कितनी शांतता से, निर्भय होकर सेना विश्राम कर रही है। पांडवों का शिविर भी इस शिविर से कुछ ही अंतर पर हिरण्वती के तट पर है, किंतु कल के रण-संग्राम की चिंता किसी को नहीं है। ये शांतिपूर्ण शिविर कल एक-दूसरों पर जीवन-मृत्यु की ईर्ष्या से टूट पड़ने वाले हैं। क्या यह सत्य प्रतीत होता है ?"

"वह तो आपको सीखना चाहिए।" वृषाली ने उत्तर दिया।

"अं।"

कर्ण ने देखा, वृषाली की मुद्रा मिष्किल बन गई थी। उसने कहा, "आपकी

सेना को तो चिंता नहीं है, किंतु आप ? यदि दिन में सेना, सेनापति का अनुसरण करती है तो रात्रि में सेनापति को दल का अनुसरण करना चाहिए।''

कर्ण ने गरदन झुकाई और अति नम्रतापूर्वक कहा, ''चलिए, राज्ञी ! आपकी आज्ञा हमें आदरणीय है।''

खुलकर हँसते हुए कर्ण वृषाली के पीछे-पीछे महल की ओर जाने लगा।

प्रकरण-50

प्रातःकाल का समय था।

प्रासाद के प्रवेशद्वार की विस्तृत सीढ़ियों के दोनों ओर लगाई हुई मशालें हवा से फरफरा रही थीं। प्रासाद के सामने दो रथ सज्ज थे। एक रथ में शुभ्र-धवल अश्व जोड़े थे और दूसरे रथ में बादामी रंग के उत्कृष्ट अश्व जोड़े थे। रथ-सारथी और सेवक, रथ के समीप खड़े अपने स्वामी की प्रतीक्षा कर रहे थे। युद्धभूमि से परिचित वे पशु आगामी रण-संग्राम की कल्पना से खड़े-खड़े खुर नचा रहे थे। उनकी वल्गाएँ पकड़कर रथ-रक्षक उन्हें नियंत्रण में रखने में व्यस्त थे। सीढ़ियों के रक्षक अचानक सतर्क हो गए। सभी का ध्यान प्रासाद के द्वार की ओर आकर्षित हुआ। प्रासाद से महारथी कर्ण अपने पुत्र वृषसेन के साथ बाहर आ रहा था।

कर्ण और वृषसेन, दोनों ने रणवेश धारण किया था। दोनों के शरीर पर रत्नांकित रौप्य शिरस्त्राण और अभेद्य कवच शोभा दे रहे थे। कलाइयों पर कसकर बाँधी हुई बाजूबंद की शुंडाकार नोंकें कुहनियों तक गई हुई थीं। धनुष, खड्ग आदि आयुधों से सज्ज उन पिता-पुत्र के पीठ पर तीरों से भरे तूणीर शोभा दे रहे थे। उन दोनों के पीछे कर्ण-पत्नी वृषाली आ रही थी। कर्ण ने सुहास्य वदन से वृषाली से बिदा ली।

''हम चलते हैं।''

''वृषसेन का ध्यान रखना।'' वृषाली ने कहा।

कर्ण ने वृषाली की ओर देखा। हँसते-हँसते वृषसेन के कंधे पर हाथ रखकर उसने कहा, ''अब वसू पर ध्यान रखने की कोई आवश्यकता नहीं है। वह योद्धा है। युद्ध कला में निपुण है। स्वयं को सँभालने के लिए समर्थ है। मैं आज सेनापति बनकर रण में जा रहा हूँ। युद्धभूमि पर सेनापति को सभी वीर समान होते हैं।''

उसी समय पीछे से चक्रधर आया और उसने वृषाली से कहा, ''भाभीश्री, मेरा ध्यान रखने के लिए कहो न।''

वृषाली मुसकराई। कर्ण की ओर देखते हुए उसने कहा, "तनिक भी नहीं। आज ये सेनापति हैं। वास्तव में उन पर ध्यान रखने के लिए ही किसी की आवश्यकता है। वह दायित्व आपका होगा। आप ही उनका ध्यान रखिए।"

"वाह, मुझ पर ध्यान रखने के लिए अच्छा व्यक्ति चुन लिया तुमने।" कर्ण ने कहा, "चलो अब समय न गँवाओ। दुर्योधन महाराज प्रतीक्षा कर रहे होंगे।"

मातृ-वंदन करने के लिए वृषसेन झुक गया। वृषाली ने आत्यंतिक प्रेम से वृषसेन का अवघ्राण किया। फिर उसने अपने बाएँ हाथ में लिया हुआ रक्तवर्णीय दुशाला ऊपर उठाया। उसे देखते ही कर्ण ने अपने बाहु ऊपर उठाए। वृषाली ने कर्ण के कटिभाग पर दुशाला बाँध दिया। बाईं कटि पर दुशाले की गाँठ बाँधने में व्यस्त वृषाली से कर्ण ने कहा, "रणभूमि पर जाते समय ऐसे बंधन नहीं होने चाहिए। समय आने पर वे छूटे छूटते नहीं।"

"इसीलिए तो ये बाँधे जाते हैं।" वृषाली ने कहा।

उत्तर देने का विचार कर रहा कर्ण अचानक रुक गया। दूर से रणनौबत का गंभीर नाद कानों पर आ रहा था। वह रणभूमि पर दलों के एकत्रित होने की सूचना थी। वृषसेन को संकेत कर कर्ण सीढ़ियाँ उतरने लगा। दोनों वीर अपने-अपने रथ पर आरूढ हो गए। रथ चलने लगे। रथ को गति मिली। रथ-चक्रों की आवाज के साथ-साथ अश्वों के टापों की आवाज गूँजने लगी। प्रासाद की सबसे ऊपरी सीढ़ी पर खड़ी वृषाली वह आवाज बंद होने तक वहीं पर खड़ी थी। अब तक बड़े कष्टपूर्वक रोके हुए उसके अश्रु गालों पर झरने लगे। फैली हुई शांतता से भयाकुल हुई वृषाली अश्रु पोंछते-पोंछते प्रासाद में चली गई।

कौरव-शिविर में सभी कर्ण की प्रतीक्षा कर ही रहे थे कि कर्ण, वृषसेन के रथ दौड़ते हुए शिविर में पहुँचे। कर्ण-रथ को देखते ही दुर्योधन हर्ष से कर्ण के सम्मुख गया। सेनापति का अभिषेक करने की संपूर्ण तैयारी शिविर में हो चुकी थी। सभी कौरव श्रेष्ठ वहाँ उपस्थित थे। दुर्योधन ने रेशमी वस्त्र से आच्छादित आसन पर कर्ण को बिठाया। कर्ण का यथाविधि अभिषेक किया गया। अंत में दुर्योधन ने कर्ण के मस्तक पर गवल और गैंडे के सुवर्णजड़ित सींगों में रखे अभिमंत्रित जल का छिड़काव किया। उस समय कर्ण का हृदय कृतज्ञता से भर आया। शस्त्र-स्पर्धा के समय जब कर्ण का अपमान हुआ था तो इसी दुर्योधन ने कर्ण को अंगदेश का अभिषेक किया था। अभिषेक पूरा होते ही कर्ण उठ गया। उसने नम्र भाव से दुर्योधन को प्रणाम किया। दुर्योधन ने उसे आलिंगनबद्ध किया और कहा, "मित्र, तुम्हारे कारण ही मुझे विजय का विश्वास है।"

कर्ण सभी वीरश्रेष्ठों के साथ रणभूमि पर गया। नए सेनापति के दर्शन के लिए उत्सुक सेना ने उत्साह से गगनभेदी जयघोष किया। कर्ण का रथ सेना के अग्रभाग में जाकर खड़ा हुआ। कर्ण-रथ के समीप दुर्योधन का रथ था। कर्ण ने सभी श्रेष्ठों को रचना के संबंध में आज्ञा दी। उस आज्ञा के अनुसार, सेना दल

आकार लेने लगे। कर्ण और दुर्योधन, रथ के नीचे उतरकर उस हिलने वाले दल-सागर का अवलोकन कर रहे थे। उसी समय दुर्योधन का ध्यान वृषसेन पर गया। वृषसेन आगे बढ़ा। उसने दुर्योधन को प्रणाम किया। दुर्योधन ने बड़े प्रेम से वृषसेन को गले लगाया।

"वृषसेन, सँभल के रहना।" दुर्योधन ने कहा।

"महाराज, आपकी विजय के लिए मैं प्राणों का भी मोल देने के लिए तैयार हूँ।"

कर्ण ने गर्व से अपने पुत्र की ओर देखा। दुर्योधन ने अपने गले से मोतियों का हार उतारकर वृषसेन को पहना दिया और उसे आशीर्वाद दिया, "विजयी भव।"

वृषसेन कर्ण की ओर मुड़ा। उसने कर्ण को प्रणाम किया। कर्ण अपना लघुरूप निहार रहा था। उस रूप को नेत्रों में समा रहा था। स्थिर स्वर में कर्ण ने कहा, "पुत्र, तुम्हारा पराक्रम लोकोत्तर हो। वीर कभी जय-पराजय का लेखा-जोखा नहीं रखते। पराजय भी हो जाए तो ऐसे हाथों कि जिसके शौर्य का इस पृथ्वीतल पर जोड़ नहीं। ऐसा यश तुम्हें मिले यही मेरा आशीर्वाद है।"

कर्ण का आशीर्वाद लेकर वृषसेन अपने रथ में बैठकर अपने पथक की ओर चला गया। कर्ण रणभूमि की ओर देख रहा था। सैकड़ों रथों के अश्वों की हिनहिनाहटों, अम्मारियों और हौदों से सजे हुए गजों की चीत्कारों तथा दलों से उठने वाली खड्ग, गदा आदि शस्त्रों की वीरश्री को आह्वान करने वाली आवाजों से रणभूमि जाग्रत हो रही थी। कर्ण और दुर्योधन रथारूढ हो गए। गजों से घेरे हुए राजसमूह में दुर्योधन के रथ को पहुँचाकर कर्ण ने सारथि को अपना रथ सेना के अग्रभाग में ले जाने की आज्ञा दी।

सेना के अग्रभाग में कर्ण का सुवर्ण शृंखला चिह्न-रथ खड़ा रहा। पूर्व दिशा में प्रकाश फैलने लगा था। क्षितिजकड़ा आरक्त बन गई थी। भिन्न-भिन्न पथकों से शंखनाद उठ रहे थे। कर्ण का ध्यान सामने फैली हुई पांडव सेना की ओर लगा हुआ था। उसी समय अर्जुन का कपिध्वजांकित-रथ पांडवों के अग्रभाग में दृश्यमान हुआ। उस रथ पर कर्ण की दृष्टि गड़ गई। उसे श्रीकृष्ण के आशीर्वाद का स्मरण हुआ...

'...किसी की भी जय-पराजय से तुम्हारा पराक्रमी जीवन धुँधला नहीं होगा। तुम्हारे पिता की तरह वह सदैव तेजस्वी रहेगा। उस प्रकाश को स्पर्श करने का साहस देवों को भी नहीं होगा...'

श्रीकृष्ण के स्मरण से कर्ण प्रमुदित हुआ। अर्जुन-रथ की ओर देखकर उसकी गरदन कृतज्ञता से झुक गई। मुद्रा पर स्मित प्रकट हुआ। कर्ण की छाती फूल गई। उसने पीछे मुड़कर देखा। पूर्व क्षितिज पर सूर्य-बिंब प्रकट हो रहा था। कर्ण ने दोनों हाथ जोड़कर सूर्य को वंदन किया। रथ में रखा हुआ विजय शंख उठाया और दोनों हाथों में वह सुवर्णमंडित शंख पकड़कर मुख से लगाया। गाल फूल गए। गले की

नस तन गई और फिर एक दीर्घ नाद गूँज उठा। कर्ण ने त्रिवार शंखनाद किया। शंख रथ में रखते समय ही पांडवों की ओर से श्रीकृष्ण के पांचजन्य शंख का गंभीर उत्तर आया। कर्ण ने हाथ ऊपर उठाया। उसी के साथ संकेतबद्ध दल आगे बढ़ने लगा। जयघोष कर रही सेना शत्रु से भिड़ गई। ऊँटों से रणनौबतों की अखंड आवाज उठने लगी। तुमुल युद्ध आरंभ हो गया।

कर्ण अपने रथ से वह युद्ध देख रहा था। उसका रथ, दल को प्रोत्साहन देते हुए युद्धभूमि पर घूम रहा था। कर्ण-रथ के साथ रथ-रक्षक दौड़ रहे थे। कर्ण के चारों ओर अपने-अपने रथों में बैठे चार वीर कर्ण-रथ के साथ-साथ उसका मार्ग रिक्त करते हुए आगे बढ़ रहे थे। कर्ण को आह्वान करने वाला तुल्यबल वीर सम्मुख आते ही कर्ण उसके साथ युद्ध करता था। अपराह्न का समय समाप्त होने को आया था फिर भी युद्ध का कुछ निर्णय नहीं हो पा रहा था। उसी समय एक तेजस्वी रथ कर्ण की दिशा में दौड़ता हुआ आया। क्षण भर के लिए कर्ण को ऐसा प्रतीत हुआ कि अर्जुन-रथ आ गया। किंतु रथ दृष्टिपथ में आते ही कर्ण की दृष्टि रथ के ध्वज की ओर गई। वहाँ कपिध्वज नहीं था। ध्वज पर सुवर्णपुच्छ शरचिह्न था। उस रथ में कर्ण को नकुल का दर्शन हुआ। कर्ण को प्रतीत हुआ जैसे धरती पर चंद्रमा ही प्रकट हुआ हो। अति सुंदर, रूप-संपन्न नकुल, कर्ण की ओर देखते हुए रथ पर खड़ा था। कर्ण को आभास हुआ कि उसके रूप में एक तेजस्वी तीर ही रथ में खड़ा है। उससे बचकर निकल जाने के विचार में कर्ण था कि नकुल के शब्द उसके कानों पर टकराए।

''ठहरो सूत-पुत्र ! पलायन मत करो। मैं तुम्हारे सम्मुख युद्ध के लिए सिद्ध हूँ। इस विनाश का, कलह का कारण तुम ही हो। हे, अधम आज तुम्हारा वध करके ही मैं कृतकृत्य हो जाऊँगा।''

कर्ण की मुद्रा पर हँसी छाई। हँसते-हँसते उसने कहा, ''नकुल, तुम्हारा यह वचन राजकुमार को शोभा ही देता है। किंतु केवल बोलने से योद्धा सिद्ध नहीं होता। तुम मुझ पर प्रहार करो। तुम्हारा पराक्रम देखने की ही अभिलाषा मेरे हृदय में है।''

कर्ण नकुल के प्रहारों को अपने तीरों से खंडित कर रहा था। बस। उतना ही प्रतिकार वह कर रहा था। उस प्रतिकार से क्रोधित होकर नकुल आवेश के साथ प्रखर युद्ध कर रहा था। पर्याप्त समय तक कर्ण वह युद्ध कौतुक से चलाता रहा। युद्ध को नियंत्रण में लाने के लिए कर्ण ने अपने धनुष का उपयोग किया। उसके तीर ने नकुल के धनुष को छेद दिया। उसका ध्वज गिरा दिया। चक्ररक्षक की पराजय की। नकुल के सारथि को स्थान भ्रष्ट किया। देखते-ही-देखते नकुल हताश्व, विरथ और विगत-कवच हो गया। उस परिस्थिति में क्या किया जाए यह नकुल की समझ में नहीं आ रहा था। रथ से कूदकर वह दौड़ने लगा। उसे देखकर कर्ण भी रथ से कूदकर उसके पीछे दौड़ा और नकुल के समीप पहुँचा। उसकी गति रोकने के लिए उसने अपना धनुष नकुल के गले में अटका दिया। पराजय के क्षोभ से

और अपमान से थर-थर काँप रहे नकुल का अवलोकन कर्ण कर रहा था। उसका आरक्त बना हुआ मुखकमल देखकर अपने उस कनिष्ठ भ्राता को गले लगाने, प्रेम से उसकी पीठ थपथपाने की अभिलाषा कर्ण के हृदय में उत्पन्न हुई। किंतु कष्टपूर्वक उस विचार को त्यागकर कर्ण ने कहा, "हे वीरश्रेष्ठ ! डरो मत, मेरा तुम्हें अभय है। हे सुकुमार, अपने सामर्थ्य का विचार करके ही शत्रु चुनना चाहिए। इस भयानक रणभूमि पर ऐसे अकेले मत घूमो। युद्ध का आनंद ही लेना हो तो अपने भ्राता भीम और अर्जुन के साथ घूमो। अब आनंद से अपने शिविर में लौट जाओ।"

नकुल की गरदन में अटकाया हुआ अपना धनुष कर्ण ने निकाल लिया और नकुल के नेत्रों के अश्रु न दिखने लगें इसलिए वह वापस अपने रथ की ओर मुड़ा। अपराह्न का समय समाप्त हो गया था। रणभूमि को जैसे चमकते सूर्य का तेज प्राप्त हुआ था। सूर्यास्त तक युद्ध वैसे ही चलता रहा।

सूर्यास्त के पश्चात् कौरव शिविर में कर्ण विश्राम कर रहा था कि दुर्योधन वहाँ आया। उसकी मुद्रा चिंता से व्यग्र बनी हुई थी। युद्ध में हुए घावों की चिंता उसे नहीं थी। उसने कर्ण से कहा, "मित्र, यह रणभूमि मुझे यशदायी नहीं लगती।"

यह वचन सुनकर सतर्क बने कर्ण ने पूछा, "क्यों ? आज का मेरा पराक्रम कुछ सामान्य नहीं था। पांडवों की सेना को मेरा आज का दर्शन निश्चित ही अच्छा नहीं लगा होगा।"

"मैं तुम्हारे यश की बात नहीं कर रहा हूँ।"

"फिर ?"

"मित्र ! आज कितनी अपरिमित हानि हो गई है यह तो सोचो। भीम ने क्षेमधूती का वध किया। सात्यकि ने विंद और अनुविंद को परलोक भेजा। चित्र और चित्रसेन का समरभूमि पर पतन हुआ। आज के युद्ध में कई वीर मारे गए। कई बिद्ध हो गए। नष्ट हुए कवचों और आयुधों की तो गणना ही नहीं की जा सकती।"

"किंतु उसमें मेरा क्या दोष ?" कर्ण ने पूछा।

दुर्योधन खिन्नता से मुसकराया।

"कर्ण, दोष तुम्हारा नहीं तो किसका ? तुम सेनापति हो न ! रणभूमि की हर जय-पराजय के लिए सेनापति ही उत्तरदायी होता है। यश के साथ-साथ पराजय का दायित्व भी उसे ही स्वीकार करना पड़ता है।"

कर्ण स्तब्ध रहा। दुर्योधन के वचन की सत्यता उसे भी प्रतीत हो रही थी। दुर्योधन ने कहा, "कर्ण युद्ध को आज सोलह दिन हो गए। इन सोलह दिनों में अपनी सेना की अपरंपार हानि हुई है। आने वाले प्रतिदिन यदि अपना बल ऐसे ही घटता रहा तो बहुत कठिन होगा। मित्र, ऐसा कुछ करना चाहिए जिससे विजय यथाशीघ्र अपने गृह चली आए। यदि तुम अर्जुन को परास्त करो तो एक क्षण में यह सबकुछ साध्य होगा।"

कर्ण मुसकराया।

"युवराज, इससे और सरल बात क्या है ? क्या अर्जुन को परास्त करना इतना सहज, साध्य है ?"

"मित्र, यह तुम कह रहे हो ? अरे, तुमने ही अर्जुन-वध की प्रतिज्ञा की थी न ?"

"हाँ, की थी। किंतु अर्जुन मेरे सम्मुख आ जाए तब न ? श्रीकृष्ण उसे सदैव मुझसे दूर रखने का प्रयास कर रहे हैं। अर्जुन से मुझे भय नहीं लगता। शरीरबल, मानसबल और अस्त्र कौशल्य इन गुणों में अर्जुन मेरे तुल्य बली नहीं है। अर्जुन के गांडीव धनुष से भी श्रेष्ठ मेरा विजय धनुष है। भगवान् परशुराम का है यह धनुष। उन्होंने ही मुझे इसे आशीर्वादपूर्वक दिया है।"

"फिर त्रुटि किस बात की है ?" हर्ष से दुर्योधन ने पूछा।

"बहुत बड़ी त्रुटि है। हे कौरवेश्वर, श्रेष्ठ रथी केवल अपनी शस्त्र निपुणता से विजय नहीं पाते। जय प्राप्त करने के लिए वैसे ही श्रेष्ठ सारथि की भी आवश्यकता होती है। अर्जुन को श्रीकृष्ण जैसा सर्वश्रेष्ठ सारथि प्राप्त हुआ है। वैसा सारथि मेरे पास नहीं है।"

"क्या अपने पास श्रीकृष्ण जैसा तुल्यबल सारथि नहीं ?"

"है न।"

"कौन ?"

"मद्रराज शल्य ! वह अद्वितीय सारथि हैं। श्रीकृष्ण जैसे ही शल्यराज भी अश्वविद्या-कुशल हैं। यदि वे मेरा सारथ्य करें तो तुम्हारा मनोवांछित पूरा होने में अधिक अवधि नहीं लगेगी।"

दुर्योधन उत्साह से उठा। उसने कर्ण से कहा, "मित्र, तुम चिंता न करो। कल शल्यराज अवश्य तुम्हारा सारथ्य करेंगे।"

कर्ण मौन रहा। उससे बिदा लेकर शल्य निवास जाने के लिए दुर्योधन रथारूढ हो गया।

प्रकरण-51

दूसरे दिन जब कर्ण कौरव शिविर में उपस्थित हुआ तब दुर्योधन ने हर्ष से उसका स्वागत किया। कर्ण के रथ से नीचे उतरते ही दुर्योधन ने कहा, "कर्ण, तुम्हारा इच्छित सफल हुआ।"

"कौन सा इच्छित ?"

"मद्रराज शल्य ने तुम्हारा सारथ्य करना मान्य किया है।"

"तब तो युवराज, अब मेरे पराक्रम के संबंध में चिंता ही न कीजिए।"

"चलो कर्ण, मद्रराज तुम्हारी प्रतीक्षा कर रहे हैं।"

कर्ण ने दुर्योधन के साथ शिविर में प्रवेश किया। आसन पर बैठे मद्रराज ने आसन से उठने का भी कष्ट नहीं किया। बैठे-बैठे ही वह कर्ण और दुर्योधन की ओर देख रहे थे। कर्ण, शल्य के सम्मुख गया।

"मद्रराज, अंगराज कर्ण आपको प्रणाम करता है।"

"सूत-पुत्र राधेय, तुम्हारी विजय हो।" बैठे-बैठे ही शल्य ने कर्ण का स्वागत किया। कर्ण ने दुर्योधन की ओर देखा। कर्ण की मुद्रा पर प्रकट हुआ अपेक्षित क्रोध देखकर हर्ष से शल्य ने पूछा, "क्यों राधेय, मेरा संबोधन अच्छा नहीं लगा ?"

"शल्यराज ! राधेय कहलाने में मुझे धन्यता है। किंतु उस नाम से पुकारने का अधिकार केवल कुछ लोगों को ही प्राप्त है। आप मेरे इतने निकटवर्ती नहीं हैं कि आप मुझे इस नाम से पुकारें।"

"ठीक है ! इसके आगे मैं तुम्हें सूत-पुत्र कहकर ही पुकारूँगा।"

"मैं सूत-पुत्र हूँ, वैसे अंगदेश का अधिपति भी हूँ।"

"हं ! अंगराज कर्ण यह एक उपाधि है। राज्य देकर कोई राजा नहीं बनता। ऐसा यदि होता तो सभी राजा बनते, कुलवंत होते।"

"शल्यराज !" खड्ग पर हाथ रखकर कर्ण ने कहा।

"खड्ग से हाथ हटाओ कर्ण। यदि तुम मेरा सारथ्य चाहते हो तो मेरे अप्रिय बोल तुम्हें सुनने ही पड़ेंगे। इसी शर्त पर मैंने तुम्हारा सारथ्य करने की मान्यता दी है। और ध्यान में रखो, शूद्रों की भावनाओं को मैं महत्त्व नहीं देता।"

कर्ण ने आश्चर्य से दुर्योधन की ओर देखा। दुर्योधन की दृष्टि में आर्जव था। उसने कहा, "मित्र ! शल्यराज सत्य कह रहे हैं। मेरे लिए तुम इतना सहन करो। मेरे लिए अपने क्रोध को नियंत्रण में रखो।"

कर्ण का गला भर आया।

"ठीक है।" कर्ण ने कहा, "शल्यराज, आप मेरा सारथ्य करेंगे इसी में मैं धन्य हूँ। श्रीकृष्ण से भी श्रेष्ठ ऐसे आपके सारथ्य का अनुभव लेने के लिए मैं उत्सुक हूँ। अतः मैं आपके दूषण को भी भूषण ही समझूँगा।"

कर्ण, दुर्योधन और शल्य शिविर के बाहर आए। कर्ण के लिए शल्य ने सचमुच ही एक सुंदर रथ सज्ज किया था। उसका अवलोकन कर महारथी कर्ण ने रथ की पूजा करके उसकी परिक्रमा की। एकाग्रचित्त से सूर्य का स्मरण कर उसने शल्यराज से कहा, "शल्यराज, प्रथम आप रथारूढ हो जाइए।"

शल्य ने दुर्योधन की ओर देखा। दुर्योधन ने शल्य से कहा, "हे मद्रेशा, कर्ण के दिव्यरथ का सारथ्य आप कीजिए। यदि आपका समर्थन प्राप्त होगा तो कर्ण धनंजय पर अवश्य विजय प्राप्त कर लेगा।"

दुर्योधन की आज्ञा स्वीकार कर शल्य रथ पर आरूढ हो गए। उसके पश्चात् कर्ण रथ पर आरूढ हुआ। शल्य ने वल्गाएँ हाथ में लीं। रथ रणभूमि की ओर जाने लगा। मौन बैठे हुए कर्ण को देखकर शल्य ने पीछे मुड़कर कहा, "हे सूत-पुत्र, युद्ध की कल्पना से तुम भयभीत तो नहीं हुए हो न ? सूर्योदय में पर्याप्त अवधि है। तब तक यदि तुम्हारे निर्णय में परिवर्तन हुआ तो अवश्य मुझसे कहो। मैं हर्ष से तुम्हें शिविर में वापस ले जाऊँगा। उसी में तुम्हारा हित है।"

कर्ण ने संयमपूर्वक कहा, "शल्यराज, आज रणभूमि पर जब मैं अपने धनुष की प्रत्यंचा जोड़ूँगा तब आपको मेरा शौर्य दिखाई देगा। मेरे दर्शन से भयभीत हुए पांडवों को भी आप देख सकेंगे। उसके लिए कुछ प्रतीक्षा कीजिए।"

इन बोलों का शल्य पर कुछ प्रभाव नहीं हुआ। वे जोर से हँस पड़े। कर्ण ने पूछा, "हँस क्यों रहे हैं आप ? अपना पराक्रम सिद्ध करने का बाहुबल निश्चित ही मुझमें है।"

"हे राधेय, मृगेंद्र और शृंगाल जब एक-दूसरे के सम्मुख आते हैं तब शृंगाल कभी जीवित नहीं रहता। महाधनुर्धर अर्जुन का सामना होने तक ही तुम्हारी यह वल्गना चलेगी।"

"शल्यराज, आप मेरे सारथि हैं।"

"सारथ्य तो मैं कर ही रहा हूँ।"

"और अपमान भी।"

"उसी शर्त पर ही मैंने सारथ्य स्वीकार किया है।"

कर्ण उद्विग्नता से मुसकराया। न रहकर उसने कहा, "आप मद्रराज हैं न ! उस देश की कीर्ति के अनुसार ही आपका यह आचरण है। जिस देश में व्यसन को श्रेष्ठ माना जाता है, अनीति को नीति माना जाता है, पापाचरण यही जहाँ का धर्म है उस मद्रदेश के आप सुपुत्र ! आपसे अच्छी बातों की अपेक्षा करना ही व्यर्थ है।"

"ऐसा नहीं है। कभी-कभी अच्छी बातें भी मैं कर सकता हूँ। अब एक कथा सुनो किसी समय समुद्र तट पर एक संपन्न वैश्य रहता था..."

"शल्यराज मुझे कथा नहीं सुननी है, आप रथ चलाइए।"

"रथ ठीक ही चलेगा। उसकी चिंता मत करो। किंतु कथा तो सुनो।"

शल्य कहने लगे, "उस वैश्य के घर के समीप एक वृक्ष पर एक कौआ रहता था। वैश्य के घर का उच्छिष्ट खाकर वह बड़ा उन्मत्त हो गया था। एक दिन मान-सरोवर की ओर जा रहा एक हंस विश्राम करने उस वृक्ष पर रुका। हंस को देखकर वैश्यपुत्र ने परिहास में कौए से कहा, 'अरे कौए इस हंस से हमें तो तुम ही श्रेष्ठ लगते हो'।

"परान्न पर पला हुआ वह मूर्ख कौआ। उसे वह सत्य ही प्रतीत हुआ। उसने सीधे हंस को उड़ान का आह्वान दिया। हंस ने हँसकर कहा, 'अरे बाबा ! सचमुच

तुम ही श्रेष्ठ हो। हमें यह मान्य है'।

''किंतु कौआ मानने को तैयार ही नहीं। उसने कहा, 'उड़ान से ही यह सिद्ध हो जाए'।

''मूर्ख कौए के आग्रह के कारण हंस ने पंख पसारे और आकाश में उड़ान भरी। कौआ उसके आगे विभिन्न प्रकारों से उड़ने लगा। हंस समगति से उड़ान कर रहा था। आगे समुद्र आया। समुद्र का किनारा अदृश्य हो गया। कौए के पंखों की शक्ति कम होने लगी। लहरों से हिलने वाला वह सागर देखकर उसका बल घटता जा रहा था। अंत में कौआ जल के पृष्ठ भाग से ही पंख फड़फड़ाते हुए जाने लगा। हंस ने पूछा, 'अरे कौए, तुमने उड़ानें तो कई प्रकार की दिखा दीं, किंतु इस उड़ान का नाम नहीं बताया। पंखों से जल फड़फड़ाकर जल पर ही चलने जैसे उड़ान भरना तो अलौकिक ही है। क्या नाम है इस उड़ान का ?'

''प्राण-भय से कौए ने कहा, 'यह उड़ान नहीं, मेरी दैवगति है। मेरी मृत्यु से ही मेरे पाप का प्रायश्चित्त होगा'।

''हंस को कौए पर दया आई और कौए को अपने पंखों पर बिठाकर वह उसे वापस उसके स्थान तक ले आया।'' कथा समाप्त कर शल्य ने कहा, ''तुम कौरवों के अन्न पर पले हुए कौए हो, अतः तुम्हें यह कथा सुनाना आवश्यक था।''

''शल्यराज ! हंस वे होते हैं जो डूबने वालों को अपने पंखों पर सँभाल लेते हैं। सुरक्षित उस पार पहुँचा देते हैं। आपके कहने के अनुसार मैं कौआ हूँगा भी, किंतु इसके साथ, डूबने वाले को बचाने वाला हंस कहीं भी मेरी दृष्टिपथ में नहीं आ रहा है।''

कर्ण का रथ जब युद्धभूमि पर आया तब वृषसेन-चक्रधर ने उसका स्वागत किया। कर्ण का आशीर्वाद लेकर वृषसेन चक्रधर के साथ अपने पथक की ओर गया। पूर्व दिशा प्रकाशमान हो रही थी। कर्ण सेना का निरीक्षण कर रहा था कि दुर्योधन वहाँ आ पहुँचा। सूर्योदय के साथ-साथ कर्ण ने युद्ध आरंभ किया। कर्ण का रथ अपनी सेना को अपना पराक्रम दिखाकर उत्साह से रणभूमि पर संचार कर रहा था। ऐसा आभास हो रहा था कि उसके रूप से रणभूमि पर जैसे सूर्य ही प्रकट हुआ हो।

अचानक शल्यराज ने रथ को गति दी। रथ तेजी से दौड़ने लगा। शल्य ने रथ त्वारते से क्यों दौड़ाया इसका विचार करने वाले कर्ण को तुरंत ही उसका उत्तर मिला। उसने देखा कि युधिष्ठिर का रथ उसके सम्मुख आ रहा है। शल्य ने उस रथ के सम्मुख जाकर अपने रथ को रोका।

युधिष्ठिर के सुवर्णमय ध्वज पर नंद-उपनंद नामक दो मृदंग लगाए हुए थे। युधिष्ठिर की ओर संकेत कर शल्य ने कहा, ''कर्ण, यह देखो प्रथम पांडव...ज्येष्ठ कौंतेय...''

कर्ण की मुद्रा पर स्मित छा गया।

'...यह प्रथम पांडव...ज्येष्ठ कौंतेय...फिर मैं कौन ?'

कर्ण ने शल्य से कहा, "शल्यराज, रथ को घुमाओ। मुझे इससे युद्ध नहीं करना है। मुझे केवल अर्जुन चाहिए।"

"राधेय ! युधिष्ठिर को देखकर..."

किंतु आगे और कुछ बोलने का अवसर ही शल्य को नहीं मिला। एक तीर सनसनाते हुए आया और रथ पर जहाँ कर्ण ने हाथ रखा था उससे कुछ ही अंतर पर जाकर रथ में फँस गया। कर्ण ने क्रोध से देखा। युधिष्ठिर प्रत्यंचा को दूसरा तीर लगा रहा था। कर्ण की दृष्टि जाते ही उच्च स्वर से उसने कहा, "सूत-पुत्र कर्ण, मैं तुम्हें ही ढूँढ़ रहा था। आज तुम्हारा वध करके ही मैं तुम्हारी युद्ध-पिपासा नष्ट करूँगा। चलो, युद्ध के लिए तैयार हो जाओ।"

युधिष्ठिर की शर-वर्षा का कर्ण सहजता से उत्तर दे रहा था। एक-दूसरे को परास्त करने के लिए दोनों वीर पर्याप्त समय तक जूझते रहे। अंत में कर्ण ने युधिष्ठिर का धनुष तोड़ा। उसके रक्षकों की हत्या की। और सारथि की भी हत्या कर युधिष्ठिर का रथ ध्वस्त कर दिया। कर्ण के उस पराक्रम से भयभीत होकर युधिष्ठिर समीप आए हुए दूसरे रथ का आश्रय लेकर पलायन करने लगा। उसे देखकर दौड़कर कर्ण त्वरित उस रथ पर चढ़ गया। युधिष्ठिर के कंधे पर हाथ रखकर उसने कहा, "हे युधिष्ठिर ! निश्चिंत हृदय से वापस जाओ। यह युद्धभूमि है। द्यूत-पट जैसी वह सरल नहीं। रण तुम्हारा क्षेत्र नहीं। पुनः इस युद्धभूमि पर चरण मत रखो। और रखा भी तो मेरे सम्मुख मत आओ।"

कर्ण समाधान से रथ से उतरा और पुनः अपने रथ पर आरूढ हो गया। कर्ण-पराक्रम से चकित हुए शल्य ने कहा, "हे कर्ण, उस युधिष्ठिर को तुमने छोड़ दिया वह अच्छा ही किया। मैंने नहीं सोचा था कि तुम उसे छोड़ दोगे।"

"शल्यराज, मुझे प्रतीत हो रहा कि मैं कौआ नहीं हूँ, राजहंस हूँ। अब आप अर्जुन-रथ को ढूँढ़िए। उस रथ से भिड़ने के लिए मैं अधीर हूँ।"

अपराह्न का समय समाप्त होने को आया था, फिर भी युद्ध वैसे ही चल रहा था। कर्ण-पराक्रम से पांडव सेना अस्थिर बन चुकी थी। युद्ध का निर्णय नहीं हो पा रहा था। रणभूमि पर बिखरे हुए वीरों के अनगिनत शवों के उपरांत घमासान युद्ध चल रहा था। रथों और वीरों की आवाजों से कान बधिर हो रहे थे। गजों के चलने से भूमि कंपायमान हो रही थी। कपिध्वजांकित अर्जुन-रथ को ढूँढ़ते-ढूँढ़ते अचानक कर्ण का रथ रुक गया। अपराह्न का समय समाप्त हो चुका था। गदाचिह्न धारण किया हुआ भीम का रथ सामने आ रहा था। उसे देखते ही कर्ण ने शल्यराज से कहा, "शल्यराज, भीम आक्रमण करने आ रहा है, अपने रथ को उससे बचाकर दूसरी ओर ले लो।"

"क्यों, भीम से नहीं निपट सकोगे इसलिए ?"

"मुझे, अर्जुन चाहिए।"

"उसका नाम क्यों ले रहे हो ? भीम के केवल दर्शन से ही तुम इतने भयभीत हो गए हो, फिर अर्जुन का नाम क्यों ले रहे हो ?"

"शल्यराज, क्षण भर ऐसा मान लो, किंतु कृपया यह मत भूलो कि आप मेरा सारथ्य कर रहे हैं। रथ को घुमाओ।"

शल्य ने रथ को घुमाया। कर्ण का रथ घूम रहा है यह देखकर भीम ने अपने सारथि को सावध किया। भीम के रथ को गति मिली और भीम-रथ कर्ण-रथ के सम्मुख आकर रुक गया। भीम ने आवाज दी, "डरकर भाग रहे हो कर्ण ? अरे तुम कौरवों के सेनापति हो न ?"

उस समय भी कर्ण ने एक लंबी श्वास भरी। कर्ण भीम का अवलोकन कर रहा था। जिसके बाहु स्फुरित हो रहे हैं, वीरश्री से जिसकी मुद्रा का तेज शतगुणों से वृद्धिगत हुआ है ऐसा वह शक्तिशाली भीम देखकर कर्ण के नेत्र तृप्त हो गए। भीम के कवच पर रक्तचिह्न थे, नेत्र आरक्त बने हुए थे। ऐसा प्रतीत हो रहा था कि घने जंगल से मत्त गजराज वृक्ष-शाखाओं को तोड़ते-गिराते हुए बाहर निकल आया हो। द्रौपदी-वस्त्रहरण के प्रसंग में प्रतिज्ञाबद्ध होने वाला यही एक पांडव ! द्रौपदी के शीलरक्षणार्थ इसी ने कीचक वध किया। कर्ण को प्रतीत हुआ कि भीम का दर्शन अर्थात् साक्षात् पुरुषार्थ का दर्शन है।

कान के समीप से सनसनाते हुए गए तीर से कर्ण होश में आया। उसने देखा। भीम शर-वर्षा कर रहा था। कर्ण ने अपने तीर निकाले। भीम और कर्ण आवेश से युद्ध करने लगे। जैसे रणभूमि पर साक्षात् अग्नि और सूर्य ही प्रकट हो गए थे। कर्ण केवल प्रतिकार करने के लिए ही अपने बल का प्रयोग कर रहा था। किंतु भीम आवेश में आकर लड़ रहा था। उसे कैसे रोका जाए, कर्ण की समझ में नहीं आ रहा था। उसके आघातों से कर्ण थक रहा था। कर्ण थक रहा है यह जानकर भीम और ही उत्साहभरित होकर युद्ध कर रहा था। एक उग्र तीर सनसनाते हुए आया और कर्ण के कंधे में फँस गया। उस वेदना से विह्वल होकर कर्ण ने रथ की हस्तकक्षा का आश्रय लिया। चिंताग्रस्त होकर शल्य ने पूछा, "कर्ण, रथ वापस लूँ ?"

अपने बाएँ हाथ से फँसा हुआ तीर निकालकर कर्ण ने कहा, "नहीं ! सभी इच्छाएँ सदैव सफल नहीं होतीं। इस भीम के हाथ से ही यदि वह होना है तो होने दो।"

कर्ण ने अपना धनुष उठाया और पुनः युद्ध आरंभ किया। अपराह्न का समय समाप्त हो चुका था। भीम को नियंत्रण में लाने के लिए कर्ण अपनी प्रत्यंचा को हाथ लगा रहा था कि उसके कानों पर शब्द आए...

"मित्र अंगराज..."

युद्ध कोलाहल में उठी हुई वह करुण पुकार सुनकर कर्ण ने पीछे मुड़कर देखा। दूर से चक्रधर हाथ ऊपर उठाकर आ रहा था। उसके चरण लड़खड़ा रहे थे। अपना रथ छोड़कर पैदल आ रहे चक्रधर को देखकर कर्ण ने शल्य से कहा, "शल्यराज, रथ को घुमाओ।"

“क्या, हवस पूरी हो गई ?”

“शल्यराज, तुम मेरे सारथि हो और मैं सेनापति। चुपचाप रथ को घुमाओ।” कर्ण का वह उग्र रूप देखकर शल्य ने रथ घुमाया।

रथ मुड़ रहा है यह देखकर भीम ने आवाज दी, “कायर ! रण से पलायन कर रहे हो ?”

उद्विग्नता से हँसकर कर्ण ने उत्तर दिया, “आप जैसे पराक्रमी योद्धा के सम्मुख कौन टिक सकेगा ?” भीम ने क्या कहा कर्ण ने सुना नहीं। रथ मुड़ गया था। चक्रधर के समीप आते ही कर्ण ने रथ को रुकवाया। रथ से कूदकर दौड़कर वह चक्रधर के समीप गया। चक्रधर की मुद्रा पर असह्य वेदना प्रकट हुई थी। उसके समीप जाकर कर्ण ने पूछा, “मित्र...?”

“अंगराज, दुःशासन का वध हो गया।”

“किसने किया ?”

“जिससे तुम युद्ध कर रहे थे उसी भीम ने। दुःशासन का वध करके ही वह यहाँ आया था।”

“यही कहने के लिए आए हो ? तुम्हारा रथ कहाँ है ?”

“वहीं पर है। मित्र, दुःशासन का वध बड़े विचित्र ढंग से हुआ।”

“कहो।”

“भीम के गदा प्रहार से जब दुःशासन रणभूमि पर गिर पड़ा तब भीम उसके समीप गया और अतिविकल अवस्था में पड़े हुए दुःशासन से उसने पूछा कि कौन से हाथ से उसने द्रौपदी के वस्त्र को स्पर्श किया था। उस प्रश्न से सावध हो गए दुःशासन ने उस अवस्था में भी अपना दाहिना हाथ उठाया और कहा, ‘यही है वह हाथ। हे भीम, यही है वह हाथ जिससे मैंने सहस्र गौएँ दान में दीं। यही है वह हाथ जिसने खड्ग सँभाला और सुंदर स्त्रियों के वक्षःस्थलों को स्पर्श किया। इसी हाथ से मैंने तुम सभी के सामने याज्ञसेनी के कुंतल खींचे। नहीं भीम, इन हाथों ने कभी भी पराए गृह के उच्छिष्टों से लिप्त पात्र नहीं धोए। यही है वह विजयी हाथ’।”

दुःशासन के उत्तर से और भी क्रोधित बने भीम ने दुःशासन की छाती पर चरण रखकर अपने पूरे बल के साथ ऊपर उठाया हुआ दुःशासन का हाथ उखाड़कर फेंक दिया और उसकी छाती पर बैठकर अपने नाखूनों से दुःशासन की छाती फाड़कर सभी वीरों के सामने उसका रक्तप्राशन किया।”

कर्ण के शरीर पर रोंगटे खड़े हो गए।

“मित्र, मैं जा रहा हूँ।” कहकर चक्रधर ने पीठ घुमाई और कर्ण खड़े-खड़े विस्फारित नेत्रों से देखने लगा...चक्रधर की पीठ में पूरा खंजर घुस गया था। चक्रधर चार चरण चला और गिर गया। कर्ण दौड़ा। अपने हाथों से चक्रधर को सँभालकर वह चीख उठा, “मित्र, पीठ में किसने यह घाव किया ?”

चक्रधर ने नेत्र खोले। उसकी मुद्रा पर हँसी छाई। “दुःशासन को मैं वीरशय्या

दे रहा था। उस पर दुशाले का आच्छादन डालते समय किसी ने पीछे से यह वार किया। कर्ण, यह रणभूमि, सच्ची नहीं है। यहाँ धर्म, नीति का अवसर नहीं है। यहाँ धर्म की वल्गना होती है, किंतु कृति अधर्म की ही होती है। भीष्म, द्रोण—सभी की कथा वही है। इस रणभूमि में तुम्हें यश नहीं। मित्र, सावधान रहना, मैं जाता हूँ।''

देखते-ही-देखते चक्रधर की गरदन कर्ण की जाँघों से लुढ़क गई। साँस लेना भी कर्ण को भारी हो गया। अश्रुओं से नेत्र भरने के कारण चक्रधर नहीं दिखाई दे रहा था। कर्ण ने नेत्र पोंछे। धीरे से वह उठा। चक्रधर की ओर देखकर उसने अपने कटि से दुशाला निकाला और उसे चक्रधर पर डालकर वह अपने रथ की ओर जाने लगा। रथ पर चढ़कर उसने कहा, ''शल्यराज ! इस रणभूमि से रथ को दूर ले चलो। कम-से-कम इस क्षण तो मैं इस रणभूमि की ओर नहीं देख सकूँगा।''

शल्य ने कर्ण का रथ सीधे शिविर की ओर घुमा लिया।

प्रकरण-52

कर्ण का रथ रणभूमि से शिविर की ओर जाने का समाचार प्राप्त होते ही दुर्योधन शिविर में आया। कर्ण मंचक पर विश्राम कर रहा था। शिरस्त्राण उतारकर समीप रखा हुआ था। मंचक पर नेत्र बंद करके कर्ण बैठा था। शिविर में प्रवेश करते ही दुर्योधन ने कहा, ''मित्र, सुना कि तुम घायल होकर आए हो, अतः मैं तुम्हें देखने तुरंत चला आया।''

''नहीं युवराज, मैं ठीक हूँ। कुछ थकान-सी हो गई है, बस।''

कर्ण की भुजा पर हुए घाव को देखकर दुर्योधन ने कहा, ''कम-से-कम लेप तो करा लेते।''

''सभी घाव लेप से नहीं भरे जाते युवराज ! कुछ घाव जीवन के अंत तक वैसे ही रहते हैं।''

''अंगराज, कल नकुल तुम्हारे हाथ में लगा था न ?''

''हाँ।''

''और तुमने उसे छोड़ दिया ?''

''हाँ।''

''सुना है कि आज युधिष्ठिर तुम्हारे हाथ में लगा था ?''

''हाँ।''

''उसे भी छोड़ दिया ?''

“हाँ।”

“भीम ने तुम्हें परास्त किया ?”

“हाँ।”

दुर्योधन क्रोधित हो गया।

“हाँ, क्या कर्ण ? शत्रु हाथ में आता है और तुम उसे छोड़ देते हो ?”

“क्या उनकी हत्या से यह युद्ध रुकने वाला है ?”

“उनकी हत्या से नहीं। उन्हें जीवित बंदी बनाकर।” दुर्योधन ने कहा, “कर्ण मैंने द्रोणाचार्य से एक ही प्रार्थना की थी। मुझे युधिष्ठिर चाहिए। आचार्य जो नहीं कर सके वह तुमने किया था। किंतु मुझे युधिष्ठिर चाहिए यह अवगत होते हुए भी तुमने उसे छोड़ दिया ?”

“वह यदि तुम्हें मिलता तो युद्ध कैसे समाप्त हो जाता ?” कर्ण ने पूछा।

“निश्चित समाप्त हो जाता।” दुर्योधन ने कहा, “कर्ण, मुझे स्पष्ट दिखाई दे रहा है कि इस रण में यश नहीं है। युधिष्ठिर यदि मुझे मिलता तो मैं उसे पुनः द्यूत का आह्वान देता और वह द्यूत-लंपट उसे स्वीकार भी करता। फिर द्यूत में विजय हमारी ही होती। पांडव पुनः वनवास चले जाते।”

दुर्योधन का यह भाषण सुनकर कर्ण अपनी हँसी रोक न सका।

दुर्योधन ने क्रोध से पूछा, “क्यों, असत्य लगता है ? शकुनि-सहायता से...”

“युवराज !” थके हुए स्वर में कर्ण ने कहा, “एक ही द्यूत का परिणाम कितना भयानक हुआ यह ज्ञात होते हुए भी आप दूसरे द्यूत का स्वप्न देख रहे हैं ?

“पांडव वनवास जाएँगे और बारह वर्ष पश्चात् यही रण पुनः खड़ा हो जाएगा। किंतु उसमें जूझने के लिए क्या तब एक भी मानव यहाँ जीवित रहा होगा ?”

“उसकी मुझे चिंता नहीं। उस समय पृथ्वीतल पर केवल दो ही जीव होंगे तो भी चलेगा। एक मैं और दूसरा युधिष्ठिर। उसके लिए पृथ्वीनाश भी हो जाए तो कोई चिंता नहीं।”

“युवराज, आपको इस युद्ध से क्या चाहिए ?”

“कुरु का सेनापति यह पूछ रहा है ? अंगराज मुझे विजय चाहिए। शुद्ध विजय।” दुर्योधन ने साँस ली। “किंतु वह विजय अब तुम्हारे हाथों प्राप्त होगी ऐसा मुझे प्रतीत नहीं होता।”

“युवराज, यदि मेरी निष्ठा पर आपको विश्वास नहीं है तो यह सेनापति पद आप और किसी को दे दो। मैं उसमें अपना अपमान नहीं समझूँगा।”

“मित्र !”

“मैं आवेश में आकर नहीं कह रहा हूँ। युवराज, मैं पितामह की तरह क्षत्रिय थोड़े ही हूँ कि शस्त्र-संन्यास लेने के लिए कहा गया तो उसमें अपमान मानूँ। वैसे मैं हूँ एक सूत-पुत्र। आपकी विजय के लिए मैं सबकुछ सह लूँगा। अंत तक आपके लिए किसी के भी अधीन युद्ध करूँगा। लड़ते-लड़ते मर जाऊँगा।”

उन शब्दों से दुर्योधन गद्गद हो गया। कर्ण को आलिंगनबद्ध कर उसने कहा, ''ऐसा मत कहो मित्र ! कम-से-कम तुम तो ऐसा न कहो। तुम्हारे बिना प्राप्त विजय से तो मैं तुम्हारे साथ रहकर संतोष से पराजय स्वीकार करूँगा। तुम्हें अलग करके मेरे लिए किसी भी विजय का महत्त्व नहीं है।''

कर्ण के आलिंगन से मुक्त होकर दुर्योधन जाने के लिए मुड़ा। जाते-जाते उसने कहा, ''तुम विश्राम करो कर्ण। मैं रणभूमि पर जाता हूँ।''

दुर्योधन चला गया। कर्ण ने अपना किरीट उठाया। उसने शल्य से कहा, ''चलिए शल्यराज।''

''राधेय ! चाहो तो कुछ और विश्राम करो।''

''अब विश्राम को स्थान नहीं। रणभूमि के अतिरिक्त अन्यत्र वह मिलेगा भी नहीं।''

कर्ण और शल्य रथारूढ होकर युद्ध में सम्मिलित हो गए। कर्ण अर्जुन-रथ को ढूँढ़ रहा था। किंतु उस रणभूमि पर वह कहीं दृष्टिपथ में नहीं आ रहा था। सूर्य पश्चिम की ओर ढल रहा था कि एक रथ कर्ण-रथ से आकर भिड़ गया। कर्ण ने देखा कि अश्वत्थामा आ गया है। उच्च स्वर में अश्वत्थामा ने कहा, ''कर्ण, उत्तर दिशा में अर्जुन तुम्हारे पुत्र से भिड़ गया है।''

संपूर्ण दिन कर्ण जिसे ढूँढ़ रहा था वह अर्जुन उत्तर दिशा में वृषसेन से भिड़ गया था। सूर्यास्त के लिए पर्याप्त अवधि थी। कर्ण ने शल्य को अर्जुन-रथ की ओर रथ लेने की आज्ञा दी।

शल्यराज ने तत्परता से रथ को घुमाया।

कर्ण का रथ तेजी से दौड़ रहा था। रणभूमि पर गड़गड़ाहट करते हुए वायुगति से आ रहा कर्ण का रथ देखकर युद्ध में व्यस्त सभी वीर क्षण-भर युद्ध को भूलकर भयचकित मुद्रा से उस रथ को मार्ग देकर अपने प्राणों की रक्षा कर रहे थे। कर्ण की दृष्टि युद्धक्षेत्र पर घूम रही थी। आखिर अर्जुन-रथ का कपिध्वज दृष्टि पथ में आया।

अपने रक्षक दल के साथ अर्जुन ने वृषसेन को घेरा था। कुछ ही समय पूर्व वृषसेन ने नकुल को परास्त किया था। उस युद्ध में जख्मी, घायल हुआ वृषसेन घावों की चिंता न करके आवेश के साथ अर्जुन से लड़ रहा था। कर्ण जब वहाँ पहुँचा तब वृषसेन अपने तूणीर से तीर खींचकर निकाल रहा था। क्षण-भर उसका ध्यान पिता की ओर गया। उसकी मुद्रा पर स्मित प्रकट हुआ। वृषसेन अपनी प्रत्यंचा को तीर जोड़ ही रहा था कि आकर्ण प्रत्यंचा खिंचे हुए अर्जुन के शब्द कर्ण के कानों पर टकराए, ''राधेय, उचित समय पर तुम आ गए हो। मेरी अनुपस्थिति में तुम छः-छः वीरों ने मेरे अभिमन्यु का वध किया। देखो, आज मैं तुम्हारे पुत्र का वध करता हूँ। यदि सामर्थ्य है तो बचाओ उसे।''

इन्हीं शब्दों के साथ वह अधोरी तीर अर्जुन के धनुष से निकल चुका था। कर्ण को विचार करने की अवधि मिलने से पहले ही उस तीर ने अपने लक्ष्य का

अचूक वेध ले लिया था। हरसिंगार का कोमल फूल गोल-गोल घूमकर नीचे गिरता है, वैसे सुकुमार वृषसेन रथ से नीचे गिर गया।

कर्ण का हृदय काँप उठा। कूदकर वह रथ से उतरा और दौड़कर अपने पुत्र के समीप गया। किंतु वृषसेन ने इस संसार से कब की बिदा ले ली थी। उसके कोमल कंठ से आर-पार गए तीर से रक्त की बूँदें धरती पर गिर रही थीं। दौड़कर रक्षणार्थ आए हुए पिता को देखकर मुद्रा पर प्रकट हुई मुसकराहट वैसी ही थी। उस तीर से उसके गले में पहने हुए मोती के हार में छेद हो गया था। मोती बिखर गए थे। भानरहित होकर कर्ण उसे देख रहा था। एक सच्चे तेजस्वी मोती में सूराख पड़ गया था। अब किसी भी प्रयास से वह सूराख छोटा नहीं हो सकता था।

कंपित हाथों से कर्ण ने वृषसेन के नेत्र बंद किए। अब ऐसा प्रतीत हो रहा था कि वृषसेन गहरी नींद सो रहा हो। किसी स्वप्न में फँस गया हो। उस चिर विश्रांति से उसे जगाना पाप था।

कर्ण को पीछे से पैरों की आहट सुनाई दी, किंतु कर्ण ने पीछे मुड़कर देखा भी नहीं। जलती हुई लाख जैसे शब्द कानों पर टकराए, "पुत्र-वियोग का इतना दुःख हो रहा है ? आज तुम जान जाओगे कि अभिमन्यु की मृत्यु के समय मुझे कितनी यातनाएँ हुई होंगी। मेरे कोमल पुत्र की नृशंस हत्या करने से पहले यदि तुम्हें विवेक सूझता तो आज तुम पर यह प्रसंग नहीं गुजरता। पुत्र-वध का प्रतिशोध लेकर आज मैं कृतार्थ हो गया हूँ।"

वृषसेन की मृत्यु से नेत्रों में जमा हुए अश्रु उन शब्दों के दाह में जैसे शुष्क हो गए। कर्ण ने क्रोध से मुड़कर देखा। उन आरक्त विशाल नेत्रों में प्रज्वलित आग की अनुभूति अर्जुन को भी हुई। कर्ण ने श्रीकृष्ण की ओर देखा। श्रीकृष्ण रथ में अधोवदन बैठे थे। उस परिस्थिति में भी कर्ण की मुद्रा पर एक कटु हास्य प्रकट हुआ। खड़े धनुष पर दाहिना हाथ रखकर पराक्रम के अहंकार से खड़े हुए अर्जुन से कर्ण ने कहा, "हे अर्जुन, कृतार्थ तुम नहीं, मैं हो गया हूँ। आज मेरे पुत्र का वध करके तुमने प्रतिशोध नहीं लिया है, अपितु मुझे उपकारबद्ध ही किया है। उसके लिए मैं तुम्हारा ऋणी हूँ। बाल आयु का कौतुक अपने गृह में। रणभूमि पर भेजने से पहले। रणभूमि बाल, युवा या वृद्धत्व का विचार नहीं करती। वह केवल शत्रु के हाथ का खड्ग जानती है। मेरे पुत्र की कच्ची आयु ध्यान में रखकर यदि तुम उसे छोड़ देते तो कर्ण को पृथ्वीतल पर खड़े रहने का स्थान नहीं रहता। मेरे पुत्र के लिए स्वर्ग का द्वार कभी नहीं खुलता। आज मैं तुम्हारा उपकृत हूँ।"

अर्जुन की मुद्रा पर प्रकट हुआ आश्चर्य भाव देखकर कर्ण खिन्नता से मुसकराया।

"जाओ अर्जुन ! मैं क्या कह रहा हूँ तुम नहीं समझ सकोगे। वह तुम अपना सारथ्य करने वाले श्रीकृष्ण से पूछो। वे तुम्हें अच्छी तरह समझाएँगे।"

वृषसेन की ओर प्रेम भरी दृष्टि डालकर कर्ण ने हलके हाथों से उसका दुशाला

निकाला। उसका धनुष उसके समीप रखा। पुत्र पर दुशाला ढकते समय कर्ण के हाथ रुक गए। कंपित हाथों से कर्ण ने वृषसेन के मस्तक पर हाथ घुमाया। कष्टपूर्वक हृदय को सँभालकर उसने पुत्र का अंतिम दर्शन लिया और दुशाले से उसे ढक दिया। नेत्रों के अश्रु पोंछ लिये। रथ की ओर जाते-जाते भूमि पर गिरा हुआ वृषसेन का शिरस्त्राण उसने उठाया और फिर वह रथारूढ हो गया। कष्टपूर्वक उसने कहा, "शिविर..."

सूर्यबिंब अस्ताचल को गया था। क्षितिज पर अनेक रंगों की दीप्ति फैली हुई थी। रणभूमि पर उस दिन का युद्ध समाप्त होने की नौबतें बज रही थीं। शिविर पर जाते ही शल्यराज रथ से उतर गया। कर्ण के सारथि ने रथ की डोर अपने हाथ में ली। कर्ण बाएँ हाथ से शिरस्त्राण छाती पर लिपटकर दाहिना हाथ रथ की हस्तकक्षा पर रख रथ में मौन खड़ा था। शल्यराज से रहा नहीं गया। शोकमग्न अवस्था में खड़े कर्ण के दाहिने हाथ पर उन्होंने अपना हाथ रखा। कर्ण ने शल्य की ओर देखा। गद्‌गद स्वर में शल्य ने कहा, "हे राधेय ! किसी को इतना नहीं सहना चाहिए।"

"शल्यराज ! कुछ लोग परनिंदा के लिए ही जन्म लेते हैं, वैसे कुछ केवल सहने के लिए ही जन्म लेते हैं। मेरे भाग्य में वही लिखा है...! बस वही। सारथि ऽ ऽ"

शल्य ने अपना हाथ हटाया। रथ कर्ण-निवास की ओर जा रहा था। कर्ण-रथ के पीछे ध्वजहीन दौड़ रहे रथ की ओर कर्ण का ध्यान भी नहीं था।

प्रकरण-53

संध्या छाया में कर्ण का रथ निवास की ओर जा रहा था। कर्ण का ध्यान कहीं भी नहीं था। अपने दुःख पर नियंत्रण पाने का प्रयास करते हुए वह रथ में मौन खड़ा था। अचानक रथ रुक गया।

"क्यों रोका रथ को ?" कर्ण ने पूछा।

पीछे देखकर सारथि ने कहा, "पीछे से कोई रथ आ रहा है।"

कर्ण ने मुड़कर देखा। पीछे वृषसेन का रथ था और उसके पीछे तीसरा रथ आ रहा था। वृषसेन के रथ को पीछे छोड़कर वह रथ आगे बढ़ा। दुर्योधन का रथ देखकर कर्ण रथ से नीचे उतरा। रथ से उतरने वाले दुर्योधन को देखकर कर्ण के हृदय का धैर्य टूट गया। कर्ण का इतना विकल रूप दुर्योधन ने भी कभी नहीं देखा था। उसने कर्ण को गले लगाया। भरी हुई आवाज में दुर्योधन ने कहा, "कर्ण, शिविर

पर आते ही मुझे वह समाचार मिला। किंतु तब तक तुम शिविर से निकल चुके थे। मुझसे रहा नहीं गया, अतः मैं दौड़कर यहाँ आया। उस अर्जुन को इसका प्रायश्चित्त अवश्य मिलेगा।''

दुर्योधन के आलिंगन से मुक्त होकर कर्ण ने कहा, ''युवराज मेरे हृदय में प्रतिशोध नहीं है। मृत्यु को कौन टाल सकता है ? जन्म के साथ ही मृत्यु की साँठ-गाँठ होती है। वृषसेन को कृतार्थ मृत्यु प्राप्त हुई। योद्धा के लिए इससे और श्रेष्ठ मृत्यु दूसरी नहीं। युवराज, वृषसेन गया इसका मुझे दुःख नहीं। दुःख इस बात का है कि उसी के साथ मेरे जीवन की भी मृत्यु हो गई है।''

''तुम्हारी मृत्यु ?...''

''हाँ, युवराज ! पुत्र अपने उत्तराधिकारी होते हैं। उन्हीं के रूप में अपना जीवन आगे चलता रहता है। अपना जीवन समाप्त होने पर भी अपने पीछे अपना जीवन अखंड चलने वाला है, यह अनुभूति ही मृत्यु का अस्तित्व भुला देती है। वृषसेन की मृत्यु से वह जीवन-प्रवाह खंडित हुआ, यही वेदना सबसे तीव्र है। मैं चला जाता तो चल सकता था, किंतु उसका जीवित रहना आवश्यक था।''

अंधकार गहन हो रहा था। कर्ण ने दुर्योधन से कहा, ''युवराज ! रात्रि पर्याप्त हो चुकी है, आप शिविर में लौट जाइए। रात्रि-अपरात्रि में युवराज का युद्धभूमि पर घूमना ठीक नहीं।''

''मैं तुम्हें छोड़ने आता हूँ।''

''नहीं ! वृषाली के सम्मुख अकेले जाना ही इष्ट होगा। कल निर्णायक युद्ध होगा, मित्र, कल यह भयानक युद्ध अवश्य समाप्त हो जाएगा।''

''सच ?''

''हाँ ! कल युद्ध समाप्त होना ही चाहिए।''

दुर्योधन ने कर्ण से बिदा ली। कर्ण अपने रथ से शिविर की ओर चल पड़ा। उसकी दृष्टि के सामने वृषाली आ रही थी। कर्ण सोच रहा था कि यह समाचार सुनाने के लिए अपने गृह जाने की अपेक्षा रथ लेकर कहीं दूर चला जाना चाहिए।

रथ रुक गया। कर्ण ने देखा, निवास के प्रवेशद्वार की ऊपरी सीढ़ी पर वृषाली खड़ी थी। कर्ण रथ से नीचे उतरा। वृषाली से दृष्टि मिलाने की हिम्मत उसे नहीं हो रही थी। वृषाली कर्ण की ओर देख रही थी। सीढ़ियाँ चढ़कर आ रहे कर्ण को देखते समय वृषाली के ध्यान में आया कि उसकी कटि पर दुशाला नहीं है। कर्ण-रथ के पीछे आया हुआ ध्वजहीन रिक्त रथ और सीढ़ियाँ चढ़ रहे अधोवदन कर्ण को देखकर वृषाली का धैर्य टूट गया। कष्टपूर्वक उसने कहा, ''स्वामी ऽ ऽ''

कर्ण ने एकदम ऊपर देखा। वृषाली की अवस्था देखकर वह शीघ्रता से सीढ़ियाँ चढ़कर उसके समीप आया। वृषाली ने पूछा, ''आप तो आ गए, किंतु मेरा वसू कहाँ है ?''

वृषाली की अस्थिर, भयशंकित दृष्टि से दृष्टि मिलाना कठिन था। पूरा बल

इकट्ठा करके कर्ण ने कहा, "अपना वृषसेन आज अमर हो गया। रणभूमि पर अर्जुन के हाथों उसे वीरगति प्राप्त हुई। वृषाली, उसके पराक्रम का कोई जोड़ नहीं।"

नेत्रों में भर आए अश्रुओं को न रोककर थर-थर काँपने वाले होंठों से वृषाली ने कहा, "कौन सा पराक्रम ? क्या जीवित रहकर पराक्रम सिद्ध नहीं होते ?"

कर्ण ने वृषाली को गले लगाया। वृषाली अश्रु बहा रही थी। अपने नेत्रों में भर आए अश्रुओं को बड़े संयम से रोककर कर्ण ने कहा, "मत रो वसू जिसमें संतोष हो ऐसी मृत्यु अपने वृषसेन ने प्राप्त की है। पराक्रम दिखाकर जीवित तो रहा जा सकता है, किंतु फिर जीवन के अंत में वीरगति प्राप्त होगी ही इसका विश्वास नहीं। वीरगति प्राप्त होना बड़ा दुर्लभ है। वृषसेन के लिए दुबले अश्रु मत बहाओ वसू। अभी तक इस युद्ध में हमारे अपने ऐसे कितने लोग हमने खोए हैं ? रणभूमि का पट बिछाया है। जितना अधिक विलंब होगा उतने अधिक योद्धाओं को हमें खोना पड़ेगा। बढ़ती हुई रणभूमि के साथ दुःख सहन करने का बल भी बढ़ना चाहिए।"

"स्वामी ऽ ऽ" वृषाली आगे कुछ बोल न सकी।

"सावध हो जाओ वृषाली ! शोक पर नियंत्रण पाओ। इस रणभूमि के योद्धा चाहे आज अलग-अलग क्यों न हो गए हों, किंतु सभी विधाता के एक ही संदूक के साथी हैं। कौन जानता है, कदाचित् इस समय स्वर्ग में अभिमन्यु और वृषसेन पट बिछाकर चौसर खेल रहे होंगे।"

कर्ण ने वृषाली को सँभाल लिया। अपने हाथों से उसे आश्रय देकर कर्ण वृषाली के साथ शय्यागृह में आया। वृषसेन चला गया इस पर वृषाली को विश्वास ही नहीं हो रहा था। दो दिन पहले ही वृषसेन ने अपने पराक्रम की कथा सुनाई थी। वह सुनाते समय उसकी मुद्रा पर विलसने वाला गर्व कितना मोहक था। न रहकर वृषाली ने पूछा, "किंतु यह हुआ कैसे ?"

"मैं रणभूमि पर दूसरी ओर व्यस्त था। हमारे वृषसेन ने नकुल को पराजित किया और उसी समय अर्जुन उसके सम्मुख आया। अर्जुन के रूप से हमारा वृषसेन किंचित् भी भयभीत नहीं हुआ। उसी वीरता से वह युद्ध कर रहा था। अर्जुन द्वारा वृषसेन को घेरे जाने का समाचार मिलते ही मैं तुरंत वहाँ दौड़ पड़ा। किंतु समय निकल चुका था। मैंने अपने नेत्रों से अर्जुन द्वारा छूटा हुआ तीर देखा। रणभूमि पर चिरनिद्रा लेने वाले अपने वृषसेन के समीप मैं गया। उसके रूप में कोई परिवर्तन नहीं हुआ था। मुझे देखकर मुद्रा पर प्रकट हुआ स्मित वैसे ही उसके होंठों पर विलस रहा था।"

"कुछ कहा नहीं उसने ?" वृषाली ने गद्‌गद् स्वर में पूछा।

नकारार्थि गरदन हिलाकर कर्ण ने कहा, "नहीं, उतना समय ही उसे नहीं मिला। अर्जुन का शरसंधान अचूक होता है। क्लेशविरहित होता है। जाने वाले को क्लेश से मुक्ति मिलती है, किंतु पीछे रहने वालों को...किंतु वृषाली आज मैं केवल वृषसेन का दुःख लेकर नहीं आया हूँ..."

वृषाली ने सिर ऊपर उठाया। कर्ण के नेत्र भर आए थे।

"वसू, सहन करते-करते मैं अब थक गया हूँ। क्या तुम समझती हो कि मेरे हृदय को वेदनाएँ नहीं होतीं ? आज केवल पुत्र का ही दुःख लेकर मैं नहीं आया हूँ। आज मैंने बहुत कुछ खोया है। वसू, अपना चक्रधर..."

"देवरश्री ऽ ऽ"

"हाँ वसू ! आज मेरा कटिबंध खो गया। उसकी पीठ में किसी ने खंजर से घाव किया। उसी अवस्था में वह मुझे ढूँढ़ते हुए आया। वसू, असीम दुःख सहन करना भी उसी ने मुझे सिखाया है। अतः वृषसेन गया, उस समय भी अर्जुन के कृत्य से मैं क्रोधित नहीं हुआ। अभिमन्यु के समय उसने कितने तीव्र दुःख का अनुभव किया होगा यही विचार मेरे हृदय में आया। उस पल मुझे ऐसा प्रतीत हुआ कि दाता कर्ण ने जीवन का एक बहुत बड़ा दान दिया है। वसू, अब अश्रुओं को स्थान नहीं। मैंने अर्जुन को कल निर्णायक युद्ध का आह्वान दिया है। कल या तो कर्ण रहेगा या फिर अर्जुन। कल का सूर्यास्त हममें से कोई एक ही देख पाएगा। दूसरा साक्षात् सूर्य के तेज में विलीन हो जाएगा।"

इस अंतिम वाक्य से वृषाली के नेत्र शुष्क बन गए। भय से वह कर्ण से और भी लिपट गई।

"ऐसा मत कहिए। आप अवश्य विजयी होंगे। उस अर्जुन की पराजय आप सहज ही करेंगे।"

"वह मेरी योग्यता होगी भी। किंतु वृषाली, केवल योद्धा की कुशलता से युद्ध नहीं जीता जाता। उसके लिए उतने ही बलवान सारथि की भी आवश्यकता होती है। दुर्बलों को भी वज्रबल प्राप्त करा देने वाला वह सारथि श्रीकृष्ण कहाँ और अपनी निंदा से सूर्य को भी धुँधला बना देने वाला सारथि शल्य कहाँ ? वृषाली, कल मैं नहीं रहूँगा तो कोई बात नहीं। मेरे पश्चात् मुझे समझने वाला कोई होगा, ऐसा मुझे प्रतीत नहीं होता। मुझे पूरी तरह समझने वाली तुम...तुम कम-से-कम मेरे पीछे रहोगी इसका मुझे आनंद है।"

"नहीं ऽ ऽ स्वामी फिर तो मेरे जीवित रहने का कुछ अर्थ ही नहीं रहेगा।"

"वसू ऽ ऽ" कर्ण ने एकदम वृषाली को गले लगाया। उसका मुख ऊपर उठाकर उसके नेत्रों के अश्रु अपने होंठों से सोखकर उसने कहा, "वसू, कम-से-कम मेरे लिए एक काम करो। मुझे एक वचन दे दो।"

"कैसा वचन ?"

"मैं कल यदि वापस न लौटा तो...तो...जो पीछे रहेगा उसे तुम शाप नहीं दोगी। उसे सहने का बल उसमें नहीं होगा। उससे उसको बचाना श्रीकृष्ण को भी साध्य नहीं होगा।"

संपूर्ण रात्रि वृषाली कर्ण की बाँहों में ही सोती रही। निद्रा में भी वह सिसकियाँ भर रही थी। उसके आवेग की तीव्रता की अनुभूति कर्ण को भी हो रही थी। कर्ण के नेत्र संपूर्ण रात्रि खुले ही थे।

प्रकरण-54

प्रातःकाल के समय कर्ण अकेला ही प्रासाद के सौध पर खड़ा था। वातावरण में गहरा सन्नाटा छाया हुआ था। आकाश में चमकने वाले नक्षत्र प्रातःकाल की आहट से निष्प्रभ होने लगे थे। उस सन्नाटे को निहारते हुए कर्ण खड़ा था। ऐसे शीतल समय पर भी मस्तक के शिरस्त्राण और छाती के रौप्य कवच के कारण उसे शीतलता की अनुभूति नहीं हो रही थी। कुछ समय पश्चात् निर्णायक युद्ध का दिन आरंभ होने वाला था।

'निर्णायक युद्ध ! कब और कहाँ होगा। युद्ध का निर्णय तो निश्चित ही था, किंतु वह कैसा होगा ? उसके लिए अब और विलंब नहीं होना चाहिए। अब और सहने का बल नहीं रहा है। जितना शीघ्र वह हो जाएगा उतना अच्छा...शस्त्र-स्पर्धा के समय अर्जुन को दिया हुआ वह आह्वान। उस अपमान से निर्माण हुई ईर्ष्या...अर्जुन-वध का अखंड चिंतन करते-करते ही जीवन बीता। कवच-कुंडल दान करते समय भी ऐसा नहीं सोचा था कि वह आह्वान भंग होगा, अपितु उस समय आत्मबल का साक्षात्कार हुआ था। युद्ध अटल होने की अनुभूति मैंने ही दुर्योधन को करा दी थी। अर्जुन द्वारा श्रीकृष्ण से मित्रता जोड़ने का समाचार प्राप्त हुआ तब भी ऐसा नहीं सोचा था कि प्रतिज्ञापूर्ति में विघ्न पड़ेगा...'

'किंतु श्रीकृष्ण ने जन्म-रहस्य बताया और वज्राघात हुआ।'

'वह पहले ही ज्ञात होता तो ?'

'श्रीकृष्ण को ज्ञात था, फिर उन्होंने पहले क्यों नहीं बताया ? भीष्म-विदुर उससे अवगत थे। उचित समय यह विनाश टालना उनके हाथ में था। मैं कौन ? किसका ? कहाँ से आया ? कहाँ जाने वाला हूँ ? आजीवन मैं इन प्रश्नों में उलझता रहा। और अब इनका उत्तर प्राप्त होने के पश्चात् भी भयानक अशांतता ही भाग्य में लिखी है। क्या आत्मशोध ही जीवन का अंत है ? नहीं तो श्रीकृष्ण द्वारा जन्म-रहस्य बताए जाने पर निरंतर झुलसने वाली प्रतिशोध की आग इतनी सहजता से बुझ नहीं जाती। यश की आकांक्षा सरलता से नष्ट नहीं हो जाती। उद्दंड कीर्ति के रूप में दरारें नहीं पड़तीं। शेष रही है केवल पराजय की अनुभूति। अटल पराक्रम की ! भाग्य को ऐसा जीवघाती खेल नहीं खेलना चाहिए था...'

'खेल मैंने आरंभ नहीं किया। भाग्य ने ही किया। इतना भयानक खेल अन्यत्र देखने को मिलना भी कठिन। एक ही माता के उदर से जन्मे जीव, किंतु जन्मतः एक-दूसरों से अलग हुए। जिन्हें एक-दूसरे के प्रेमभाव में बड़ा होना था वे भ्राता एक-दूसरों से शत्रुत्व करते रहे। भाग्य को यह खेल भी कदाचित् अधूरा लगा, अतः उसने उन दो भ्राताओं के हाथ में प्राणघातक शस्त्र देकर रणभूमि पर एक-दूसरे के आमने-सामने खड़ा किया और अब ? अब निर्णय तो निश्चित ही है...कम-से-कम

भाग्य को तो संयम का पालन करना चाहिए था।'

कर्ण की दृष्टि आकाश के नक्षत्रों पर घूम रही थी। अचानक एक तेजस्वी तारा तेजी से नीचे गिरता हुआ दिखाई दिया। कर्ण की मुद्रा पर मुसकराहट छाई।

'लाखों तारों में से एक तारा ढल गया तो तारांगन थोड़े ही रिक्त हो जाता है ? उसमें कोई त्रुटि नहीं होती। अंबर में जड़े हुए तारों को भी एक-न-एक दिन गिरना पड़ता है। उन्होंने कौन सा पाप-पुण्य किया है। शुद्ध तेज जैसा अग्नि शांत क्यों हो जाता है ? मर्यादा का सदैव पालन करने वाले समुद्र के जल में गंगाजल जैसी रुचि क्यों नहीं होती ? अचल पर्वतों को भी भूचाल की अनुभूति क्यों होती है ? उन्होंने कौन से पाप किए हैं ? यह पाप-पुण्य क्या होता है ?'

'अपमान का प्रतिशोध। निर्मल जीवन की अभिलाषा। क्या पराजय का दुःख ही पाप है ? कोई अपना हो, कोई अपना मनोगत समझ सके, किसी के वात्सल्य पूर्ण हाथों से, नेत्रों के अश्रुओं से जीने का बल मिले ऐसा, यदि हृदय चाहे तो वह स्वार्थ कैसे ?'

'मानव रूप कभी भी मुक्त रूप से नहीं जी सकता। शरीर के साथ-साथ हृदय भी अवयवों से उतना ही बद्ध होता है। नेत्रों को दिखने वाली सुंदरता हृदय को मोहित करती है। हाथ को हुआ स्नेहमय स्पर्श लाखों वीणाओं के झंकार की तरह हृदय को झंकारित कर देता है। दान के लिए आगे बढ़ाए हाथ के साथ संकट निवारण करने का आनंद भी प्राप्त होता है।'

'दान भी कहाँ एकांगी है ? दिए हुए मित्र प्रेम के बदले में ऐश्वर्य और सत्ता हाथ में आई। सूत-पुत्र के हाथ में आधिपत्य आया, किंतु उसी समय संपूर्ण जीवन उस प्रेम में फँस गया। क्या जीवन की बद्धता बढ़ाने के लिए ही दातृत्व का उपयोग है ? फिर उसी हृदय में सुंदरता की अभिलाषा, दातृत्व का अहंकार, स्नेहमय अखंड दास्य का उद्भव यदि हुआ तो उसमें क्या आश्चर्य ?'

दर्पण के समक्ष खड़े होकर रणवेश धारण करते समय स्वयं के रूप को देखने का साहस कर्ण को नहीं हुआ। नेत्रों के सामने आ रहा था वृषसेन। रणभूमि पर चिरनिद्रा लेने वाला, गहरी नींद सोने वाला। 'जो रूप उसके हाथों में खेलते-खेलते वृद्धिगत हुआ था, वह रूप वैसा ही था। कई बार निद्राधीन वृषसेन वैसा ही प्रतीत होता था। रूप वही था। वही परिचित शरीर ! फिर जो गया वह क्या था ? चैतन्य। उसकी अनुभूति कभी भी नहीं हुई। क्या उसका परिचय कभी होने वाला था ? जाना कहाँ है, यह यदि ज्ञात होता तो मृत्यु का भय नहीं लगता। रूप के मोह में मानव इतना बद्ध नहीं हो जाता। क्या चैतन्य द्वारा जड़त्व का त्याग ही मृत्यु है ? फिर इस रूप का मोह क्यों ?'

'रूप ! वह भी सदैव कहाँ सहन होता है ? अश्रुपूर्ण दृष्टि से देखने वाले बालक की ओर देखना कहाँ संभव होता है ? राधा माँ के रिक्त माथे की ओर देखना कहाँ संभव हुआ। दृष्टि होते हुए भी मनुष्य बहुत कम देख पाता है। देखने के मोह

से बचना ही जीवन है।'

'जीवन ! अब और अधिक काल तक उसका विचार नहीं करना पड़ेगा।' कर्ण का ध्यान पूर्व क्षितिज की ओर गया। धूसर प्रकाश फैल रहा था। अंधकार प्रकाश में विलीन हो रहा था। भोर का आर्त सुनाई दे रहा था। कर्ण मुड़ा। पीछे वृषाली को खड़ी देखकर वह सतर्क हो गया।

"वृषाली, तुम कब आई ?"

"पर्याप्त समय हुआ। आप किसी विचार में डूबे हुए थे। अतः आपको पुकारने की इच्छा नहीं हुई।"

"रणभूमि पर जाने वाला वीर और क्या विचार कर सकता है ? रणभूमि पर सम्मुख आने वाला शत्रु कौन होगा ? किस पूर्वसंबंध से उससे मिलना होगा ? यदि अज्ञात शत्रु के लिए इतना लगता है तो जिसके पूर्वसंबंध से हम अवगत हैं उस शत्रु से युद्ध करने के लिए जाते समय हृदय में कैसी उलझनें पैदा होती होंगी ?"

"कैसा पूर्वसंबंध ?"

हड़बड़ी से कर्ण ने कहा, "मानवता का ! और किसका ? वृषाली, युद्ध में जब कभी श्रीकृष्ण सम्मुख आए तब मुझे चंपानगरी की श्रीकृष्ण भेंट का स्मरण होता था। वे शत्रु पक्ष के सारथि हैं ऐसा कभी सोचा ही नहीं।"

वृषाली मौन रही। उसने दुशाला ऊपर उठाया। उसे देखकर कर्ण ने अपनी बाँहें ऊपर उठाईं, किंतु सदैव की तरह वृषाली ने दुशाला कटि पर नहीं बाँधा। वह दुशाला उसने कर्ण के हाथ में दिया। आश्चर्य से कर्ण ने पूछा, "क्यों ? आज दुशाला हाथ में क्यों दिया ?"

"वह शक्ति अब मुझमें नहीं रही।" वृषाली को सिसकी आई।

कर्ण आगे बढ़ा। उसने वृषाली को गले लगाया। अपनी भावनाओं को नियंत्रित कर उसने कहा, "वृषाली, इस कर्ण के जीवन में राधा माँ का वात्सल्य और तुम्हारा सहवास छोड़कर सुख के बहुत अल्प क्षण आए। तुम्हारे रूप के द्वारा ही मेरा सुख अवतरित हुआ। आज रणभूमि पर जाते समय ऐसा प्रतीत नहीं हो रहा कि जीवन की कोई अभिलाषा अपूर्ण रह गई हो। अश्रुओं पर नियंत्रण पाओ वृषाली। रणभूमि पर जाने वाले पति के बाहुओं को निर्घृण बल की आवश्यकता होती है। वहाँ अनुकंपा के लिए स्थान नहीं होता। मैं जाता हूँ।"

कर्ण के अंतिम वाक्य से वृषाली भयभीत हो गई।

"रणभूमि पर जाते समय आप सदैव 'मैं आता हूँ' कहते हैं फिर आज ही..."

"भूल से कहा होगा। तुम नीचे मत आना। श्रीकृष्ण ने बताया था वह बिलकुल सत्य है। बिदा मंदगति से नहीं लेनी चाहिए। शीघ्रता से उसे समाप्त करना चाहिए। वृषाली, रणभूमि से लौटने में ही जीवन की कृतकृत्यता नहीं होती। युद्धभूमि से वापस आया तो वह मेरी पराजय होगी। यदि रणभूमि पर खो गया तो निश्चित

समझो कि विजयी हुआ। वृषाली तुम यहीं ठहरो। देखो, पृथ्वी का अंधकार नष्ट होने के साथ निकलने वाले सूर्य-किरणों से पूरी प्रकृति को नया रूप प्राप्त होगा, चैतन्य प्रकट होगा। बीते हुए अंधकार द्वारा प्रदत्त विश्राम का भान भी किसी को नहीं रहेगा। वृषाली यह चमत्कार देखते हुए तुम यहीं खड़ी रहो।"

प्रकरण-55

कर्ण पीठ फेरकर जा रहा था। वृषाली उसे देख रही थी। उसका दम घुटने लगा था। होश खोने लगे थे। नेत्र भय से विस्फारित हो गए थे। अचानक वह चीख उठी, "स्वामी-ऽ ऽ "

उस पुकार से कर्ण के चरण जैसे भूमि में गड़ गए। आगे जाने की इच्छा हृदय में होते हुए भी वह आगे चरण न बढ़ा सका। उस पुकार के सामर्थ्य से कठपुतली की तरह वह पीछे मुड़ा। आँधी में चलने वाली हवा जैसे शरीर से भिड़ जाती है। वैसे रणवेश धारण किए कर्ण से वृषाली लिपट गई। अनभिज्ञता से कर्ण के हाथ उसकी पीठ पर घूमने लगे। जितनी हो सके इतनी कठोरता से उसने पुकारा, "वृषाली।"

वृषाली ने गरदन ऊपर उठाई। अश्रुओं से भरे उसके नेत्र अस्थिर बन गए थे। उसकी दृष्टि में एक प्रचंड अनभिज्ञ भय का आभास हो रहा था। संपूर्ण शरीर काँप रहा था। भीगे गालों पर, विस्फारित कुंतलों की लटें चिपकी हुई थीं। वह घायल दृष्टि, थर-थर काँपने वाले शुष्क होंठ, स्फुरण हो रही नासिका देखकर कर्ण का हृदय पिघल गया। वृषाली का इतना विकल, घायल रूप उसने कभी भी नहीं देखा था। दोनों हाथों से उसका मुख ऊपर उठाकर गालों को सहलाते हुए उसने कहा, "स्वयं को सँभालो प्रिये। तुम्हारे इस दर्शन से मेरा बल घटने लगा है। योद्धा के हाथों में निर्घृण बल की आवश्यकता होती है। दिगंत कीर्ति के लिए रणभूमि पर जा रहे वीर को ऐसी बिदा सहायकारी नहीं होती। तुम वीर पत्नी हो। तुम्हें यह शोभा नहीं देता..."

वृषाली की वाचा खुल गई। कर्ण से लिपटकर उसने कहा, "नहीं स्वामी ! मुझे छोड़कर आप नहीं जा सकते। वह कीर्ति मुझे ज्ञात नहीं। वह दातृत्व मैं जानती नहीं। मुझे दिख रहे हैं केवल आपके चरण। आपका शौर्य आपको अवश्य कीर्ति प्राप्त करा देगा। आपका दातृत्व भी अमर होगा। गृहस्थी में जो प्राप्त नहीं हुआ वह जीवन-साफल्य आपको रणभूमि पर अवश्य प्राप्त होगा। किंतु फिर मेरे भाग्य

में क्या होगा ?''

''वृषाली !'' कर्ण ने कहा।

''स्वामी ! आपके कारण ही मेरे जीवन को कुछ अर्थ प्राप्त है। रणभूमि पर मेरे भ्राता, पुत्र–सभी खो गए। वह दुःख मैंने धैर्य से सहन किया। अब वह बल नहीं रहा। वैधव्य के पश्चात् स्त्री के जीवन का कोई अर्थ नहीं रहता। स्वामी, आजीवन आपने सभी का सुख चाहा। मैंने कोई अपराध भी तो नहीं किया है। अब मुझे गृहहीन बनाकर जाने का आपको कोई अधिकार नहीं। नहीं स्वामी ! मैं आपको नहीं जाने दूँगी।''

वृषाली के उन व्याकुल बोलों से कर्ण का शेष बल नष्ट हो रहा था। आवेग से उसने वृषाली को आलिंगनबद्ध किया। क्षण भर उसके आरक्त नेत्रों में जल भर आया, किंतु क्षण भर ही। दूसरे ही क्षण आलिंगन से मुक्त होकर उसने कहा, ''वृषाली, ऐसे उन्माद की अपेक्षा मैंने तुमसे नहीं की थी। तुम्हारी-मेरी संगत ऐसी मृत्यु से टूटने वाली नहीं। वह अखंड रहेगी। वृषाली, दाहिने हाथ में शस्त्र पकड़कर मृत्यु का आह्वान स्वीकार करके शत्रु से भिड़ते समय, वीरों का बायाँ हाथ कटि के दुशाले का ही आश्रय ढूँढ़ता है। पति और पत्नी ये दो रूप थोड़े ही हैं। दो भिन्न रूपों में काया, वाचा, मन से एक ही आत्मा रहता है। इसीलिए तो पत्नी को अर्धांगी कहते हैं। आज हृदय में मृत्यु का भय न रखकर मैं रणभूमि पर जा रहा हूँ इसीलिए तो तुम्हें अच्छा लगता हूँ। भयभीत होकर यदि मैं यहीं बैठा रहा तो तुम मेरी ओर देख भी नहीं सकोगी। मिथ्या भय से व्याकुल मत बनो वृषाली।''

''स्वामी...किंतु''

''अब कुछ मत कहो। यह दूरी अधिक काल तक नहीं रहेगी। सप्तवनों से घिरी हुई कुरुक्षेत्र की यह पुण्यभूमि है। इस भूमि पर अनेक के तप सफल हो गए हैं। गुरुदेव परशुराम ने इसी भूमि पर स्यमंतपंचक नामक जलाशय का निर्माण किया था। वृषाली यह वही भूमि है जहाँ वियोग के पश्चात् पुरूरवा-उर्वशी का मिलन हुआ था। यह दो जीवों को अलग करने वाली भूमि नहीं। हमें अलग करने का बल विधाता में भी नहीं है। वसू, तुम मुझसे बिदा लेने नीचे भी मत आओ। यहीं सौध पर खड़ी रहो। दूर जाने तक मुझे तुम्हारा दर्शन होता रहेगा। आज तक मैंने तुम्हें कभी आज्ञा नहीं दी थी। आज यह मेरी आज्ञा समझो।''

कर्ण का बोलना कब समाप्त हुआ और वह कब चला गया इसका भी भान वृषाली को नहीं रहा। कर्ण जिस द्वार से गया उस रिक्त द्वार की ओर वह देखती रही। रथ की आवाज ने उसे सावध कर दिया। वह सौध की ओर दौड़ी। कर्ण-रथ तेजी से जा रहा था। कर्ण ने पीछे मुड़कर देखा।

प्रातःकाल के समय पश्चिम क्षितिज पर दिखने वाली निस्तेज चंद्रिका की तरह वृषाली सौध पर अकेली खड़ी थी।

प्रकरण-56

कर्ण कौरवों के शिविर में आया। वहाँ शल्यराज कर्ण की ही प्रतीक्षा कर रहे थे। कर्ण अपने रथ से उतरा। दुर्योधन से मिलकर वह शल्य के समीप गया। नए रथ की ओर देखकर शल्यराज ने कहा, ''देखो तो कर्ण, रथ कैसे सज्ज किया है। इस रथ को तेज से अभिमंत्रित किया गया है। हे राधेय, इस रथ में जोड़े हुए शुभ्र अश्व अलौकिक हैं। उनकी टापों में विद्युल्लता की गति और चपलता समाई हुई है। इस रथ में लगाए हुए सुवर्ण दंड पर तुम्हारा कमल-चिह्नांकित सुवर्ण शृंखलायुक्त यशोध्वज अपराह्न के सूर्य की तरह चमक रहा है। हे सूत-पुत्र, मैंने सुना है कि तुम रथ-परीक्षा में निपुण हो। किंतु इस सर्वगुण संपन्न रथ में दोष निकालना तुम्हारे लिए भी कठिन होगा। कर्ण, तुम्हारा रथ सिद्ध हो गया है।''

कर्ण ने रथ की ओर देखा। वह प्रसन्न हुआ।

'रथ सचमुच ही सिद्ध हो गया था। नियति ने ही उसे सिद्ध किया था। गुरु कृपा से प्राप्त दो सर्वोत्तम फिर भी भयंकर शापों के अश्व जीवन रथ में जोड़े गए थे। दैवचक्र की खूँटियाँ कब की खिंच चुकी थीं। जिसे परमेश्वर का अंश माना उसी ने एक खूँटी निकाल ली थी और दूसरी जन्मदात्री माता ने। दिए हुए वचन का दुबला चाबुक हाथ में आया था। अब किस क्षण दैवचक्र फँसता है और झुके हुए रथ के नीचे कितने काल तक घसीटना पड़ता है यही देखना था। अन्यथा पूरा रथ सिद्ध हो गया था।'

''अंगराज !'' शल्य ने पुकारा।

''अं !'' कर्ण के विचार में विघ्न पड़ गया। उसने शल्य की ओर देखा, ''शल्यराज, सचमुच रथ बहुत ही सुंदर सज्ज हुआ है। रणभूमि की नौबत बज रही है। अब समय नहीं है। इस रथ का चापल्य देखने के लिए मैं भी उत्सुक हूँ। शल्यराज, रथारूढ हो जाइए।''

कर्ण-दुर्योधन के रथ युद्धभूमि पर पहुँच गए। कर्ण रणभूमि का अवलोकन कर रहा था। शल्य ने कहा, ''सूत-पुत्र ! तुम्हें विजय प्राप्त हो, अतः मैंने तुम्हारा रथ सिद्ध किया है। मेरे सारथ्य में कोई त्रुटि नहीं होगी। किंतु इसके उपरांत तुम्हें विजय प्राप्त होगी, ऐसा मुझे प्रतीत नहीं होता। अर्जुन के आगे तुम्हारा पराक्रम कुछ भी नहीं है।''

कर्ण ने क्रोध से शल्य की ओर देखा। न रहकर उसने कहा, ''शल्यराज, इस भविष्यकथन के लिए आप जैसे ज्योतिषी की आवश्यकता नहीं है। रणभूमि की कुंडली से मैं अवगत हूँ। अर्जुन की विजय यही जिसका उद्दिष्ट है ऐसा वह सारथि श्रीकृष्ण कहाँ और मेरी पराजय का स्वप्न देखने वाले आप कहाँ ?''

''तुम्हारी पराजय से मुझे क्या लाभ ?''

"शल्यराज ! क्या मुझे यह ज्ञात नहीं कि मेरा तेजोभंग करने के लिए ही पांडवों की ओर से आपने मेरा सारथ्य स्वीकार किया है ? मेरे सेनापति होने के तुरंत पश्चात् पांडव आपसे मिले थे यह भी मैं जानता हूँ।"

शल्य का हास्य लुप्त हुआ। उसने मुड़कर कर्ण की ओर देखा।

"शल्यराज, मैं कुरु का सेनापति हूँ। इन बातों को अवगत करा लेना मेरे लिए कोई कठिन बात नहीं।"

"यह ज्ञात होते हुए भी तुमने मेरा सारथ्य स्वीकार किया ?" शल्य ने पूछा।

"हाँ, मेरी दृष्टि में उनमें और आप में कोई अंतर नहीं है। शल्यराज ! आपको कुल का अहंकार है। विश्वासघात, असत्याचरण और परनिंदा ही यदि उस श्रेष्ठकुल के गुण हैं तो वे आपको ही सौभाग्यशाली हों। शल्यराज, आपका हेतु सफल नहीं होगा, क्योंकि सूर्य-पुत्र का तेजोभंग कभी नहीं होता।"

कर्ण ने शांतिपूर्वक अपना शंख उठाया और युद्ध का आरंभ सूचित करने के लिए शंख मुख से लगाया। सूर्य-बिंब प्रकट हुआ था। युद्ध आरंभ हो गया था...

कुरुक्षेत्र पर भयानक रण-संग्राम चल रहा था। सैनिकों से व्याप्त रणभूमि पर कौरव-पांडवों के सैकड़ों गज, अश्व, सवार, हजारों रथ, संचरण कर रहे थे। रणभूमि क्षुब्ध सागर की तरह प्रतीत हो रही थी। मत्त गज और रथ के ध्वज मेघों की तरह रणभूमि पर घूम रहे थे। वीरों के धारण किए हुए शिरस्त्राण सागर की लहरों की तरह रणसागर पर उछल रहे थे। चमकती सूर्य-किरणों में दृष्टि की कक्षा तक विस्तारित युद्धभूमि पर खड्ग, तोमर, नाराचों की नोकें चमक रही थीं। रणसिंघा की आवाज के साथ उठने वाले गजों के चीत्कारों, रथों की गड़गड़ाहटों, खड्ग के आघातों के नाद पर हिलने वाला वह रणसागर अतर्क्य लग रहा था।

सूर्योदय से युद्ध में व्यस्त कर्ण उस रणभूमि में अपने रथ पर स्थिर खड़ा रहकर वीरश्री से टूट पड़ रही अपनी सेना का अवलोकन कर रहा था। पांडवों के कई वीरों की पराजय करके भी उसका हृदय शांत नहीं हुआ था। उसकी गरुड़ दृष्टि रणभूमि पर अर्जुन को ढूँढ़ रही थी। युद्ध में शरीर पर हुए घावों की चिंता न करके वह रणभूमि का अवलोकन कर रहा था। सुमेरु पर्वत की तरह खड़े उस कर्ण की मुद्रा पर विलसने वाला अलग ही तेज देखकर शल्यराज ने कहा, "हे कर्ण, आज तुम्हारे पराक्रम की पराकाष्ठा हुई। जिस तरह आँधी में सूखी पत्तियाँ बिखर जाती हैं, उसी प्रकार तुम्हारे पराक्रम से पांडवों के दलों की अवस्था हुई है। जिसे रुधिर-स्नान हुआ है ऐसी यह भूमि मुझे बाढ़ आई हुई नदी का स्मरण करा देती है। इसमें तैरने वाले रथच्छत्र जलौध में तैरने वाली हंस नावों के समान लग रहे हैं। समरभूमि पर गिरे हुए योद्धा उस ताम्रजल पर महान् वृक्षों की तरह लग रहे हैं। उन योद्धाओं के बिखेरे हुए हार देखो। क्या इस संहारक प्रवाह पर वे कमल पुष्पों के समान नहीं लगते ? ये बिखेरे हुए शिरोभूषण जल पर उठे फेन का आभास दे रहे हैं। यह भयंकर नदी

निर्माण करने का साहस केवल तुम्हारा ही है। यह तुम्हारा ही कर्तृत्व है।''

शल्य स्तुति से कर्ण संतुष्ट नहीं हुआ।

''शल्यराज ! इस पराक्रम से मैं संतुष्ट नहीं हूँ। मैंने कल अर्जुन को निर्णायक युद्ध का आह्वान दिया है। युद्ध आरंभ हुआ तब से मेरी दृष्टि उसके कपिध्वज को ढूँढ़ रही हैं, किंतु वह कहीं दृष्टिपथ में नहीं आ रहा है। अपराह्न का समय समीप आ रहा है। फिर भी अर्जुन भेंट का संयोग नहीं आ रहा है। शल्यराज, आप यदि सचमुच ही मेरे पराक्रम से संतुष्ट हैं तो मुझे अर्जुन-रथ की ओर ले चलो। अर्जुन का वध करके ही आज मुझे इस संहार यज्ञ की समाप्ति करनी है।''

''हे राधेय, तुम्हारी अभिलाषा से मैं अवगत हूँ। तुमने धर्मराज को विरथ करके घायल किया। शिखंडी, सात्यकि, युधामन्यु, नकुल, सहदेव के साथ-साथ उस शक्तिशाली भीम को भी जर्जर किया। तुम्हारा यह पराक्रम देखकर अर्जुन का सारथ्य करने वाले श्रीकृष्ण सदैव अर्जुन का रथ तुमसे दूर रखने की सावधानी ले रहे हैं। अब तुम उत्तर में युद्ध में व्यस्त हो यह देखकर श्रीकृष्ण अर्जुन का रथ दक्षिण दिशा में ले गए हैं, यह मैंने देख लिया है। हे कर्ण, समुद्र की सीमा उसका निरोध करती है। वैसे क्रोधायमान अर्जुन का निरोध करने के लिए तुम्हारे जैसा समर्थ एक भी वीर मैंने इस लोक में नहीं देखा है।''

''शल्यराज ! यदि कुछ करना ही हो तो विलंब मत कीजिए। जितनी हो सके उतनी शीघ्रता से मेरा रथ अर्जुन-रथ से भिड़ा दीजिए।''

''हे कर्ण, मेरी सारथ्य कला पर विश्वास रखकर ही तुमने मेरा सारथ्य स्वीकार किया है न ? फिर मेरे वचन पर विश्वास रखो ! रणभूमि पर चल रहे इस घमासान युद्ध में से मार्ग निकालकर युद्धभूमि के दूसरे छोर तक जाकर अर्जुन-रथ से भिड़ना कोई सहज बात नहीं। उस प्रयास में, अर्जुन रक्षणार्थ सदैव सावध ऐसे कई पांडव वीर तुम्हारे मार्ग में बाधा डालेंगे। उन सभी को पराजित कर तुम्हें आगे जाना होगा। कितनी अवधि लगेगी यह कौन बता सकता है ?''

कर्ण-शल्य, युद्धभूमि के फैलाव का अवलोकन कर रहे थे। कर्ण की दृष्टि उत्तर दिशा की ओर जड़ी हुई थी। उसने पूछा, ''शल्यराज, क्या युद्धभूमि से घुमाकर बाहर से रथ नहीं लिया जा सकता ?''

''अंगराज ! आप सेनापति हैं। शृंखलादंड चिह्नांकित आपका रथध्वज यदि युद्धभूमि से अदृश्य हो गया तो उसके बल पर लड़ने वाली कौरव सेना का धैर्य नष्ट हो जाएगा। क्या इसका विचार आपने किया है ?''

''शल्यराज, उसकी चिंता मत कीजिए। शत्रु भी यह नहीं सोच सकता कि कर्ण युद्धभूमि छोड़कर पलायन करेगा। कौरव सेना के अग्रभाग में वीरश्रेष्ठ दुर्योधन का गजचिह्नांकित ध्वज जब तक फहरा रहा है तब तक कौरव वीरों का धैर्य कभी भी नहीं खो सकता। यह आशंका अपने हृदय से हटाइए और अर्जुन-रथ से भिड़ने के लिए रथ को घुमाइए।''

शल्यराज ने रथ को घुमाया। रक्षक दल के बिना ही रथ युद्धभूमि से बाहर आया और फिर उसने तेज गति ली। कुरुक्षेत्र की सीमा के बालुकामय प्रदेश से वह तेजी से दौड़ने लगा। रथ के ध्वजस्तंभ का आश्रय लेकर कर्ण रण-संग्राम निहार रहा था। अचानक उसकी दृष्टि युद्ध में घूम रहे अर्जुन-रथ पर गई। संपूर्ण शरीर रोमांचित हो गया। सुवर्णजड़ित शक्तिशाली धनुष पर रखा हुआ हाथ आवेश से दब गया। खींचीं हुई प्रत्यंचा दुबली पड़ गई। कर्ण का ध्यान चरणों के समीप रखे हुए सुवर्ण तूणीरों की ओर गया। चुने हुए प्रखर तीरों से वे तूणीर पूरे भरे हुए थे। क्षण-क्षण अंतर कम हो रहा था। अर्जुनध्वज स्पष्ट दिखाई देने लगा।

काली, नरम भूमि में हल घुस जाए उस प्रकार अचानक एक आवाज उठी। रथ किंचित् लुढ़कने का आभास हुआ और रथ की गति रुक गई। शल्यराज ने चाबुक उठाया। चाबुक की आवाजें उठ रही थीं। मजबूत अश्वों के पीठ पर कोड़े लग रहे थे। उस वेदना से उछलने वाले उन प्राणियों की मांसपेशियाँ अकड़ रही थीं, किंतु रथ यत्किंचित् भी नहीं हिल रहा था।

कर्ण का हृदय भयभीत हो उठा। भयशंकित होकर उसने पूछा, ''शल्यराज ! रथ क्यों रुका ? क्या हुआ ?''

''जो नहीं होना चाहिए था वही हुआ है। रथ का बायाँ चक्र भूमि में फँस गया है।''

उस परिस्थिति में भी कर्ण की मुद्रा पर खिन्न हास्य छा गया। 'जीवन के बंधन तोड़े जा सकते हैं, वैसे नियति के नहीं तोड़े जा सकते। जब गुरुदेव परशुराम के पास मैं ब्रह्मास्त्र ग्रहण करने के लिए गया था तो एक दिन मेरे हाथों किसी ऋषि की गाय की हत्या हुई। उन्होंने शाप दिया कि रणभूमि में ऐन मौके पर तुम्हारे रथ का चक्र भूमि में फँस जाएगा। अब वही शाप सत्य होने जा रहा है। रक्षकदल यदि समीप होता तो यह सहज ही बाहर निकाला जा सकता था।'

''शल्यराज यदि आप मेरी सहायता करें तो रेत में फँसा हुआ यह चक्र हम बाहर निकाल सकते हैं।''

शल्य ने एक लंबी साँस भरी। उसे रथ से उतरते हुए देखकर कर्ण हर्षित हुआ। हड़बड़ी से रथ से उतरने की तैयारी कर रहे कर्ण के कानों से शल्य के शब्द टकराए, ''राधेय ! नीचे उतरने का कष्ट मत करो। भूमि में पर्याप्त गहराई तक गड़ा हुआ यह भारी चक्र तुम अकेले नहीं निकाल सकोगे।''

''किंतु यदि आप मेरी सहायता करेंगे तो...''

''इसीलिए मैं दुर्योधन से कह रहा था। उसके आग्रह के कारण ही मैंने तुम्हारा सारथ्य स्वीकार किया। हीन कुल की संगति का दोष ऐसे ही प्रकट होता है। नहीं तो मैं शल्यराज हूँ यह जानते हुए भूलकर तुम मुझसे यह प्रार्थना नहीं करते।''

कर्ण विस्फारित नेत्रों से देख रहा था। शल्यराज रथ से अश्वों को मुक्त कर रहा था।

"शल्यराज यह आप क्या कर रहे हैं ?"

कर्ण की ओर देखकर शल्य ने कहा, "जो योग्य है वही कर रहा हूँ। मैं रथ के अश्व ले जा रहा हूँ। रथ का चक्र निकालने में यदि तुम्हें यश मिला तो शंखनाद करना। मैं अश्वों सहित लौटकर पुनः तुम्हारा सारथ्य करूँगा। हे दुर्दैवी राधेय ! मुझे प्रतीत होता है कि अब तुम्हारे जीवन की गति कुंठित हो गई है। रथ को गति देने का प्रयोजन ही अब नहीं रहेगा। वह देखो, अर्जुन का कपिध्वजांकित सुवर्ण रथ तुम्हें ही ढूँढ़ते हुए यहाँ आ रहा है।"

कर्ण की ओर भी न देखकर शल्य अश्वों को लेकर जा रहा था। हतोत्साह कर्ण उसे देख रहा था कि कानों पर टकराई घनगंभीर आवाज से वह सतर्क हो गया। उसने देखा तो अर्जुन-रथ कर्ण-रथ की दिशा में आ रहा था। क्षण ही में कर्ण ने अपने आप को सँभाल लिया और फिर कूदकर वह रथ के नीचे उतरा। रथचक्र के आरों को अपने हाथों से पूरी शक्ति लगाकर वह चक्र निकालने का प्रयास करने लगा। उसकी भुजाओं की मांसपेशियाँ तन गईं, किंतु चक्र यत्किंचित् भी नहीं हिला।

कर्ण का हृदय व्याकुल हो गया। उसके किसी भी प्रयास को यश नहीं मिल रहा था। तप्त रेत में फँसा हुआ चक्र वैसा ही अचल था। कर्ण के नेत्र उस सुवर्ण कारीगरीयुक्त चक्र पर जड़े हुए थे।

'रथ-चक्र'

'क्या इस धर्म-चक्र का भी कुछ अर्थ है ? सुना है कि धर्म, धार्मिक पुरुषों की सहायता करता है, उनकी रक्षा करता है। मैंने आजीवन धर्म का पालन किया, असत्याचरण नहीं किया, दातृत्व में कभी भी पीछे नहीं हटा, चारित्र्य-संपन्न जीवन बिताया। क्या वह इसी विदारक क्षण के लिए ? रक्षा तो दूर, आज मेरा पालन किया हुआ धर्म ही मेरा विनाश करने के लिए सिद्ध हुआ है। इस धर्म के बारे में ही अब मेरे हृदय में आशंका निर्मित होने लगी है।'

रेत की 'करकर' ऐसी भयानक आवाज सुनकर क्रोध से कर्ण ने मुड़कर देखा। अर्जुन-रथ दौड़ते हुए आ रहा था।

कर्ण सतर्क हो गया। उसने पीछे देखा तो अर्जुन-रथ समीप आ गया था। उस रथ के शुभ्र अश्वों के मुख से फेन उछल रहा था। अश्वों की गति नियंत्रित करने के लिए श्रीकृष्ण थोड़े पीछे झुके हुए थे। अर्जुन को धनुष उठाते हुए देखकर कर्ण ने कहा, "कुछ देर रुको अर्जुन ! मेरे रथ का चक्र भूमि में फँस गया है। उसे निकालने की अवधि मुझे दो। ऐसे समय युद्ध करना धर्म के अनुसार नहीं है। मेरा रथ सज्ज होने दो। तुम जो कहोगे उस आयुध से हम युद्ध करेंगे। वह युद्ध धर्ममान्य होगा। उसमें प्राप्त विजय या पराजय कीर्तिरूप होगी।"

कर्ण की अवस्था अर्जुन समझ सकता था। निःशस्त्र कर्ण पर शरसंधान करने का साहस उसे नहीं हो रहा था। श्रीकृष्ण ने अर्जुन की अवस्था समझ ली। प्रसंग की गंभीरता उनके ध्यान में आई। उच्च स्वर से उन्होंने कर्ण से कहा, "राधेय, बड़ी

जल्दी तुम्हें धर्म का स्मरण हुआ। जब एकवस्त्रा द्रौपदी को राजसभा में खींचकर लाया गया था तब उसे निर्वस्त्र करने की आज्ञा देते समय यह धर्मबुद्धि कहाँ गई थी ?

...कपट द्यूत में धर्मराज को जीता गया तब यह धर्म कहाँ छिप गया था ?

...क्या द्रौपदी को कुलटा कहते समय इस जिह्वा को धर्म का भान था ?

...अभिमन्यु का वध करते समय क्या धर्म का बल नष्ट हो गया था ?"

कर्ण सुन रहा था। श्रीकृष्ण के उन शब्दों से कर्ण को जैसे कोड़े लग रहे थे। उसने क्रोध से श्रीकृष्ण की ओर देखा। अग्निस्फुलिंग के समान प्रकट हो रहे श्रीकृष्ण के उन शब्दों से कर्ण के हृदय का दाह बढ़ रहा था। उसकी मनशांति ढल रही थी। हृदय में अनेक उर्मियाँ उठ रही थीं। किंतु उन्हें शब्दरूप में प्रकट नहीं किया जा सकता था।

श्रीकृष्ण की ओर देखकर कर्ण के हृदय में कल्लोल उठ रहा था।

'यह श्रीकृष्ण ही बोल रहे हैं ? मुझे ?'

'हे श्रीकृष्ण ! उस दुर्बल अर्जुन के हाथों को बल देने के लिए मुझ पर ये आरोप ? क्या युधिष्ठिर को यह ज्ञात नहीं था कि कृतहस्त और अतिदेवी ऐसा जिनका लौकिक है, कपटनीति में निपुण ऐसी जिनकी कीर्ति है उस शकुनि के साथ द्यूत खेलना है ? फिर भी उसने द्यूत का आह्वान स्वीकार किया यह उसका धर्म और द्यूत में वह सबकुछ हार गया यह हमारा पाप...

'रजस्वला द्रौपदी को राजसभा में आने का आग्रह युधिष्ठिर ने किया वह उसके धर्मस्वभाव का प्रतीक और पाँच पांडवों से ब्याही गई द्रौपदी को दासी बनने के पश्चात् क्रोध में निर्वस्त्र करने की आज्ञा दी तो वह धर्म का अधःपतन !

'हे श्रीकृष्ण, सुदर्शन चक्र लेकर भीष्म पर आक्रमण करते समय तुम्हें भी अपनी प्रतिज्ञा का विस्मरण हुआ यह तुम्हारा संयम ! फिर जिसे पतितकुल के कारण सदैव आघात सहन करने पड़े, ऐसे मेरे स्वाभिमान का क्या ?

'अभिमन्यु की मृत्यु यह हमारे हाथों हुआ अघोरी कर्म। किंतु संपन्न कुल में जन्म लेकर भी दुर्भाग्य से अनाथ जीवन जीने वाले इस कर्ण ने अपने हाथों से पाले हुए अपने पुत्रों को रणभूमि पर समर्पित करते समय किसी को शाप नहीं दिया। अभिमन्यु की बाल आयु अनुकंपा की पात्र और मेरे पुत्र की आयु ? क्या वह पराधीन थी ? नहीं श्रीकृष्ण ! कम-से-कम तुम तो ऐसे असत्य आरोप करने का साहस न करो।

'विजय चाहिए न ? अर्जुन को सुरक्षित रखकर विजय चाहिए न ? वह तो तुम्हारी ही है।

'विजय की, राजवैभव की, वासनापूर्ति की आसक्ति यदि मुझमें होती तो क्या तुम्हारी उस एक विनती का स्वीकार करके मैं सबकुछ पा नहीं लेता ? ज्येष्ठ के रूप में मैं जीवन बिताता, सम्राट् पद का अभिषेक मेरे मस्तक पर होता और द्रौपदी

पर मेरा प्रथम अधिकार रहता। यह तुमने ही मुझे बताया था न ?

'मुझे जीवन बड़ा अनमोल लगता था। किंतु तुमने ही उसमें फूँक भरी और उसी से वह नष्ट हो गया। मृत्यु का भय मेरे हृदय में नहीं है। जीवरक्षण ही करना हो तो वह इस क्षण भी किया जा सकता है, सहजता से। यदि मैं अर्जुन से कहूँ, हे पार्थ, अपने धनुष की प्रत्यंचा खींचने से पूर्व उस श्रीकृष्ण से अपना और मेरा नाता पूछो, तो इससे भी यह संहार रुक जाएगा। नहीं कृष्ण, मैं थक गया हूँ। जीवित रहने की अभिलाषा अब यत्किंचित् भी मेरे हृदय में नहीं रही। केवल एक ही इच्छा है मृत्यु ऐसी आए...वीरों जैसी...लड़ते-लड़ते...'

कर्ण के कानों से श्रीकृष्ण के आखिरी शब्द टकराए।

"देख क्या रहे हो अर्जुन ? जिसने भरी सभा में द्रौपदी का लज्जाहरण करने का प्रयास किया यही है वह राधेय। पाँच वीरों की सहायता से जिसने तुम्हारे पुत्र का वध किया, यही है वह सूत-पुत्र। इस कुरुक्षेत्र के रण के लिए सर्वस्वी उत्तरदायी, यही है वह कर्ण। यहाँ विचार करने के लिए अवधि नहीं, क्षमा को स्थान नहीं, दया का अवसर नहीं। अब तुम्हारा एक ही कर्तव्य है इसका वध। इस पापी का वध करके विजयी बनो।"

'पापी ?' कर्ण की मुद्रा उग्र बन गई।

अर्जुन का तीर कानों से सरसराकर गया। कर्ण का सारा संताप उछल पड़ा। कृष्णवर्ण मेघ के पीछे से प्रकट होने वाले सूर्य की तरह उसका तेज प्रतीत हो रहा था। ग्रासित रथ-चक्र के उस रथ पर कर्ण आरूढ हो गया। त्वेष से उसने अपना धनुष उठाया और वह अर्जुन की शर-वर्षा का प्रत्युत्तर देने लगा। रत्नजड़ित सुवर्णालंकारों से युक्त रक्तचंदन का उत्तम लगाई हुई कर्ण की भुजाएँ तेजी से तीर छोड़ रही थीं। अर्जुन भयानक अस्त्रों का उपयोग कर रहा था। कर्ण भी वैसा ही प्रत्युत्तर दे रहा था। उस भयानक युद्ध में अर्जुन का शिरस्त्राण गिर पड़ा। कर्ण का कवच विच्छिन्न हुआ। दोनों वीर असंख्य घावों से पीड़ित हुए। अपराह्न की सूर्य-किरणों में खिले हुए रक्तवर्ण पलाश वृक्षों की तरह वे दोनों योद्धा अपने घावों की, वेदनाओं की चिंता न करके अपना सर्वस्व प्रण में लगाकर युद्ध कर रहे थे। बढ़ते हुए घावों के साथ कर्ग का त्वेष बढ़ रहा था। बाहुबल में घोर ईर्ष्या बढ़ रही थी। कर्ण ने एक अति तीक्ष्ण तीर चुना। साक्षात् अग्नि के समान प्रतीत होने वाला वह तीर धनुष को जोड़कर कर्ण ने आकर्ण प्रत्यंचा खींचा। अर्जुन की छाती का लक्ष्य बनाकर कर्ण ने तीर छोड़ा। वल्मीक में नाग घुस जाए उस प्रकार वह तीर अर्जुन की छाती में घुस गया। उस आघात से अतिविद्ध होकर अर्जुन खड़े-खड़े काँपने लगा। उसके हाथ से उसका गांडीव धनुष छूट गया और वह भी निढाल होकर रथ में गिर पड़ा।

कर्ण के पराक्रम से चकित हुए श्रीकृष्ण ने एक क्रुद्ध दृष्टि कर्ण पर डाली और फिर मूर्च्छित पड़े अर्जुन को सचेत करने के लिए वे मुड़े। कर्ण ने अपने तूणीर

से दूसरा तीर निकाला। प्रत्यंचा खींचते समय उसका ध्यान अर्जुन की ओर स्थिर हुआ। अर्जुन की कटि से निकालकर जिस दुशाले को हिला-हिलाकर श्रीकृष्ण अर्जुन को सचेत करने का प्रयास कर रहे थे वह नीलवर्ण दुशाला कर्ण को परिचित था। कुंती माता को दिया हुआ वह दुशाला अर्जुन की कटि पर...

ब्रह्मास्त्र का भी विस्मरण हो जाए ऐसा ही वह क्षण था। उस दुशाले के दर्शन से कर्ण का संपूर्ण बल नष्ट हो गया। संताप कम हो गया। दिए हुए वचन का स्मरण हुआ। हाथ से धनुष कब छूटा यह भी उसके ध्यान में नहीं आया।

'अहंकार के अभिमान से कितना घोर कृत्य हाथ से होने वाला था...माते ! उचित समय तुमने सावध किया।

'तुम्हारे चुने हुए पाँच ही तुम्हें मिलेंगे। छठा, पाँचवाँ कैसे बन सकता है ? प्रथम होकर भी छठा बनने की पराजय मैं तुम्हारे लिए आनंद से स्वीकार करूँगा।'

कर्ण का सारा त्वेष नष्ट हो गया। असंख्य घावों से जर्जर बनी कर्ण की मुद्रा के समस्त भावों में परिवर्तन हो गया। शांत जलाशय में कमल खिल जाए उस प्रकार भरी रणभूमि में उसका रूप प्रसन्न लग रहा था। कर्ण कूदकर रथ के नीचे उतरा। उसने चक्र को बाहर निकालने का प्रयास किया। दोनों हाथ भूमि पर टेककर वह गरदन की सहायता से चक्र उठाने लगा। पूरा बल इकट्ठा करके वह रथ ऊपर उठाने का प्रयास कर रहा था। इतने में अर्जुन सावध हो गया। श्रीकृष्ण ने दुशाला फेंका और पीछे मुड़कर भी न देखकर कर्ण-रथ की ओर उँगली उठाकर उन्होंने कहा, "सावध हो जाओ अर्जुन ! इस राधेय का वध करने का यही अवसर है। यदि रथ चक्र निकालने में कर्ण सफल हुआ तो तुम्हारे साथ-साथ मेरा भी विश्वास देना कठिन है। सावध हो जाओ अर्जुन..." फूत्कार छोड़ते हुए नाग जैसे फन उठाता है वैसे घावों से त्रस्त, मूर्च्छा से अपमानित अर्जुन उठकर रथ में खड़ा हुआ। उसने धनुष उठाया। एक तीक्ष्ण तीर चुनकर धनुष को लगाया।

रथ-चक्र निकालने में व्यस्त कर्ण ने देखा, अर्जुन प्रत्यंचा खींच रहा था। कर्ण की मुद्रा पर स्मित प्रकट हुआ। उसने देखा अपराह्न का समय ढल रहा था। ऐसे अपराह्न के समय कर्ण नदी के तट पर पुरश्चरण समाप्त करके दान के लिए खड़ा रहता था। याचकों के संबंध में शत्रु-मित्र ऐसा भेद उसने कभी नहीं किया था। अब जीवन का सबसे बड़ा दान देने के लिए कर्ण सिद्ध हो गया था। अर्जुन का नियम न चूके, इसलिए उसने अपनी चौड़ी छाती कुछ तिरछी की।

"स ऽ प् ऽ ऽ"

विद्युल्लता के समान उस तीर का क्षणदर्शन हुआ। एक भयंकर वेदना गरदन से आर-पार गई। रथ उठाने के लिए भूमि को टेककर ताने हुए हाथ ढ़ीले पड़ गए। रथ-छाया में पड़े कर्ण ने देखा कि अर्जुन का रथ तेजी से दूर जा रहा है। नीला दुशाला हवा में तैरकर रणभूमि पर उतर रहा था।

उस दुशाले की ओर देखते-देखते थके हुए कर्ण ने अपने नेत्र मूँद लिये।

प्रकरण-57

अपराह्न का सूर्य आकाश में जगमगा रहा था और अचानक रणभूमि से शंखनाद उठा। जयभेरियाँ बजने लगीं। आनंद से भानरहित पांडव वीरश्रेष्ठों के शंखनाद से अंबर व्याप्त हो गया। कौरव सेना भयचकित मुद्रा से पांडव सेना का हर्ष देख रही थी। युद्ध का भान किसी को भी नहीं रहा था। पांडवों की ओर से अचानक उठी शंखनाद और रणसिंघा की आवाजें सुनकर दुर्योधन का रथ रुक गया। ये नाद प्रकर्ष से दक्षिण दिशा से उठ रहे थे। अतः भयग्रस्त दुर्योधन ने रथ को वहाँ ले जाने की आज्ञा दी।

रथ तेजी से जा रहा था। पराजय के भय से कौरव सेना पलायन कर रही थी। दुर्योधन सुन्न होकर रणभूमि का वह परिवर्तन देख रहा था कि उसकी दृष्टि अचानक स्थिर हो गई। शल्यराज दोनों अश्वों को लेकर आ रहे थे। कर्ण-रथ के वे अश्व देखकर दुर्योधन का धैर्य खो गया। उसने पूछा, "शल्यराज ! अजिंक्य कर्ण के अश्व लेकर आप कहाँ जा रहे हैं ? कर्ण-रथ कहाँ है ?" शल्यराज के नेत्र भर आए।

"दुर्योधन, धैर्य रखो।" दक्षिण दिशा की ओर निर्देश कर उन्होंने कहा, "पराजित की दिशा एक ही होती है। तुम्हारे मित्र को अर्जुन ने..."

आगे और सुनने की शक्ति दुर्योधन में नहीं रही। उसने सारथि के हाथ से वल्गाएँ खींच लीं और फिर रथ तेजी से दक्षिण की ओर जाने लगा। कर्ण-रथ को देखते ही दुर्योधन ने रथ को रोका। जहाँ कर्ण को खड़ा होना चाहिए था वह स्थान रिक्त था। सदैव विजय से फहराने वाला, शृंखलाचिह्न युक्त रथध्वज रथ पर नहीं था। अश्वहीन, एकाकी पड़े उस रथ को देखकर दुर्योधन का हृदय विकल हो उठा। नेत्रों से अश्रु बहने लगे। कूदकर वह रथ से नीचे उतरा और उस दहकती धूप में कर्ण-रथ की ओर दौड़ पड़ा।

रथ के समीप जाते ही दुर्योधन की गति धीमी पड़ गई। कर्ण का गौरदेह उलटा पड़ा हुआ था। कर्पूर और पीठ पर घाव का एक भी चिह्न दृष्टि में नहीं आ रहा था। कर्ण ऐसे अचल पड़ा था, मानो गहरी निद्रा सो रहा हो। मस्तक का शिरस्त्राण गिर जाने से उसका मेघवर्णी केशकलाप गरदन के आसपास बिखरा हुआ था। दुर्योधन धीरे से उसके समीप गया। अश्रुओं को रोकने का प्रयास करते हुए उसने रथ के नीचे गिरे हुए कर्ण के दोनों कंधे पकड़े और उसे बाहर खींचा। उसको सीधा करते ही दुर्योधन के मुख से दुःखोद्गार निकला। कर्ण की गरदन से आर-पार गए तीर पर उसकी दृष्टि जड़ी थी। अपने दुशाले से कर्ण का मुख स्वच्छ करते-करते वह कर्ण को देख रहा था। असामान्य दीप्तिमान रूप के कर्ण को देखते-देखते दुर्योधन का संयम टूट गया।

"कर्ण ! तुम चले गए ! अपने इस मित्र को छोड़कर। यह तुमने क्या किया ?

तुम्हारे बिना यह दुर्योधन अब अनाथ हो गया। अंगराज, तुम्हारे बल पर ही मैंने कुरुक्षेत्र का यह रण-संग्राम खड़ा किया था। तुमने ही मुझे विजय का आश्वासन दिया था न ? फिर हे मृत्युंजय, दिया हुआ वचन भूलकर तुम कहाँ चले गए ? तुम्हारे बिना मैं पराजित हो गया हूँ। शत्रु के नाम के उच्चारण से ही तुम्हारे शरीर का दाह होता था। फिर क्या आज तुम्हारे पतन का विजयोत्सव मनाने वाले पांडव तुम्हें नहीं दिखाई दे रहे हैं ?''

कमल-दल खिल जाए उस प्रकार कर्ण के विशाल बंद नेत्र खुल गए। उसे देखकर दुर्योधन के मुख से आश्चर्योद्गार निकला। हड़बड़ी से कोमल हाथों से बड़े प्रेम से उसने कर्ण का मस्तक अपनी गोद में रखा और कहा, ''मित्र, तुम जीवित हो ? तुम हो ऽ ऽ।'' दुर्योधन के अश्रु भरे नेत्रों में प्रकट हुआ हर्ष देखकर कर्ण के होंठों पर स्मित प्रकट हुआ। कष्टपूर्वक उसने कहा, ''मित्र, तुम आए ! मैं तुम्हारी ही प्रतीक्षा कर रहा था। तुम्हें मिले बिना मैं कैसे जाता !''

दुर्योधन के अश्रु गालों पर उतर आए।

''अंगराज ! मैं हार गया। पराजित हो गया। तुम्हारे पतन से मेरा संपूर्ण यश छीन लिया गया।''

कर्ण को बोलने में कठिनता हो रही है यह देखकर दुर्योधन ने कोमल हाथों से उसके गले में अटके हुए तीर को स्पर्श किया। एक तीव्र वेदना कर्ण के मुख पर उठी। उसने कहा, ''नहीं युवराज ! उसे वैसा ही रहने दो। मैं कुछ कहना चाहता हूँ।''

कर्ण ने साँस भरी। दुर्योधन की भययुक्त दृष्टि से दृष्टि मिलाकर कर्ण कहने लगा, ''युदराज यह रणसिंघा की आवाजें और शंखनाद हो रहा है न, यह उनकी विजय का नहीं। अपनी विजय का है।''

''यह कैसी सर्वनाशी विजय ?''

''यही है सच्ची विजय ! मित्र ! वृद्धावस्था में, शय्या पर किसी असाध्य रोग से झगड़ते हुए इस नश्वर संसार से बिदा लेना क्या कृतार्थ जीवन है ? रणभूमि की वीरशय्या ही सच्चा सफल जीवन है और उसे हमने पा लिया है। अपनी विजय कोई कलंकित नहीं कर सकता।''

''अंगराज !''

''मित्र ! ऐसे व्यथित न बनो। तुम्हें लौकिक विजय ही चाहिए न ? वह भी अब दूर नहीं।''

''कर्ण, पिछले सत्रह दिनों में मैंने भीष्माचार्य, द्रोणाचार्य जैसे असंख्य योद्धा गँवाए। शेष सेना का बल तुम्हारे पतन से नष्ट हो गया। सेना तितर-बितर हो गई। अब विजय कहाँ ?''

''नहीं दुर्योधन ! ऐसे भयव्याकुल मत बनो ! अभी भी समय है। तुम्हें यदि विजय ही चाहिए तो...''

"तो क्या ?"

"मेरे पश्चात् शल्य के स्थान पर अश्वत्थामा को सेनापति बनाओ। वही तुम्हें विजय प्राप्त करा देगा।"

"जो भीष्म-द्रोण और कर्ण नहीं कर सके, उसे अश्वत्थामा कैसे कर पाएगा ?"

"ध्यान से सुनो, सेनापति में निष्ठा होना आवश्यक है। राज्य के कल्याण की चिंता उसे होनी चाहिए। तुम बड़े दुर्दैवी हो। तुमसे निष्ठा रखने वाला सेनानी तुम्हें नहीं मिला। भीष्म और द्रोण, दोनों के हृदय पांडव-प्रीति से, उनकी कल्याण की कामना से भरे हुए थे। उनके संहार को रिपुसंहार की धार कहाँ से आती ?"

"किंतु कर्ण, तुम तो..."

"नहीं दुर्योधन ! मैं भी उन्हीं में से एक हूँ। उस निष्ठा में मैं भी कम पड़ गया। कभी-न-कभी तुम उसे समझ जाओगे। शल्यराज पांडवों के आप्त हैं। उनके हाथों से सूत्र निकालकर अब अश्वत्थामा को सेनापति बनाओ। विजय तुम्हें ही प्राप्त होगी।"

"नहीं अंगराज ! यह नहीं हो सकता। मैं शल्यराज से वचनबद्ध हूँ। मैं पराजय स्वीकार कर सकता हूँ। किंतु वचन भंग ? असंभव !"

"हे दुर्योधन ! यह मैं जानता ही था। धर्म की भावना का त्याग हम कभी कर नहीं सके और शत्रु ने उसका पालन कभी भी नहीं किया।" कर्ण की मुट्ठी बंद हो गई। दुर्योधन की ओर देखकर उसने कहा, "युवराज ! तुम्हारे नेत्रों के अश्रु देखते-देखते मुझे मृत्यु आ रही है, यह मेरा कितना सौभाग्य ! मेरे कुल के कारण मैंने जीवन में कितनी अवहेलना सहन की। मेरा पराक्रम, मेरा दातृत्व, मेरा चरित्र मेरे काम नहीं आया। जीवन में मस्तक ऊँचा उठाकर मैं जी सका केवल तुम्हारे स्नेह के कारण ! उस स्नेह के लिए मैं सदैव तुम्हारा ऋणी रहूँगा। मित्र, एक काम करोगे ?" थकान से कर्ण ने नेत्र बंद किए।

"बोलो मित्र, कहो..."

कष्ट से कर्ण ने नेत्र खोले।

"अवधि बहुत अल्प है। वहाँ एक दुशाला पड़ा है, नीला ! उसे ले आओ और मुझे वीरशय्या प्राप्त करा दो।"

दुर्योधन ने देखा। कर्ण से पर्याप्त अंतर पर एक नीला दुशाला हवा से झोंके खा रहा था। दुर्योधन ने धीरे से कर्ण का मस्तक नीचे रखा। दुशाला उठाते समय उसने देखा। दुशाला मूल्यवान था। उस पर सुवर्ण धागों से बेल-बूटी बनाई हुई थीं। दुर्योधन द्वारा लाया गया दुशाला देखकर कर्ण की प्रसन्नता बढ़ गई। दुर्योधन ने वह दुशाला कर्ण के चरणों से गले तक ओढ़ा दिया। दुर्योधन का संपूर्ण बल नष्ट हो गया था। अश्रु बहाते हुए वह घुटने पर कर्ण के समीप बैठ गया।

"युवराज ! मैं तृप्त हूँ। मेरे लिए अश्रु मत बहाओ।" कर्ण की दृष्टि आकाश में सूर्य की ओर गई। नेत्र विस्फारित हो गए। पूरा बल इकट्ठा करके उसने कहा,

"युवराज ! अपराह्न में कभी आपने सूर्यास्त होते देखा है ?"

दुर्योधन ने भय से आकाश में सूर्य की ओर देखा। सूर्य अपने संपूर्ण तेज से प्रकाशमान था। उसकी दृष्टि कर्ण की ओर गई।

कर्ण के नेत्र वैसे ही खुले थे। सूर्य-बिंब की ओर देखते हुए...दुर्योधन की गरदन झुक गई। कर्ण के दाहिने हाथ की बंद मुट्ठी खुल गई थी...

दुर्योधन के अश्रु उस हथेली पर गिर रहे थे। कर्ण की खुली हथेली पर गिर रहे वे अश्रु भूमि की ओर झर रहे थे।

मानो, उस खुले हाथ से कर्ण अपना अंतिम दान दे रहा था।

●●●